再版整理修订　读库

校　　注	陈淑梅
复　　审	杨运洋
审　　校	朱朝晖
	田　巍
	朱秀亮
编务统筹	张立宪
资料提供	石　鸥
美术编辑	艾　莉
助理编辑	杨雪
责任编辑	罗　晨

读库·老课本丛书

共和国教科书·高小部分

新國文教授法

上

编纂　谭廉
校订　高凤谦　庄俞

新星出版社
NEW STAR PRESS

目录

共和国教科书·高小部分·《新国文》编辑大意　　1
共和国教科书·高小部分·《新国文教授法》编辑大意　　3

《新国文教授法》第一册　　5
《新国文教授法》第二册　　91
《新国文教授法》第三册　　175
《新国文教授法》第四册　　257
《新国文教授法》第五册　　335
《新国文教授法》第六册　　427

编辑后记　　517

共和国教科书·高小部分

《新国文》编辑大意

本编为高等小学校学生用之教科书,全书特色如下：

一、注重自由平等之精神,守法合群之德义,以养成共和国民之人格。

二、表章中华固有之国粹,以启发国民之爱国心。

三、矫正旧有之弊俗,以增进国民之智德。

四、详言国体政体及一切法政常识,以普及参政之能力。

五、提倡汉满蒙回藏五族平等主义,以巩固统一民国之基础。

六、注重博爱主义,推及待外人、爱生物等事,以扩充国民之德量。

七、注意体育及军事上之智识,以发挥尚武之精神。

八、注重国民生活上技能,以养成独立自营之能力。

九、关于历史地理理科之材料,以有兴趣者为主,与各科无重复之弊。

十、选录古今名人著作,以养成文字之初基。

十一、各种文体略备,使学生知其梗概。惟诏令奏议二类,非共和国所用,故不采。

本编所采古文,全录原文者,载明著者之姓名；其有删节者,则将著者之姓名出处载于教授法。

本编每册不限篇数,每篇不限字数,其编列次序,一以内容为主。每篇教授之时间,注于目次之下。

本编第一年每时约教授八九十字,至第三年递加至百五六十字。惟教授之时间,不能但以文字之多少为断。凡材料较繁,文字较深者，每时教授之字数宜稍减；材料较简，文字较浅者，字数可略增。

谨按定章，高等小学国文科，第一年每周授课十时，第二、三年每周授课八时，作文习字约占其半。讲读国文之时间，第一年每周应得五时，第二、三年每周应得四时。本编前二册每册分配百时，后四册每册分配八十时，以二册供一学年之用。

本编每节另行上空一行，以免与下节混淆。

本编文字，遇读用尖点；遇句用圈；遇文中之要点，则用套圈醒目；名辞连缀处加圆点于两名辞之间；遇文章节目及扼要处，酌加密点密圈。

文中有引用成语及问答之词，皆以""为标识。

本编第一、二册文字程度，与本馆初等小学校用共和国教科书新国文七、八册恰相衔接，以下各册逐渐加深，期无躐等之弊。

本编按册另编教授法，按课列教授方法，并将文中一名一物详加注释，专供教员之用。

共和国教科书·高小部分

《新国文教授法》编辑大意

一、本编供高等小学教授国文之用,与共和国教科书新国文相辅而行。全编六册,每学年两册,足供高等小学三学年之用。

二、本编体裁,略分四项。首列目的,述全课之精义;次列准备,表明授课时应备之材料,如地图、博物图、仪器、标本之类(书中之插图须解释者亦表明之),若课中无需此类之物指示,则准备一项付诸缺如;次教授事项,分之为三,(甲)时间分配,(乙)内容提示,(丙)文字应用;次列参考,将课中之名物训诂[①],及引用古今中外书籍,皆一一详列,以备教员临时采用。

三、教授小学生,讲演而外,宜注重问答。教员宜相机度势,时时发问,以督促学生之注意。

四、教授国文,与教授别种科学不同,尤须注重读法,如声调之扬抑停顿,均宜注意。

五、每课所定之时间,讲解时如不及一小时者,教员讲毕后,即将本日所讲之文教学生诵读。

六、教授时务宜循用方言,详细解释,勿呆诵文中字句,使学生无从领会。

---

① 训诂:解释古文字义。

新國文教授法

【第一册】

第一课　国体与政体

本文

国体有二：曰君主，曰民主。君位世袭者，是为君主国。不置君位，由人民公举总统者，是为民主国。

政体有二：曰专制，曰立宪。政权由一人或一部独揽者，是为专制国。政权分为数部者，是为立宪国。

立宪国之政权，大抵分为三部：立法属于议院，司法属于法院，行政属于政府。各有权限，一切以宪法为断。

世界各国，有君主立宪，有民主立宪，各因其历史而异。惟君主专制，不适于今日之世界，几无复存者矣。

目的

本课述君主、民主及立宪、专制之概要，使学生知国体、政体之区别。

准备

列君主、民主、立宪、专制之表，以指示学生。

```
        ┌ 专制—君主总揽大权
    君主┤
        │      ┌ 立法
        └ 立宪—┤ 司法 — 三权分立
    民主┘      └ 行政
```

教授事项

（甲）时间分配　本课分为二时。

第一时　"国体有二"至"是为立宪国"。

第二时　"立宪国之政权"至"几无复存者矣"。

（乙）内容提示

一、专制政体，使全国人民，屈服于一人势力范围之下，不能发表意见，于人道不合。

二、君主国之君位，父子相传，不问其才力之足胜任与否，于公理不合。

三、公举总统之法，各国不同。有由全国人民投票公举者，有由国会议员公举者，我国则由参议院、众议院议员公举之。

四、立宪政体，不论其为君主、民主，上下宜共守宪法。

（丙）文字应用

课文为论说体，分四段。第一段七句，言国体有君主、民主之分。第二段七句，言政体有专制、立宪之别。第三段七句，言立宪国之三权分立，以宪法为断。末段七句，言君主、民主，虽由国势而定，惟专制政体，则天然淘汰，不能复存于今世。

参考

【专制】对于立宪而言也，凡事权属于一部者，皆谓之专制。君主国有专制，民主国亦有专制（因不常有，故表中略之）。我国则自清代以前，皆为君主专制也。

【立宪】民主立宪，如欧洲之法兰西、瑞士、葡萄牙，及美洲各国皆是。君主立宪，如欧洲之英、德等国，及亚洲之日本皆是。

【立法】凡制定法律、修改法律，必由议院议决，然后施行，以立法之权专属之议院也。

【议院】各国制度不同，有一院者（有上议院而无下议院），有两院者（有上下两议院）。我国采两院制，以参议院、众议院二者为国会。

【司法】凡解释法律，判断诉讼，是为司法。

【法院】专管司法之事，自大理院以至地方审判厅皆是。

【行政】执行政务者也。

【政府】即国务院也。国务院由外交、陆军、海军、财政、司法、内务、教育、交通、农林、工商各部之总长组织之，而以国务总理总其成。

第二课　民国成立之始末

本文

我国政体，本为君主专制。一治一乱，数千年如一辙。明之亡也，满族入据中原。优待其种人，权利、义务与汉、蒙、回、藏诸民族，未能平等。人心积不能平，时有反抗之举。迩来①内治不振，外交失败，各省人民，要求立宪者，踵趾相接。清廷虽许之，迟之又久，无意实行。而亲贵柄政，擅权纳贿，视前加甚。人民愈失望，革命风潮，乃一发而不可复遏。

辛亥八月十九日，湖北陆军起事于武昌。越两日，占领汉阳、汉口，秩序井然。各地闻风响应，纷纷宣告独立。与中央政府脱离关系。十一月十三日，十七省代表会于江宁。设立临时政

① 迩：近。迩来：近来。

府。建号曰中华民国。改用阳历，即以是日为元年元旦云。

清廷知人心已去，遣使与民国议和，久而不决。蒙古、西藏，又有分离之说。大局岌岌，势将破裂。爱国者恐以兵力相持，启外人干涉，竭力调和。南北意见渐洽。优待皇室条款亦议定。清帝乃于民国元年二月十二日逊位。中华民国成立。乃合汉、满、蒙、回、藏五民族，为民主立宪国。

目的

本课述革命近事，使学生知民国所以成立之情形。

教授事项

（甲）时间分配　本课分四时。

第一时　"我国政体"至"乃一发不可复遏"。

第二时　"辛亥八月十九日"至"即以是日为元年元旦云"。

第三时　"清廷知人心已去"至"为民主立宪国"。

第四时　复习全课。

（乙）内容提示

一、君主专制，虽为我国旧时之政体，而满人入关，变本加厉，权利不能平等。

二、革命告成，联合五大族而为中华民国。权利义务，务使平等，不宜复有歧异之心以自隘。

三、民国成立，所以若是其易者，皆由清廷政体不良压制过甚，民心思奋故也。

四、清帝退位，民国定优待皇室条件，两方面之意，皆恐鹬蚌相争，致召外祸，故欲和平解决也。

（丙）文字应用

课文为记事体，分三段。第一段首四句，言我国行专制政体，已有数千年之久；满人入主中国，汉族不能享同等之利益，为革命远因；清廷末世之腐败，为革命近因。第二段首六句，言武汉起义时之情形；次三句，言各省之响应；次二句，言和议之由来；末句，言民国之成立。

参考

【踵趾相接】踵，脚后也。趾，足趾也。踵趾相接，言多人继续进行，后人之趾，接前人之踵也。

【陆军起事于武昌】发端者为工程第八营左队，同时步队二十九、三十两标，杀毙管带二人、排长二人、队官一人、十五协兵士，及防护督署之马队。见工兵势盛，亦与联合。炮队八标，即架大炮三尊于蛇山高处，对督署攻击。事既起，未得首领，众议推第二十一混成协协统黎元洪当之。要求再三，黎诺之，遂尊为鄂军都督。

【占领汉阳】八月二十二日，民军遣军渡江，占领兵工厂。厂中人员，纷纷窜走。民军开厂招工，昼夜赶造，以供军需。兵工厂与铁厂毗连，是夕亦为民军所占。二厂既得，汉阳官吏，逃匿无踪，于是不血刃而占领汉阳城。

【汉口】汉口华界，闻武昌之变，土匪于二十一日乘机举火，意图劫掠。黎都督遣数百人驰至，救火擒匪，并力保外人生命财产，汉口又为民军所占领。

【岌岌】岌，音级。岌岌，危也。

【阳历】以地球绕日一周为一年，计三百六十五日有奇。泰西各国通行此历，故又名西历。每月日数及节气，皆有一定。正、三、五、七、八、十及十二月为三十一日，四、六、九及十一月为三十日，惟二月则为二十八日。每四年闰一日，加于二月中为二十九日。

【优待皇室条件】计八条。一、清帝逊位之后，尊号仍存不废，以待外国君王之礼相待。二、清帝逊位之后，其岁用四百万两（改铸新币后改为四百万元），由中华民国付与。三、清帝逊位之后，暂居宫禁，日后移居颐和园，待卫照常留用。四、清帝逊位之后，其宗庙陵寝，永远奉祀，由民国妥慎保护。五、清德宗崇陵未完工程，如制妥修，其奉安典礼，仍如旧制，所有实用经费，由中华民国支出。六、宫内所用各项人员，可照常留用，惟以后不得再招阉人。七、清帝逊位之后，其原有之私产，由民国特别保护。八、原有之禁卫军，归中华民国陆军部编制，其额数俸饷仍如其常。

第三课　华盛顿（一）

本文

华盛顿，美洲农家子也。幼有大志。尝为群儿长。儿有争夺者，为排解之，辨其曲直，如决狱老吏。父老皆奇之。年十六，为量地官。时英、法二国，分据北美洲。法国侨民，侵略英属。美洲土人，亦乘机起。英人设兵防之。举华盛顿为队将，所向克捷。年二十三，以功擢①提督。每战身先士卒，陷敌阵，往来驰骤，敌人莫敢撄②。三年间，遂克法兵，并平土人之乱。

会英、法交兵，数年不决。英以军需浩大，国债甚巨，欲取偿于属地。乃征美洲重税，关禁甚严。英人居美者，不便之。宣言英国旧律，更定税则，必由民举议员定之。因请立美洲议院，如英制。英廷不允。侨民大愤，不奉令。虽妇人、孺子，亦主持自立，起与英抗。

西历一千七百七十五年，北美十三州会议，公立议院，筹御英策。共推华盛顿为元帅，与英宣战。

① 擢：zhuó，提拔，提升。
② 撄：yīng，接触，触犯。

目的

本课述华盛顿自幼至长所立之功业，及英侨民所以反抗母国之故。

准备

将华盛顿之肖像，指示学生，表明其英武之态度，使学生生崇拜英雄之念。复画十三州略图于黑板（或用美国地图指示之），告以此为美国初独立时之疆土。

教授事项

（甲）时间分配　本课分三时。

第一时　"华盛顿"至"并平土人之乱"。

第二时　"会英法交兵"至"与英宣战"。

第三时　复习全课。

（乙）内容提示

一、华盛顿一农家子弟耳，未尝受特异之教育，自队将而至大将，至总统，皆其志之一字有以成之。其幼有大志者，即其成事之基础也。

二、为群儿长而能辩曲直，幼时即具判断之能力。

三、每战身先士卒，即其所以制胜之道。

四、母国对于侨民，法律峻刻，赋税繁重，不能与母国之民，享同等之权利，是亦不平等之一端，此侨民所以欲脱离母国之束缚。

（丙）文字应用

课文为传记体，分三段。第一段首二句，表明华盛顿之非贵族；次七句，言华盛顿少时，已异于常人；次二句，言华盛顿以测量为办事之起点；次六句，言英殖民地多战事；次十二句，叙华盛顿战争之事业。第二段首七句，述英政府取重税于殖民地之故；次七句，言英侨民以税则非由民举议员所定，即为不正当之税赋，故要求立美洲议院；次七句，言侨民全体一致，主张自立。第三段六句，言议会公举华盛顿为元帅。

参考

【农家子】华盛顿祖先，多为大农。其父奥佳斯，以财产分给诸子，各得田地十余里。

【量地官】即测量土地之官也。华盛顿十六岁于小学毕业，研究几何、三角、测量诸学，颇有心得，故始则测量校舍近旁之地，继为佛挨（系一绅士，其财产威望，在殖民地中，首屈一指）测其领土（测量之地，为勿尔吉尼阿边境荒野）。其图之精巧细密，为世称许，佛挨遂引为丈量官。

【英法二国分据北美洲】时北美大西洋沿岸，遍为欧洲诸国殖民地。西班牙领中美，法兰西领北美之北部。英之领地，在法之南而独大。法国忌之。英法二国，因各欲扩张殖民地领土之故，时启争端。法人遂煽动土人，侵略英国领土。

【遂克法兵】华盛顿既败法，于是加拿大全土，尽属于英（昔分属于英法）。

【征美洲重税】英法战争之结果，英糜国币无算。英政府谓此等糜费，皆为保护殖民地之利益，今不可不取偿于殖民，因增加赋税不已。

【英之十三州】一、勿尔吉尼阿；二、纽约克；三、纽折尔西；四、麻沙朱色得士；五、纽罕什尔；六、马里兰；七、康内克的告特；八、罗得岛；九、特拉华；十、宾夕尔法尼亚；十一、北喀尔勒那；十二、南喀尔勒那；十三、给俄尔给亚[①]。

[①] 以上十三州，分别现称弗吉尼亚、纽约、新泽西、马萨诸塞、新罕布什尔、康涅狄格、宾夕法尼亚、北卡罗来纳、南卡罗来纳、佐治亚。

第四课　华盛顿(二)

本文

当是时，外无强国之援，内无久练之兵。徒以不堪虐政，万众一心，起而抵御。华盛顿拮据于万难之中，血战四年。会法援兵至，英军退守。华盛顿自后尾击，大破之。

越三年，华盛顿联合法军，夺回纽约，军威大振。英军在美者皆瓦解。英、美乃会于法京巴黎，认美为独立国。

华盛顿见国本已立，解兵归农。军士皆依恋不舍，前后拥卫之，请即王位。华盛顿怫然①曰："我从田间来，为救父老子弟疾苦耳，忍贪王位耶？"众感其诚，泣别而去。

既而各邦代议士，议定民主国宪法，推华盛顿为总统，四年一任。华盛顿承丧乱之余，民力凋敝，乃创银行，设铸币局，兴学校，奖励商、工业。在位四年，国以富庶。任满，议院坚留之，辞不获，复留。又四年，乃解职，隐于乡。野服萧然，与渔樵伍，见者不知其曾为总统也。

目的

本课述华盛顿独立时血战之功，及为总统时种种之建设，使学生知华盛顿之历史。

准备

绘华盛顿退守时、进取时之略图于黑板（或用美国地图指示之），以便教授时指示之用。

教授事项

（甲）时间分配，本课分三时。

---

① 怫：fú。怫然：忿怒的样子。

第一时　"当是时"至"泣别而去"。

第二时　"既而各邦代议士"至"见者不知其曾为总统也"。

第三时　复习全课

（乙）内容提示

一、华盛顿集新募而未经训练之兵，与凤娴军事之英军战，众寡不敌，粮械缺乏，逃伍者复日有所闻。他人当此，必至惊惶失措，彼则言笑如常，筹划进行方法，仍井井有条，是忍耐而兼有识量者。

二、军队不明华盛顿之意，谋拥之为帝。斯时之华盛顿，若稍存野心，利军队之推戴，必将为拿破仑之所为，酿成内讧之患。华盛顿挥泪而晓将士以大义，使其感泣谢罪，足见推诚待人，人未有不动于中者。

三、"我从田间来，为救父老子弟疾苦耳，忍贪王位耶？"此数语字字从肺腑中道出，何等恳挚，何等沉着？至今读之，犹可想见其激昂慷慨之概。读此数语时，宜用力表出当时之神情，引起学生特别之注意。

四、兵乱初平，元气未复，注意于流通金融机关，培植人材，振兴实业，是处处从根本着想，非能发而不能收者可比。

（丙）文字应用

课文为传记体，分四段。第一段首三句，言独立军当时之困难；次三句，言侨民所以反抗母国之故；次六句，言华盛顿不惮艰苦，毅然而支撑四年之久，卒能反败为胜。第二段六句，言华盛顿得法人之助，击退英兵，美始成为独立国。第三段首二句，言华盛顿怀功成身退之志；次三句，言军士之爱戴；次四句，言华盛顿之表明己志；次二句，言将士之感泣。末段首四句，言美国订立宪法，选举华盛顿为大总统；次八句，言华盛顿之设施，皆急其所当急；次七句，言华盛顿之连任及解职；末三句，言华盛顿之不自高其身价。

15

参考

【血战四年】华盛顿之第一次与英对垒，即夺回波士敦，世称之为波士敦大胜。未几，茂尔多将军亦击败英军于驾来司登。英军有此二败，兵威沮挫（时在一千七百七十五年）。其后朗埃伦之苦战，为美国独立以来未有之大败。此机一失，英军乘胜而攻取纽约附近之炮台，并陷纽约。纽折尔西之沿岸，亦为英人所占。华盛顿遂退屯于特连顿，在特连顿虽尝战胜一次，而于大局仍无补。未几特连顿又不支，退而苦心经营特拉华之河防。相持既久，仍归失败，而特拉华、马里兰、勿尔吉尼阿，均入英军之手。华盛顿经此溃败，仍不失望，惟求所以补救之方。会北部沙拉特嘎捷音至，英将哈根降。欧洲诸国，轻英国无能为。法政府遂遣舰队、选锐卒来援，英军闻之，惧法美内外夹攻，退保纽约。华盛顿率兵追之，大破英军（事在一千七百七十八年）。

【夺回纽约】一千七百八十一年，华盛顿与法将定攻纽约之计划，以全力注南方要镇，绝纽约之援。乃分一军炮击纽约，潜引大军趋南方，攻约克敦下之。英兵舰悉为法舰所捕，南方诸镇皆破，英兵以孤力无援，遂退出纽约。

【各邦代议士】即各地公举之议员，代人民议庶政者也。

【萧然】寂寥貌。

第五课　美国二缝工

本文

约翰孙，业缝工，被举为议员。尝在稠人广座中，议论政务，侃侃而谈。座中忽有呼者曰："尔缝工耳。今日亦来与议乎？"约翰孙从容言曰："君以余为缝工乎？始余从事此业，为人制衣，未尝不谨，所约之期又不或爽。然则缝工固何损于余也？"座中皆默默，莫能屈。后为美国总统，有名于时。

何伯孙，亦缝工也。偶行经海滨，见军舰演习，心忽动，欲投身海军，以建奇功。乃乘小舟诣军舰，请执役。舰长许之。何伯孙勤于其职，积劳至大将。率军舰与西班牙战于海上，大破之，以神勇名一时。功成归故乡，仍至执业所，日处陋室中，未尝有骄矜之色也。

目的

本课就美国缝工事，证明人类之平等。

教授事项

（甲）时间分配　本课分二时。

第一时　"约翰孙"至"有名于时"。

第二时　"何伯孙"至"未尝有骄矜之色也"。

（乙）内容提示

一、人能自食其力，即具独立之性质，人格乃为可贵，缝工亦一职业，不得谓为卑贱。

二、不旷职为做事之本。约翰孙制衣谨，约期不爽，缝工之职尽矣。厥后举为议员则侃侃而谈，举为总统则有名于时，皆从"尽职"二字推广其范围耳。

三、何伯孙弃缝工而投身海军，非见异而思迁，实其壮志勃发，不可遏止，故致身军事，一尽军国民之天职耳。

四、以缝工之业，与议员、大将、总统较，在常人之眼光视之，固以为不同等。在彼二人意中，则固一办事，同一尽职，未尝有毫发之异。约翰孙谓缝工何损于余，何伯孙仍至执业所，皆不以业是为愧怍[①]而自馁也。

（丙）文字应用

课文为传记体，分为两段。第一段首三句，言约翰孙由缝

---

① 愧怍：kuì zuò，惭愧。

工而为议员；次三句，言约翰孙之议论刚直；次三句，言反对者以缝工为不宜与议；次八句，言缝工之执业，未尝减损言论之价值；次三句，言反对者不能答；次二句，言约翰孙之为总统而有名。第二段首二句，表明何伯孙之亦系缝工；次五句，言何伯孙见海军演习，动立功之志；次三句，言何伯孙之实行投军；次五句，言何伯孙之勤于职而勇于战，故能为大将而得神勇名；末四句，言何伯孙退职后之情形。

参考

【约翰孙】美国第十七总统，一千八百六十五年至一千八百六十九年间，即约翰孙为总统时代也。

【侃侃】议论刚直而绝无畏缩之貌。

【爽】过也。

【何伯孙】于一千七百二年，为水师提督，西班牙额磨港一役，破水闸，以勇闻于时。

第六课　桃花源记　陶潜

本文

晋太元中，武陵人捕鱼为业。缘溪行，忘路之远近。忽逢桃花林，夹岸数百步，中无杂树，芳草鲜美，落英缤纷。渔人甚异之。复前行，欲穷其林。林尽水源，便得一山。山有小口，仿佛若有光。便舍船，从口入。初极狭，才通人。复行数十步，豁然开朗。土地平旷，屋舍俨然。有良田、美池、桑竹之属。阡陌交通，鸡犬相闻。其中往来种作，男女衣着，悉如外人。黄发，垂髫，并怡然自乐。见渔人，乃大惊。问所从来。具答之。便要还家，设酒杀鸡作食。村中闻有此人，咸来问讯。自云先世避秦时乱，率妻子邑人，来此绝境，不复出焉。遂与外人间隔。问今是何世。乃不知有汉，无论魏晋。此人一一为具言所闻。皆叹惋。余人各复延至其家，皆出酒、食。停数日，辞去。此中人语云："不足为外人道也。"既出，得其船，便扶向路，处处志之。及郡下，诣太守，说如此。太守即遣人随其往。寻向所志，遂迷，不复得路。南阳刘子骥，高尚士也，闻之，欣然亲往。未果，寻病终。后遂无问津者。

目的

本课为陶渊明怀避世之志而作，亦寓言之类耳。

教授事项

（甲）时间分配　本课分三时。

第一时　"晋太元中"至"咸来问讯"。

第二时　"自云先世避秦时乱"至"后遂无问津者"。

第三时　复习全课。

（乙）内容提示

一、此文系凭空结撰，无实事之可记，其妙处在说得奇幻不测，无从捉摸。

二、未入山以前，处处用虚字摹神。如"忽逢桃花林"之"忽"字，"渔人甚异之"之"甚"字，"仿佛若有光"之"仿佛"二字，皆以虚字描出当时情景者。

三、不知有汉，无论魏晋，不愿臣仕于宋之意，已在言外。

四、中间将两面问答之辞，轻轻写出，言简而意赅

五、临别而有"不足为外人道"之语，是桃源中人不愿与世人周旋处。渊明厌弃世俗，怀超然高举之志，故为是言而以表拒绝世人之意，句亦跌宕[①]有神。

六、末句悠然而往，有曲终人不见，江上数峰青概。

---

① 跌宕：放纵，不拘束。

(丙) 文字应用

课文为游记体。首二句,点出时代及渔人;次三句,记渔人于无意中得桃花林;次四句,实写桃林之风景;次九句,记渔人穷桃林水源,得入山口;次十四句,记渔人初入山之情形,及山中之景象;次八句,记山中人初见渔人之问答,及山中人之应酬;次十句,记山中人之自述,及渔人之答辞;次六句,记山中人之款待宾客,及临别时之叮咛;次六句,记渔人出山而志其处以告太守;次四句,记太守欲问津而不得;次六句,记高士欲问津而不得;末句以无问津者作结,桃花源便在若有若无之间。

参考

【陶潜】晋时人,本名潜,字渊明。既老,以字行,更名渊明,改字元亮。其为人志趣高尚,不事荣利,世号靖节先生。

【太元】晋孝武帝年号。

【武陵】今湖南武陵县。

【缘】循也。

【缤纷】杂乱貌。

【阡陌】南北曰阡,东西曰陌。

【黄发】老人发白转黄也。

【垂髫】垂发于下之小儿也。

【要】约也。

【惋】惊叹也。

【刘子骥】名麟之。

【扶】缘也。

第七课　爱莲说　周敦颐

本文

水陆草木之花，可爱者甚蕃①。晋陶渊明独爱菊。自李唐来，世人甚爱牡丹。予独爱莲之出淤泥而不染，濯清涟而不妖，中通外直，不蔓不枝，香远益清，亭亭净植，可远观而不可亵玩焉。予谓菊，花之隐逸者也；牡丹，花之富贵者也；莲，花之君子者也。噫！菊之爱，陶后鲜有闻。莲之爱，同予者何人？牡丹之爱，宜乎众矣！

目的

莲出淤泥而不垢污，其品性高洁。茂叔爱之，故作是说。

准备

将莲之图画于黑板，证明其中通外直、不蔓不枝之性质（与内容提示中第一、第二两条参看）。

教授事项

（甲）时间分配　本课教授一时。

（乙）内容提示

一、中通外直，实为莲花特别之性质。茂叔之意，说莲而借以喻人。盖中不通，不足以明白事理，外不直，不足以见其骨干。

二、植物之中，或蔓延不已，或枝节横生，而无挺然独立如莲之孤高者，莲则不蔓不枝，与特立独行之君子无异。

三、菊不与群芳争艳，独着花于秋时，类隐逸之士。渊明弃彭泽令而归隐，气味与之相投，故爱之。

---

① 蕃：fán，繁多。

四、谓唐以来之人爱牡丹，即谓后世之人喜繁华者多，喜高雅者少，皆富贵中人，非清逸之品也。牡丹为花中之王，且有富贵花之名，故世俗爱之。

（丙）文字应用

课文为论说体。首五句，言花之可爱者多，借爱菊爱牡丹，陪衬己之爱莲；次七句，点出己之爱莲，极言莲可爱之处（此七句为本题之正面文章）；次六句点出菊、牡丹、莲之品格；末七句，叹爱菊与莲者少，爱牡丹者多，证明流俗之所好，不同于贤者。

参考

【周敦颐】字茂叔，宋时人，别好濂溪先生，其所著有《太极图说》。

【涟】风行水上而成纹也。

【妖】艳也。

【亭亭】耸立貌。

第八课　　杏园中枣树　　白居易

本文

人言百果中，唯枣凡且鄙。皮皱似龟手，叶小如鼠耳。胡为不自知，生花此园里。岂宜遇攀玩，幸免遭伤毁。二月曲江头，杂英红旖旎。枣亦在其间，如嫫对西子。东风不择木，吹照长未已。眼看欲合抱，得尽生生理。寄言游春客，乞君一回视。君爱绕指柔，从君怜柳杞。君求悦目艳，不敢争桃李。君若作大车，轮轴材须此。

目的

本课借枣以喻人，使人知求实用而不重浮华。

准备

绘枣树图于黑板（或用植物图中枣图亦可），指示学生，使其知皮皴叶小之不足观，又指示树干之高大，使其知足为轮轴之材。

教授事项

（甲）时间分配　本课教授一时。

（乙）内容提示

一、枣树内美不彰，人徒观其外表而不察其内容，故有"凡且鄙"之言。

二、枣树当未合抱之时，虽有美质，不足自见[①]。人有远到之器，为一时毁誉所迫，急欲自见者，盖未知老其才以待大用之道也。

三、柔顺而艳丽，易动人之怜爱，犹小有才者易为人赏识也。若授以重任，则必倾覆矣。

（丙）文字应用

课文为诗歌体，共诗十二韵。首四韵，言枣树在杏园之中，无人赏识。次二韵，言枣树之丑，不能与杏花比美。次二韵，言受春风之嘘拂，枣树得遂其生长之机。次一韵，戒人赏鉴时须注意。次三韵，言枣树虽柔不若杞柳，艳不若桃李，足为大车之轮轴。

参考

【白居易】字乐天，唐时人，以文学名于时。

【皴】音村，手触寒而皴裂也。

【龟】音均。龟手，手上皮肤受冻而裂也。

【攀玩】言折花而玩赏也。

【旖旎】盛貌。

[①] **自见**：zì xiàn，**自我表白，显露自己**。

【嫫母】古之丑女，黄帝第四妃。

【西子】即西施，古之美女，春秋时吴王夫差之妃。

【合抱】言树身之大，可以两手合而抱之也。

【绕指柔】言柔软而可绕于指也。

【杞】生于水旁，状如柳，叶粗而白色。

第九课　狮

本文

狮窟于荒漠大林中，亚洲、非洲皆有之。产于非洲者，猛鸷尤甚。状雄伟，力甚大，人恒称之曰兽王。雄狮长鬣茸茸，披拂其颈，毛纯一，无间色，无斑点，黯黯作棕色，尾长而泽，末有丛毛，如小球。牝①狮无鬣，状较小，趋走腾跃极灵警，性凶恶，而乳子时尤甚。

狮捕兽时，若迅跃直前，以身触树，树摇叶落，声必萧萧然。遇小树，则干摧枝折，动辄有声。百兽闻之，必栗惧走避。然狮有须，奋磔时，长与背等。身未即物，须已先觉，因须趋避，曲折以行，故所过未尝触物，寂然无声。且藉须助目，以侦群兽所聚，径前扑之，兽不得遁。

狮足有巨爪，力绝大，能剟牛马之皮。足心有软肉，行时缩爪其间，故举步甚轻，他兽不觉其来也。

欲知狮之爪与须，可以猫验之。猫爪及须，皆同于狮，其用亦等。

目的

本课述狮之形状，及狮之性质，以表明狮之猛鸷。

① 牝：pìn，雌性的鸟或兽。

准备

绘狮图于黑板，指示其雌雄相异之状。

教授事项

（甲）时间分配　本课分三时。

第一时　"狮窟于荒漠大林中"至"而乳子时尤甚"。

第二时　"狮捕兽时"至"兽不得遁"。

第三时　"狮足有巨爪"至"其用亦等"。

（乙）内容提示

一、狮为猛兽类之一（食肉兽统名猛兽），与虎、豹、猫等均为头形圆之猛兽。体略似虎，其力较虎尤大，虎亦畏之，故称为兽中之王。一声长吼，百兽皆惊。

二、狮性虽猛，亦可驯养，若从其小时拘而养育之，训练之，亦知恋其主人。

三、猫体虽小，而形与狮、虎等相似，故狮、虎、豹等亦称猫属。

（丙）文字应用

课文为状物体，分四段。第一段首七句，言狮之产地及狮之性质；次九句言雄狮之形状；次六句，言雌狮之形状。第二段首十句，言狮之捕兽，若触树有声，则兽必走避；次十三句，言狮有须助目，故兽不得遁。第三段首三句，言狮爪之利；次四句，言狮足有软肉，故举步无声。末段五句，言狮之爪须与猫相类。

参考

【狮】生于东半球热带中，故非洲及亚洲之印度等地皆产之。

【荒漠】荒野广漠之地也。

【窟】穴处也。

【鸷】猛厉也，凡鸟之勇、兽之猛者皆曰鸷。

【雄狮牝狮】雄狮生长丈余，小者六七尺许，牝狮约小于雄者四分之一。

【鬣】领毛也。

【茸茸】乱貌。

【磔】音哲，开张也。奋磔，谓奋勇前进，其须开张也。

【剡】削也。

第十课　鸵鸟

本文

鸵鸟为鸟中之最大者，产于非洲，昂首长颈，高几及丈。状如橐①驼，故名鸵鸟。毛羽美丽，可为妇女妆饰之品。脚趾如牛蹄，有大力，能蹴毙兽类。口及胃甚强，能吞瓦砾铁片。鸣声如狮，人骤闻之，往往误以为狮。翼小不能高飞，惟跃走时，鼓之以助势。

性善群，行时如马队。凿沙为巢，生卵其中。卵重二斤余，大于鸡卵二十倍。雌雄迭抱之，经四五十日，雏鸣卵中，则雄者以胸骨破壳而出之。

鸵鸟行甚疾，一跃丈余，骏马不能及。然不喜直行，常转侧斜出。猎者策马直追，及危急时，鸵鸟辄纳头于穴及草丛中，自以为安，而人遂得而捕之。性易驯服，非洲土人恒乘鸵鸟以行于沙漠。美洲亦产鸵鸟，形较小，然性质能力，略与产非洲者等。

目的

本课述鸵鸟之形态性质，及鸵鸟之功用，以明鸵鸟于鸟类中有特异之点。

① 橐：tuó。橐驼：即骆驼。

准备

将书中鸵鸟之图，指示学生，使知其足高而善走，翼小而不能飞之故。

教授事项

（甲）时间分配　本课分三时。

第一时　"鸵鸟为鸟中之最大者"至"鼓之以助势"。

第二时　"性善群"至"略与产非洲者等"。

第三时　复习全课。

（乙）内容提示

一、橐驼为旅行沙漠必需之物，人称谓沙漠之舟。鸵鸟虽不能如橐驼，土人恒乘之以行于沙漠中，形态性质，与橐驼有相似之处，故名鸵鸟。

二、鸵鸟行动之时，不用翼而用足，是鸟类而兼有兽类之能力者。

三、鸵鸟类谓之走禽类，因其腿足劲而利于行走故也。

四、鸟类尚有爱群之性，人而排挤其同类，岂智识犹在鸵鸟下乎？

五、鸵鸟纳头于穴以避危，乃掩耳盗钟之智。宜其易于驯服，故有设园以豢养之者。

（丙）文字应用

课文为状物体，分三段。第一段首六句，言鸵鸟之产地，及鸵鸟得名之故；次二句，言其羽毛之美；次三句，言其趾力之大；次二句，言其口及胃之强；次三句，言其鸣声如狮；次三句，言其翼小而不适于飞翔。第二段首二句，言其有好群之性；次八句，言生卵育雏之事。第三段首三句，言其行走之疾；次七句，言其为猎者捕获之故；次三句，言其性驯而土人得以乘之；末四句，言美非二洲所产之鸵鸟，略有异同。

参考

【毛羽美丽】鸵鸟之毛如鸡,毛梢则细轻如发。翅尾之毛,尤为珍贵,欧美妇女喜用以饰冠。

【蹴】踢也。

【卵】鸵鸟之卵甚巨,土人行于沙漠中者,恒用其壳以为贮水器。

【迭抱】更番拥抱之也。

第十一课　望远镜

本文

年老之人不能见小物,近视之人不能见远物,必假眼镜之力以辅之。镜之凸者,能展放物形,扩而大之,宜于老人。镜之凹者,能收摄物形,引而近之,宜于近视。

合凹凸二镜之力,则既可扩而大之,又可引而近之,所谓望远镜也。登高远望,数里之外,隐约不可辨。以望远镜窥之,历历如在目前矣。

昔荷兰有镜工,方操业时,忽闻其幼子呼曰:"吾能见远寺之塔矣。"趋视之,则其子方持一竹筒,前端置凸镜,后端置凹镜,凭窗远望。镜工取而窥之,高塔屹立眼前。遂因其法以造望远镜。

自此镜出,航海者得之,可以窥远来之船舶;行军者得之,可以窥敌人之举动;天文家得之,可以窥星月之形状。其功用大矣。

目的

本课述望远镜之所以发明,及其功用,使学生略知光学。

准备

书中之图，列于前幅者，一为双筒镜，望远时可用两目并视；一为单筒镜，望远时须闭去一目，光线始准。然此犹为简单之镜，只可窥数里之遥。后一图则机件精备，可供天文家窥星月之用。

教授事项

（甲）时间分配　本课分三时。

第一时　"年老之人"至"历历如在目前矣"。

第二时　"昔荷兰有镜工"至"其功用大矣"。

第三时　复习全课。

（乙）内容提示

一、近视眼睛珠太凸，以凹镜补助之。老花眼睛珠太扁，以凸镜补助之。所以调剂目力也。

二、望远镜合凹凸二镜而成，故功用较眼镜为大，非若眼镜之或近或远，偏重于一方面也。

三、镜工于无意中发明远镜，虽非其意料所及，而一闻幼子之言，即起而试验其真伪，不以幼子之言为妄，即其好学深思，处处留意之证，宜其为发明是镜之元始家矣。

四、自此镜发明，而一切航海、探敌及测算天文等事，皆有根据，关系甚大。

（丙）文字应用

课文为记事体，分四段。第一段首五句，言年老、近视者之必用眼镜；次四句，言老人宜用凸镜；次四句，言近视人宜用凹镜。第二段首四句，言望远镜之作用；次五句，言望远镜之可以望远。第三段十二句，记发明望远镜之故。末段八句，言望远镜功用之大。

29

参考

【扩】张小而使大也。

【屹立】山独立壮武貌。

【荷兰镜工】名伽里雷阿,其发明望远镜在一千六百九年。

第十二课　显微镜

本文

某儿持显微镜,置书上,见字倍大,奇之。父曰:"此镜为凸玻璃所造,能放大物体。然其力仅数倍耳。其精者,以数玻璃合制一镜,视物可至千倍。"乃取镜示之。

儿以发对镜窥之,状如树枝。又取水一滴,置镜下,见微虫蠕蠕然,往来游泳其间。儿大喜,以告父。

父曰:"发之如树枝,水之有微虫,皆人目所不能见者也,而是镜能显之。由此以推,则镜力愈大,所见微物亦愈多。吾人得开广眼界,皆显微镜之功也。"

目的

本课述显微镜之功用。

准备

书中之图,前图手持一镜,即寻常之显微镜也,其字迹不过放大数倍。后图乃精制之显微镜,以数玻璃镶入铜筒中,置于架上,自镜筒上端窥之,则微生物之形态,历历可辨。

教授事项

(甲)时间分配　本课分二时。

第一时　"某儿持显微镜置书上"至"儿大喜以告父"。

第二时　"父曰"至"皆显微镜之功也"。

（乙）内容提示

一、自显微镜发明，一切微生物不能遁其形，于卫生、于医学，皆得其佐助。不特水之洁净与否，可以立辨，即病人所吐之痰、所遗之溺，亦可以试验其有无毒菌，以施药石。

二、一点之水，其数至小，而以显微镜窥之，有植物，有动物，有矿物，种种悉备，至微之物，无不尽显。

三、凡人于目所不能见者，必以为无物。自有显微镜，向之视若无睹者，今亦纤微毕露，故眼界得以大开。

（丙）文字应用

课文为记事体，分三段。第一段首四句，记某儿窥镜而称奇。次四句，记寻常之显微镜。次四句，记精制之显微镜。第二段首六句，记某儿窥精镜而得见所未见之物。次二句，记某儿之喜以告父。末段首五句，记父言显微镜能显微物。末五句，记父言显微镜功用之大。

参考

【显微镜】荷兰人常史氏父子于一千六百十七年，合力发明。伦敦市之数学家，购其镜而珍藏之。

【玻璃】系化合矿质所成。制造时以石英为本，和以碳酸钙及碳酸钾，加大热镕之，倾入模中，即成器皿。

【蠕蠕】蠕，音儒。蠕蠕，虫行貌。

【泳】潜行水中也。

第十三课　蚊

本文

　　夏夜恒苦蚊。蚊之噆人，无论头颈手足，见噆则坟起，作奇痒。其背张二小翅，飞翔颇捷。喙有二钳，作龃龉形，中挺细管如舌。及附人肤革，则张钳入肌，纳细管于所创处，吸取血液，留其毒涎。故蚊所噆处，辄生奇痒，即涎毒也。

　　然其生也，不过两三周，育卵即死。卵恒育诸污水，或浮枯槎败叶之上。一蚊所生，自数十至百余。以显微镜窥之，如蜂巢碎片。旋孵化为小虫，人取以饲金鱼者，即是虫也。

　　虫曰孑孓，不翅不足，体末生呼吸管，恒倒植其体于水中。水微动，则下沉，少顷复上，吸取空气。经数日，则少长，遂蜕，形不及小米粒，名曰圆孑孓。更蜕，则头腹均具，翅足亦生，始成为蚊。

　　孑孓生于水、育于水，及其为蚊也则恶水，物性之异如此。

　　蚊固可憎，然孑孓之居水也，则食腐败之物，有减杀毒气之力。故凡物有害者恒有利。

目的

本课述蚊之性质及幼虫之变化，以明其利害。

准备

　　先示学生以蚊之全体图，再将蚊喙画一放大之图，指示其噆人之作用。

教授事项

　　（甲）时间分配　　本课分三时。

　　第一时　"夏夜恒苦蚊"至"即是虫也"。

　　第二时　"虫曰孑孓"至"故凡物有害者恒有利"。

第三时　复习全课。

（乙）内容提示

一、蚊为双翅类之一，与蝇、虻等均为同类，惟其口之蜇刺舐尝有异耳。

二、蚊之雌雄，其性大异。雄蚊性喜幽隐，恒避居树林中吸食花木汁浆。雌蚊则性残忍，嘬肤吮血，贪得无厌。入夜而嘤嘤之声，扰人清梦，挥之不去者，皆雌蚊为之也。

三、雌蚊与雄蚊，其触须大异。雄蚊之触须松长，其喙只一吸汁之管。雌蚊之须，不似其蓬松，喙系五小片合成，中为吮血之管，余四者形如枪，边有锯齿，利于裂肤流血，而使之畅饮也。其五小片藏于一枪，故视之如一。

四、蚊之变化有四级：先为卵，次为虫（即孑孓），次为蛹（即圆孑孓），又次为蚊。

五、蚊既育卵于污水枯槎败叶之上，则欲绝其种类，只在不积污水，粪除①枯槎败叶与腐草，使其无繁殖之所。复于阴湿之处，洒消毒水以杀其卵，则嘬肤之患自绝。

（丙）文字应用

课文为状物体，分五段。第一段首五句，言蚊嘬人之肌肤；次十句，记蚊之形体及其嘬人之机械；次三句，言肌肤中其毒而作痒。第二段首三句，言蚊之易死；次九句，记蚊育卵之地及卵之状态。第三段首八句，记孑孓在水中之情形；次九句，记孑孓一蜕而为圆孑孓，再蜕而始成蚊。第四段四句，言孑孓生于水而蚊恶水。末段五句，言蚊有害而孑孓有利。

参考

【嘬】啮也。

【坟起】高起也。

---

① **粪除：打扫，清除。**

【飞翔颇捷】言其翼颤动甚速也。蚊翼之颤动，每秒钟五百次，人目视之，宛若止空中而不动，实则翼颤极速，人目所不能辨耳，故飞翔颇捷。

【龃龉】音咀语，齿不相值也。喻蚊之二钳不相合。

【革】肤内厚皮也。

【创】即为其钳所伤之处也。

【污水】水停积而不洁也。

【槎】水中浮木也。

【孵】孵化，言其自卵而化为小虫也。

【孑孓①】一名倒跂虫。因其在水中时，头向下而尾向上也。俗名打拳蛆，因其全体屈曲不已也。

【蜕】音退，脱皮也。

第十四课　行旅

本文

墨烟缭绕，一日千里，非汽车耶？飙轮疾转，乘风破浪，非汽船耶？熙熙攘攘，络绎不绝，非乘车乘舟之旅客耶？吾尝厕身其间，觉喧哗扰乱，毫无秩序。时而较锱铢，则索票价也；时而相攘②夺，则争坐位也；时而相怒骂，则失窃也。丑态百出，诸恶毕备。以为行旅之苦，大抵如斯矣。

曩③者漫游欧、美，亲历各国之舟车，则见夫行客按单纳价，依价列席，从无隐绌④金钱，凌乱坐次，烦管理人过问者；茵褥器具，整齐修洁，从无玩弄而污损之者；乘降之时，老稚妇女常居先，壮者常居后，从无杂糅而冲突者。偶值坐不能容，壮

① 孑孓：jié jué。
② 攘：rǎng，侵夺，偷窃。
③ 曩：nǎng。曩者：从前。
④ 绌：chù，不足，不够。

者虽先至，遇老稚妇女，必起而让坐焉。呜呼！此真文明之美风也。吾国人以开化最早著，乃不于是加之意乎？

目的

本课就中外行旅之现状而比较之，使学生知守公德。

教授事项

（甲）时间分配　本课分二时。

第一时　讲解全课。

第二时　复习全课。

（乙）内容提示

一、第三、第六、第九三句，句首均用"非"字，句尾均用"耶"字，一气贯穿，灵活而不呆板。与下文句首用"则"字三，句尾用"也"字三，前后相呼应。惟"非"、"耶"二字则描摹虚神，"则"、"也"二字则说得着实，口气微有不同耳。

二、人于公众共集之地，能谨守规则，不越范围，是谓有公德心。汽车、汽船之间，旅客麇集①，亦应守公德之处。

三、舟车中之用具，为公众所用，宜共护惜之。

四、老稚妇女，其勇健常不及壮者，故人人当尽保护之职。

（丙）文字应用

课文为论说体，分二大段。第一段首三句，言汽车；次三句，言汽船；次三句，言旅客；次十三句，言亲见舟车中扰乱之象。第二段首二句，言亲历欧美之舟车；次五句，言欧美旅客之守规则；次三句，言欧美旅客之洁净；次八句，言欧美行旅之有秩序；末四句，叹我国风俗之不及欧美。

参考

【缭】音聊，缠也。缭绕，即缠绕也。

① 麇集：qún jí，成群聚集。

【飙】暴风也。飙轮，言轮转甚疾如暴风也。

【熙熙】人众而和顺貌。

【攘攘】人众而扰杂貌。

【络绎】联络而不绝也。

【锱铢】权名，十絫为铢，八铢为锱，二十四铢为两。较锱铢者，极言其较轻微之利也。

【漫】放也。漫游者，放意而游，无一定之行止也。

【茵】车中席也。

【糅】夹杂也。

第十五课　铁达尼邮船遇险记（一）

本文

铁达尼者，世界最巨之邮船也。修①八百余尺，广九十余尺，船中有花园、球场、练艺所、泅泳池、电气浴室。凡百咸具，富丽绝伦。世称为海上之宫殿。

是船新制自英国，所费一百十七万磅。中华民国元年四月十日，自英国之沙桑布敦启程，渡大西洋，前往美国之纽约。世界人士，欲由英渡美者，多守候是船，以极游观之乐。

舟行后，天气晴朗，水波不兴，旅客非常愉快。未数日，竟为冰山所触，全船沉没。时十四日夜半也。

是日铁达尼叠②得无线电报，知有大冰山，在航路之北方。船长下令警备，沿航路之南而进。夜将半时，忽觉全船振荡。旅客不以为意，嬉游如故。盖深信制造之坚固。设备之周至，必无意外事也。

① 修：长。
② 叠：重复。

目的

本课述铁达尼之规模宏敞。

准备

铁达尼遇险，在西经五十度十四分，北纬四十一度四十六分。授此课时，宜将沙桑布敦至纽约克之航路，绘一虚线，指是船沉没之地，以示学生。

教授事项

（甲）时间分配　本课分二时。

第一时　"铁达尼者"至"以极游观之乐"。

第二时　"舟行后"至"必无意外事也"。

（乙）内容提示

一、观铁达尼规模之大，设备之周，足见英国工业发达。

二、一船之费，至百十七万磅，约合银圆千余万元，其制船业魄力之大，可以想见。

（丙）文字应用

课文为记事体，分四段。第一段八句，记铁达尼船体之大，及布置之种种周备。第二段首二句，记制船之费；次四句，记船开行之日，及航海之路线；次四句，记欲乘是船者之多。第三段首四句，记舟行时风景之佳；次四句，言竟为冰山所触沉。末段首五句，记船长得无线电而警备；次二句，虚写遇险之情形；末五句，记旅客深信是船之坚固。

参考

【铁达尼】为英大洋气船公司之船。

【邮船】凡船之运送邮件者，谓之邮船。

【练艺所】练习各种游艺之所。

【泅泳池】泅，浮行水上也。泳，潜行水中也。言其池之大，可供人泅泳以为乐也。

【电气浴室】借电气之力，使室中空气之热度增高，于是人在此热空气中，得发大汗，以代水浴。

【沙桑布敦】即苏当波敦，为英格兰南境之海口，有威地岛当其南。

【纽约】为美洲第一大都会，在北美东海岸哈得孙河口。

【愉】悦也，颜色乐也。

【冰山】即大冰块。北冰洋之冰块，为海流所冲击而出者也。船没之地，在北寒带内，天气寒冷，冰不易融化，故四月见冰。

【无线电报】发明者为意人马可尼。利用电浪之力，由发信机以达于受信机。机上各立一铜杆，高一二百尺，发信者按机动之，则杆端发生电浪而四射，他处之杆受之，则传于受信机而通报矣。是日所得之电，乃前行各船所发也。

第十六课　铁达尼邮船遇险记（二）

本文

船既遇险，船长督率船员，百计救护。既知无可为，乃发令下小艇。小艇既备，又令男子退后，妇孺登艇。男子闻令即退，穆然无有喧哗者。妇孺既毕登，男子以次登艇。时船已就沉，其不及艇者，或植立船上，或跃入海中，无有出怨语者。

时船中电灯照耀，俨如白昼。乐工奏曲，不改常度。久之，乃易其欢愉之调，而为庄重之歌。歌曰："上帝乎！吾将近汝。"洎船沉，歌声乃随之俱沈于海底。船中有邮局职员五人，因救护邮件，遂以身殉之。

是役也，船员无不以死守职，秩序井然。旅客之舍身救人者，不可胜数。妇女亦镇定，罕闻啜泣声，间有依恋其夫、誓不愿行者，船员亦听之，不相强也。

当遇险时，频发无线电报，以求援救。加伯德邮船得电飞至，天已黎明。乃悉援小艇诸人，十八日抵纽约。被难之亲故迎迓①者千余。医师、看护妇麕集。街衢间默无人语，气象愁惨。计船中二千二百人，得拯者仅七百余人云。

目的
本课述遇险后之情形，使学生知临难时之处置。

准备
书中之图，为铁达尼船唇与冰山抵触之图，船已伤重而不可救护。教授时宜告以是船之沉，由船唇先下陷而船身渐立，终至耸如塔尖，故图中之船，虽未沉没，已现尾高头陷之象。船旁横画一黑线，即水平线也。

教授事项
（甲）时间分配　本课分三时。
第一时　"船既遇险"至"遂以身殉之"。
第二时　"是役也"至"得拯者仅七百余人云"。
第三时　复习两课。
（乙）内容提示
一、男子退后，妇孺登艇，死生存亡在呼吸间，而能穆然退让，不违船长之命令，欧人守法，可见一斑。

二、当患难之际，最忌拥挤喧哗，错杂无次。斯时举动稍一慌乱，争先避祸，则救生船虽多，亦必因争夺而致倾覆，全船之人将尽陷于惊涛骇浪中矣。

三、船长之调度有方，旅客之镇静不乱，皆由胸有定见，不

---

① 迎迓：yíng yà，迎接。

肯苟且偷生也。

四、乐工奏曲，不改常度，船员之镇定可知。其沉静之态度，与我国舟车中之喧哗扰乱，毫无秩序者较，奚啻①霄壤。

五、邮局职员，以死守护邮件，其舍身尽职，令人钦佩。

（丙）文字应用

课文为记事体，分四段。第一段首四句，记船长措置遇险后之方法；次九句，记旅客之以次而行。第二段首四句，记船中景象，无异于常时；次八句，记船中庄重之歌声，与船俱沉没海底；次三句，记邮局职员之死护邮件。第三段十一句，记船员之尽职，旅客之镇定。末段首三句，记遇险时之求救。次五句，记加伯得邮船之援被难者；次五句，记被难者抵纽约后之凄惨；末二句，记船中人数及得拯者之数。

参考

【小艇】即邮船上之救生艇也。

【穆】音目。穆然，静思貌。

【洎】音记，及也。

【邮局职员】时有英国邮政书记两员，美国邮政书记三员，当该船遇险之际，不顾逃生，合力搬运挂号邮件至上层甲板，冀可保全，卒致溺毙。

【麏集】麏，与"麇"通，獐也。似鹿，性善聚散。麏集，言其似麏而忽聚集于此也。

---

① 啻：chì，但，只。奚啻：何止，岂但。

第十七课　良马对　岳飞

本文

高宗问岳飞曰："卿得良马否？"对曰："臣有二马，日啖刍豆数斗，饮泉一斛①。然非精洁即不受。介而驰，初不甚疾。比行百里，始奋迅。自午至酉，犹可二百里。褫鞍甲而不息不汗，若无事然。此其受大而不苟取，力裕而不求逞，致远之材也。不幸相继以死。今所乘者，日不过数升，而秣不择粟，饮不择泉。揽辔未安，踊跃疾驱。甫百里，力竭汗喘，殆欲毙然。此其寡取易盈，好逞易穷，驽钝之材也。"高宗称善。

目的

本课借论马以寓论人。

教授事项

（甲）时间分配　本课分二时。

第一时　讲解全课。

第二时　复习全课。

（乙）内容提示

一、致远之材，不屑屑②争顷刻之迟速者，犹君子不可小知而可大受也。驽钝之材，始踊跃而终疲乏者，犹小人不可大受而可小知也。用违其才，则必至偾③事。

二、有才之人，往往高自位置，不肯俯就，以期大用。马之刍豆不丰、盛不精洁而不食者，亦即自爱其身，自养其精力，以待长驾远驭之用也。

三、驭马而取其驯服易养，用人而利其和柔易制，则良马与

---

① 斛：hú，旧时量器名，亦是容量单位。一斛本为十斗，后来改为五斗。
② 屑屑：劳瘁匆迫貌，特意着意貌。
③ 偾：fèn，败坏，破坏。

贤才均不可得。

四、岳飞精于相马，故能知驭马之道。驭马如是，驭将亦莫不如是，此飞之所以为名将欤。

五、飞论良马与驽马之言，语语精辟，亦语语双关入妙，可谓至理名言。

（丙）文字应用

课文为问答体。首二句，言高宗之问飞；次十三句，述良马之性质；次三句，论良马之材能；次一句，言良马之死；次九句，述驽马之性质；次三句，论驽马之无实用；末句言高宗善飞之言。

参考

【高宗】徽宗第九子，钦宗之弟，名构，初封康王。靖康二年，徽钦二宗为金人所虏，高宗遂即位于南京。

【岳飞】字鹏举，相州汤阴县（今河南汤阴县）人。高宗命飞为将，飞以恢复中原为己任，与金人战，无不捷。为宋之名将。后为秦桧所害。

【介】甲也。

【褫】音齿，去声。解也，脱也。

【不息】言其气息不喘也。

【秣】音末，食马谷也。

【驽钝】马之最下者，言其劣而且迟钝也。

第十八课　马说　　韩愈

本文

世有伯乐，然后有千里马。千里马常有，而伯乐不常有。故虽有名马，只辱于奴隶人之手，骈死于槽枥之间，不以千里称也。马之千里者，一食或尽粟一石。食马者不知其能千里而食也。是马也，虽有千里之能，食不饱，力不足，才美不外见，且欲与常马等不可得，安求其能千里也？策之不以其道，食之不能尽其材，鸣之而不能通其意。执策而临之曰："天下无马。"呜呼！其真无马邪？其真不知马也。

目的

本课借相马乏人，以喻在上者无知人之明，意与上课相类。惟上课喻人才之难得，本课喻知己之难遇，略有不同耳。

教授事项

（甲）时间分配　本课分二时。

第一时　讲解全课。

第二时　复习全课。

（乙）内容提示

一、此说虽寥寥百余字，转折既多，意思亦层出不穷。通篇七用"千里"二字，只觉其愈说愈紧，绝无重复可厌之病，是殆善于运化之故欤。文亦以慨叹之笔出之，读之而令人百感交集。

二、千里马为难得之马，非常之士为难得之士。如得士而不授以大权，亦英雄无用武之地，故必信任之而不掣其肘，始足以展布其才。

三、英雄豪杰，屈抑于下僚，是即辱于奴隶人之手也。屈原之投汨罗，贾谊之痛哭流涕，李广之百战不侯，皆不遇知己故耳。

四、已乏知人之明，而发天下无才之叹，是为古今处高位者之通病。

（丙）文字应用

课文为论说体。首二句，言有识马者始知有良马；次六句，言良马不能常遇识者；次二句，言良马之食量；次八句，言良马之不能显其才；末八句，言养马者之不识马。

参考

【韩愈】字退之，唐时人，文学为当时所推重，人望之若泰山北斗，卒谥曰文。

【伯乐】秦穆公时人，姓孙，名阳，善相马。

【骈】并也。

【槽枥】槽，食马之器也。凡畜兽之食器，皆可曰槽。枥，马厩中系马之木也。

【食】"食马"之"食"，"食之"之"食"，均作去声读，谓以食物养之也。

第十九课　麦

本文

水田宜种稻，旱田宜种麦。麦茎中孔有节，节间包以鞘。叶细而长，脉平行。多花成穗，花落结实如贯珠。实有芒，防虫鸟之啄食也。

种麦之期，约在秋末冬初。时则天渐寒，河水涸。耕旱田作畦，阔二尺许。先施肥料，然后播种。俟其发芽，施犁锄以疏其土。严冬冰雪盛，则压土以固其根。翌年，麦苗渐长。至开花结实时，四野黄云，风吹成浪，则正成熟之期矣。

麦始发花时，不宜多风，多风则实中空；成熟时不宜多雨，多雨则腐不可食。

麦之用甚多。大麦可炊以为糜①，或制酒，或作饴。小麦可和豆制酱。若磨之成粉，可以制面，可以制饼。外国人常食之面包，亦小麦所制也。

我国西北诸省，产麦甚多。南方各地，种稻之外，时或于其间兼种麦焉。

目的
本课述麦之性质及麦之功用，以引起学生研究植物之意。

准备
用小麦、大麦之图，指示其芒长、芒短之别，能取麦之标本示之为尤妙。

教授事项
（甲）时间分配　本课分三时。
第一时　"水田宜种稻"至"则正成熟之期矣"。
第二时　"麦始发花时"至"时或于其间兼种麦焉"。
第三时　复习全课。
（乙）内容提示
一、麦与稻、黍、竹、玉蜀黍②等均为禾本科植物。
二、麦茎之质，富于无水矽酸（即石英），故坚而且强，能支重穗。
三、麦宜植于高燥之地，西北地土高燥，故植麦而资为要粮，犹南人之食米也。
（丙）文字应用
课文为状物体，分五段。第一段首二句，述稻与麦之性质；

---

① 糜：mí，粥。
② 玉蜀黍：玉米。

次八句，述麦之茎叶花实。第二段首十二句，述种麦之时，及培植之方法；次六句，述麦之开花结实而至于成熟。第三段六句，言风雨不调而麦易歉收。第四段十句，述大麦、小麦之种种作用。末段五句，述产麦之地。

参考

【麦】大麦、小麦，为麦类功用至大者，此外尚有元麦、荞麦。元麦质较劣，故农家恒取以饲家畜，间有用之作糜者，然非普通食品。荞麦可作饼。

【水田宜种稻】稻吸水之量甚大，不得水则枯槁而死，故宜于水田。

【旱田宜种麦】麦之性与稻相反，泥土过湿，其根即易腐烂。泥土中水分稍缺，可以无害，故宜于旱田。

【麦茎】即麦秆也，又曰麦稿，可以造纸，且可为草帽缏之用。

【鞘】麦茎每节生叶，叶之下部，包于茎节如鞘然，故名曰鞘。

【平行脉】凡植物叶片，皆有脉络。其脉纵横错杂者，谓网状脉。麦叶之脉，自叶脚至叶尖，为平行直纹，故曰平行脉。

【穗】音遂，一茎之上而周围着花甚多者，曰穗状花。

【芒】在外皮之顶，如针而长。小麦无芒，大麦有芒，因大麦之皮，黏于其实，不能脱去故也。

【涸】音何，干也。

【耕】以锄犁起其土而使之松也。

【畦】音齐，区也，分其土为几区也。

【肥料】所以助麦之生长者。人畜之粪，及豆饼、柴灰之属皆是也。

【苗】谷始生时之名。故麦始生曰苗，稻始生亦曰苗。

【黄云】麦成熟之时，则变为黄色，望之若黄云之布于田野然，故曰黄云。

【风吹成浪】风吹之而麦秆翻腾，时起时伏，若水中之浪然，故名曰浪。

【糜】煮米而使糜烂为粥也。

【饴】糖也。

【西北诸省】如直隶、山东、山西、陕西之类是也。

【南方诸省】如长江以南各省是也。

第二十课　稻

本文

稻自初生至于成熟，历时凡百数十日，或至二百日。

种稻之法，先取稻种渍盐水中，熟者沉，不熟者浮。取其沉者，盛以篓，沉于池者数日，始播之于田。田必已犁已粪，土松而肥沃者。苗长及尺，聚之成束，按亩分莳，纵横成行列，是谓分秧。

分秧既毕，勿摇其本，勿损其苗。以水分之不足也，则戽水如量；以肥料之或缺也，则粪壅①以时；以莠草之乱苗也，则芟薙务尽。劳农朝暮耕作，虑或失时，虽烈日炙之，风雨侵之，无片时得稍休息。

秋深稻熟，结实累累。刈取其茎，捆载登场。先曝以日，用涸其水，然后击之于床，扬之于箕，磨之于砻，舂之于臼，而粒米粲然，可以供食矣。

大江南北，气温土肥，冬种麦而春收之，夏种稻而秋收之。闽、广近热带，夏、秋久热，且饶雨泽，稻性温，宜近水，故其成熟期较速，殆一年两熟云。

① 壅：yōng，用土或肥料培在植物的根部。

目的

本课述稻发生成熟之时，及播种之不易，使学生知稼穑之艰难。

准备

稻有糯稻、秔（俗作粳）稻、籼稻之别，宜取标本以示之，使其知相异之点。

教授事项

（甲）时间分配　本课分三时。

第一时　"稻自初生至于成熟"至"无片时得稍休息"。

第二时　"秋深稻熟"至"殆一年两熟云"。

第三时　复习全课。

（乙）内容提示

一、稻茎之质，与麦茎相同，故亦中空而能支重穗。

二、莠草而芟薙务尽，非摧残生物也，所以培植嘉苗也。盖莠不去而苗之生长不能发达，犹恶人不去而善人将无立足地也。

三、日炙雨侵而不息，农夫之劳于农事，可云至矣。彼饱食终日而无所用心者，能勿自愧乎？

（丙）文字应用

课文为状物体，分五段。第一段三句，述稻初生至成熟之时期。第二段十五句，述种稻时之种种方法。第三段十四句，述农夫耕种之苦。第四段十二句，述收成时之种种方法。第五段十一句，言南北气侯不同，故收获之时亦异。

参考

【稻】稻之种类，以地别者，曰水稻、旱稻；以时期别者，曰早稻、中稻、晚稻；以性质别者，曰糯稻、粳稻、籼稻。糯稻之性最黏，粳稻次之，籼稻又次之。而籼稻成熟早，粳稻成熟晚，故今人称籼稻曰早稻，粳稻曰晚稻。

【渍】浸也。

【篗】音路，竹器也。

【粪】以粪培壅之也。

【沃】土质浓厚而多含滋养料也。

【莳】音侍，更种也。

【戽】音户，引水入田也。

【莠】草也，似稷①而无实。

【芟】音衫，刈草也。

【薙】音替，除草也。

【日炙】言日光之烈，如熏炙也。

【实】即谷也，亦曰稻。其内为米，其外为壳。入砻而去其壳，则为糙米。以糙米入白而舂之，去其皮（皮即糠），则为白米。

【累累】穗下垂而若贯珠也。

【床】稻床也。以木为之，有四足，形如床。床面架以竹片，每片之间距离约寸许，持稻击之，稻实自隙而落。

【箕】簸箕，所以扬去其壳也。

【砻】音龙，磨谷之具，形似寻常之石磨，惟以木为之。

【舂】捣米也。

【粲然】光美也。

【闽广】福建及广东、广西也。

---

① 稷：jì，古代一种粮食作物，指粟或黍属。

第二十一　勤训　李文炤

本文

　　治生之道，莫尚乎勤。故邵子云："一日之计在于晨，一岁之计在于春，一生之计在于勤。"言虽近而旨则远矣。无如人之常情，恶劳而好逸。甘食媮衣，玩日愒岁。以之为农，则不能深耕而易耨；以之为工，则不能计日而效技；以之为商，则不能乘时而趋利；以之为士，则不能笃志而力行。徒然食息于天地之间，是一蠹耳。夫天地之化，日新则不敝，故户枢不损，而流水不腐，诚不欲其常安也。人之心与力，何独不然？是故劳则思，逸则忘，凡物之同情也。大禹之圣，且惜寸阴，士行之贤，且惜分阴，又况贤圣不若彼者也？他如博弈樗蒲之类，昔人所谓牧猪奴戏耳。劫创攻杀之称，不离于耳，非所以养息。扰攘孤注之状，不绝于目，非所以惜财。祁寒盛暑，日夜流连，徒足以失时而废事，亦何乐而为之耶？

目的

本课以勤为治生之道，使学生知勤之必要。

教授事项

（甲）时间分配　本课分三时。

第一时　"治生之道"至"是一蠹耳"。

第二时　"夫天地之化"至"亦何乐而为之耶"。

第三时　复习全课。

（乙）内容提示

一、恶劳好逸，为人生最大之病根。若一犯此病，则徒贪目前之安，必至百事俱废，生计艰难，家业堕落。故"勤"之一字，实为治生之要道。

二、人之筋骨，愈磨练则愈强，犹户枢然，流水然。若稍不振作，惰气即乘之而入，身体反觉疲乏。

三、心思屡用，则益觉敏捷。焦心苦思之人，必能防患于未然。

四、博弈失时废事，且耗费精神，有志者当远而避之，勿中其毒。

(丙) 文字应用

课文为论说体。首二句，点出勤之作用；次五句，引邵子之言而称其旨远；次四句，言不勤为人之常情；次十句，言不勤之害；次五句，言物日新而不敝；次五句，言人之心力与物同；次五句，言古圣贤之爱惜光阴；末十二句，言博弈之无益而有损。

参考

【李文炤】字元朗，号恒斋，清人。

【邵子】名雍，字尧夫，宋人，卒谥康节，人谓之康节先生。

【媮】音俞，靡也。

【玩日愒岁】愒，贪也。言贪玩岁日也，盖贪生而兼慢忽之意。

【深耕】言以锄犁起土而深入土中也。

【易耨】易，治也。耨，以耨刺地除草也。

【蠹】木中虫也。

【户枢不损】户枢，户下之转轴也。以其时时旋转，故无朽虫之虞。

【流水不腐】水之潴者易腐，水之流者，秽物不积，故不腐也。

【士行】晋陶侃之字也。侃谓大禹惜寸阴，吾人当惜分阴。

【樗蒲】音初蒲，赌博之具。用木五，形似杏仁，两头尖锐，中间平广，每木皆有两面，一面涂黑，上画犊，一面涂白，上画雉，掷之以分胜负。盖即今骰子之类，惟骰子有六面，仅两面耳。

【牧猪奴】为人豢养豕者也，贱之之辞。陶侃在军，将士或以博废事者，侃悉取博具投之于江，曰樗蒲者，牧猪奴为之耳。

【孤注】赌博而负，尽取所有以博之，曰孤注。

第二十二课　俭训　李文炤

本文

俭，美德也，而流俗顾薄之。贫者见富者而羡之，富者见尤富者而羡之。一饭十金，一衣百金，一室千金，奈何不至于贫且匮也？每见闾阎①之中，其父兄古朴质实，足以自给，而其子弟或入胥吏②之群，或附商旅之队，或列绅衿②之末，类无不差向者之为鄙陋，于是尽举其规模而变之。而累世之藏，或尽废于一人之手。况夫用之奢者，取之不得不贪，算及锱铢，欲深溪壑。其究也，诪求诈骗，寡廉鲜耻，无所不至，则何若量入为出者，享恒足之利乎？且吾所谓俭者，岂必一切损之？养生送死之具，吉凶庆吊之需，人道之所不能废，称情以施焉，庶乎其不至于固耳。惟是金玉之辉煌，组纂之奇丽，水陆珍奇之供设，及优伶之伎，歌儿舞女之娱，尤为居家者之所当远也。

目的

本课言俭为美德，使学生知用财之道。

教授事项

（甲）时间分配　本课分三时。

第一时　"俭美德也"至"或尽废于一人之手"。

① 闾阎：lú yán，泛指民间。
② 胥吏：旧时官府中办理文书的小官吏。
③ 绅衿：shēn jīn。绅：绅士。衿：生员。泛指地方上体面的人。

第二时　"况夫用之奢者"至"尤为居家之所当远也"。

第三时　复习全课。

(乙) 内容提示

一、见人富而生羡，即胸无所主，为外物所摇动者。如是之人，必为有道之士所鄙薄。孔子谓君子谋道不谋食，子路衣敝缊袍与衣狐貉者立而不耻，即以道为重而衣食为轻也。能以道为重，则不求其俭而自俭。

二、衣食住而穷极奢侈，为近时之恶习，其实只在求温饱之适体，清洁高燥之合于卫生而已，不必争奇斗胜，以示豪举也。

三、奢俭起点于个人，影响波及于全国。人人能量入为出，不肆其欲，则家给户足，国无贫困之患。近日生计艰难，人民皆习于奢侈，流而不知节，故中国贫困日甚。

四、俭非吝啬之谓，即躬自省约，节靡费而不妄用之谓也。人若当用而不用，存一毛不拔主义，则不得谓之俭。必施而不奢，俭而不吝(此二语见《颜氏家训》)，斯为得当耳。

(丙) 文字应用

课文为论说体。首二句，先点清俭字；次六句，极言不俭而贫困之由；次三句，言闾阎中能守俭约之父兄；次四句，言子弟之不甘于俭而营谋；次三句，言因改变成规而荡其产业；次四句，言浪费者势必贪得；次四句，言贪得无厌而堕其品行；次二句，言节用者恒足用；次七句，言俭而不可失礼；末六句，言奢侈无度，尤非居家所宜。

参考

【累世】累，积累也。累世，言积聚已数世也。

【算及锱铢】(锱铢二字解已见第十四课)谓计算及于细微也。

【欲深溪壑】溪壑，皆山之深处，山水所聚而不易满者也。欲深溪壑，言其贪欲之甚，深于溪壑也。

【恒足之利】所出之数，不溢于所入之数，则财恒足矣。

【称情以施】称读去声。称情以施，谓称量人情之厚薄，以施行其礼也。

【纂组】衣服编织之文采也。

第二十三课　共和政体

本文

法儒孟德斯鸠曰："共和政体者，人人皆治人，人人皆治于人。"盖人民各以己意投票选举，以议一国之政，故曰"人人皆治人"。既选定议员若官吏，则委以治理之权，而服从其下，故曰"人人皆治于人"。

昔者各国政体，多为君主专制。一国政权，恒握于少数人之手。又无法律裁制之。故其弊也，万机丛脞①而不能理，刑戮残酷而不能止。此尊重自由之民族所不甘久于蛰伏者也。反其道以行之，而共和政体成立矣。

考共和国之原则，全国人民俱有与闻政事之权利。惟国中事业至繁，不能人尽与政，故必选举议员以组织国会，选举总统以组织政府。议员与总统，既由国民选举，委托以全国之政权。凡属国民，皆有服从之义务。而议员若总统，尤当念责任之重大，施政方针，一以民意为断。治人者，治于人者，各尽其道，则国家未有不昌者也。

目的

本课述共和政体之权限责任，使学生知共和之要道。

① 脞：cuǒ。

教授事项

（甲）时间分配　本课分三时。

第一时　"法儒孟德斯鸠曰"至"而共和政体成立矣"。

第二时　"考共和国之原则"至"则国家未有不昌者也"。

第三时　复习全课。

（乙）内容提示

一、共和国之人民，虽一律平等，无阶级之可言，而必服从官吏，盖官吏之得以治理人民，以其得委任之权，能以法律治民也。人民之所以服从官吏，非服从其位分，亦服从其法律也。故共和国之民，人人得以自由，人人仍不得违背法律，必如是而始得共和之真相。

二、万机丛脞而不能理，刑戮残酷而不能止，此二语将专制之流弊，包括靡遗。

三、选举议员，选举总统，其权既在国民，则总统发布之命令，议员通过之议案，不啻国民自发布自通过之也。故总统与议员，非有显背宪法之举动，国民不宜轻示反对之意。

四、总统代人民行政，议员代人民参议国事，皆受国民委托之重任也，若一意孤行，违背多数人之意见，是为负国民之委任。

（丙）文字应用

课文为论说体，分三段。第一段首四句，引孟德斯鸠之言而立论；次三句，释人人皆治人之意；次四句，释人人皆治于人之意。第二段首八句，言昔日专制政体之流弊；次四句，言共和政体之所以成立。第三段首三句，言共和国民之权利；次五句，言选举议员总统之故；次五句，言国民宜服从总统议员之设施；次四句，言总统议员当从国民之意向；末四句，言各尽其道，则国家昌盛。

55

参考

【孟德斯鸠】姓斯恭达,名察理,世为右族①,家承两邑之封,曰布米德,曰孟德斯鸠,世即称之曰孟德斯鸠男爵云。性不乐仕进,喜探讨著述之事,《法意》一书,其著作之最著者也。

【投票选举】有记名投票法、不记名投票法两种。记名投票法,谓票中既书被选举者之姓名,兼及选举人之姓名也。不记名投票法,谓票中仅书被选举者之姓名,不列选举人之姓名也。

【万机丛脞】言万种机要之事,皆细碎无大略也。

【蛰】藏也。

【组织】结合之意。

【国会】全国人民会合议事之处,即上下两议院也。

第二十四课　卢骚②

本文

卢骚者,法人,生于瑞士日内瓦府。幼失母。天资颖敏,好读书。年甫成童,已卓然有所树立。以迫于贫窭③,初为雕刻师,继为音乐师,非其所志也。

百五十年前,法国政治黑暗,贵族专横。卢骚夙研究政治之学,以矫弊救时自任。时发其所见,著之议论。虽非难蜂起,不顾也。

西历一千七百六十二年,卢骚著《民约论》④。其大旨略曰:"人民之组成国家,虽无一定之契约,而实有公平之法律,为公意所许者,是不啻无形之契约也。今有人焉,政尚专制,言莫予违,则民约瓦解,不复成国。盖一国之主权,惟国民公有之。彼

---

① 右族:豪门大族。
② 现译卢梭。
③ 贫窭:pín jù,贫乏,贫穷。
④ 即《社会契约论》。

统治全国之政府，不过承国民之命，以代行其意志而已。"

此论一出，卢骚得谤弥甚。执政者恶其异己，屡下逮捕之令。卢骚遁迹匿影，仅免于难。然终郁郁不得志。未几，发狂疾死。

卢骚死后十年，而法国革命起。西历一千七百九十三年，法王路易十六被刑。法人念卢骚为革命先驱，乃改葬其遗骸，并立石像于巴黎。

卢骚民约之说，后世学者虽不无异议，然推究民主政治之起源，则无不归功于卢骚也。

目的
本课述卢骚之不屈不饶，以养成学生特立不移之操。

准备
将卢骚肖像，指示学生，使其知为名人之仪表。

教授事项
（甲）时间分配　本课分四时。
第一时　"卢骚者"至"不顾也"。
第二时　"西历一千七百六十二年"至"以代行其意志而已"。
第三时　"此论一出"至"则无不归功于卢骚也"。
第四时　复习全课。
（乙）内容提示
一、事业有著于当时，有著于身后，不可以一时之谤毁而挫其志。卢骚持真确之政见，发精辟之理论，为法人革命之先驱，可谓排患难而卒底于成者。
二、第三段为全篇最简要之关键，卢骚之政见，悉发表於是，后人主张民主者，悉取法于是。

三、人于贫困之际，往往移其素志，无所树立。卢骚非特不为境遇所迫而变其志，即谤毁之，逮捕之，终不因此而缄其口，盖欲以言论而收改革之效也。

四、卢骚之议论，力攻贵族帝王，提倡平等主义者也。当时之法人，尚未有此思想，故孤力无助，徒托诸空言耳，否则法之革命，不待十年后矣。

（丙）文字应用

课文为传记体，分六段。第一段十一句，记卢骚之籍贯、性情、职业。第二段首三句，记法国不良之政治；次六句，言卢骚议论政治之失，不顾人反对。第三段首二句，记卢骚之著《民约论》；次十六句，引用民约论中精要之语。第四段首四句，言卢骚因民约论而得谤，执政者且下逮捕之令；次五句，言骚不得志而死。第五段首四句，记革命起而法王被刑；次三句，记法人念卢骚之功，立石像以志景仰之意。末段首三句，言学者亦有以骚之说为非者；末二句，言骚有提创民主之功。

参考

【卢骚】名戎雅屈，为瑞士匠人之子。

【矫】正曲使直也。

【蜂起】言非难者之多，若群蜂之飞起，不可止也。

【契约】相约之据。以相约之事，书于纸之左右，中分之而各执一纸也。骚之所谓契约，不过彼此心中默许，各守权限而行之，非见之于笔墨者也。

【弥】益也。

【逮】追也。

【巴黎】法之都城，为世界著名繁华之区。

【民约之说】骚之民约，虽主张人人自由，人人平等，而又注重公意，注重法律，盖保障各人之自由权而不越自由之范围者。

【异议】民约论既出，有以为民权伸张，恐非致治之道者，盖未得共和之真理也。

第二十五课　演说

本文

演说之义何取哉？将本之于己，以著其独见，参之于众，以证其同心，法至善也。然一会之设，多者至数千人，每有人声喧豗，不可遏止。虽演说之人，口若悬河，声如洪钟，万难于众口杂沓之中，从容尽意。而听者既不了于耳，即亦不了于心。以此言之，诚为无益。故演说场之礼，凡入坐者不得任意起立、杂以言笑。有不遵者，得引而出之。即演说者语有未合，宜俟其既毕，徐加辨难。若左右喁喁，窃加评议，便近于私见，既乏光明正大之观，且为众人视听之扰，此所宜共戒者也。每见禅林梵宇，遇长老登坛说法，僧徒拱默，无敢哗者。今吾以文明之举，而反毫无纪律，可耻孰甚焉。

目的

本课言演说场之宜有秩序。

教授事项

（甲）时间分配　本课分三时。

第一时　"演说之义何取哉"至"诚为无益"。

第二时　"故演说场之礼"至"可耻孰甚焉"。

第三时　复习全课。

（乙）内容提示

一、西人于集会之所而寂静无哗，不特演说场然，即剧场亦莫不然。因在公众共集之地，一言一动，关系于全体，不能以个人之言语举动，扰乱人之视听也。

二、我国人素乏公共心，故以不顾公德四字，为人轻视。我辈宜整躬率物①，痛除此病，使听演说者了然于胸，得改革社会之益。

三、听老僧说法，此迷信者视为极尊严之事。演说为开通风气之一端，其关系于社会，何等重大，岂可不视为极尊严之事乎？

（丙）文字应用

课文为论说体。首六句，解释演说之益处；次九句，言会场中喧嚣不静，则演说者不能尽其意；次四句，言听者不能获益；次九句，述演说场之规则；次六句，言窃议者之不合于道；次四句，言老僧说法时其徒拱默；末三句，言无纪律之举动，不可不改。

参考

【喧豗】豗，音灰。喧豗，哄闹之声。

【悬河】言辨论信口而出，不可止遏，犹河水自空中倒泻而下，滔滔不竭也。

【杂沓】乱貌，言似水之沸溢也。

【从容】从读若匆。从容，不迫之貌。

【喁喁】喁，音颙，私语声。

【禅林梵宇】皆指僧寺而言。

【拱默】拱手而不言也。

---

① 整躬率物：整饬自身做出榜样，以为下属示范。

第二十六课　国语

本文

合东西南北之人，聚于一室，而论事达情曲折周至，无隔阂之患者，其道无他，亦曰语言统一而已矣。

每见边僻之人，旦夕周旋，不出乡里。一旦至外省，接生客，酬答之顷，瞠目不能置一词，左右顾视，状若痴人。虽或积书填臆，清辩溢唇而听者茫如，十不能得其一二。有时左右为之传译，终不能尽如己意。积为患苦，孰甚于是。

且不通国语，非独一人一家受其弊也。同为一国之民，同居一国之地，其利害关系，至为密切。今以语言各异之故，凡属传达消息，交换智识，以及营共同之事业，皆有阻碍。我国四万万人，人各异心，恒为外人所讪笑。虽其原因甚多，而言语不一，实为合群爱国之阻力也。

今各省学校，聘东西教员，授外国语学。良以语言不通，不足以周知世界之事，故求之不遗余力。至于国语，为全国人民沟通语言之邮，不容置为缓图。凡我少年，亟宜研习，务各矫其乡音，毋为习惯所囿。此不特一人之幸，抑亦国家之福也。

目的

本课述统一国语之利，及各用其乡音之不便，使知研究国语之必要。

准备

将本馆所出之国语教科书，择数语读之，使学生知国语之性质。

教授事项

（甲）时间分配　本课分四时。

第一时　"合东西南北之人"至"孰甚于是"。

第二时　"且不通国语"至"实为合群爱国之阻力也"。

第三时　"今各省学校"至"抑亦国家之福也"。

第四时　复习全课。

（乙）内容提示

一、一国言语不统一，一国之民心必涣散，盖声气不通，难以联络感情故也。

二、我国语言，不特南北之音各异，即一省中亦不齐一，致觌面时情款不通，与对异邦之人无异，宜乎意见不洽，省界县界，城区乡区，相争不已矣。

三、统一国语，即为统一国家之基础，可使意见消除于无形，国家免分裂之患，其关系甚大，故有爱国思想合群主义者，必自实行统一国语始。

四、交通时代，研究各国语言文字，使中外之情，得以相通，固为当今之急务，然不以统一国语为入手办法，而惟外国语是求，是谓舍本求末，是谓急其所缓而缓其所急，非探本穷源之道也。

（丙）文字应用

课文为论说体，分四段。第一段七句，将统一国语之利，言之靡遗，全篇之大意已包括在内。第二段首九句，言边僻之人，不能与外省人酬答；次八句，言虽有学识与口才，听者不能知其意。第三段首六句，言国语之关系甚大；次五句，实言不通国语之阻碍；次六句，言语言不一，足以涣散人心。末段首九句，言今人舍国语而学习外国语之非；末六句，勉人之研习国语。

参考

【隔阂】阂，音和，闭也。隔阂，犹言闭塞也。

【边僻】边境僻陋之地也。

【周旋】犹言交际也。

【瞠目】瞠，音撑。瞠目，直视也。

【填臆】填，塞也。臆，胸也。填臆，谓填塞胸臆也。

【溢唇】溢，满也。清辩溢唇，谓清爽之辩论满于唇舌间，源源不绝也。

【阻碍】阻，阻当也。碍，窒碍也。

【讪】谤毁也。

【囿】拘也。

第二十七课　文字

本文

言语可以交换人之思想，然行远而贻后，当济之以文字。吾辈生古人之后，而求古人之用心，处今人之群，而纪今人之行事，传诸四方，贻之后世，使文明之道日趋精审，在在①均资文字。文字者，启发文明之一大利器也。

上古之时，结绳纪事。今苗、黎、侗、瑶之属，斫取树枝，部其修短巨细，标准一事，用识遗忘。皆未足为文字也。文字之最早出者，为我国与埃及。其初皆象形，摹绘实物，厥状如画。而诸国文字，咸胚胎于此。其后错综变化，各标一格，愈变而愈离矣。

文字派别分为二种，一主意义。一主声音。我国文字，以意义为主，数可数万，常用者亦数千，最为繁博。象形字之后，变而为古文、篆、隶。今日所通用者，则楷书、行书、草书也。

欧美各邦之文字，皆发源于埃及。其后腓尼基人倡为音字，以声音为主，字母不逾数十，而孳乳无穷，为用特简。一传于希腊，变为希腊文。再传于罗马，变为拉丁文。各国以其土语与拉丁文混合，遂成今日之文字。

① 在在：处处，各方面。

日本文字本出于我国，其后有假名四十八字，并合联络，因音求义，则近于音字矣。然汉字犹未能遽废也。

目的
本课论文字之功用，及文字之派别，以明文字较言语尤重。

准备
书中前图为象形文字，字之最古者也。分二层，上层中国古字，下层埃及古字。后图为上下左右四字，分古文、篆书、隶书、楷书、行书、草书六种。

教授事项
（甲）时间分配　本课分四时。
第一时　"言语可以交换人之思想"至"皆未足为文字也"。
第二时　"文字之最早出者"至"则楷书行书草书也"。
第三时　"欧美各邦之文字"至"然汉字犹未能遽废也"。
第四时　复习全课。
（乙）内容提示
一、人类未开化，则事事简略，结绳斫树，彼不自觉其不便也。人类进化，事务日繁，不能不借文字以助记忆。
二、文字既兴，而人类之思想日益发达，故进化愈速。
三、文字由简而繁。试观埃及象形之文字，几经变迁，而成欧美之音字。即我国由象形而为篆隶，由篆隶而为行楷，亦由简趋繁之证。
四、教育部议定采用切音字母，欲使文字渐归简易，虽不能即如欧美音字之便当，与日本之假名相近，此亦因时制宜自然之趋势也。
（丙）文字应用
课文为论说体，分五段。第一段首三句，言文字足以辅助言语；次九句，指出文字之功用；次二句，将文字之用再提一笔，文便愈觉醒目。第二段首八句，言上古之结绳，与苗黎之斫取树枝，均不足为文字；次十句，言我国与埃及，足为文字之母国。第三段首四句，点清文字之派别；次九句，述我国文字之变迁。第四段首二句，点明埃及为欧美文化之源；次五句，述音字之倡始及其便利；次六句，述音字屡经变迁而成为今日之西文。第五段七句，言日本人变化我国文字而成为和文，仍未遽废汉字。

参考

【贻后】传之后世也。

【结绳纪事】燧人氏为结人之政，大事则大结其绳，小事则小结其绳以记之。

【苗】唐虞时三苗之后裔也，盘踞湖南一代，后为舜所窜逐，遁于南岭一代带山谷中。数千年来，尚未开化。

【斫】音灼，斩也。

【部其修短巨细】谓部分树枝之长短大小以记事也。

【标】表也，准则也。

【识】读志，记也。

【埃及】在非洲东北隅，古时沿红海之大国也，今为英保护国。

【胚胎】妇孕一月曰胚，三月曰胎，喻物之始也。

【错综】错，交错也。综，总聚也。

【古文】自仓颉造字之后，迄于三代，其间各种之文体是也。

【篆】有大篆、小篆之分。大篆，周宣王时太史史籀所作。小篆，秦丞相李斯所作。

【隶】秦时程邈所作。邈作书于狱中，世人以邈徒隶，即谓之隶书。

【楷书】楷者，法也，模也，即为人模楷之意。为王次仲所作。

【行书】行者，流行之意。后汉刘德升所作。

【草书】取草创之义，用以赴急。后汉张伯英所作。

【腓尼基】为亚洲之古国，在地中海与黎巴嫩山之间，今东土耳其南部之腓尼基，即其地也。其人以航海最先著。

【孳乳】辗转相生也。

【希腊】在欧洲南部巴尔干半岛上，亦古文明国。

【罗马】即今之意大利。在欧洲南部亚平宁半岛上（在巴尔干半岛之西），其全盛时地跨欧亚非三洲，希腊亦为其属土。沾希腊之文化，文字渐完备。今英、法、俄、德各国字母，均源出于罗马字。

【日本文字】晋武帝时，百济阿直歧以汉学教日本太子。其后百济秀士王仁，又献我国之《论语》《千字文》于日本，日本始研究汉文汉字。至梁武帝时，百济又遣五经博士段扬尔等往日本，汉学乃日盛。

【假名】即日本之字母。唐时日本空海和尚所作。假借中国草字之形而成者，谓之平假名。假借中国正楷偏旁而成者，谓之片假名。

第二十八课　凌霄花　白居易

本文

有木名凌霄，擢秀非孤标。偶依一株树，遂抽百尺条。托根附树身，开花寄树梢。自谓得其势，无因有动摇。一旦树摧倒，独立暂飘飖。疾风从东起，吹折不终朝。朝为拂云花，暮为委地樵。寄言立身者，勿学柔弱苗。

目的

本课言凌霄花附木而生，终至委折，以明依赖之害。

准备

凌霄花为藤本茎之一种，紫藤、茑萝等皆其类也。教授时可用是类之图，指出其无植立之茎，故缠绕林木以为生活。

教授事项

（甲）时间分配　本课教授一时。

（乙）内容提示

一、凌霄附树干而著花，俨有驾而上之之势，几自忘其依附于树者，是谓不知本。

二、缠绕于树，以为无可摇动，不思树折而己亦不保，是谓居安而忘危。

三、树立而与之俱立，树偃而与之俱偃，荣枯均听命于树而不能自主，是谓无独立性。

四、植物不能自植，固植物之羞。人而谄事权要以得禄位，倚之若泰山，无才智之足以表见，其可羞尤甚。

（丙）文字应用

课文为诗歌体，共诗八韵。首一韵，写凌霄花之不能独立。次二韵，写凌霄附树身而抽条著花。次一韵，言凌霄之自得。次一韵，写树折而凌霄无依据。次二韵，写凌霄为疾风所摧残。末一韵，结出立身正意。

参考

【凌霄】蔓生乔木之上，花一枝十余朵，大如牵牛花，瓣橙黄色，其茎虽异于直立之木，而与攀缘之蔓草异，故诗中称之曰木，实则藤本而非木本也。

【擢秀】擢，耸也。秀，美也。言耸出秀美也。

【孤标】孤立之高枝也。

【飘飖】风吹物而动摇不定也。

【拂云花】言花高可拂云也。

【委地樵】言委弃于地而供樵采也。

【苗】凡草初生皆曰苗。

第二十九课　黔之驴　柳宗元

本文

　　黔无驴，有好事者船载以入。至则无可用，放之山下。虎见之，庞然大物也，以为神。蔽林间窥之，稍出近之，慭慭然，莫相知。他日，驴一鸣，虎大骇，远遁，以为且噬己也，甚恐。然往来视之，觉无异能者。益习其声，又近出前后，终不敢搏。稍近益狎，荡倚冲冒。驴不胜怒，蹄之。虎因喜，曰："技止此耳！"因跳踉大㘎，断其喉，尽其肉，乃去。

目的

本课借黔驴之事，以明学宜求实际，不可虚有其表。

准备

将虎与驴之图，比较其大小驯猛之状。

教授事项

　　（甲）时间分配　本课计一时。

　　（乙）内容提示

　　一、虎见驴而以为神，虎仅皮相而已，未知驴之技也，未知驴之虚有其表也，故受驴一时之欺。

　　二、窃窥而稍近之，此正虎疑而未决之时。盖驴之形体虽大，无猛厉之气，不足以慑虎。虎骤视之而生畏，熟视之而不觉其可畏，此驴之所以终为虎所食也。人无实学而骤得虚名，不久即败，皆驴之类也。

三、虎负其猛鸷之性，威足以震慑百兽，犹始而大骇，继而甚恐，终不敢搏，必将驴无能为之情状，尽行试出，始逞其搏噬之威。此虎之所以不可及欤。人而自恃才能，轻试其锋者，曷勿引以为戒。

四、驴无爪牙之足以搏噬，而犹不自量力，轻于举足，是显示虎以无能为也，宜乎虎尽其肉而去矣。

五、此文之佳，在乎虎之虚心处、狡诈处、活泼处，细细写出。述虎之变幻不测，即觉文之变幻不测，是为工于传神之笔。

六、"荡倚冲冒"四字，跟上句"狎"字而来，描写斯时之虎，已目中无驴，玩之于股掌，其情历历如绘。

（丙）文字应用

课文为记事体。首五句，记所以放驴于山下之故；次六句，记虎之窥驴；次五句，记虎闻驴声而骇；次三句，记虎之习闻驴声；次四句，记虎之狎驴；次二句，记驴之蹄虎；次二句，记虎之喜；末三句，记虎之噬驴。

参考

【柳宗元】字子厚，唐时人。文章与韩退之齐名，故后人并称韩柳。

【黔】即古之黔中，今之贵州也。

【庞然】大貌。

【慭慭】音印印，谨慎之意。

【搏】以爪击物也。

【荡倚冲冒】荡，撞其身而振荡之也。倚，近之而倚其身也。冲，迎其面而与之冲突也。冒，自其后而超出于前也。

【蹄之】言以足踢之也。

【跳踉】跳跃也。

第三十课　永某氏之鼠　柳宗元

本文

永有某氏者，拘忌异甚。以为己生岁值子，鼠，子神也，因爱鼠，不畜猫，禁童仆勿击鼠。仓廪庖厨，悉以恣鼠不问。由是鼠相告，皆来某氏，饱食而无祸。某氏室无完器，椸无完衣。饮食大率鼠之余也。昼累累与人兼行，夜则窃啮斗暴，其声万状，不可以寝。终不厌。数岁，某氏徙居他州。后人来居，鼠为态如故。其人恶之，乃假五六猫，阖①门、撤瓦、灌穴，罗捕之。杀鼠如邱。呜呼！彼以其饱食无祸为可恒也哉！

目的

本课借鼠贪食之害，讽人不可贪目前之安而自危其身。

准备

鼠为啮物兽之一，齿锐如凿，能啮坚物，种类甚多。教授时可用鼠类之图指示之。

教授事项

（甲）时间分配　本课分二时。

第一时　"永有某氏者"至"彼以其饱食无祸为可恒也哉"。

第二时　复习全课。

（乙）内容提示

一、因生岁值子而不畜猫，以食物恣鼠，此某氏之迷信，亦某氏之不讲卫生也。

二、鼠昼夜纷扰而某氏不厌，某氏固以为爱之，不知适以害之。

---

① 阖：hé，关闭。

三、"饱食无祸"一语，为全篇之主脑，即为鼠致死之由，故末句又重言以申明之。

四、某氏不畜猫捕鼠，固某氏之愚，鼠即肆无忌惮，改其昼伏夜动之性，宜乎得祸。

（丙）文字应用

课文为记事体。首二句，记某氏之拘泥；次八句，记某氏因生岁值子而纵鼠；次三句，记鼠之相率而来；次九句，记鼠扰害某氏之状；次九句，记后居者之杀鼠；末二句，结鼠不知防祸。

参考

【永】在今湖南零陵县。

【拘忌】拘执而多顾忌也。

【异甚】过甚也。

【鼠子神】中国历法，以鸟兽之名十二配地支。如子鼠、丑牛、寅虎、卯兔、辰龙、巳蛇、午马、未羊、申猴、酉鸡、戌犬、亥猪是也。若生于子年，则属鼠，故曰子神。

【仓廪】藏谷之所。

【恣】纵也。

【椸】衣架也。

【大率】大略也。

【累累】相属[1]也。

【撤瓦】除去屋上之瓦，使鼠无避匿之处也。

【灌穴】屋中有穴隙之处，以水灌之，使其不能容身也。

【罗捕】四面围而捕之也。

---

[1] 相属：相接连，相继。

第三十一课　临江之麋　柳宗元

本文

临江之人，畋得麋麑，携归畜之。入门，群犬垂涎，扬尾皆来。其人怒挞之。自是日抱就犬，习示之，使勿动，稍使与之戏。积久，犬皆如人意。麋稍大，忘己之麋也，以为犬良我友，抵触偃仆益狎。犬畏主人，于之俯仰甚善，然时啖其舌。三年，麋出门外，见外犬在道，甚众，走欲与为戏。外犬见而喜且怒，共杀食之，狼藉道上。麋至死不悟。

目的

本课借麋之事以去人依赖性。

准备

取犬与麋之图，指示学生，使其知犬之形猛而麋之性驯，且告以犬齿锋利，故亦为食肉兽之一。

教授事项

（甲）时间分配　本课教授一时。

（乙）内容提示

一、麋方入门而犬已垂涎，则欲食麋者犬之性，与麋戏者非犬之性也，犬能如人意而与麋戏，非畏麋也，非爱麋也，畏主人之鞭挞耳。

二、麋稍大而以犬为友，此非麋之不自量力，因久受主人之保护，不自觉其弱于犬也。故借助于人，已成习惯，将不觉己之无能，其患益不可救。

三、麋与犬抵触偃仆，犬亦与之俯仰，犬之求媚于主人，至矣尽矣。麋因此而昧其本性，见外犬而欲与之戏，是误以异类为同类也，其见杀于异类也宜。

（丙）文字应用

课文为记事体。首三句，言临江人得麋而畜之；次四句，记群犬垂涎而为主人所挞；次六句，记犬之能如人意；次五句，记麋之狎犬；次三句，记犬与麋之亲厚；次五句，记麋见外犬而欲与之戏；次三句，记外犬之杀麋；末句言麋至死不悟。

参考

【临江】今四川忠州境。

【畋】音田，猎取禽兽也。

【麋】音迷，鹿之大者。

【麑】音倪，鹿子也。

【涎】口液也。

【挞】打也。

【习示】日示狗以麋，使其见麋已成习惯，不再生食麋之念也。

【良】语词。

【偃仆】倒卧在地也。

【狎】亲昵也。

【啖其舌】吞麋鹿之舌而欲啖之也。

【狼藉】藉，音籍。狼藉，离披杂乱貌，言其血肉散乱于地也。

第三十二课　因小失大

本文

有村居者，小篱对田亩而门。门之内栓坏，不能严扃[1]。村人出，恒反闭之。然风过则门立辟。以是群鸡恒越出篱外，羊则屡入篱中。村人恒令小儿呼鸡，久之乃得。家人亦悉力驱羊，始归其圈。

其妻告曰："篱扉宜得栓，不栓则生他虞。"村人曰："修栓须费百钱，得已则已。小儿无事，可令驱羊、防鸡，亦可藉以习劳。"因置栓弗修。

他日，肥豕脱圈，冲篱门出，践田禾，直区林樾。其仆追之，失豕所在，村人正居马厩，调恶马。闻之，遂弃马追豕。妻居厨次，熨其衣，闻声亦出。女方调羹汤，亦掷其勺、匙，从母后。家人共追豕，男女杂沓至林中。仆人力驰，超岩石而过，伤足不能起。村人始舍豕勿追，舁伤仆返。比及家，则汤已沸溢，釜焦火熄。两衫久置熨斗，亦焦毁。村人乃大恚，诃其妻女。更视马厩，恶马失羁，已蹴倒良驹，断其一股。仆人既伤足，卧病旬余，不能力作。又亡豕、丧驹及两衫，而午餐亦不得饱。弊在爱惜百钱耳。

目的

本课述惜小费之害，以明吝啬者不得为俭。

教授事项

（甲）时间分配　本课分四时。

第一时　"有村居者"至"因置栓弗修"。

第二时　"他日"至"亦焦毁"。

---

[1] 扃：jiōng。

第三时　"村人乃大患"至"弊在爱惜百钱耳"。

第四时　复习全课。

（乙）内容提示

一、门之有栓，乃一室之机关，所以严内外之防也。栓坏而修，所费小而获益大，不可谓之费也。村人因须费百钱而不修，其视栓为轻而百钱为重矣，轻重倒置，宜乎大失其利。

二、得已则已，便是一种懒惰性质。村人不修栓而有此言，其处事之因循玩忽可知。天下事以因循而败者，不知凡几，村人亦其一耳。

三、因焦釜毁衣而诃其妻女，妻女固不得辞其责，然良驹断股，则谁之咎欤？人不思致祸之由而返躬自责，反责其妻女，亦不恕甚矣。

（丙）文字应用

课文为记事体，分三段。第一段首六句，记村人之门栓坏而勿修；次七句，记门辟而鸡羊之纷扰。第二段首三句，记村人妻之言；次七句记村人自言不修栓之理由。第三段首七句，记豕脱圈而出，仆人追之不及；次四句，记村人之之追豕；次三句，记村人妻之追豕；次三句，记村人女之从母而出；次二句，总结追豕之人；次三句，记仆人之伤足；次二句，记村人之弗追豕而异仆还；次五句，记家中之釜焦衣毁；次二句，记村人之诃其妻女；次九句，记村人损失之大；末句谓村人爱惜百钱，故遭如此损失。

参考

【栓】木钉也。

【严扃】紧闭也。

【反闭】谓自外而闭门也。

【羼】音铲。羼入，言杂入也。

【圈】养牛羊之所也。

75

【樾】两木交阴之下也。林樾，犹言树林深处也。

【厩】马舍也。

【调】驯伏之也。

【次】舍也。厨次，犹言厨房也。

【熨】以火置于斗而展帛也。

【勺匙】均挹①取汤水之物，惟勺大而匙（音时）小耳。

【杂沓】杂，夹杂也。沓，重沓也。

【舁】音余，共举也。

【熨斗】以铁为之，中置炽炭，以木为柄，即用其热以展帛者。今之成衣匠多用之，俗呼为运斗。

【恚】音惠，恨也。

【诃】责也。

【羁】马之络头也，人勒之而所以制其驰骋。

第三十三课　元之强盛

本文

上下五千年，环球七万里，建立国家者数以万计，而兵力之强盛，幅员之广大，则无有能及元者。

元，蒙古族也。部落分散，为金人所役属。及太祖铁木真，势始强盛，号为成吉思汗。五传至世祖忽必烈，改号称元。凡七十年间，遂统一中国。东至高丽，南及占城，北包吉利吉思，西至欧洲。诚空前绝后之大帝国也。

西历一千二百三十七年，太宗窝阔台遣兵五十万，伐俄罗斯，所过皆降。屠也烈赞，陷莫斯科，取几富②，遂逼欧洲内地。分军为二，一军由匈牙利渡多脑河，一军由波兰侵西勒西亚，恣

① 挹：yì，舀，把液体盛出来。
② 现称基辅。

行杀掠。欧洲北部诸侯、王,连兵拒之,反为所败。全欧震动,日耳曼诸部,皆携家远遁。

缅甸、占城、交趾,僻在南隅,判服无常。世祖遣将远征,诸国皆服。爪哇不听命,遣兵破之。元之国威遂震于南洋。时至元二十九年也。

元既并吞各国,乃开官道,设驿站,置守兵,行旅便之。欧人之东来者,陆行自天山南、北路,以达于北京。海行由印度洋,以达于福州。贸易日盛。元主好远略,善用人,凡有才能者,不问种族,不问宗教,无不委心任用。故天文、算术等学,由欧洲输入中国。而中国之火药、指南针、印刷术等,亦以是时传入欧洲。欧、亚文明之交通,实自元始。

目的

本课述元代兵力之强,疆域之广①,以振起学生发愤自雄,立功异域之志。

教授事项

(甲)时间分配 本课分四时。

第一时 "上下五千年"至"诚空前绝后之大帝国也"。

第二时 "西历一千二百三十七年"至"时至元二十九年也"。

第三时 "元既并吞各国"至"实自元始"。

第四时 复习全课。

(乙)内容提示

一、蒙古为金人所役属,已成衰弱之国。铁木真兴而屡败金军,又西征至欧洲。窝阔台兴而使全欧震动。忽必烈兴而统一中国,且征服边徼②。足见事在人为,不可因国势不振而灰进取之

① 本课所述元朝疆域与史实差异较大。
② 徼:jiào,边界。

志也。

二、黄种与白种之争衡，以此为最剧烈。白种受黄种之摧残，生畏惧心者，亦惟西征之役。今西人以蒙古利亚种称我黄种，亦因西征之役。欧人畏其勇猛，故加以此名。然则蒙古利亚之名，实为黄种之美名词，我黄种须不负此美名而后可。

三、用人而不问种族，不问宗教，因材而用，不存成见于胸，则怀才者接踵而至。元时各种学术之盛，皆由元主知人善任故，今民国合五大族而成，更不宜有种族之见。

（丙）文字应用

课文为记事体，分五段。第一段七句，言自古至今，环球各国，当以元为最强盛。第二段首四句，记元之种族衰微。次三句，记铁木真之崛兴；次三句，记忽必烈之统一中国；次五句，记元之疆域广大。第三段首十三句，记窝阔台西征之方略；次六句，记欧洲诸国之溃败。第四段九句，记元世祖之征服南洋诸国。第五段首五句，记元开国时之各种建设；次六句，记欧人东来之道；次六句，记元主之能用人；次六句，记欧亚文化之交通。

参考

【幅员】广狭曰幅，周围曰员。

【蒙古】鞑靼[①]种，与满洲人同出于东胡种。始居于西伯利亚贝加尔湖东岸，渐南下而并有内外蒙古，为游牧种族，世臣事辽、金。

【铁木真】即特穆津。其父伊苏克依，征塔塔尔部，获其部长铁木真，时太祖适生，即以铁木真名之，志武功也。及称尊号，因西域杀其使者，亲往征之，击定西域诸城，其别将速不台（即苏布特）袭钦察部，大略阿罗斯（即俄罗斯）东南部而还。

【成吉思汗】当铁木真未起时，有异鸟向之鸣，声曰成吉

---

① 鞑靼：dá dá，旧时对北方游牧民族的称呼。

思，及势强盛而会诸部，因取其音以为号。汗者，王也。北人之称其长曰汗，犹中国人之称君也（一说"成吉思汗"其义为"王中之王"）。

【五传】成吉思汗卒，第四子图类监国一年，诸王奉第三子窝阔台即位，是为太宗。太宗卒，子贵由立，是为定宗。定宗卒，蒙哥（图类长子）立，是为宪宗。宪宗卒，弟忽必烈（图类四子）立，是为世祖。

【高丽】即今之朝鲜，为日本属地。古时马韩、弁韩、辰韩分据其地，故又号三韩。

【占城】在安南①国都之顺化府（中国交趾之首府）南，西界暹罗②及柬埔寨，东临中国海。元时别为一国，后被安南王黎氏所并。

【吉利吉思】在土耳其斯坦之亚克摩林斯克省、塞弥勒敦省等地，为一大草原。

【黑海】一名布刺克海，在俄罗斯之南，土耳其之北，瑞典之东，与地中海相通。

【窝阔台】即谔格德依，太祖曾封之于和林之北。及即位，命拔都（即巴图）统诸将西征。

【也烈赞】在俄旧都莫斯科东南一百十里，俄罗斯之州名也。

【莫斯科】在今俄都圣彼得堡东南三百七十里。

【几富】俄罗斯东部之州名。

【匈牙利】今奥地利亚匈牙利之东部。

【多脑河】源出德意志南部，流入黑海，长五千一百里，为欧洲东南部之大河。

【波兰】本一欧洲王国，为俄罗斯所灭。其地在今俄罗斯之西部，与德意志交界。

【西勒西亚】德意志东南之州名，东与俄领之波兰相接。

---

① 安南：**越南旧称**。
② 暹罗：xiān luó，**泰国的旧称**。

【欧洲北部诸侯王】若俄之众诸侯，德之骑士，及波兰、匈牙利等军。

【全欧震动】时元之兵力，有并吞全欧之势，会太宗凶问[①]至，乃班师。

【日尔曼】即德意志，因为日耳曼人所领之地，故名。

【缅甸】在暹罗之西，今为英属。

【交趾】即今安南北半部，占城在其南。

【爪哇】一名加拉巴，为南洋群岛之一，在苏门答腊岛东南，今为荷兰属土。

【官道】即开宽阔之大道，以便往来之行人也。

【驿站】即传讯要事者之馆舍也，故又名传舍。

【天山】别名汉腾格里，即指天山之最高峰而言也。在新疆省之中部（略偏于北），为南北二道之界。

【印度洋】在东大陆之南，东邻太平洋而中隔海洋洲，西临大西洋而中隔非洲，亚洲南部大川，多入于此。

【火药】创于我国。制造之质，以木炭、硝石为主。其发明之人虽不可考，然大率在千余年前，隋炀帝时，有火药杂戏，即火药之始见于历史也。

【指南针】黄帝所作。帝与蚩尤战，蚩尤作五里雾，兵士皆迷惑失道，帝乃作此以辨四方。

【印刷术】印刷，所以代抄录之劳。汉季已开其端，即所称石经是也。及五代时，冯道刻五经，宋时毕升造活字，则以木易石矣。

---

① 凶问：死讯，噩耗。

第三十四课　进步

本文

人，动物之一也，然位于各种动物之上，而驾驭动物，以为己用。彼动物者，被宰杀，被奴役，而无如何，是何故哉？曰：人有进步，而动物无有也。

动物之中，猿为最灵。人之初生，犹猿耳。然猿之果食终古如斯也，而人则由生食而火化，由火化而递进，以至于今日之珍错；猿之巢林终古如斯也，而人则由巢窟而宫室，由宫室而递进，以至于今日之都市；猿之言语，终古如斯也，而人则由言语而文字，由文字而递进，以至于今日之文学；猿之技能终古如斯也，而人则由徒手而器械，由器械而递进，以至于今日之制造。呜呼！此猿之所以永永为人所玩弄，所役使，而不能竞也。猿且如此，其他动物可知矣。

进步之法，贵于日新月异而岁不同。使一种之人，停滞不进，则阅时未久，而他种人将挟其奔轶绝尘之势，来相侵犯，不亦殆乎？

吾国以文明先进著，而近世乃无进步可言。若不急自奋厉，何以争存于世界？愿吾国人以猿为鉴也。

目的

本课引猿之不求进步而不如人，为人鉴戒，以激起学生奋发之志。

准备

取猿类之图，指示其与人相同之点，并告以非洲之伸般西及歌利拉（均系猿名）者，立时尤与人相类。

教授事项

（甲）时间分配　本课分三时。

第一时　"人动物之一也"至"以至于今日之都市"。

第二时　"猿之言语"至"不亦殆乎"。

第三时　"吾国以文明先进著"至"愿吾国人以猿为鉴也"。

（乙）内容提示

一、兽类之中，推猿为最高等之动物，其性质灵敏，形状类人也。所以尚不离乎兽类者，以其言语动作，不能若人之日有进步也。故进步与否，即为人兽之界限。

二、兽类之为人宰杀，为人奴役，非其气力之不如人，躯干之不如人，特智识不足，不能筹抵制之策，故受制于人耳。彼野蛮之人，不能与文明之人竞者，职是故也。

三、人之有进步，即人之所以为人。然进步无止境，无界限，不可偶有一得，即沾沾自喜。否则名虽为人，不能与智识卓绝之人争，人将以我之待兽类者待我。

四、处竞争之世，不争则不存，无进步则不能与人争，我若稍一迟回，人即挟其雷厉风行之手段，相逼而至。故求进步者，即求所以生存之道。

（丙）文字应用

课文为论说体，分四段。第一段首二句，点明人字；次八句，言动物之受制于人；次三句，言人有进步而动物无进步。第二段首四句，引猿以比人；次五句，言猿之饮食无进步而人之饮食有进步；次五句，言猿之居处无进步而人之居处有进步；次五句，言猿之技能无进步而人之制造有进步；次四句，言猿之所以受制于人；次二句，言他动物之更宜受制于人。第三段首三句，言进步贵日新月异而岁不同；次六句，言无进步之可危。第四段五句，言我国古有进步而今无进步，当以猿为鉴。

参考

【宰】屠也。

【生食】不烹饪而食也。指茹毛饮血之时而言。

【火化】用火烹饪食物也。

【递进】更迭而进也。

【珍错】山珍海错也。谓山中之兽类，海中之鱼介①，皆有美味者也。

【巢窟】夏则居橧巢②（暑则聚薪柴居其上），冬则居营窟（穴处也）也。

【徒手】空手也。

【奔轶绝尘】轶，音佚。奔轶，犹言奔突也。绝尘，言其奔走极速，尘未起而人已与之离绝也。

第三十五课　男女

本文

人类之有男女，其犹人之有左右手乎。均手也，而左手之作事，不如右手。然无左手，则不可以为全人。均人也，而女子之能力，不如男子。然无女子，则不可以成社会。

人之作书也，率以右手执笔，左手按纸。人之饮食也，率以右手执箸，左手持碗。左右手之相需有如此。男女之相需也亦然。男子治外，女子治内。凡家庭中，若会计，若教育，若衣食，皆不能不需女子。且欧美女子，任律师、医士之职者甚多，而学校教师、商业簿记，尤为常职。则安见女子之不如男子也？

我国女子于援助男子之事，多不能任，其能自立以治一业者，尤不多见，而重男轻女之习，遂牢不可破。然推寻其原，则

---

① 鱼介：泛指鱼类和有介甲的水生动物。
② 橧：zēng。橧巢：古人用柴薪架成的住处。

皆不学之故耳。

目的
本课明男女之平等，不可有轻重之分。

教授事项
（甲）时间分配　本课分三时。
第一时　"人类之有男女"至"左右手之相需有如此"。
第二时　"男女之相需也亦然"至"则皆不学之故耳"。
第三时　复习全课。
（乙）内容提示
一、以左右手比男女，其理最为通达。左手之能力，虽不如右手，人未有轻贱之而不以为同等者，盖因左右手相助为理，左手足补右手之不及也。女子而能补助男子，男子焉得轻视之。
二、治内治外，各司其职，使家事秩然有序，是为家庭莫大之幸福。
三、女子而无学，则一切家政均不能理，事事仰给男子，能分利而不能生利。
四、居家而司会计、教育，出外而充医士、教师，如是之女子，恐男子犹有不逮者，安有不重视之理。
五、女子求学，为改良家庭之本，为改良社会之本。一女子失学，名曰关系于一家，实则影响及乎全国。故振兴女学而养成贤母良妻，尤急于养成参预政事之人材。
（丙）文字应用
课文为论说体，分三段。第一段首二句，以左右手喻男女；次五句，言左右手之相需为用；次五句，言有男女而后有社会。第二段首六句，言人之作书、饮食，均用左手辅助右手；次二句，言男女之相需与左右手同；次七句，因男子治外而言女子治内之职；次五句，言欧美女子之职业；次一句，断定女子非不如男子。第三段首七句，言我国女子不能自立，致成重男轻女之习惯；末二句，推出女子见轻于人，由于不学之故。

参考

【箸】进饭及取菜之具也，削竹为之。

【会计】会，音块，大计也。会计，谓大计算财用之出入也。

【律师】泰西之制，凡毕业于法律学校之学生，及有法律之智识，而考验得凭者，得代原告或被告至公庭诉讼，称曰律师。

【医士】泰西之制，毕业于医学校者，方得为医士而为人治病。

【簿记】以帐簿记出入之数也。

第三十六课　尊重人类

本文

人生于世，因其天赋智力之不同，与所凭地位之各异，不能无贫贱、富贵之分。然既同谓之人，即宜各爱其类。若以富陵[①]贫，以贵陵贱，同类相残，必非仁人君子所忍出也。

上古之时，劳力之事，无一不以人力任之。社会进化，利用牲畜，以供引重致远之用，而后人类乃尊。

桀无道，以人为车，当时讥之。王荆公老居金陵，子侄劝用肩舆。荆公曰："以人代畜，吾不忍也。"其尊重人类如此。宋室南渡，宅都临安，道路狭小，不利车马，肩舆之用始盛。相习成风，不以为怪。甚且视为贱役，陵践之而不恤。

今又有人力车，挽车者伛偻疾走，喘汗交集，其劳瘁又视肩舆为甚。大都会及商埠多用之。欧美列邦，尊重人类，视吾东方

---

① 陵：古同"凌"，侵犯，欺侮。

人之以人代畜也，斥为陋习。然则吾人当善体荆公之意，共谋所以改革。即因事势所迫，不能一旦遽绝，而待遇此等劳力之人，亦宜稍加恩意，于吾心或少安耳。

社会愈进化，机械愈发达，引重致远之具，或用汽力，或用电力。若牲畜之类，且不忍其过劳，况与我同类者乎？吾知仁人君子，其必有以处此矣。

目的
本课谓贫贱之人，亦系同类，当哀矜①之而不可轻视之。

教授事项
（甲）时间分配　本课分四时。
第一时　"人生于世"至"而后人类乃尊"。
第二时　"桀无道"至"斥为陋习"。
第三时　"然则吾人当善体荆公之意"至"其必有以处此矣"。
第四时　复习全课。
（乙）内容提示
一、自恃富贵而凌贫贱，于个人则自丧天良，于国家则涣散众志，推其祸患之所至，足以亡国灭种而有余。
二、乘肩舆及人力车，已成习惯。一时欲大加改革，非妥筹小民之生计，恐不易为力。若能彼劳其力，我报以值，不盛气以凌之，不奴隶以待之，于愧怍之心，庶可稍减。
三、荆公不欲以人代畜，欧美人斥以人代畜者为野蛮，足见尊重人类，中外一致。彼轻贱同类者，实与轻贱己之人格无异。
四、牲畜不忍过劳，故欧美有不准虐待牲畜之禁令，中国人虐待下人如牛马然者，与之相较，适成反比例。

① 哀矜：āi jīn，哀怜，怜悯。

（丙）文字应用

课文为论说体，分五段。第一段首四句，言人所以分贫贱富贵之故；次二句，言人宜爱其同类；次四句，言欺凌同类残杀同类者之非。第二段首三句，言上古时之用人力；次四句，言开化时之用牲畜而尊人类。第三段首三句，言桀以人驾车；次二句，言荆公子侄之劝荆公用肩舆；次三句，述荆公之言；次一句，断定荆公之尊重人类；次九句，言宋南渡后之所以用肩舆，及后人之凌践舆夫。第四段首五句，言人力车夫之劳瘁；次四句，言欧美人之不以以人代畜为然；次二句，言宜改革陋习；次五句，言不改革而亦宜稍加恩意。第五段首五句，言进化时代之用汽力电力；次三句，言牲畜不忍过劳而人可知；末二句，言仁人君子之宜讲人道主义。

参考

【天赋】即天然之资质也。

【王荆公】名安石，字介甫，宋神宗时主张变法者。

【金陵】即今江苏省之江宁，民国成立之初，曾称南京府。

【肩舆】一名轿，即竹舆也。因两人肩之而行，故曰肩舆。

【南渡】徽钦北狩，康王构渡江而南，即位于应天（即南京），后迁都临安，今浙江省杭县。

【陵践】陵，辱也。践，踏也。

【伛偻】俯其身而屈曲也。

【喘汗】喘，气喘也。汗，流汗也。

第三十七课　侨民

本文

　　我国地利未辟，人口日繁，失业者众。闻外国有招工者，则冒险以赴之，执事勤，取资廉，外国之资本家恒乐用之。以故亚南诸岛，及美洲、海洋洲，无不有吾国之侨民。

　　侨民之工于海外者，以闽、粤人为多。或以开矿，或以垦田，俭约耐劳，积有余资，商业亦稍稍兴焉。彼地工人，以吾人勤事廉佣之故，致夺其业，心嫉之。美国工党尤甚，于是有虐待华侨之举。

　　侨民虽久居异域，而爱国爱乡之心，未尝少杀。国中水、旱偏灾，辄筹巨款，为拯济之用。又以清政府之不加保护，致为外人所鱼肉也，则出资赞助革命。今日民国成立，侨民与有劳焉。国会议员，特设侨民专额，盖为此也。

目的

　　本课述侨民之不忘祖国，故虽身居异域，仍输巨款以济祖国之急。

教授事项

　　（甲）时间分配　本课三时。

　　第一时　"我国地利未辟"至"商业亦稍稍兴焉"。

　　第二时　"彼地工人"至"盖为此也"。

　　第三时　复习全课。

　　（乙）内容提示

　　一、执事勤而为外人乐用，此为侨民特长之性质。今海外侨民，多富商大贾，得以藉资挹注者，即执事勤劳有以致之也。

二、以勤事廉佣之故，触彼地工人之忌，致有虐待华侨之举。此非华侨之过，乃虐待者之过也。非仅虐待者之过，实我国国势积弱，政府不能尽保护之责，致受人欺侮耳。

三、出资而赞助革命，固欲我同胞不为外人所鱼肉，以成强大之民国耳。我政府须立巩固之国基，力尽保护之职，以酬侨民之功，非国会议员特设专额，即足为酬报也。

四、我国之民，能人人勤劳如侨民，人人爱国如侨民，则国未有不强者。

（丙）文字应用

课文为记事体，分三段。第一段首五句，言华民因失业而冒险赴外国；次四句，言华民之勤廉可用；次三句，述侨民托迹之区。第二段首二句，言侨民以闽粤人为多，次五句述侨民由工而及商；次六句，言外人因忌侨民而虐待之。第三段首六句，言侨民爱国而助赈；次五句，言侨民出资赞助民军；末二句，言民国酬侨民之功。

参考

【亚南诸岛】即亚洲以南诸岛，如新加坡、锡兰等岛是也。

【海洋洲】合澳大利亚群岛、马来西亚群岛、波里尼西亚群岛而言。

【侨民】即寄寓于异乡之民也。

【垦田】开辟荒地以为田也。

【佣】执役于人而受人之值者。

【杀】减也。

【与】与"预"同。

【侨民专额】参议院于华侨，特设议员六名也。（参议院议员额数，每省十名，蒙古二十七，青海三，西藏十，中央学会八，华侨六。众议院议员额数，则以人口之多寡而定，不设华侨专额。）

新國文教授法

【第二册】

第一课　民族

本文

世界人类，种族不一。古昔时代，最重血统，宗教不同，婚姻不通。所谓国家者，大抵以一民族为限。即有征服他民族，往往存歧视之心，义务不同，权利不同。压力愈大，而抵抗力亦愈大，久之，必乘机而爆发。东西历史，盖数见不鲜也。

夫民族之不能混合者，推其原因，实由于专制。专制政体，一国之中共戴一君主，恒厚视其种人，轻视他种人，阶级既分，同化益难。若夫共和国则不然，人人平等，行政之总统、立法之议员，皆由人民公举，选贤与能无种族之区别，故能萃多数之民族，而翕然无间也。

我国立国最古，民族至为复杂，其最著者，曰汉，曰满，曰蒙，曰回，曰藏，他如苗、瑶、土番等族，尤不可胜数。叠相雄长，时分时合，无长治久安之策。今者民国成立，合各民族为共和国，政治上既无此疆彼界之限，种族间更无入主出奴之分，允宜相互扶持，一德一心，以巩固我国家之基础焉。

目的

本课言民族分合之大略，及五族组织共和之利。

教授事项

（甲）时间分配　本课分三时。

第一时　"世界人类"至"同化益难"。

第二时　"若夫共和国则不然"至"以巩固我国家之基础焉"。

第三时　复习全课。

（乙）内容提示

一、抱血统主义而歧视他民族，此非自尊其种人，乃自危其种人也。爱护同种者，不当自狭其范围而激起他族之反抗心。

二、义务权利不平等，于公理最为不合。若不顾公理，人则终日劳劳，衣食不给，己则安乐无事，坐收其利，少有血气之人，必不能容忍、遂有愤而思逞之事。

三、政体专制，上下之分严，不特他种不能享平等之权利，即同种之人，亦为阶级所限而不能平等。

四、民国法律，选贤与能，为国治事，毫无种族之见。故蒙藏各族，皆有选举议员之权利。

五、五大族同隶民国，宜联合以御外侮，彼不顾大局而谋独立者，祸人自祸，民国之罪人也。

（丙）文字应用

课文为论说体，分三段。第一段首二句，点清种族；次六句，言古时重血统而限于一民族；次八句，言歧视他族而压制之，致他族乘机而爆发；次二句，言乱事为东西历史所屡见。第二段首三句，言民族之不能混合，由于政体之专制；次七句，言专制君主之厚视同种而轻视他种；次九句，言共和国人人平等，故合多数之民族而翕然无间。第三段首十三句，言种族多而分合无常，故不能长治；末七句，言民国合五大民族而成，畛域[①]既除，国基自固。

---

① 畛域：zhěn yù，界限，范围。

参考

【血统】谓同种之人血脉相同者。

【歧视】物两为歧。歧视者,即两种待遇之谓。

【爆】音豹,火裂也。

【翕】音吸,合也。

【汉】汉族为黄帝之裔,其最初根据地在帕米尔高原,沿江河①东下,战胜九黎三苗之族而据有中原。汉时武功之盛,震于异域,故有汉族之名。

【满】即通古斯族,东胡之遗种也,始居满洲,今各省皆有是族。

【蒙】见第一册三十三课。

【回】即土耳其族。为突厥及回纥之裔,奉穆罕默德教。新疆陕甘等处,最多是族,内地亦有之。

【藏】即图伯特族,唐吐蕃之遗裔也,其族居中国西部之前后藏。

【土番】各地未开化民族之通称也。

【入主出奴】入则尊之为主,出则贱之若奴也。

【巩】以韦束也,坚固也。

【基础】基,屋基也。础,柱下石也。

第二课　人民之权利义务

本文

权利义务,彼此对待者也。既有权利,遂生义务;能尽义务,斯有权利。人民之对于国家也亦然,有应享之权利焉,有应尽之义务焉。

所谓义务者,曰纳税,所以供国用也;曰当兵,所以固国防

① 江河:长江和黄河。

也。曰服从法律，所以维秩序也；曰教育子女，所以启民智也。

所谓权利者，身命、财产、名誉，受法律之保护；言论、著作、集会，任公众之自由。此无论中、外国人，既受治于同一政治之下，其权利略相等。至于以本国人为限者，则为政权。政权之类四：被选议员，一也；选举议员，二也；充行政官吏，三也；参预地方自治，四也。

十八世纪以前，多君主专制国。所谓人民，特君主之奴隶而已，不知权利，况义务乎？法儒卢骚首倡民权，继起者益申其旨，始知权利义务不可偏废。彼专制国之人民，实未享生人之幸福也。迄今百余年，各国政体日离专制而趋共和，卢氏之说，亦遂如日月经天，江河行地矣。古人云："立言不朽。"岂不信欤？

目的

本课述人民应尽之义务，应享之权利，使学生知权利义务之界说。

教授事项

（甲）时间分配 本课分三时。

第一时 "权利义务"至"参预地方自治四也"。

第二时 "十八世纪以前"至"岂不信欤"。

第三时 复习全课。

（乙）内容提示

一、人人不尽义务，则国用无著，御侮乏人，国何以立？苟无国，则身且不保，何权利之可享？

二、一国之政权，为一国之民所独享，外人不得而参预，否则主权丧失矣。

三、卢氏于专制时代，能发明共和之真理，是谓创新学说，有真识见。今之坐享民权者，当不忘卢氏也。

95

（丙）文字应用

课文为论说体，分四段。第一段首六句，言权利义务之对待；次三句，言国家之权利义务，为人民所应尽应享。第二段九句，列举应尽义务之事项。第三段首五句，列举应享权利之事项；次三句，言普通权利，为中外人所同享；次二句，言政权为本国人所独享；次九句，指出政权之类别。第四段首六句，言专制时代之人民，不知权利义务。次五句，言经法儒及继起者之提倡，始知权利义务；次二句，再言专制国人民之未享生人幸福；次六句，言各国政体趋于共和，卢氏之说遂不可变易；末三句，引古人之言作证。

参考

【当兵】各国宪法，有规定国民当兵之义务，其年限各国不同。大约年在二十岁以上，即被征为常备兵。三年期满，退为续备兵。三年期满，退为预备兵。四年期满，脱离兵籍。

【被选议员选举议员】大约以纳税数及年龄定其资格。

【行政官吏】大总统副总统以下，内如内阁总理及阁务员，各部总长次长及常务官，外如都督及司长科长科员，各地方民政长，均为行政官吏。

【地方自治】以本地方人民，治本地方之事。各省县市乡各议事会、参事会、董事会皆是也。

【卢骚】见第一册第二十四课。

【立言不朽】太上有立德，其次有立功，其次有立言，虽久不废，此之谓不朽。《左传·鲁叔孙豹》语。

第三课　习惯说　刘蓉

本文

蓉少时，读书养晦堂之西偏一室。俛而读，仰而思，思有勿得，辄起绕室以旋。室有洼，径尺，浸淫日广。每履之，足苦踬[①]焉。既久而遂安之。一日，父来室中，顾而笑曰："一室之不治，何以天下家国为？"命童子取土平之。后蓉复履其地，蹴然以惊，如土忽隆起者，俯视地坦然，则既平矣。已而复然，又久而后安之。噫！习之中人甚矣哉！足之利平地，而不与洼适也，及其久，则洼者若平，至使久而即乎其故，则反窒焉而不宁。故君子之学，贵慎始。

目的

本课言习惯之难除，使学生知慎始之道。

教授事项

（甲）时间分配　本课分二时。

第一时　"蓉少时"至"又久而后安之"。

第二时　"噫！习之中人甚矣哉"至"故君子之学，贵慎始"。

（乙）内容提示

一、足之不适于洼，自然之理也。久而安之，非洼地之已平，实足已惯行此洼地矣。是犹人之习于恶而不觉其恶耳。

二、履平地而如土隆起，非地之不平，因足习行于洼地，故反觉其不平也。

三、始以洼为苦，是其本性未失也。继以平为不适，是其本性失而不能骤复也。故与其丧失本性而求反乎故，不若严以自律而慎之于初。

① 踬：zhì，被东西绊倒。

四、"学贵慎始"一语，虽至末句始行点出，而欲破除不良之习惯，非实行此语不可。

（丙）文字应用

课文为论说体。首六句，述读书时之形状；次六句，言室中洼地，久履之而遂安；次三句，言父至室而发言；次二句，述父之言；次一句，言父命童子平洼地；次八句，言履平地而若不便，亦久而复安；次二句，发慨叹之词，将习字提清一笔；次五句，言习行洼地而洼者若平，即乎故而反不宁；末一句，言学贵慎始。

参考

【刘蓉】字孟容，一字霞仙，清时人，著有《养晦堂文集》。

【养晦堂】堂以养晦名，取诗"遵养时晦"（昧也）之义也。

【俛】同俯，即俯首之意。

【洼】乌瓜切，地之低处也。

【浸淫】随其脉理而浸渍也。

【蹴然】改容不宁之貌。

【窒】窒碍也。

第四课　自立　张士元

本文

凡物莫不有死。草木、鸟兽、昆虫，有朝生而暮死者，有春夏生而秋冬死者，有十年百年千年而死者。虽有迟速，相去曾几何时？惟人亦然。方其生时，劳之以所为，淫之以所好，汩[①]之以所思。其经营不已，若无复有尽期者。及其气散而死，则骰然不能肉其白骨。与草木、鸟兽、昆虫之变灭何异乎？

[①] 汩：gǔ，扰乱。

君子知之，故不以形体之有无为生死，而以志气之消长为生死。吾今日形体无恙而志气已竭，斯为死矣。吾志气配乎道义，发乎文章，且与天地同流，而奚有于形体乎？故简策所载古圣贤人，虽死已久矣，而其辉光常如日星之烂然，盖其人至今存也。然则死而不死，亦在人之自为之而已。士宜何如自立哉？

目的
本课言人宜怀远大之志，立不朽之业，否则虽生犹死。

教授事项
（甲）时间分配 本课分二时。
第一时 "凡物莫不有死"至"与草木鸟兽昆虫之变灭何异乎"。
第二时 "君子知之"至"士宜何如自立哉"。
（乙）内容提示
一、动植物之生死修短，无足重轻者，因其无事业之足称也。人而生无益于时，死无闻于后，则与草木鸟兽昆虫何异？
二、人生上寿不过百年，未有历久而不死者，故保护其形体，不若保护其身后之名。
三、人而志气萎靡，筋骨柔脆，不能尽一身之职务，则虽生犹死。人而立不朽之盛业，使千载后犹想见其为人，则虽死犹生。
四、死不死在人自为，其意非言形体之死生，乃言志气之死生，声名之死生也。古人以立德立言立功为三不朽者，亦即斯意。
（丙）文字应用
课文为论说体，分二段。第一段首句，言死为生物不能免；次六句，言草木鸟兽昆虫之生死，虽有修短，亦无甚区别；次一句，言人与草木等无异；次六句，言人之营营而生；次三句，言人之草草而死。第二段首三句，言君子重志气而不重形体；次三

99

句，言形体具而志气竭，与死无异；次四句，言道义文章为重而形体为轻；次五句，言古人虽死而光辉至今犹存；次二句，言死不死在人之自为；末一句，勉人自立。

参考

【张士元】字翰宣，清时人，著有嘉树山房文集。

【淫】浸也。

【汩】音骨，乱也。

【经营】经，量度也。营，谋为也。

【骸然】骸，音哮。骸然，白骨貌。

【简策】简，竹简也。古未有纸，用以载文者也。连编诸简，乃名为策。

【烂然】光明貌。

第五课　李侃妻

本文

唐李侃为项城令。有贼攻之，侃欲逃去。其妻杨氏曰："寇至当守，力不足则死焉。君而逃，尚谁守？"侃曰："兵少财乏，若何？"杨氏曰："县不守，则地贼地也，仓廪府库皆其积也，百姓皆其战士也，于国家何有？请重赏募死士。"侃乃召吏民入庭中，曰："吾虽为令，然满岁则去，非如若等生此土也，坟墓存焉，宜相与死守，忍失身北面奉贼乎？"众泣，皆诺。乃徇曰："以瓦石击贼者，赏千钱。以刀矢杀贼者，万钱。"立得数百人。侃率以乘城。杨氏自爨①以享众。已而侃中流矢还，杨氏责之曰："君不在，人谁肯固守？死于外，犹愈于床也。"侃复登城。会贼将中矢死，遂引去。

① 爨：cuàn，烧火做饭。

目的

本课述李侃妻助侃守城故事，以愧男子之无勇者。

教授事项

（甲）时间分配　本课分二时。

第一时　"唐李侃为项城令"至"众泣皆诺"。

第二时　"乃徇曰"至"遂引去"。

（乙）内容提示

一、杨氏虽未亲临战阵，而能责侃以大义，使侃悟己之非，死守其地而不去，项城之所以获全，皆杨氏之功也。

二、寇至当守，力不足当死，出言何等慷慨，何等决绝，是为巾帼而有须眉气者。彼无气节之男子，闻之能无愧死？

三、弃城而去，则土地积蓄人民，无一而获全。杨氏性既义勇，识亦明达，请重赏以募死士，盖以为委之于贼，不若施之于民，尚得以背城一战也。

四、侃为杨氏之言所激发，以坟墓动人，以资财结众，亦能知激发人心之道矣。

五、死于外，犹愈于床，大有男儿当死于边野，以马革裹尸还葬（后汉马援语）之意。

（丙）文字应用

课文为记事体。首三句，记李侃畏贼欲逃；次六句，记杨氏以死守责侃；次三句，记侃自明欲逃之故；次十句，记杨氏言弃城之害；次八句，记侃激民以死守之义；次二句，记众人之感泣允诺；次六句，记侃之悬赏击贼而得数百人；次二句，记侃乘城而杨氏司爨；次七句，记侃还而杨氏责之复登；末二句，记贼兵引去。

101

参考

【项城】故城在今河南项城县东北。

【贼】时李希烈欲取河南，分兵略项城，故史称之曰贼。

【徇】宣布号令也。

【流矢】飞来之矢，谓射者非注意是人，是人适当其冲而为所中也。

第六课　罗兰夫人

本文

罗兰夫人者，法女也。天资颖特，好读书。以嫁于罗兰，故人称曰"罗兰夫人"。

初，法国政治腐败，人民憔悴。夫人目击时艰，即以改造政府自任。西历一千七百八十九年，法国革命军起。夫人相其夫，设里昂同盟会，日以著述鼓吹革命。时国中党人分两派：山岳党主急进，罗拔斯比路①为之魁；芝仑多党主和平，罗兰为之魁。其左右罗兰者，则夫人是也。

越二年，法王路易就逮，山岳党肆行杀戮。夫人力斥之，由是为众所忌。而夫人志气弥厉，勖其同志曰："吾侪今不能自救，然不可不救国。"未几，路易被刑。罗兰辞职，夫人亦为仇家所陷，置于法。然其身既死，其名益张。及山岳党败，法人益追思夫人，迄于今勿替云。

目的

本课借罗兰夫人杀身成仁之事，激起学生爱国心。

---

① 现称罗伯斯庇尔。

准备

取近世六十名人中之罗兰夫人肖像，指示学生，使其知女豪杰之态度。

教授事项

（甲）时间分配　本课分二时。

第一时　"罗兰夫人者"至"则夫人是也"。

第二时　"越二年"至"迄于今勿替云"。

（乙）内容提示

一、女子而以改革政府自任，志愿何等远大。卒能赞助其夫，扫除专制之毒，非性好浮动而徒事嚣张者可比。

二、急进和平，宜相度时势而用，破坏时宜急进，建设时宜和平。王位已推翻，而犹挟其暴戾之手段，为已甚之事，宜乎酿成恐怖时代（当时流血之惨举国战栗，因谓之恐怖时代）。

三、夫人不死于鼓吹革命之时，而死于革命告成之后（山岳党因诛锄王党迁怒于主和平者，遂以通谋叛徒等之伪证杀之），足见山岳党之惨酷。

四、以自救为轻而救国为重，是轻视个人而重视全国也，必如是而可谓公尔忘私，必如是而可为真爱国。

（丙）文字应用

课文为传记体，分三段。第一段六句，记罗兰夫人之家世及其性情。第二段首三句，言法之政治不良而民受其害；次二句，记夫人有志于改革；次五句，记法国革命军起，夫人相其夫鼓吹革命；次五句，记民主党分两派；次二句，记夫人之赞助罗兰。第三段首五句，言山岳党肆行杀戮，夫人斥之而触其忌；次四句，言夫人志气不衰，勖同志救国；次五句，记夫人之死；末五句，言夫人虽死而法人追思勿置。

参考

【罗兰夫人】名扑希利兹托①，姿容绮丽而眉端凛凛，时露英爽之气，洵女丈夫也。

【颖特】聪颖而出众也。

【罗兰】法国之政治家兼著作家也，西历一千七百九十二年为内务大臣，后自杀于里昂。

【憔悴】形容消瘦也。

【目击】击，触也。目击，言事触于目也。

【里昂】为法兰西第二大城。

【鼓吹】鼓动吹嘘也。

【山岳党】此党在议院中坐位最高。

【芝仑多党】即平原党。

【左右】辅佐也。

【路易】时法王为路易第十六。

【肆行杀戮】山岳党杀戮不附己者，动辄数千百人，翦灭法王家属，靡有孑遗。

【勖】音蓄，勉也。

【替】废也，止也，灭也。

第七课　惜时

本文

东方之谚曰："一寸光阴一寸金，寸金难买寸光阴。"西方之谚曰："时者，金也。"

勿论所治何业，商得赢，工得值，农得获，咸积时刻之勤劳以致之。然则光阴者，果黄金矣。

借金而不还者，固耗人之金。若与人期久不至，令耗其时

① 现称普希利兹托。

刻，亦犹取人之金，而负约不还也。

借金不还，则必愬之于理。为人爽约，而坐耗吾黄金之时，在法不能理也。天下负人之人，至使人无可伸愬，宁非大悖公德者耶？

故与人期，及期而不至，其损害之巨，无有纪极。譬如约会者百人，即浪费此百人之时刻。此百人中，有办事之官吏、营业之商贾，其所值不知凡几。呜呼！以一人之怠缓，乃损耗其同辈若是之巨，可不戒乎？

彼资财之偶失，有更来时也。光阴一去，于何索之？虽悟后振刷，然来者为后此之光阴，非复前此之光阴。故光阴之可贵，为一己计，当惜之；为众人计，尤当惜之。

目的

本课述时间之可贵，使学生不至虚掷光阴。

教授事项

（甲）时间分配　本课分三时。

第一时　"东方之谚曰"至"宁非大悖公德者耶"。

第二时　"故与人期"至"尤当惜之"。

第三时　复习全课。

（乙）内容提示

一、有一分光阴，即可办一分事业。有一分事业，即可得一分金钱。故光阴者，间接之金钱也。世之爱惜光阴者，而曰黄金时间，即斯意也。

二、借金而不还，有形之损失也。与人期约而久不至，无形之损失也。使人受无形之损失，其罪尤大。

三、借金而负约不还，待资财充足，或有归偿之日，光阴则一去不复还，永无归偿之望。

四、以个人迟误之故，浪费众人时刻，人固损耗多金，我因此而失社会之信用，后日恐无立足地，损失较人尤巨。

（丙）文字应用

课文为论说体，分六段。第一段五句，引谚语作证。第二段首五句，言各业皆积时刻之勤劳而有得；次二句，断定光阴为黄金。第三段首二句，言借金不还而耗人之金；次四句，言耗人之时刻者，亦与耗人之金无异。第四段首二句，言借金不还，必至愬讼；次三句，言为人爽约，不能诉之于法庭；次三句，言负人而使人不能愬，是为大悖公德。第五段首十句，极言失约之害；次四句，言损人之事不可为。第六段首七句，言光阴一去不复来，非资财可比；末五句，言不论己与人之光阴，均宜爱惜。

参考

【东方】指我国而言。

【谚】俗语也。

【西方】兼欧美各国而言。时者金也一语，为荷兰之谚。

【赢】有余利也。

【耗】减也，虚耗也。

【愬之于理】愬，与诉同，控告也。理，治理狱讼之官。诉之于理，言控告于治狱之官也。

【爽约】失约也。

【在法不能理】理，审判也。在法不能理，言事为法律所不得而审理也。

【纪极】犹言穷尽也。

【浪费】费用不精要之貌。

【振刷】振作而刷除也。

第八课　人之职分

本文

凡人之生，天既予以五官百体，则当思有益于世。故农、工、商贾，无不有当然之职分。岂其人皆好劳而恶逸，天下之公理，固如是也。

圣人论生财之道，曰："国无游民。"是游民者，国之蠹也。若夫残废之人，宜在矜恤之列，何妨听其安坐无事。然而跛者可使守门，瞽者可使治乐。东西各国，近且设盲哑学校，教以生业。则亦未尝无所事也。推而言之，飞走之伦可谓贱矣，而马可驾车，牛可耕田，犬能守夜，鸡能司晨，独人以万物之灵，反飞走之不若，不亦大可哀乎？

今世贵游子弟，湛溺富贵，不知有艰难忧患之境。平居则号召徒侣，恣情酒食，寄兴樗蒲，汲汲不足，夜以继日。至于精神瘫痪，筋骨痿痹，竟成废物。而其始则固聪明韶秀，翩翩一佳子弟也。昔陶士行尝言："大禹惜寸阴，众人当惜分阴。"有志之士，可以知所取法矣。

目的

本课言人无贵贱，皆当各尽其职，不可为无业之游民。

教授事项

（甲）时间分配　本课分三时。

第一时　"凡人之生"至"则亦未尝无所事也"。

第二时　"推而言之"至"可以知所取法矣"。

第三时　复习全课。

（乙）内容提示

一、国家之所以成立，皆由人民各尽劳瘁，不贪逸豫耳。若人人好逸恶劳，则百事荒废，国未有不衰弱而至于亡者。

二、游民不任事而衣食仰给于人，是知分利而不知生利也。分利者多而生利者少，国乌得不日现贫困之象？

三、游民而称曰国之蠹，亦深恶而痛绝之辞也。不特不如残废之人，且不如牛马鸡犬。

四、贵游子弟之不事生业而浪掷金银，固以为吾借藉祖宗之余荫，非仰给于他人。不知既无职业，不能生利，仍不免为社会之蠹也。

五、大禹惜寸阴，士行惜分阴，我辈并士行而不若，惜阴又当何如？

（丙）文字应用

课文为论说体，分三段。第一段首三句，言天既生人，人必当有用于世；次五句，言人当各有职业。第二段首五句，借圣人之言而论游民之害；次三句，言残废之人，若可无事；次六句，言残废者亦宜各有职业。次七句，言禽兽亦各有其用；次三句，言人不如禽兽者之可哀。第三段首三句，言贵游子弟之不知艰难；次五句，言其荒嬉无度；次三句，言其身体孱弱而成废物；次二句，回忆其年少时之态度；末五句，引士行惜阴之言以勖志士。

参考

【予】音与，赐与也。

【五官】旧说以心耳目口鼻为五官。今说名五官器，如眼为视觉器，耳为听觉器，鼻为嗅觉器，舌为味觉器，皮肤为触觉器，皆有神经通于脑，职司传报外界之现象。

【百体】指人身之各种形体而言。称之曰百者，统合之辞也。

【分】位分也。

【国无游民】大学谓国无游民，则生之者众，食之者寡，为之者疾，用之者舒。

【蠹】木中虫也。

【盲哑学校】西历一千七百八十年（即清乾隆四年）奥地利有一盲女，用凸字及凸形之地图，以教盲人，并授以风琴。一千七百八十四年，巴黎人哈乌伊聘之，以教诸盲者，此即盲人学校之始。聋哑学校，在十八世纪之末叶，宗教家爱配始建于法京巴黎，其后欧美各国及日本，均建设盲哑学校。近年我国保定、烟台、广州、福州等处，亦有盲哑学校，大抵皆教会中人所设立也。

【湛溺】陷溺也。

【徒侣】徒众伴侣也。

【恣情】放肆性情也。

【瘫痪】瘫，音滩。痪，音换。瘫痪，言四体麻木不仁也，即俗名风瘫。

【痿痹】痿，音逶。痹，音必。痿痹，湿病也，足软而不能行之貌。

【韶秀】美秀也。

【翩翩】鸟飞貌，言动作之灵敏飘逸，如鸟之飞也。

第九课　开矿

本文

人之初生，穴居野处，取草木之实，鸟兽之皮肉，以供衣食。其日用器物，率取给于石焉。厥后人智渐辟，既知冶金之术，始则用铜、锡，继则用铁。器用日精，而文化以进。今者轮轨如织，工厂如林，其物质之文化远迈前古，而究其由来，则亦舍煤、铁不为功。谓文野①之差，视其利用矿物之度以为断，殆非过论也。

尝至某煤矿，乘升降机而下。初至，甚昏黑，咫尺不可辨。

① 文野：文明与野蛮。

109

遥见火光荧荧，则矿工所持之灯也。洞中支巨木为柱，以防崩陷。道路四达，中设铁轨，运煤以车，曳车以马，往来道中，轰轰似雷鸣。斧凿之声，不绝于耳。矿工昼夜分三班，更番出入。窃惊其规模之巨，经费之繁。闻业者言，投资不厚，浅掘即止，必卒于失利云。

矿业者，富源所由出，而物质文化之盛衰，亦系于斯。世人之于矿业，顾可恝然视之乎？

目的

本课述矿物功用之大，及矿工工作之劳瘁，以明开矿为致富之源。

准备

书中之图，为矿工在煤矿中工作之图。或用斧凿掘取，或用马车装运，各司其事。中间则为煤车通行之铁道。

教授事项

（甲）时间分配　本课分三时。

第一时　"人之初生"至"殆非过论也"。

第二时　"尝至某煤矿"至"顾可恝然视之乎"。

第三时　复习全课。

（乙）内容提示

一、日用之物，如炊物之锅，起土之锄犁，缝纫之针，斫木之斧斤，无一物不须用铁。故五金之中，以铁之用为最广。

二、工业发达，则煤炭之用亦愈大。文明之国，不用人力而用蒸汽之力者，皆煤为之也。故矿物之中，古以铁为最要，今则煤铁并重。

三、将矿中情景，条分缕析而言之，文法秩然有序，觉得煤矿之中，亦秩然有序。

(丙) 文字应用

课文为论说体，分三段。第一段首七句，述上古时之人事简单，其所用之物亦拙笨；次六句，言人知冶金之术，而器用日精进；次六句，言现今煤铁并重；次三句，言利用矿物与否，足以验其文野。第二段首七句，言初至煤矿而昏黑，继而始见灯火；次四句，言矿中之布置；次六句，述煤车及斧凿之声；次三句，言矿工工作之劳；次二句，言观之而惊其规模大而费繁；次四句，述业者之言。末段六句，言矿业关系之大。

参考

【升降机】人乘之以升降之机器也。煤矿甚深，故升降皆用机器。

【咫】音纸，八寸也。

【荧荧】小光之烛。

【更番】更换而入，若轮之转也。

【恝然】无愁貌，即不以此事为念也。

第十课　我国矿业

本文

我国矿产之富，为寰球所称。然开采而有成效者，仅得其四：曰漠河，曰开平，曰大冶，曰萍乡。

东三省产金最富，随地皆有，所谓金穴也。今所开采者，惟有漠河金矿，地在黑龙江上游。清光绪十三年，始集股开办，名曰漠河金矿公司。每年出金平均三万余两。

开平煤矿在直隶东北部，距天津一百八十里。清光绪四年，始立开平矿务局。开凿之洞共三处：曰唐山，曰林西，曰西坑。出煤甚旺，我国兵舰、商船多仰给焉。

大冶矿山，在湖北大冶县。其地当长江右岸，山脉绵亘数十里，皆产矿，而以铁矿为多。清光绪十七年始设矿局，隶于汉阳铁政局。已开者二处：曰铁山，曰狮子山。大冶之东，又有煤矿，铁政局所用之煤皆取给于此，且其质良，各国往来汽船亦多用之。

萍乡，在江西西境。清光绪二十四年，始设安源煤矿局，厥后成效大著。炼制焦炭，其质尤佳。近筑铁道达湖南之株洲，以为转运之用。

目的
本课述我国矿业，使学生略知现时之状况。

教授事项
（甲）时间分配　本课分二时。
第一时　"我国矿产之富"至"多仰给焉"。
第二时　"大冶矿山"至"以为转运之用"。
（乙）内容提示
一、我国产金之地，不仅漠河一隅，四川之打箭炉一带，吉林之长白山，蒙古之阿尔泰山（一名金山，即以产金故）等地皆是。今无论开采已否有效，而产金之区，外人觊觎已久，我国可不亟起图之乎？

二、我国产煤之盛，当以山西为最。山西煤层之厚，不特甲于中国，且甲于世界。而反不若开平煤矿之有成效者，因开采未能得法也。

（丙）文字应用
课文为记事体，分五段。第一段首二句，言我国矿产之富；次六句，记我国开矿有成效之地。第二段首三句，记东三省矿产之多；次三句，记漠河金矿之地点；次三句，记漠河金矿创办之时；次二句，记每年出金之数。第三段首三句，记开平煤矿之地点；次二句，记开平煤矿创办之时；次四句，记凿煤之地；次三句，记煤之用途。第四段首六句，记大冶铁矿之地点，及其矿产之富；次三句，记大冶铁矿创办之时；次三句，记已开之处；次四句，记大冶东境之煤矿及其用途；次三句，记煤质良而用之者多。第五段首二句，记萍乡之地点；次二句，记安源煤矿局成立之时；次三句，言其出煤之佳；末二句，言筑铁路以便转运。

参考

【黑龙江】上源曰敖嫩河，源出外蒙古车臣汗部之肯特山，经黑龙江省之北，流入鞑靼海峡。

【上游】即上流也。

【绵亘】绵延不绝也。

【焦炭】一名骸炭。以碎煤入窑，再烧至炽热，迫成流质，出窑浇水，即成。火力甚强，燃时无烟，无恶臭，为煤之最佳者。

【铁道达湖南】初名萍醴铁路，由江西之萍乡县，西通湖南之醴陵县。后又展筑至株洲，名萍株铁路。长株铁路通车后，更可直达长沙矣。

第十一课　采珠

本文

印度之南，有岛曰锡兰。其海产珠贝。每值冬令，采珠之船咸集焉。

珠船之出，必以黄昏。一船可二十人。十人行船，十人没水。没者以五人为班，更番入，自夜达晓。

船底有绛石五，系之以绳。入水之人，以足蹴石，右手揽绳，胸前悬小筐，拾取珠贝。约二分钟，船人收绳，援之出水。

113

珠贝出海，双函严闭，内蚝犹未死也。力劈之，则伤其内藏之珠。乃藏贝地穴，陈于席荐之上。久之，蚝死壳启，珠乃无恙。

　　珠人一夕中，可入海四五十次，一次可拾百贝。然久滞水中，口鼻多流血。若遇鲨鱼，则身躯糜烂矣。

目的

本课言采珠之法，以明入海采取珍宝之不易。

准备

图中有悬绳而下者，有已在水中者，有持绳将上者，即书中所谓更番而入也。

教授事项

（甲）时间分配　本课分二时。

第一时　"印度之南"至"援之出水"。

第二时　"珠贝出海"至"则身躯糜烂矣"。

（乙）内容提示

一、珠之为物，寒不足以为衣，饥不足以为食，而人视为宝贵之物者，物以罕而见珍也。

二、入海采珠，为至危险之事。稍一不慎，或葬身鱼腹，或闷毙水中，而人犹有业此者，盖利之所在，人争趋之也。

三、处事必有条理，采珠为事之涉于险象者，处置得当，亦能转危为安。

（丙）文字应用

课文为记事体，分五段。第一段五句，记采珠之地。第二段首二句，记珠船出海之时；次三句，记行船没水之各有职分；次三句，记没水者之分班入海。第三段十句，记采珠之法。第四段首三句，记贝初出海时之情形；次七句，记取珠之法。末段首三句，记珠人获利之易；末四句，记入海之危险。

参考

【印度】在亚洲西南。

【锡兰】在印度半岛之东南，亦为英属，与印度相隔处为保克海峡。

【绛】赤色也。

【双函】贝之壳也。

【蚝】音豪，贝之身也。

【鲨鱼】鲨，音沙。鲨鱼，一名鲛鱼，产热带海洋中，大口无鳞，性强暴贪食，故能害人。其腹下有翅，味甚肥美。其皮亦可食。

第十二课　珊瑚岛

本文

泛舟于南太平洋，遥望澳大利亚之东北岸，见海中有岛，绵亘数千里，状如天然之长城。既而入印度洋，航行热带下，又见小岛如环，径可百数十里，椰树丛生其上，海水湛然，风景怡人。此即所谓珊瑚岛也。

珊瑚，小虫也，千万成群，聚居海底，恒吸取海中石灰质，分泌而为壳。其质如骨，坚且过之。积累既久，成树枝形，权枒于海中。风平浪静时，自海面俯窥之，美丽绝伦。

珊瑚能成岛屿，而簇出于海面者，则水力使然也。珊瑚积累既多，波涛击而碎之，时簸扬而置之礁上。不知几何年，始出于水。又经风水之剥蚀，不知几何年，始成土壤。而草木种子，为风潮所送，飞鸟所遗，附著其上，积久蕃盛，遂成茂林。即太平洋、印度洋所见是也。

珊瑚之在海底者，舟人以铁网取之。其色或红或白，质糙如蜂房，磨之则光泽，世皆珍之。

目的

本课述珊瑚岛为小虫所成，引起学生研究博物学之旨趣。

准备

书中之图，上层为三种珊瑚之形，下层为印度洋中珊瑚岛之形，岛上丛生者为椰树。

教授事项

（甲）时间分配　本课分三时。

第一时　"泛舟于南太平洋"至"美丽绝伦"。

第二时　"珊瑚能成岛屿"至"世皆珍之"。

第三时　复习全课。

（乙）内容提示

一、珊瑚虫之体，腔与肠不分，故曰腔肠动物。于动物之中为下等者。（高等动物体腔之内有消化器、循环器、排泄器各部之分，珊瑚虫之体为一小圆筒，内惟一囊腔肠，外通处即为虫之口，故为下等。）

二、珊瑚为小虫，而分泌之质，尚能成树成岛。古语所谓涓涓不塞而成江河者，即此理也，故人宜谨小而慎微。

三、珊瑚岛之所以成，非少数虫之力，乃合群体而成，故能群则积小可以见其大。

（丙）文字应用

课文为状物体，分四段。第一段首五句，述太平洋中岛屿之状；次七句，述印度洋中岛屿之状；次一句，点出珊瑚岛。第二段首十一句，述珊瑚树所以成之故；次三句，述树之美丽。第三段首三句，述珊瑚岛成于水力；次八句，述成岛屿之种种原因；次六句，述茂林所以成之故；次一句，点出所见之地。末段首二句，述采取珊瑚之法；末四句，述珊瑚之种类及其体质。

参考

【太平洋】在亚洲之东，美洲之西，赤道以北为北太平洋，南为南太平洋。

【澳大利亚】岛名，为海洋洲中之大岛也，在菲律宾群岛之南。

【印度洋】在东大陆之南，为五大洋之一。

【热带下】珊瑚生长之地，水必深而清，暖而咸，故珊瑚虫多产暖海流流过之处。

【椰树】热带之常绿植物，木干五丈至十丈之高，叶丛生于树顶，其木材可供建筑。

【湛然】澄清之貌。

【泌】夹流也。

【杈枒】音叉丫，树枝歧出也。

【礁】海中暗岛也。

【剥蚀】剥削侵亏也。

【糙】粗劣也。

【蜂房】蜂巢也。

第十三课　张骞

本文

汉武帝时，匈奴数寇边。帝谋伐之。闻西域有月氏者，与匈奴有隙，欲连月氏共击匈奴，乃募能使者。张骞应募使月氏，取道匈奴，为所得。留十余岁，得闲西走，历大宛、康居，而达月氏。时月氏王在大夏，骞从之。月氏王以汉远，辞骞。骞还，又为匈奴所得。岁余，亡归汉。骞行时偕百余人，去十三岁，惟二人得还。

骞所经诸国，必考其地形、物产，备记之。其在大夏也，见

117

蜀布、邛竹杖，问其所从来。则曰："得自身毒。"骞知身毒去蜀不远矣。骞既再困于匈奴，欲由蜀通西域，不得达。后乃取道乌孙，与诸国互遣使节，往来不绝。骞卒后，汉用其遗策，卒臣属西域，而匈奴亦因以不振。

目的
本课述张骞开通西域之功，引起学生立功异域之志。

教授事项
（甲）时间分配　本课分二时。
第一时　"汉武帝时"至"惟二人得还"。
第二时　"骞所经诸国"至"而匈奴亦因以不振"。
（乙）内容提示
一、人必有冒险性质，而后能成不世之业。骞若为匈奴所得而灰其志，则不得达月氏，更不得通西南夷。
二、百余人惟二人得还，其所历艰险之境，不言可知。骞仍以通西域为事，则不特能冒险，且有坚忍不拔之操。
（丙）文字应用
课文为记事体，分二段。第一段首三句，记武帝之谋伐匈奴；次三句，记武帝欲连月氏击匈奴；次八句，记骞之由匈奴而达月氏；次四句，记月氏王之辞骞；次四句，记骞归途又为匈奴所得；次三句，记骞得庆生还。第二段首三句，记骞之留心考察；次六句，记骞之得悉身毒；次三句，记骞之不得由蜀通西域；次三句，记骞由乌孙通西域；末四句，记汉用骞遗策而服西域制匈奴。

参考
【西域】今新疆省地，汉时殆兼葱岭内外诸国而言也。
【月氏】月氏本居敦煌祁连间，为匈奴所逐（其王为老上单于所杀，故怨匈奴）乃西走击大夏而臣之，建国于妫水之滨，即今土耳其斯坦布哈尔之地也。

【大宛】今土耳其斯坦之浩罕及塔什干地。

【康居】今土耳其斯坦之北部。

【大夏】今阿富汗北部。

【蜀布】蜀，今之四川省。蜀布，即四川所出之细布也。

【邛竹杖】邛，音穷，今四川邛州，境内有徕邛山，生竹，节高可作杖。

【身毒】见《史记索隐》，音捐笃，今印度。

【乌孙】今新疆北部。

第十四课　　出塞　　杜甫

本文

挽弓当挽强，用箭当用长。射人先射马，擒贼先擒王。杀人亦有限。列国自有疆。苟能制侵陵，岂在多杀伤。

磨刀呜咽水，水赤刃伤手。欲轻肠断声，心绪乱已久。丈夫誓许国，愤惋复何有。功名图麒麟，战骨当速朽。

单于寇我垒，百里风尘昏。雄剑四五动，彼军为我奔。虏其名王归，系颈授辕门。潜身备行列。一胜何足论。

朝进东门营，暮上河阳桥。落日照大旗，马鸣风萧萧。平沙列万幕，部伍各见招。中天悬明月，令严夜寂寥。悲笳数声动，壮士惨不骄。借问大将谁，恐是霍嫖姚。

目的

本课以慷慨出塞之歌，激起学生从军之志。

119

教授事项

（甲）时间分配　本课分二时。

第一时　"挽弓当挽强"至"一胜何足论"。

第二时　"朝进东门营"至"恐是霍嫖姚"。

（乙）内容提示

一、擒贼擒王，为用兵扼要之策。

二、兵凶战危，必不得已而用之，若逞其兵力而多杀伤，即不合人道主义。

三、慷慨从军，当置死生于度外，不当畏死而乱其心绪。故第二首后四句，以丈夫为国捐躯，激发人之奋勇心。

四、壮士不骄，即大将治军严厉，以威猛之手段驭下也。诗之表面，极言其军容之盛，实则暗刺安禄山自大之意。

（丙）文字应用

课文为诗歌体，共四首。第一首首四句，言致胜之法；次四句，言用兵不可妄杀。第二首首四句，言心乱而不觉刃之伤手；次四句，言丈夫当捐躯以立功名。第三首首四句，言我军之驱逐单于；次四句，言一胜不足为奇。第四首首四句，言大军出发时之景象；次四句，言营垒之严整；末四句，言大将之声势。

参考

【杜甫】唐时人，字子美，工诗。其《出塞》诗有《前出塞》九首，《后出塞》五首。本课前三首为《前出塞》九首之三，后一首为《后出塞》五首之一。

【呜咽】咽，音页。呜咽，言水声不扬而若咽塞也。

【肠断声】即呜咽之水声也。言闻此声而触动悲怀，轻之不得，故心绪已乱也。

【麒麟】阁名，汉武帝获麒麟时所作，宣帝图功臣霍光等十一人于其上。

【速朽】言战死沙场而骨速朽，则名不朽矣。

【单于】广大之意，匈奴以为君主之称。

【东门】即上东门，洛阳东面门也。

【河阳桥】即河桥，在河南孟津县西。安禄山反，封常清断河阳桥拒守，可知前此募兵赴军前，必由河阳桥而去也。

【部伍各见招】士卒多则将各有一幕，一部伍之人，各相招认以居幕也。

【悲笳】即胡笳也。胡笳之声悲壮，故云悲笳。

【霍嫖姚】即汉霍去病。以"嫖姚"称之，因其曾为嫖姚校尉。故诗中"恐是霍嫖姚"，即暗刺安禄山非霍去病可比。

第十五课　吹竹

本文

鹿畏狼，狼畏虎，虎畏狮。狮绝有力，非他兽所能敌也。

楚之南有猎者，能吹竹为百兽之音，人闻之莫辩，兽闻之亦莫辩也。暮夜持弓矢，蕴火以入山。山故不深，少猛兽，猎者为鹿鸣以感其类，至则发火而射之，未尝不得也。日以为常，久之，鹿尽。乃更入深山以求之。既吹竹为鹿鸣，狼闻其鹿也，趋而至。其人恐，念狼畏虎，乃吹竹为虎而骇之。狼走而虎至。则愈恐，念虎畏狮，乃又吹竹为狮以骇之。虎亦亡去。狮闻而求其类，至则，人也，捽裂而食之。为人不善内而恃外者，未有不为狮之食者也。

目的

本课借猎者之事，证明借人威势之不足恃。

教授事项

（甲）时间分配　本课分二时。

121

第一时　"鹿畏狼"至"未有不为狮之食者也"。

第二时　复习全课。

（乙）内容提示

一、吹竹为百兽音，非兽而借虚声以慑兽也。无真实之技能，而以虚声慑兽，焉得不受困于兽？

二、设陷阱以捕兽，兽虽猛而无能为力，兽自易制。技止吹竹，而欲冒险以捕兽，是不自量也，技穷而见食于兽，宜矣。

（丙）文字应用

课文为记事兼论说体，分二段。第一段五句，言兽类中以狮为最强。第二段首四句，述猎者吹竹之技；次八句，述猎者捕鹿之法；次三句，述猎者入深山捕鹿；次六句，言感鹿而狼至，乃为虎鸣以骇狼；次四句，言狼走而虎至，乃更为狮鸣以骇虎；次四句，言虎去而狮至，人遂见食于狮；末二句，极言借人威势之害。

参考

【吹竹】此篇窜易柳子厚之《罴说》而成。

【绝有力】言其力极大也。

【蕴】蓄也。蓄其火而不发也。

【捽】手持也，即狮以爪攫人也。

第十六课　李氏八哥

本文

畜八哥者，剪其舌，教之语，其为人言，过于鹦鹉。李氏有八哥，甚慧，养之数年矣。日则飞翔于檐楹帘幕间，不远去。夕宿于笼，以避狸鼠。见童仆有私持物及摘花者，必告其主人。有贾者见之，愿以十金易焉。八哥知之，告主人曰："我居此久，不忍去。必欲市我他所，我且不食。"主人绐之曰："我友有欲观汝者，即携汝归耳。"至贾家，则舍之去。八哥竟不食，哀鸣告归。贾人怜其志，且恐鸟死而金无偿也，遂捐金十之二，以还李氏。八哥乃食。

目的
本课借八哥恋其旧主之事，以明人不可忘其故土。

准备
将百鸟图中八哥之形，指示学生。

教授事项
（甲）时间分配　本课分二时。
第一时　"畜八哥者"至"八哥乃食"。
第二时　复习全课。
（乙）内容提示
一、八哥一鸟耳，知恋其旧主，不愿轻去，人之忘本者，可耻孰甚。
（丙）文字应用
课文为记事体。首五句，记八哥之能言；次九句，记李氏之八哥，性驯而忠于其主；次二句，记贾者之欲购八哥；次六句，记八哥自言其意；次五句，记主人之给八哥；次二句，记八哥之欲归；末五句，记贾者之还八哥于李氏。

参考
【八哥】本名鸲鹆[1]。南唐王讳煜，故改鸲鹆为八哥。身首俱黑，巢于树穴及人家屋脊间。人或畜之笼中。剔去其舌之尖端，即能效为人言。

① 鸲鹆：qú yù。

【鹦鹉】有多种。绿鹦鹉，云南两广及安南多产之。白鹦鹉，产于南洋，皆丹咮①钩吻。更有赤色及五色者，舌肥厚似人，故能效人言。足趾前后各二，异于他鸟。其足与口相助为用，食果实谷类，栖息于树穴或山洞中。

【楹】柱也。

【狸】野猫也。有猫狸、虎狸、九节狸、香狸、牛尾狸、海狸之分。善窃鸡鸭之类而食者名猫狸，本课大抵指猫狸而言。

【绐】音殆，欺也。

【捐】减损也。

第十七课　邬氏犬

本文

陈君居村闲，邻有邬氏犬，甚猛。晨夕过舍，众皆叱之。陈君时饲以余食。某夕，陈君从田舍饮醉归，行阡陌中，菽麦菶菶②，不见前后。有狺狺然出于草间者，则瘈狗也，迎人突如，相距五武。世传瘈狗齿毒甚，被噬者必死。方遑遽间，且奔且回顾。忽见邬氏犬从间道横截之，相啮狺狺，因得以脱。明日视之，二犬俱毙矣。盖瘈者屈于猛，良者殄于毒也。

目的

本课述邬氏犬舍身救陈君之事，以明受人恩德之不可忘。

教授事项

（甲）时间分配　本课教授一时。

（乙）内容提示

① 咮：zhòu，鸟嘴。
② 菶菶：běng běng，草木茂盛貌。

一、陈君饲犬以余食，非望犬之感其恩而报之也，因爱犬之猛，爱其能尽守卫之职也。

二、众皆叱之，而陈独饲以食。犬虽畜类，亦具灵敏之性，焉有不感恩而思报者。陈君出入而护犬卫之，恐非一日，特陈君不自觉耳。

三、施恩于猛犬，犬尚能感化。推诚以待人，人犹漠然无所动于中者，是诚不若犬矣。

四、犬之瘈者，猛犬岂不知之，岂不畏之？仍奋勇犯其冲者，救陈之心切而置死生于度外也。

五、"瘈者屈于猛，良者殄于毒"，二语最有力量，文亦最为显豁，学者当于此等处取法。

（丙）文字应用

课文为记事体。首三句，记邬氏犬之猛；次三句，记陈君之独饲以食；次六句，记陈君醉归时所经之道；次四句，记瘈狗之欲噬人；次二句，言瘈狗之毒；次五句，记邬氏犬御之而得脱；次二句，记二犬之死；末二句，言二犬所以死之由。

参考

【叱】大生呵斥之也。

【狺狺】狺，音银。狺狺，犬吠声。

【瘈】音至，狂狗也，俗名疯狗。见物即噬。

【突如】言狗突然而至，出于不意也。

【五武】武，足迹也，一举足也。五武，即五举足也。

【遑遽】遑，急也。遽，窘也。

【间道】间，空也。"间道"即"闲道"，投闲隙而行，不由正道也。

【殄】绝也。

第十八课　区寄　柳宗元

本文

　　区寄者，郴州荛①牧儿也。年十一，行牧且荛，二豪贼劫持反接，布囊其口，逾四十里，之虚所，将卖以为僮。寄伪儿啼，恐栗。贼易之，对饮酒，醉。一人去市酒，一人卧，植刃道上。寄微伺其睡，以缚背刃，力下上，得绝。因取刃杀之。逃未及远，市者还，遇寄，大骇，将杀之。寄遽曰："为两人僮，孰若为一人僮耶？彼不我恩也。君诚恩我，无所不可。"市者良久计曰："与其杀是僮，孰若卖之？与其卖而分，孰若吾得专焉？幸而杀彼，甚善。"即藏其尸，持僮抵主人所，愈束缚牢甚。夜半，寄自转，以缚即炉火烧绝之，虽疮手勿惮，复取刃杀市者。因大号，一虚大惊。寄曰："我区氏儿也，不当为僮。贼二人得我，我幸皆杀之矣。愿以闻于官。"虚吏白州，州白大府，大府召视，儿幼愿耳。奇之，留为小吏，不肯。与衣裳，吏护之还乡。乡之行劫缚者，侧目不敢过其门，皆曰："是儿年十一，而讨杀二豪，岂可近耶？"

目的

本课述区寄杀贼之事，借以壮学生之胆略。

教授事项

（甲）时间分配　本课分三时。

第一时　"区寄者"至"愈束缚牢甚"。

第二时　"夜半"至"岂可近耶"。

第三时　复习全课。

（乙）内容提示

一、以十一岁之儿童，为豪贼所缚，鲜有不惊惶失措，束手

---

① 荛：ráo，**割柴草**。

待毙。寄不特镇定如常,且伪儿啼以给贼,使贼存轻易之念,是儿童而已有成人之智略者。

二、背刃以断缚,即炉火以烧缚,寄毅然为之,其耐性毅力,有不可及者。

三、有时作恐栗状,有时作乞恩语,以一儿童而玩贼于股掌之上,皆由胸有胆略而能随机应变之故。

四、"愿"之一字,即寄借以杀贼之具。若以敏决之才露于外,则贼必预防之,寄将不得伺其隙,故轻躁而浅露者足以败事。

(丙)文字应用

课文为记事体。首四句,记寄之年龄及职业;次五句,记贼劫寄而将卖之;次六句,记寄以术愚贼而贼轻易之;次五句,记寄断缚而杀贼;次五句,记贼欲杀寄;次六句,记寄之乞恩于贼;次七句,记贼之自计;次三句,记贼处置寄之法;次五句,记寄复断缚而杀贼;次八句,记寄之大号而自言;次九句,记大府知寄而欲留为吏,寄不肯,乃送之还乡;末六句,记行劫缚者之畏寄。

参考

【区寄】区,音欧,姓也。古欧冶子之后。寄为其名。

【郴州】郴,音琛。郴州,今湖南郴县,时越(古之郴州与两广等处均称越地)俗有鬻其男女之风,不足则盗取他室,鬻之为僮。故孤弱者均为豪强缚取而卖之。官吏苟得僮,恣所为不问,儿童鲜得自脱。

【荛牧儿】荛,音饶,采薪也。牧,养牛羊也。是儿采薪而兼养牛羊也。

【反接】反缚其两手也。

【布囊其口】以布塞其口,使不得发声也。

【虚所】虚,与墟通,商贾货物辐凑[1]之处,古谓之务,今谓

---

[1] 辐凑:形容人或物聚集像车辐集中于车毂一样。也作"辐辏"。

之集，又谓之墟。

【僮】童仆也。

【栗】竦缩也。

【植刃道上】树立其刃于路上也。

【以缚背刃】见刀在前，乃背转其身躯，就刃而断其缚也。

【市者】出外市酒之贼也。

【主人所】买僮者所居之处也。

【虚吏】驻于墟之小官也。

【州】统治一州之官也。

【大府】大吏也。

【愿】谨厚也。

【侧目】不敢正视也。

第十九课　与陈沧州书　方苞

本文

南丰曾氏，所谓蓄道德而能文章者，当吾之世，惟明府兼之。先母得铭，不肖子所藉以覆盖者多矣。

前所呈行状，尚有未尽者。先母性恻怛，仆婢负罪，必求其情，而得其所矜。

苞儿时，见婢某窃蔬材匿户下，以告。母徐曰："彼自需用耳，非窃也。"

苞兄弟三人，弟早夭，兄亦多病。岁己卯，苞举于乡。母泫①然曰："汝兄弟倦游始归，汝自今又不得恒在吾侧矣。"里中某官，母七十，归为寿。逾月，其母趣之北上。吾母闻之曰："是谓不有其子也。"

苞与亡兄以穷乏，常客游燕齐。母积忧思，晚岁成心疾，

① 泫：xuàn，水珠下滴。泫然：流涕。

每作,必命苞扶持登城,东北望,惘惘不能归。盖苞兄、弟远行时,母心神逐而往也。

志铭每事必详,乃近人之陋。古作者每就一端,引伸以极其义类。兹更举数事,恐或有感发,非以多为贵也。

目的

本课述方苞为母求铭,引起学生孝亲之观念。

教授事项

(甲)时间分配　本课分三时。

第一时　"南丰曾氏"至"非窃也"。

第二时　"苞兄弟三人"至"非以多为贵也"。

第三时　复习全课。

(乙)内容提示

一、求名人之文,以表扬先德,人子应尽之职也。自称曰不肖,曰藉以覆盖,谦词也。凡为人子者,皆当如是。

二、仆与婢,均是人也,可矜即矜之,并能不听小儿之告语,方母之德行,洵可以为后世法,乌得而不传。

三、子举于乡,人方以为喜,母亲为之泫然,以不得恒在其侧为苦。父母爱子之心,大都如是,人子当切记之。

四、登城北望,惘惘不归,思子之情,何等真挚。方苞能一一述之,其思亲之意,亦可谓至诚恻怛矣。

五、人子述先人遗事,当以关系重大,而能感动社会者为主,其他琐屑细事,虽有记录,何必宣示于人?方氏曰,志铭每事必详,乃近人之陋,诚确论也。

(丙)文字应用

课文为书牍体,分六段。第一段首四句,称陈沧州之能文;次二句,言得铭之荣幸。第二段首二句,言行状未尽所言;次四句,言母性恻怛,能矜怜仆婢。第三段七句,言矜怜仆婢之事

129

实。第四段首三句，言兄弟间之状况；次五句，言乡举时之母意；次七句，言母之评论里人。第五段首二句，言亡兄作客之原因；次二句，言母疾之所由作；次四句，言母疾作时，思子之状况；次二句，言母之心神。第六段首二句，言近人志铭之陋；次二句，言古人志铭之作法；末三句，言更作此书之宗旨。

参考

【陈沧州】名鹏年，清时人，由知县官至河道总督。

【书】谓书牍之书。

【方苞】字灵皋，号望溪，清安徽桐城人。

【南丰曾氏】南丰，县名，今属江西省。曾氏名巩，宋时南丰人。蓄道德能文章，乃曾氏称欧阳修语。

【蓄】蕴藏于内也。

【明府】旧称知县为明府。

【兼】谓道德与文章兼备也。

【铭】即后云志铭。人死刻文于石，以述其事略，谓之墓志铭。

【覆盖】覆，音副。覆盖，即俗称有面子也。

【行状】述先人之事实以告人，谓之行状。

【恻怛】慈善之性也。

【负罪】犹言得罪。

【匿】隐藏也。

【苞兄弟三人】望溪兄名舟，弟名林，皆早卒。

【趣】音促，催促也。

【燕齐】皆周时国名。燕即今北京，及直隶境。齐即今山东境。

【义类】义，义理也。类，事类也。叙事之文，或以事相从，或以理相从，故曰引申以及其义类。

第二十课　高林孔子庙记　刘因

本文

安肃高林里，距吾居五十里。闻有孔子庙，枉道而拜焉。

询其创始复兴之由，里之耆①老刘桢等言："庙起于五代之际，久已废毁。金大定间，乡先生孙直卿率里中豪族卢、田、刘三氏，始修葺之。迄今至元庚辰，圮②坏几尽。桢，刘氏孙也，复率卢氏子孙，共继先志。经营于其年之春，逮明年秋，庙貌既尊，乃兴祭器，以祀事告成，且为乡约春秋释奠之礼，俾可以继。"

里人自以非学者而祭先圣，恐逾礼制，请就质焉。予按礼，饮食必祭，祭先造饮食者也。盖以吾之所以享此者，斯人之力也。孔子，立人道者也。今吾之所以为人，而不沦胥于禽兽之域者，其谁之力欤？于一饮食而知报其力，于此而不知所以报焉，惑矣。诸君其勉行事，无懈。桢等曰"诺"。且请书其词于石，俾记岁月之始末云。

目的

本课借刘因文字，引起学生尊孔之思想。

教授事项

（甲）时间分配　本课分二时。

第一时　讲解全课。

第二时　复习全课。

（乙）内容提示

一、孔子德配天地，道冠古今，凡有血气，莫不尊亲。故为学生者，皆当知尊孔主义。刘氏枉道而拜，尊孔也。

① 耆：qí，年老，六十岁以上的人。
② 圮：pǐ，塌坏，倒塌。

131

二、先圣先贤之庙貌，为后生者，皆有保存修葺之责任。观于刘桢，可以知所法矣。

三、有庙貌而无祀事，则尊孔主义，一时虽极隆重，终必至于不继，此丁祭之所由兴也。

四、世界之大，万民之众，赖以维持于不弊者，幸有人道主义也。孔子能立人道，凡有人类，皆当祭之以报其德，不必以学界为限也。

（丙）文字应用

课文为碑记体，分三段。第一段首三句，言孔庙之所在；次句言拜孔庙。第二段首二句，一询一答；次句，言庙起之时；次句，言庙毁之时；次四句，言始修之时，及始修之人；次二句，言修而复毁之时；次五句，言复修之人及复修之时；次六句，言祀事乡约告成之时。第三段首三句，言里人之误会；次三句，言祭创造饮食之人；次二句，言饮食必祭之理由；次五句，言孔子建立人道之功；次三句，言不祭孔子之惑；次二句，言勉人尊孔；次句言桢等之赞成；末二句，言庙记之由来。

参考

【刘因】字静修，远时保定容城（今直隶容城县）人。

【安肃】直隶旧县名，今改徐水县。

【五代】唐末五代相继，朱温为梁，李存勖为唐，石敬瑭为晋，刘智远为汉，郭威为周，共五十三年。

【大定】金世宗年号。

【至元】元世祖年号。

【释奠】设置酒食奠帛，祭先师也。

第二十一课　养鱼说　程颐

本文

书斋之前，有石盆池。家人买子鱼食猫，见煦沫[1]也，不忍，因择可生者，得百鱼，养其中，大者如指，细者如箸。支颐而观之者竟日，始舍之洋洋然，鱼之得其所，终观之戚戚然，吾之感于中也。

吾读圣人书，观古圣人之政，禁数罟[2]不入洿[3]池，鱼尾不盈尺不中杀，不市鬻，人不得食。圣人之仁，养物而不伤也如是。物获如是，则吾人之乐其生，遂其性，宜何如哉？思是鱼之于是时，宁有是困耶？

鱼乎鱼乎，细钩密网，吾不得禁之于彼，炮燔[4]咀嚼，吾得免尔于此。

吾思江海之大，足使尔遂其性。思置汝于彼而未得其路，徒能以斗斛之水，生汝之命。生汝，诚吾心。汝得生，幸已多。万类天地中，吾心将奈何？鱼乎鱼乎，感吾心之戚戚者，独此鱼而已乎？

目的

本课以程颐养鱼，引起学生之爱物心。

教授事项

（甲）时间分配　本课分三时。

第一时　"书斋之前"至"宁有是困耶"。

第二时　"鱼乎鱼乎"至"独此鱼而已乎"。

第三时　复习全课。

---

[1] 煦沫：谓用唾沫互相润湿。比喻互相救助于困境中。
[2] 罟：gǔ，鱼网。
[3] 洿：wū，不流动的浊水。
[4] 燔：fán，烤肉，焚烧。

（乙）内容提示

一、好生恶死，人类本然之善性也。见煦沫而不忍，即善心之所发见。人能扩而充之，一切仁民爱物之功，基于此矣。

二、子鱼，微物也，犹且观之竟日，戚戚然有感于中。程氏爱物之仁，于此可见。

三、古圣人之行政，无论待人待物，大都以仁为主，学者当切记之。

四、人之仁心，即小以见大则可，泥小而失大则不可。程氏曰："感吾心之戚戚者，独此鱼而已乎？"盖谓仁心之作用，对于天地万类，皆当如是，子鱼其小焉者也。

（丙）文字应用

课文为记事兼论说体，分四段。第一段首二句，言养鱼之所；次三句，言家人对于子鱼之不忍；次五句，言生鱼之数，及其状态；次句，言观鱼之时间；次二句，言鱼之得所；次二句，言观鱼时之感情。第二段首八句，言古圣人之爱物；次四句，言古昔生人之乐；次二句，言鱼之生不逢时。第三段五句，言对于子鱼之能力。第四段首二句，言江海真养鱼之所；次四句，言对于子鱼之缺憾；次二句，言养鱼之心理；次二句，言子鱼之幸；末五句，言爱物之心，应当触类旁通。

参考

【程颐】字正叔，号伊川。宋河南洛阳人，著有《伊川文集》。

【煦】音续，吹也。

【沫】水面浮沫也。

【舍】谓放纵之也。

【洋洋】舒纵之貌。

【戚戚】心动貌。

【数罟】数，音促。数罟，细网也。见《孟子·梁惠王篇》。

【洿】卑下之地，水所聚也。
【中】音众。
【鬻】卖也，见礼记王制篇。
【炮燔】指烹鱼言。
【咀嚼】指食鱼言。
【斗斛之水】言其水之小也。

第二十二课　养鱼记　欧阳修

本文

折檐之前有隙地，方四五丈，直对非非堂，修竹环绕荫映，未尝植物，因洿以为池。

不方不圆，任其地形，不甃①不筑，全其自然。纵锸以浚之，汲井以盈之。湛乎汪洋，晶乎清明。微风而波，无波而平，若星若月，精彩下入。

予偃息其上，潜形于毫芒，循漪沿岸，渺然有江湖千里之想。斯足以舒忧隘而娱穷独也。

乃求渔者之罟，市数十鱼，童子养之乎其中。童子以为斗斛之水不能广其容，盖活其小者，而弃其大者。怪而问之，且以是对。

嗟乎！其童子无乃嚚昏而无识矣乎！予观巨鱼枯涸在旁，不得其所，而群小鱼游戏乎浅狭之间，有若自足焉。感之而作《养鱼记》。

目的

本课引欧阳修《养鱼记》，使学生知随遇而安之道。

---

① 甃：zhòu，砖砌的井壁。

教授事项

（甲）时间分配　本课分三时。

第一时　"折檐之前有隙地"至"斯足以舒忧隘而娱穷独也"。

第二时　"乃求渔者之罟"至"感之而作养鱼记"。

第三时　复习全课。

（乙）内容提示

一、家有隙地，若能种竹养鱼，以供课余之赏玩，此愉悦精神之道，亦学者所当为也。

二、赏心乐事，虽为吾人所应有，亦不可过于劳费。任其地形，全其自然，免劳费也。

三、吾人心计忧隘，而不能安于穷独，必非高尚之人格。推其原因，实由所居之地，与所闻所见之物，无以开拓其思想也。至于循漪沿岸，触景生情，其思想自然开拓矣。

四、世间人物，大者常不能容，小者未必见弃。观童子之养鱼，可以悟矣。

五、弃其巨而养其小，天下事大抵如斯，鱼其小焉者也。

（丙）文字应用

课文为记事体，分五段。第一段六句，言洿池之地。第二段首六句，言池之制造法；次六句，言池中之风景。第三段五句，言居于池上之兴趣。第四段首二句，言求鱼；次五句，言童子之养鱼；次二句，言与童子之问答。第五段首二句，叹童子之无识；次四句，言巨鱼小鱼之状态；末句，言《养鱼记》之所由作。

参考

【欧阳修】字永叔，宋庐陵（今江西省吉安县）人，著有《欧阳文忠集》。

【非非堂】欧阳修居洛阳时所建。

【洿】掘之为池也。

【锸】起土之器也。

【湛】深也，清也。

【晶】明也，白也。

【漪】水波也。

【囂】音银，愚也。

第二十三课　公园

本文

近世文明诸国，凡都会所在，以及通商大埠，必有公园。公园者，不问何人，但能恪守规则，皆得游于其间者也。

凡设公园，必于清净空旷之地，栽花木，凿池沼，使四时景色，皆足娱目。水边篱落，必置亭榭，以便休憩。又有运动场，以供众人之游戏。建铜像，立丰碑，以表英杰之遗型。而动游人之情感。盖非特卫生之助，而实隐寓社会教育之意矣。

公园之益，既为人人所同享，则园中所有，勿论精粗巨细，人人应当珍惜而保护者也。故游于是者，无敢污秽，无敢毁伤，虽一花一草之微，亦无敢攀折者。是之谓公德。

我国向少公园。而上海租界，曾集中外捐款，首先创设。以公例言，我国人民应当同享其益。徒以游玩之人，常有不循公德之举动，遂为所摈①。我国人既不敢校，亦卒不知自省，早为外人所轻视。近年风气大开，人格渐进于高尚，内地公园亦相继兴办矣。

目的

本课述公园之益，以勉游园者之当守公德。

① 摈：bìn，排除。

教授事项

（甲）时间分配　本课分二时。

第一时　"近世文明诸国"至"而实隐寓社会教育之意矣"。

第二时　"公园之益"至"亦相继兴办矣"。

（乙）内容提示

一、铜像丰碑，皆古英杰之纪念品。不特借以点缀名园，且使人睹物思人，激起景仰之意。

二、游公园者不守公德，是以一人而污秽公众之地，损坏公众之物也。堕行在一己，贻害及众人，不可不戒也。

三、一花一草之微，攀折之似无大害。然我攀折而人亦攀折之，可使花草靡有孑遗，其影响甚大。

四、外人设公园于我国，不容我国之人入内，其侮我孰甚。然人必自侮而后人侮之，吾侪当返躬自责，以补救将来。

（丙）文字应用

课文为论说体，分四段。第一段首二句，言文明各国必有公园；次三句，言公园之性质。第二段首八句，述公园中之花木池沼及运动场；次六句，言铜像丰碑之足以感动人心。第三段首三句，言公园人人当珍惜保护；次六句，言游公园而不损公园之物者，谓之有公德。末段首二句，言我国无公园；次三句，言上海租界之有公园，我国人宜共享其益；次二句，言我国人之见摈于外人；末三句，叹我国人之不知自奋。

参考

【铜像】西人凡遇有大勋劳于公众者，则以铜筑其像，立于公众共见之地。公园为公众游憩之所，故亦铸有铜像。

【丰碑】碑刻石而成，所以记人之姓氏及功业，使其名流传于不朽也。丰碑为碑之大者。

【社会教育】辅助学校教育之不及，以启迪社会为主。如宣讲报纸，改良小说，改良新剧之类皆是。公园有伟人之碑像，使人知观感，故亦可为社会教育之助。

【上海租界】在上海县城之北，分英、美、法三区。英工部局曾就租界中捐集巨款，建立公园，旋以华人游览时，或污秽公地，或损毁花木，遂禁止华人，不许入内。另于苏州河畔，造一小公园为华人游憩之所。

第二十四课　农业

本文

艺谷、种树，农业也；制茶、育蚕，农业也；辟牧场，取鸟、兽之肉与毛、皮，亦农业也。凡分地之利，以为衣、食、居处之用者，皆谓之农业。

我国农产，米、麦为最。湖北、湖南、江苏、安徽等省，产米独饶。直隶、山东、河南等省，则以产麦著。

湖北、江西、安徽、福建皆产茶，贩运外国，为数甚巨。自日本、锡兰先后仿种，我国业茶者又不研求焙制之法，出口之茶遂以日减。

蚕事之盛，首推浙江、江苏，广东次之。生丝一项，在我国出口货中，亦占多数。今法、意、日本等国讲求蚕学，产丝日良，将有凌驾我国之势。

四川、湖南、江西、福建、广西及东三省，林木茂盛，故取材木者，皆仰给焉。

牧畜之利，以马、牛、羊、豕为主。牛、羊及豕，各省有之，惟马则产于北方。

我国自古以农立国。然徒赖天时，未竭人力，故不能与各国争胜。然则欲尽地力，开富源，莫如振兴农学也。

139

目的

本课言中国农产饶富而人力未尽,以激起振兴农业之心。

教授事项

(甲)时间分配　本课分三时。

第一时　"艺谷种树"至"遂以日减"。

第二时　"蚕事之盛"至"莫如振兴农学也"。

第三时　复习全课。

(乙)内容提示

一、米麦既为养生之具,则种植之法,不得不加意研究。中国农学不讲,一个旱涝虫灾,如束手待毙,未免自弃其利。

二、茶丝二项,昔为我国出口货之大宗。今反日现衰落之象者,盖制茶则徒取颜色之美,喜用染料,育蚕则种子选择不精,养育时又寒暖不调,致物质均无进步故耳。

三、外人仿效而能胜我,我国先进而反居人后,其咎在于故步自封,不知进取。

(丙)文字应用

课文为论说体,分七段。第一段十句,述农业之范围。第二段六句,述米麦出产之地。第三段首三句,述产茶之地及华茶销路之广;次六句,述我国茶叶不振之故。第四段首六句,述我国育蚕之地及生丝销路之广;次四句,述外人蚕丝胜我之故。第五段四句,述林木茂盛之处。第六段五句,述中国牧畜之利。末段首四句,言中国之农业失败,由于赖天时而不竭人力;末三句,言辟富源莫若农业。

参考

【艺谷】艺,种植也。谷如稻、黍、稷、麦、菽之类皆是。

【种树】种松、杉、楠、椐等材木,以供制造器具、建筑房屋之用。

【制茶】中国产茶之地，每于春夏之交，采取茶树之叶，用火焙（烘也）之，制成红茶绿茶（绿茶采后即焙之，红茶则取叶之老者使之日久发酵而后焙之）销售各省，以为全国人之饮料。嗣因日俄英各国之人，亦嗜饮之，遂为出口货大宗。近日为是业者，于制茶之时，加入红绿各种颜色，以示美观，西人以为不合于卫生，故销路渐减。

【育蚕】春夏秋三季，皆可育蚕，而以春蚕为尤佳。缫其丝，织为绸缎之属，以供衣服之用。

【辟牧场】择广大之场地，豢养牛马鸡豕之属者，谓之牧场。

【日本】在亚洲东北，以数大岛及二千余小岛组合而成。近又合并朝鲜，为亚洲最兴盛之立宪帝国。

【锡兰】岛名，在印度东南大洋内，隔海峡而对于印度。

【法】即法兰西，为欧洲西部之国，在西班牙之东北。

【意】即意大利，为欧洲南部之国，突出地中海间。

第二十五课　深耕

本文

田圃之土，必发而坋之，令深，而后播以蔬谷之种。

凡植物触坚土，则莫舒其根荄。故必力锄其土，令松软，以冀根之舒展。

植物之根，必得地中滋养之料，吸收之以自肥。如土中腐朽之植物及肥料，均足以滋养蔬谷，而吸收则赖其根。故根愈扩张，则所吸愈多，物乃愈盛。

其吸收肥料，若口之纳食也。自根吸之，而达之干，及于枝叶。且根者，植物之足也。足既践实，遇风安有靡者耶？

根果深矣，即遇淫潦，水渗入地，土松亦足以受潦，其根不腐。至久旱时，地下水气，因土松而上升，则根润而不槁。

若铲土浅者,则一雨三日,水漫地上,土泛遂不附根,根摇动矣。少旱不雨,则根下之土既坚,水润之气,不能上升,植物槁矣。

惟知深土卫根之法,根既舒展,滋养亦多。遇风而不靡,遇潦而不腐,遇旱而不槁,无非深根之利也。

目的
本课述深耕之利益,使学生略知种植之道。

教授事项
(甲)时间分配　本课分三时。
第一时　"田圃之土"至"遇风安有靡者耶"。
第二时　"根果深矣"至"无非深根之利也"。
第三时　复习全课。
(乙)内容提示
一、发土令深,耕种时自觉不易。然劳力只一时,获利可倍蓰[①]。欲收后效,当舍易而就难。
二、植物之发生,以根为主。吸收滋养料,植立枝干,皆根之作用,故根为植物之本。
三、锄土令松,欲根之舒。发土令深,欲根之固。否则根不舒而枝叶枯槁,根不固而茎干覆倾。
(丙)文字应用
课文为论说体,分七段。第一段四句,言土深而后宜于播种。第二段五句,言土松而根始舒。第三段首六句,言植物赖根以吸收肥料;次三句,言根扩张而所吸愈多。第四段首五句,言根吸肥料,达于干而及枝叶;次四句,言根深之可恃。第五段九句,言根深则遇潦不腐,遇旱不槁。第六段十句,言铲土浅则遇雨而根易摇动,遇旱而水气不升。末段七句,极言深土卫根之利。

① 倍蓰:bèi xǐ,亦作"倍屣"。

参考

【坟】土高起也。

【荄】音该,草根也。

【肥料】灰粪豆饼之类是也。

【靡】偃也。

【淫潦】潦,音涝。大雨也。

【渗】音甚,漏也。

【铲】起土也。

【漫】水浸淫也。

第二十六课　漆贾　刘基

本文

虞孚问治生于计然先生,得种漆之术。三年,树成而割之,得漆数百斛,将载而鬻诸吴。其妻之兄谓之曰:"吾常商于吴,知吴人尚饰,多漆工,漆于吴为上货。吾见卖漆者煮漆叶之膏以和漆,其利倍而人弗知也。"虞孚闻之喜,如其言,取漆叶煮为膏,亦数百瓮①,与其漆俱载以入于吴。

时吴与越恶,越贾不通,吴人方艰漆。吴侩闻有漆,欢而逆诸郊。道以入,劳而舍诸私馆。视其漆,甚良也。约旦夕以金币来取漆。虞孚大喜,夜取漆叶之膏,和其漆以俟。及期,吴侩至,视漆之封识新,疑之,谓虞孚改约期二十日。至则其漆皆败矣。虞孚不能归,遂丐而死于吴。

目的

本课借虞孚之事,以明经商者宜守商业道德,不可行欺诈之术。

① 瓮:wèng,一种盛水或酒等的陶器。

143

教授事项

（甲）时间分配　本课分二时。

第一时　"虞孚问治生于计然先生"至"与其漆俱载以入于吴"。

第二时　"时吴与越恶"至"遂丐而死于吴"。

（乙）内容提示

一、虞孚受计然治生之术，得漆数百斛，其获利不为少矣。乃贪而不知足，煮漆叶为膏以和漆，是谓见利而忘义。

二、用伪以乱真，乃商贾之恶习，孚和败漆之叶膏于漆，自喜其术足以愚人，不知适以自愚。

三、缓期二十日而漆败，孚固大受损失，然吴侩不缓期，则侩将大受损失，非如此不足严戒作伪者。

四、孚耗折资本而不能归，孚自取之，非吴侩之罪，虽丐而死，人无有怜惜之者。

（丙）文字应用

课文为记事体。首六句，记虞孚学种漆之术而得漆；次七句，记孚之妻兄教孚作伪；次五句，记孚听妻兄之言而煮漆叶为膏；次三句，记吴人艰漆之由；次四句，记吴侩喜孚之至；次三句，记吴侩视漆良而约期购漆；次三句，记孚和漆叶膏于漆；次四句，记吴侩视封识而生疑；次二句，记改期而漆败；末二句，记孚之困死他乡而不得归。

参考

【刘基】字伯温，明时人，辅太祖定天下，封诚意伯，有文集行世。

【虞孚】假设之姓名，此文见刘基所著《郁离子》，盖假设事实以警世者也。

【治生】治理生产也。

【计然】姓计，名然，为越王句践之臣。善治生产。句践用其策而富国。

【漆】漆树之胶也。取漆时，割树之皮，接以竹管而取其胶，以髹①器具，可免污垢朽腐之患。

【吴】春秋时国名，其地在今江苏省。

【尚饰】尚，贵也。尚饰，贵重装饰也。

【上货】上等货物也。

【艰漆】得漆艰难之时也。

【侩】经理货物出入之人也。

【封识】识，音志，记也。封识，谓封以签条而记之也。

第二十七课　空气

本文

地面物质，水为至多。以洋、海计之，其面积倍于陆地。虽然，此即人目所能见者言之耳。若乃合目所不见者而较之，则夫布濩大地，无孔不入，其多孰有过于空气者乎？古人云："天为积气。"盖自地以外无非气，即自地以外无非天也。

空气无色、无味、无臭，人日处其中而不之觉，然试以手向空挥之，觉有物从指间而过，即空气也。又试以纸片黏杯底，倒持其杯入水中，而纸不濡，则杯中空气充塞，阻水不令入耳。

空气下浓而上薄，距地面百里以外，则几等于乌有。故高飞之鸟，不过翱翔十里间耳。

空气之于人，较饮食为尤要。数日不食犹可活，而呼吸偶停则立毙。譬诸汽车之运转，则食物犹煤，苟无空气，而煤不能燃，欲机轴之不停，得乎？

空气不洁，则于呼吸有害。剧场也，市廛②也，久居其间，辄

① 髹：xiū，用漆涂在器物上。
② 廛：chán，旧时城市平民的房地。

觉头晕目眩，无他，空气不洁耳。善卫生者，居室必轩敞，窗户必常启，时有余暇，则游行郊野。盖空气澄鲜，则其有益于身体者大也。

目的

本课述空气之性质，及空气与生物之关系。

准备

照课中第二段之意，黏纸于杯底，试验空气之能抵抗水力。

教授事项

（甲）时间分配　本课分三时。

第一时　"地面物质"至"阻水不令入耳"。

第二时　"空气下浓而上薄"至"则其有益于身体者大也"。

第三时　复习全课。

（乙）内容提示

一、空气虽视之无色，然积浓厚之空气，视之即有色。彼苍苍在望，似实质而不似气体者，即空气之色也。

二、以手向空挥之，觉微风之生于指间，即手之激动空气使然，故空气动则成风，疾动则成暴风。

三、鸟之不能高飞，因动物借空气而生，不能离空气故耳。

四、助燃烧者为氧气，不助燃烧者为氮气。氧气藉氮气之调和，故其作用不至于猛烈，否则一发而不可收，世界将化为灰烬。

（丙）文字应用

课文为论说体，分五段。第一段首四句，言水之倍于陆地；次六句，言空气犹多于水；次四句，引古人之言，证明空气之多。第二段首二句，言空气之不见不闻；次三句，以手试验空气之法；次五句，以杯纸试验空气之法。第三段五句，言距地远则空气少，故鸟不能高飞。第四段首六句，言人不能须臾离空气；次六句，以汽车作证。末段首八句，言空气不洁之害；末七句，言卫生家以多吸空气为主。

参考

【布濩】濩，音护。布濩，流散也。

【天为积气】语出《列子》。

【黏】相着也。

【濡】湿也。

【翱翔】布翅飞而回旋之貌。

【机轴】机，机关也。轴，轮轴也。

【辄】每事即然也。

【轩敞】轩，高也。敞，宽敞也。

第二十八课　热

本文

吾人资生之具，空气之外，热为最要。今先就其浅者言之。冬令严寒，无衣则僵，此人之所共知者。虽然，衣服非能生热者，特护吾身本有之热，使不外散耳。试以衣服裹金石，金石不热，何也？金石之体，本无热也。

棉丝毛羽，其性不善传热，制为衣服，可以御寒。金属则不然。试以铁杆一端，置烈火中，不久全体皆热，手不可执。若裹以布帛，则不之觉。可知金属善传热，而布帛不善传热也。

吾身本有之热，所以久而不灭者，实赖食物以维持之。故饱食之后，四体温和。若久困饥渴，寒气外侵，虽袭重裘，不能御矣。

食用谷实，衣用棉葛，居用材木，皆植物也。而植物所以生长，必藉于热。故草木发生，常在春夏和暖之时。而热带植物，亦比寒带为茂。

地面之热,由太阳而来,谓人类之有生,皆受太阳之赐可也。苟无太阳,则地热散尽后,将无所谓生物矣。

目的
本课述热与人生之关系,以明热之功用。

教授事项
(甲)时间分配　本课分三时。
第一时　"吾人资生之具"至"而布帛不善传热也"。
第二时　"吾身本有之热"至"将无所谓生物矣"。
第三时　复习全课。
(乙)内容提示
一、热为生长万物之机。动植物之生长,皆惟热是赖。若阴寒无热之地,即为无生物之地。
二、热有天然之热,人为之热。天然之热,日光是也。人为之热,如燃薪炭油脂之属,及磨擦之电热是也。
三、受外来之热,非出于自然,不若使热之发于身内,得免炭养气熏灼之患。故饮食之生热,较炉火之热为胜。
四、衣服能护吾身本有之热,已为可贵。日光能使地面生热,且能杀空气中之微生物及毒菌,尤为可贵。故虽可畏之夏日,亦大有益于吾身。

(丙)文字应用
课文为论说体,分五段。第一段首三句,言热与空气并重;次四句,言衣能御寒;次四句,言衣服能护本有之热而不能生热;次五句,试验衣服不能生热之法。第二段首四句,言棉丝毛羽之不传热而可以御寒;次七句,言金属易传热,裹以布帛则否;次二句,总结上文。第三段首三句,言食物足以维持吾身之热;次六句,言食物之御寒,胜于衣服。第四段首六句,言植物赖热而生长；次四句，言草木发生之时及茂盛之地。末段七句，言太阳功用之大。

参考

【袭】服也，又重衣也。

【重裘】重，音虫。裘，皮衣也。重裘，服两层皮衣也。

【葛】蔓草也，茎之纤微，可织葛布。古时夏布，即以此为之，故亦谓夏衣曰葛。

【热带】自赤道北至北回归线（即夏至线）而止，南至南回归线（即冬至线）而止，其间各二十三度半，均为热带。

【寒带】南自南极圈至南极，北自北极圈至北极，其间各二十三度半，均为寒带。北曰北寒带，南曰南寒带。

【太阳】乃恒星之一，地球绕之而行，大于地球一兆三亿倍。发光与热，为地球及诸行星光热之源。

第二十九课　以德报怨

本文

城中有富翁，偶立门外。一乡人向之求食，翁厉色拒之。乡人曰："吾由远道来，饥渴甚，即不得食，幸乞杯水。"翁愈怒，曰："若何无耻至此。"乡人注视久之，徐行而去。

其后富翁出猎，逐所创兽，弗获，迷丛林中，不得出。忽遇一茅屋，乃叩门问途径。主人曰："日暮途远，夜行遇狼，不其殆乎？曷就我宿？"翁大悦。主人邀之入室。出鹿肉，熟以进客，并以陈酿饮之。食已，展卧具，张鹿皮为茵褥。迟明，主人趣起，曰："道远，请送君行。"遂荷枪前导。翁随其后。行久之，主人止步，谓翁曰："君所欲至之地，去此仅二里矣。"因问之曰："君识我乎？"翁沉吟曰："似曾相见，今忘之矣。"

主人曰："君忆一日小立门外，有索食之乡人乎？我是也。今且别，敢进忠告。凡遇过客，索饮食以苏饥渴，幸勿更以恶言报之。"富翁大惭，引咎陈谢。归途甚懊丧，然局量亦自此略广矣。

目的
本课述乡人报德之事，诫人度量不可狭隘。

教授事项
（甲）时间分配　本课分三时。
第一时　"城中有富翁"至"张鹿皮为茵褥"。
第二时　"迟明"至"然局量亦自此略广矣"。
第三时　复习全课。
（乙）内容提示

一、富翁拒求食之乡人，固富翁之吝也。乞杯水而不与，不特吝于施与，且挟富而骄，贱视同类矣。如是之举动，最不合于人道主义。

二、事之缓急，人人所有也。富者而遇急难，则失其富有之效力，亦与贫者无异，故居安而不可忘危。

三、乡人因乞杯水之故，而得无耻之毒詈[1]，斯诚意外之辱也。文中言其注视久之，徐行而去，将乡人不满意之意，隐隐描出，是文之含蓄处，且为后段乡人识富翁作伏笔。

四、富翁迷途之时，正乡人可以报复之机会，乡人不于此时窘迫之，狎侮之，正乡人之忠厚处，亦即乡人导人为善之至意。

五、乡人之款待周至，乃力矫富翁之失，望其改过也。不得因乡人临别之言，疑其报复，并疑其以狡狯之手段，愚弄富翁也。

[1] 詈：lì，骂，责骂。

（丙）文字应用

课文为记事体，分二段。第一段首四句，记乡人求食而富翁厉色拒之；次五句，记乡人乞杯水之辞；次二句，记富翁之怒骂；次二句，记乡人去时之态度。第二段首七句，记富翁迷途之故，及迷途时之情形；次六句，记主人留客之语，及翁之大悦；次七句，记主人款客之殷勤；次六句，记主人之送客；次十句，记主客问答之语；次九句，记主人规劝富翁之语；末四句，记主人自惭而改行。

参考

【厉色】威严之面色也。

【注视】注目而视也。

【创兽】兽之被伤者。

【陈酿】即陈酒也。

【茵褥】藉于床之褥也。

【趣起】趣，音促。趣起，言催促而使之速起也。

【沉吟】深思而口中微微发声也。

【苏】息也。

【引咎】咎，过也。引咎，牵引其事以为过也。

【懊丧】懊恼而若丧失也。

第三十课　病梅馆记　龚自珍

本文

江宁之龙蟠，苏州之邓尉，杭州之西溪，皆产梅。或曰："梅以曲为美，正则无姿；以欹为美，正则无景；梅以疏为美，密则无态。"固也。此文人画士，心知其意，未可明诏大号，以绳天下之梅也，又不可以使天下之民，斫直、删密、锄正，以夭

151

梅、病梅为业以求钱也。梅之敧之疏之曲，又非蠢蠢求钱之民能以其智力为也。有以文人画士孤癖之隐明告鬻梅者：斫其正，养其旁条；删其密，夭其稚枝，锄其直，遏其生气。以求重价。而江浙之梅皆病，文人画士之祸之烈至此哉！予购三百盆，皆病者，无一完者。既泣之三日，乃誓疗之：纵之，顺之。毁其盆，悉埋于地，解其棕缚。以五年为期，必复之，全之。予本非文人画士，甘受诟厉，辟病梅之馆以贮之。乌乎，安得使予多暇日，又多闲田，以广贮江宁、杭州、苏州之病梅，穷予生之光阴以疗梅也哉！

目的

本课记以"病梅"名馆之原因，使学生知保存本性之要旨。

准备

取植物图中之梅图，及盆中所植之梅，告以盆梅之枝干，曲而不直，敧而不正，异于常梅者，皆人力为之，非梅之本性也。

教授事项

（甲）时间分配　本课分三时。

第一时　"江宁之龙蟠"至"能以其智力为也"。

第二时　"有以文人画士"至"穷予生之光阴以疗梅也哉"。

第三时　复习全课。

（乙）内容提示

一、定庵之所谓病梅，即文人、画士所玩赏之盆梅。定庵而言其病，非立异以为高，乃恶鬻梅者之矫直为曲耳。

二、物之有本性，犹人之有本性也。困之以盆，缚之以棕，是犹囚人于一室，复缚其手足也，非阻遏其发育之机而何？

三、正与直本为美德，梅独取敧与曲者，此文人、画工好奇之处，亦借为吟咏摹绘之资料耳，不得谓出于正道。

四、鬻梅之人，极意矫揉造作，不顾姿态合度与否，梅将日失其本真而绝无天趣。

五、文中所称之文人，盖指自命风雅之赏鉴家而言，故定庵有予本非文人之语。

六、病梅致病之由，皆出于鬻梅者之手，然皆文人画士有以导之，不得为鬻梅者之罪。定庵谓文人画士之祸梅甚烈，亦探本穷源，深恶而痛绝之词也。

七、处处带定病梅二字，无一语不紧切题面。惟前路则暗指其病，入后则显言其病，作法略有不同耳。

（丙）文字应用

课文为记事兼论说体。首四句，记产梅之区；次七句，引论梅之语；次五句，言论虽是而不可以绳天下之梅；次三句，言不可使人以夭梅病梅为业；次三句，言梅之美非鬻梅者智力所能为；次十二句，言鬻梅者投文人画士之所好而祸梅；次三句，记瓮梅无发达者；次九句，记毁瓮解缚以疗梅；次三句，记辟病梅馆之故；末五句，叹不能尽疗病梅。

参考

【龚自珍】清时人，名其所居曰定庵，因以为号，著有《定庵文集》。

【江宁】江苏之省会，旧称江宁府。民国成立之初，临时政府设于此，曾改为南京府，今改为江宁县。

【龙蟠】里名，在江宁城内。

【苏州】旧亦为江苏之省会，设知府及长洲、元和、吴三县。今将知府裁撤而并长洲、元和于吴为吴县矣。

【邓尉】山名，在吴县以南。汉有邓尉者隐此，故名。山多树梅，花开时，数十里间，香风不绝。

【杭州】浙江之省会，旧称杭州府。今将知府及钱塘仁和两县裁撤，改为杭县。

【西溪】水名，在杭县灵隐山西北。沿溪居民，以树梅为业，梅多临水，花时弥漫如雪。

【攲】音七，倾斜也。

【诏】告也。

【绳】木不正者，以绳正之也。

【斫】击也，谓以刃击之也。

【蠢蠢】蠢，动作也。蠢蠢言人无知识而动作如虫也。

【孤僻】言其孤独之性，成嗜好之病也。

【瓮】与盆同，种花之器。

【疗】医治其病也。

【棕缚】用棕榈之毛，缚其枝干，使之屈曲也。

【诟厉】诟，詈辱也。厉，病也。诟厉，即詈之而使其耻辱之意。

第三十一课　记游定惠院　苏轼

本文

黄州定惠院东小山，上有海棠一株，特繁茂。每岁盛开，必携客置酒，已五醉其下矣。今年复与参寥师二三子访焉，则园已易主。主人以予故，稍加培治。山上多老枳①，木性瘦韧，筋脉呈露，如老人项颈，花白而圆，如大珠累累，香色皆不凡。此木不为人所喜，稍稍伐去，以予故，亦得不伐。既饮，往憩于尚氏之第。居处修洁，竹林、花圃皆可喜。醉卧小板阁上，稍醒，闻坐客崔诚老弹雷氏琴，作悲风晓角，铮铮然，意非人间也。晚乃步出城东，遂寅缘小沟，入何氏、韩氏竹园。时何作堂竹间，既辟地矣，遂置酒竹阴下。有刘唐年主簿者，馈油煎饵，其名为"甚酥"，味极美。客尚欲饮，而予忽兴尽，乃径归。道过何氏

① 枳：zhī，落叶灌木或小乔木，亦称"枸橘"。

小圃，乞其藂橘，移种雪堂之西。坐客徐君得之，将适闽中，以后会未可期，请予记之，为异日拊掌。时参寥独不饮，以枣汤代之。

目的

本课系苏子瞻之游记，文以简淡古雅之笔出之，足为学生作游记之法。

教授事项

（甲）时间分配　本课分三时。

第一时　"黄州定惠院东小山"至"意非人间也"。

第二时　"晚乃步出城东"至"以枣汤代之"。

第三时　复习全课。

（乙）内容提示

一、海棠开时，已五醉其下，其爱海棠也可知。文中虽未竭力赞赏，而赞赏之意，已在言外。故是记之作，谓其正意在于海棠，亦无不可。

二、园以子瞻故而稍培治，枳以子瞻故而得不伐，名流之一举一动，见重于人若此。

三、描写枳木独详，因此木不为人喜，而子瞻独爱之之故也。

四、赞崔诚老之琴，写得超脱之至，非知音者不能道，文亦有古调独弹之概。

五、欲归则径归，绝不拖宕一笔，是文之拿得定煞得住处。

六、刘唐年之馈油煎饵，乞何氏藂橘，参寥饮枣汤，皆此文之点缀处。语极质朴，愈见其高古，绝无一种涂抹之态。

七、末句戛然而止，出笔冷峭之至。

（丙）文字应用

课文为游记体。首六句，记海棠之可供游赏；次四句，记主人因子瞻故而治园；次七句，记枳木之性质，及其花之形态；次三句，记枳木得以不伐之故；次四句，记尚氏第之清洁；次六句，记酒后之闻琴声；次六句，记游何氏韩氏竹园而置酒竹阴之下；次四句，记油煎饵之味美。次三句，记兴尽而归；次三句，记乞何氏之藁橘而种于雪堂；次五句，述作记之由；末二句，记参寥之饮枣汤。

参考

【苏轼】字子瞻，宋时人。谪居黄州时，筑雪堂于东坡，自号东坡居士。

【黄州】今湖北黄冈县。

【定惠院】禅院名，在黄冈县东南。子瞻始至黄州（元丰三年），曾寓居院中，未几迁居临皋亭（即临皋馆）。元丰七年，与徐得之参寥师游定惠，即作此记。

【海棠】凡四种，皆木本，即贴梗、垂丝、西府、木瓜，是也。定惠院之海棠，不知其何种。子瞻甚贵重之，作诗有"也知造物有深意，故遣佳人在空谷"之句。

【参寥】禅师名。

【枳】木名，高六七尺，枝多刺，叶长卵形，花白色。秋间实熟，初采者为枳实，皮厚而中实。晚采者为枳壳，皮薄而中虚，并为药用。

【韧】音刃，坚柔也。

【累累】各个相缀也。

【憩】息也。

【雷氏琴】为唐开元时雷家所制。

【悲风晓角】言琴声若悲风之号，晓角之吹也。

【铮铮】金声。

【夤缘】沿之而进也。

【主簿】官名，主县之簿书。

【饵】粉饼也。

【藂橘】藂，俗丛字。橘，果树名。干高一二丈，茎有刺，叶长卵形，花白。冬月结实，圆而略扁，皮薄色红，味甘微酢，产江浙荆襄闽广等处。

【雪堂】在黄冈县治东，以大雪中为之，因绘雪景于四壁，故名。

【闽中】今福建省。

【拊掌】拊，击也。拊掌，即击掌而笑乐也。

第三十二课　游历

本文

游历，苦事亦乐事也。道路阻修，舟车上下，每易一地，语言风气非所谙习，不便孰甚。然正有极足取快者，所憾在我学识不足耳。

我而贯通历史，则残山剩水，废址、荒邱，皆足以俯仰低回，生无数感触，增无数闻见。否则匆匆涉历，不辨为何地何时何人何事，憾乎否乎？

我而谙习地理，则形势险要如何布置，都市村落若干距离，先已了然胸中，经其地，不啻旧游焉，流连风景，兴味无穷。否则动劳顾问，所至迷惘，怅何如也？

我而研究动植物学，所见虫鱼鸟兽草木，往来眼前，皆足与所学相印证。否则茫若无睹，异乡风物，领略几何？后有问我者，亦赧颜无以对也。

通商大埠，市肆罗列，无所不有。尤可观者，为劝工厂、商品陈列所、农业试验场。我无实业之知识，则一入其中，但觉惝怳迷离，无甚意趣。

呜呼！无学识而游历，则虽远行数万里，足迹遍五洲，仍一无所得，徒知有苦，不知有乐耳。故有志游历者，宜预储学识。

目的

本课言欲得游历之乐，当以学识为主，使学生知研究各种科学。

教授事项

（甲）时间分配　本课分三时。

第一时　"游历"至"怅何如也"。

第二时　"我而研究动植物学"至"宜预储学识"。

第三时　复习全课。

（乙）内容提示

一、游历之游，非徒流览风景，即所谓实地试验，旅行以修学也，故必学识为主。

二、历史地理及动植物学，非为游历而研究也。特平时学有根底，则接触于目者，皆能领会于心，非特无迷惘之苦，并可增起游兴不少。

三、无实业之智识，则不明制造之理。不识种植之道，必至良窳[①]不知，菽麦不辨，授人以笑柄。

四、游历异地，借以考察风土物产，非徒借以行乐，有游历之志者，宜抱定此旨。

（丙）文字应用

课文为论说体，分六段。第一段首二句，点清游历二字；次六句，承上文之苦字而言；次二句，言不得其乐者由于学识不足。第二段首六句，言贯通历史，而后得游历之益；次三句，言历史不熟之苦。第三段首十句，言谙习地理，而后得游历之益；次三句，言地理不熟之苦。第四段首四句，言研究动植物学者，而后得游历之益；次五句，言不明动植物学之苦。第五段首七

[①] 窳：yǔ，（事物）恶劣，粗劣。

句，言通商大埠之注重工商农业；次四句，言无实业智识之苦。末段首七句，言无学识者之游历无益，且苦而不乐；末二句，言欲游历必预储学识。

参考

【阻修】阻，险阻也。修，长也。

【谙习】历练而习熟也。

【废址】古之宫室及城垣之遗址也。

【荒邱】古人之邱墓也。

【匆匆】急遽貌。

【距离】距，至也。距离，言彼处至此处相离之里数也。

【流连】留恋于此而不忍去之意。孟子谓从流下而忘返谓之流，从流上而忘返谓之连。

【迷惘】迷，失其方向也。惘，无知也。

【印证】相对而作证据也。

【赧颜】赧，音腩，面惭赤也。

【劝工厂】集各地工人之制造品于厂中，供人购买，且得比较工艺之优劣，以求进步也。

【商品陈列所】陈列各项商品于一所，供人观览，亦可购买。用意与劝工厂同，惟劝工厂之目的，在于贩卖，商品陈列所之目的，在使人观览耳。

【农业试验场】农学校或农学会所设，以试验农事者也。

【实业】凡从事于农工商实地之事业者，谓之实业。

【惝悦】音厂恍，失意不悦貌。

第三十三课　苏彝士[①]运河

本文

亚剌伯[②]西北，与埃及相望，以一水通之，使红海与地中海相联络者，曰苏彝士河。河长八十余浬，其成于人工者，凡四之三，余则湖泊渟潴，或天然之低原，因以为利者也。河水深广，巨舶无阻，今欧亚人之往来者，盖无不取道于斯。

当苏彝士河之未开也，欧亚往来，陆行必由土耳其、波斯诸国，地多蛮荒，又穷谷大漠之阻；水行必航大西洋，绕好望角，程途辽远，风涛险恶，行旅苦其不便。

法人雷赛者，积学士也，居埃及久，测红海、地中海之水，知其高下相等，乃决浚[③]河之议。

然地处热带附近，炎暑卑湿，又多瘴疠，工人死亡枕藉。兴工数年，成效无几。旁观者相与诋諆，当局者因而疑阻。然雷赛志气弥厉，任事益劬，历十载之久而大功告成。时西历一千八百七十年也。

运河既成，欧亚交通益便。自上海至伦敦，舟行四十日可达，较之环绕非洲，经好望角西渡者，仅及其半焉。

目的

本课述苏彝士河之地点及历史，使学生知此河之关系于航业甚大。

准备

将书中欧、亚、非三洲之图，放大而画于黑板。指示苏彝士河介于地中海红海之间，为欧亚往来必由之道。并告以此河未开通以前，航海者必绕道非洲之好望角。

① 现称苏伊士。
② 现称阿拉伯。
③ 浚：jùn，疏通，挖深。

教授事项

（甲）时间分配　本课分三时。

第一时　"亚剌伯西北"至"行旅苦其不便"。

第二时　"法人雷赛者"至"仅及其半焉"。

第三时　复习全课。

（乙）内容提示

一、苏彝士河之长，仅八十余浬（浬为海里，每一海里，合中里三里二分二厘弱）与中国之运河（长二千二百十里）较，几只有十分之一，而为世界所注意者，因能沟通欧亚故也。

二、兴工数年而成效无几，若稍存畏缩之心，必至功败垂成。雷赛坚持其志而不为之动，所以能成旷古未有之奇功。

三、航海时日之缩短，几及四十日（省时三十六日），此数十日宝贵之光阴，巨大之费用，均可节省。故虽征收重税，往来欧亚者仍无不取道于斯。所谓一劳永逸，费目前之资本，而获无穷之厚利也。

（丙）文字应用

课文为记事体，分五段。第一段首五句，记苏彝士河之地势；次六句，记河身之长，及开凿时之人工；次四句，记此河为欧亚往来之要道。第二段首五句，记此河未开时陆行之绕道；次五句，记水行之绕道及艰难。第三段六句，记雷赛测量海水，知此河之可浚。第四段首八句，记兴工时之困难及人之阻挠；次五句，言雷赛坚持其志而成功。末段七句，记运河告成后之舟行便利。

参考

【亚剌伯】国名，在亚洲西南部，世界第一大半岛。

【埃及】在非洲东北部，古时为一大国，今为英保护国[①]。

【红海】在亚剌伯之西，非洲之东，为一狭长之海湾。

【地中海】在欧洲之南，非洲之北，为世界第一内海。

① 现已为独立国家。

【苏彝士河】贯苏彝士土峡之间，幅广水深，可容二舟并进，入水达二十四尺之舟，亦航行自在。开凿于一八六〇年，至一八六九年始告成。

【湖泊渟潴】泊，湖之别名。渟，音庭。潴，音朱。皆水所停止蓄积之处。

【土耳其】地跨亚欧二洲，陆行所经之土耳其，指亚洲土耳其而言。

【波斯】国名，在土耳其之东，为一独立王国。

【蛮荒】蛮野而荒僻也。

【穷谷】犹荒谷也。

【大漠】大沙漠也。

【好望角】在南非洲之西南端，突入海中之土角也，一名喜望峰。港外波涛汹涌，故又名大浪山。苏彝士运河未开以前，商舶之往来欧亚，以此为停泊之中心点。

【雷赛】生于一八〇五年，卒与一八九四年。

【地处热带】苏彝士河当赤道北纬三十度，故云地处热带。

【瘴疠】炎热之地，多瘴疠之气，人触即病，重则致死。

【诋諆】音抵欺，犹谤毁也。

第三十四课　巴拿马运河

本文

南北美洲间，有土腰曰巴拿马，其最狭处，亘五十哩。太平洋、大西洋之间，为此五十哩之阻隔，航行者必绕麦哲伦海峡或苏彝士运河，而后得达，劳费特甚。

法人雷赛，既开苏彝士运河，西历一千八百七十年，更谋开巴拿马运河，以通太平洋、大西洋之航路。经营七载，糜费无算，财竭工辍，乃以河工转售于美国。

巴拿马为哥仑比亚属土，美国欲竟河工，为哥人所阻。西历一千九百零二年，巴拿马宣告独立，美人首承认之，并助以巨资。巴人大悦，遂许美国开凿运河。越二年，工事开始，议者以雷赛为前车之鉴，惴惴然忧之。美人不为动。施工后成效卓著，虽多艰险之工程，卒能完全告成。美人开万国博览会于旧金山，以为运河开通之纪念焉。

　　美国东滨大西洋，西滨太平洋，两洋海军阻隔不通。运河一开，舰队自由出入，以一军为两军之用，势力骤增。商舶之往来于东西美者，不必更绕麦哲伦，减省海程八千余浬，影响于商业者尤巨。

　　我国立国于太平洋之西岸，运河既开，世界船舶争集黄海沿岸。我国民宜利用此时机，振兴工、商业，以与世界相驰逐，而发达吾国之富源。否则受经济压抑，将无复振之望矣。是在吾国民自为之。

目的

本课言巴拿马运河之开凿，关系于美国之海军，更关系于世界之商业。

准备

将上课书中南北美洲之图，放大而画于黑板。告学生以南北美联络之处，即为巴拿马土峡。今开凿之运河，即在土峡之间。并告以旧时之航路，必绕道南美洲之麦哲伦海峡者，即因此土峡隔绝太平洋、大西洋之交通故也。

教授事项

（甲）时间分配　本课分四时。

第一时　"南北美洲间"至"乃以河工转售于美国"。

第二时　"巴拿马为哥仑比亚属土"至"以为运河开通之纪念焉"。

163

第三时　"美国东滨大西洋"至"是在吾国民自为之"。

第四时　复习全课。

（乙）内容提示

一、文明愈进步，即交通愈便捷。昔年开苏彝士，近年开巴拿马，亦欧美交通进步之一端。

二、雷赛能坚持于前，开通苏彝士，岂不能坚持于后，开通巴拿马？盖为经济所困，不得如志，故以河工转售于美国耳。

三、巴拿马宣告独立，美首承认之，非喜巴之能独立也，喜美之得开凿运河权也。美人所获之利，较巴人尤巨。

四、以一军而得两军之用，美国之兵力，因之加厚，故美政府不惜重资，以购此开凿之权。

五、太平洋、大西洋之交通既便，则亚东为商业竞争之场，工商之战，更急于兵战。

（丙）文字应用

课文为记事体，分五段。第一段首四句，记巴拿马之地点及地形；次六句，记巴拿马之关系于航业。第二段首五句，记雷赛之计划；次四句，记赛之不能竟其功。第三段首三句，记美国无竟此河工之权；次六句，记美助巴之独立而得开凿权；次五句，记美人不为浮议所动；次三句，记河工之艰难及告成；次二句，记美人开博览会以作纪念。第四段首八句，言运河通而美军之势力增；次四句，言航海者之不必绕道。末段首八句，勉国民之振兴工业；次二句，言不振之害；末一句，言在国民之自为。

参考

【土腰】即土峡，又谓之地颈。

【哩】英里也，每一英里，合华里三点二一八六八八。

【麦哲伦海峡】为南美极南端之海峡。海峡之南，即德而佛伊戈岛。葡人麦哲伦环行地球时，发现此峡，即以其名名之。

【哥伦比亚】国名，在南美西北部，北与巴拿马土腰相连。

【助以巨资】美政府得运河开凿之权，以二百万镑为报酬，每年复给以金五万镑。

【惴惴】恐惧貌。

【旧金山】即三佛兰西斯哥，一名桑港。在美国加利佛尼亚之沿海岸，为太平洋第一商港。称之曰旧金山者，因昔以产金著名，且对于澳大利亚之新金山而言也。

【舰队】海军兵舰之军队也。

【黄海】自渤海海峡以南，迄于长江口，谓之黄海。

第三十五课　独立

本文

有人于此，待喂而后食，待携而后行；待为之浣濯也，而后能清洁；待为之抚摩也，而后无痛痒。则幼稚而已矣。

有人于此，歌哭不恒，行动无节，以毒为甘，以危为安；叫嚣扰乱，无一人焉可以与之同居。则病狂而已矣。

见幼稚而保护之，见病狂而幽禁之，此社会之通例也。受保护者，无自主之权；被幽禁者，失自由之乐。亦因果之相生者也。是故见普通之人而谓之曰："汝幼稚，我将保护汝；汝病狂，我将幽禁汝。"则未有不怫然怒者。

虽然，游闲废业，污秽不洁，非幼稚之类乎？放荡不羁，好恶拂性，非病狂之类乎？造其因矣，必收其果。诚以受保护为耻，被幽禁为苦也，盍速务独立之道乎？

目的

本课言人宜求独立之道。

教授事项

（甲）时间分配　本课分二时。

第一时　"有人于此"至"则未有不怫然怒者"。

第二时　"虽然游闲废业"至"盍速务独立之道乎"。

（乙）内容提示

一、"待"之一字，即依赖之谓。首段四用"待"字，即极言幼稚之有依赖性。

二、依赖人而类于幼稚，即失自主之能力，是授人以柄也。人有不借保护为名而行干涉主义者乎？

三、举动而类于病狂，即越道德之范围，无自治之资格也。人有不借违法之名而行束缚主义者乎？

四、"保护"二字，含辅助之意，似与侵略之名异。岂知我受人保护，我之权限已为人侵犯，是名为保护而实即侵略也，名异而实同。

五、人而被人幽禁，是自主权自由权均已丧失，人生之乐趣固尽矣。若为人奴隶，不得自行其志，精神上之痛苦，与幽禁无异。

（丙）文字应用

课文为论说体，分四段。第一段八句，言事事待人为者为幼稚。第二段九句，言做事谬妄者为病狂。第三段首三句，言保护幼稚幽禁病狂为社会之通例；次五句，言受保护幽禁者应失自由之乐；次六句，言常人不愿受幼稚病狂之名。末段首四句，言不能治身者类幼稚；次三句，言不守规律者类病狂；次二句，言有因必有果；末三句，言欲免保护幽禁，必独立而后可。

参考

【餧】音未，饲也。已不能取物以食，待人与之食也。

【因果相生】言事有原因，必有结果也。

【幽禁】幽囚于一室，禁之使不得出外也。

【怫】怫，音服。怫然，作色貌。

第三十六课　为学　彭端淑

本文

　　天下事有难易乎？为之，则难者亦易矣；不为，则易者亦难矣。人之为学有难易乎？学之，则难者亦易矣；不学，则易者亦难矣。吾资之昏不逮人也，吾材之庸不逮人也，旦旦而学之，久而不怠焉，迄乎成，而亦不见其昏与庸也；吾资之聪，倍人也，吾材之敏，倍人也，若屏弃而不用，其昏与庸无以异也。

　　蜀之鄙有二僧，其一贫，其一富。贫者语于富者曰："吾欲之南海，何如？"富者曰："子何恃而往？"曰："吾一瓶一钵足矣。"富者曰："吾数年来欲买舟而下，犹未能也。子何恃而往？"越明年，贫者自南海还，以告富者。富者有惭色。西蜀之去南海，不知几千里也，僧之富者不能至，而贫者至之。人之立志，顾不如蜀鄙之僧哉？

　　是故聪与敏，可恃而不可恃也。自恃其聪与敏而不学者，自败者也。昏与庸，可限而不可限也。不限其昏与庸而力学不倦者，自力者也。

目的

本课借蜀僧之事，证明求学无难易，无智愚，只在笃志以求之耳。

教授事项

（甲）时间分配　本课分三时。

第一时　"天下事有难易乎"至"其昏与庸无以异也"。

第二时　"蜀之鄙有二僧"至"自力者也"。

第三时　复习全课。

（乙）内容提要

一、"难"之一字，最足以阻人进取心，求学尤宜力排此字，不使其留于脑际。拿破仑谓难字惟庸人字典中有之，可为励学之名言。

二、旦旦而学，则资质虽昏庸，日积月累，必能深造其极。所谓跬（半步）步不已而至千里也。

三、贫僧以一瓶一钵往南海，瓶钵之外，无所挟持也，惟挟持其百折不回之志耳。

四、不限其昏庸而力学，非甘昏庸以终，乃自信资质不如人，欲以艰苦得之也。

（丙）文字应用

课文为论说体，分三段。第一段首三句，言为事无难易；次三句，言为学无难易；次六句，言昏庸者求学不息，不见其昏庸；次四句，言聪敏者不用其聪敏，与昏庸无异。第二段首三句，述蜀之贫富二僧；次十一句，述二僧问答之辞；次四句，言贫僧自南海回而富僧有惭色；次六句，言南海远而贫僧得至，人宜如贫僧之立志。末段首四句，言聪敏不可恃；末四句，言昏庸不可限。

参考

【彭端淑】字乐齐，清时人。著有《白鹤堂集》。《为学》一首，作之以示子弟者。

【昏】愚昧也。

【逮】及也。

【庸】无用也。

【屏】音丙，除也。

【蜀】今之四川省。

【鄙】边鄙也。

【南海】即普陀山，浙江宁波海中之岛，相传观音所居。

【顾】发语辞。

第三十七课　上古创造之圣人

本文

　　人类肇生之始，浑浑噩噩，不识不知。凡所以养生之具，捍患之方，茫乎其未有也。于是先知之人，知其势之不可以久存也，乃为之制饮食焉，衣服焉，居处焉，使天下之人，咸有以遂生而安居，积久而后有今日文明之世界。

　　火食始于燧人；橧巢始于有巢；嫁娶制于伏羲；耕种、医药起于神农；衣裳、官室肇于黄帝；蚕桑创自西陵；文字造自仓颉。此数圣人者，事有难易，功有大小，要其辟草昧而开文化，则一而已。凡今之人，日用而不知，所视为无足奇者，皆古之圣人，竭无数之心思，经无数之阅历，而后制作创垂，以为万世生民之利者也。

　　士生今日，席前人之烈，当思继前人之志，能即前人之已有者而变通之，取前人之未有者而创制之，使我国文化日进不已，然后不负我前哲也。

目的

本课述古圣人创造事物之苦心，使学生知文化之原。

教授事项

　　（甲）时间分配　本课分三时。

　　第一时　"人类肇生之始"至"则一而已"。

　　第二时　"凡今之人"至"然后不负我前哲也"。

　　第三时　复习全课。

　　（乙）内容提示

　　一、自上古至今日，历无数之阶级，经无数之改革，始有目前之气象，吾人当力求进步，以继前人之志。

　　二、东西各国制造之精，固胜于我国，然开化之早，当以我

169

三、见眼前之事物而不知创造之功，囿已成之局而不思有所建设，为人而如是，名曰世界之赘疣①不为过。

（丙）文字应用

课文为论说体，分三段。第一段首六句，言人类智识未开时之景象；次七句，言先知者定衣食住之制；次一句，言积久而成今日之文明。第二段首七句，历叙创造之圣人；次五句，言数圣人皆有开文化之功；次八句，言不可忘古人利世之功。末段八句，勉人继起而日求进化。

参考

【肇】初也。

【浑浑噩噩】形容不识不知之貌。

【捍】与扞同，音翰。捍患，即御患也。

【燧人】古帝之一也。上古人民，不知熟食，多饮禽兽之血而茹其毛，燧人氏乃钻木取火，教民烹饪。名曰燧人者，因燧为火之所生故也。

【橧】音增。古时未有宫室，聚薪柴而居其上曰橧。

【有巢】亦古帝之一。当伏羲之前，人皆穴居野处，有巢氏教民架木为巢，以避毒蛇猛兽之害。其后民智渐进，编槿为庐，缉藋②为扉，而巢居之风乃革。

【嫁娶】上古男女无别，至伏羲始定嫁娶之制。用俪皮（两鹿皮也）以为礼，通媒妁以重人伦，于是知有母不知有父之陋习革。

【伏羲】风姓，养牺牲以充庖厨，由渔猎社会而进于游牧社会，故曰伏羲。

【耕种】教民用耒耜③艺五谷也。

---

① 赘疣：zhuì yóu，比喻多余无用的东西。
② 藋：diào，藜类植物。
③ 耒耜：lěi sì，旧时一种像犁的翻土农具，也用做农具的统称。

【医药】古时民有疾病，未知药石。神农始尝百草，作方书，以疗民疾，而医道兴焉。

【神农】姜姓，代伏羲氏治天下。由游牧社会而进于耕稼社会，故曰神农。

【衣裳】上服曰衣，下服曰裳。黄帝始定玄衣黄裳之制。

【宫室】黄帝广宫室之制，遂作合宫以祀上帝。

【黄帝】少典氏之子，姓公孙。戮蚩尤而为诸侯所推，遂即帝位。以土德王，色尚黄，故曰黄帝。

【西陵】即黄帝之妃嫘祖，西陵氏之女也，教民育蚕，取其丝以制衣服。

【文字】仓颉观鸟兽之迹而作，字有六义，即象形、指事、会意、转注、谐声、假借是也。

【仓颉】黄帝之左史也。

【辟草昧】言开辟万物于草创之始，冥昧之时也。

【创垂】开创事业而垂之于后世也。

【席】因也，言若人之坐于席也。

【前哲】谓古之贤哲也。

第三十八课　毋自馁

本文

有游欧洲归者，盛称英法诸国之文明。尝私语其友曰："吾观欧洲学术之精进，商业之发达，军械之精利，实白种人之聪明强毅有以致之。吾国虽效西法，然黄种智力，远不如人，恐终望尘莫及也。"

友曰："今日欧洲之文明，远过吾国，吾亦知之。若必谓吾人智、力不如白种，则未之敢信。"

学术之发达，由于书籍。书籍之流传，由于印刷。夫始创印刷之法，中国人也。

商业之兴，必藉航海。大洋万里，茫无际涯，不有指南针，又焉能至？然创指南针者，中国人也。

枪炮之利，无坚不摧，其力之猛烈，实生于火药。而火药亦中国所自创也。

当元、明时，我国与亚剌伯交通渐繁，印刷法、指南针及火药，渐由亚剌伯流入欧洲，遂以致今日之文明。我国人既能创造，安见智、力之不如人乎？

夫文明利器，我中国创之。欧人师吾成法，乃能胜吾。若以吾人之善于创造，更取欧洲成法而讲求焉，安知其必不如人乎？白种，人也；黄种，人也。有为者亦若是，吾何必自馁哉？

目的

本课言凡事皆在我之自为，不可因他国之强盛而自馁。

教授事项

（甲）时间分配　本课分三时。

第一时　"有游欧洲归者"至"然创指南针者中国人也"。

第二时　"枪炮之利"至"吾何必自馁哉"。

第三时　复习全课。

（乙）内容提示

一、谓英法诸国强而我国弱，固讳无可讳矣。然推我国致弱之由，谓黄种之不自振作则可，谓黄种之智力不如白种则不可。

二、国之强弱，非出于天然，乃人力为之也。人能振刷其精神，力求进步，则可反弱为强。

三、印刷火药等物，均发明于我国，足证黄种之智力，不弱于白种。特不知精益求精，致不如人耳。

四、欧人能师吾成法以胜我，我岂不能师欧人成法以胜之乎？即以其人之道，还治其人之身，只在我之自为。

五、以毋自馁勉人，非侈然自大，徒作大言以欺世也，必卧薪尝胆，刻苦自励，始克有济。

（丙）文字应用

课文为论说体，分七段。第一段首二句，言游欧者盛称英法诸国；次九句，述游欧者尊白种轻黄种之言。第二段六句，述其友辨正游欧者之言。第三段六句，言印刷术之创自中国。第四段八句，言指南针之创自中国。第五段五句，言火药之创自中国。第六段首六句，言亚洲之文明，自亚剌伯而传入欧洲；次二句，言我国人之智力，未必不如人。末段首四句，言欧人师吾成法而胜吾；次三句，言吾人亦可取其成法；末六句，言我国人不可自馁。

参考

【白种】一名高加索种，以其始居于高加索故也。大部分在欧洲，北美及亚洲之西部，亦多是族。

【强毅】坚强而果决也。

【黄种】一名蒙古利亚种。因蒙古侵入欧洲，欧人大受其摧残，故加以此名。中国及日本高丽，均属此种。

【望尘莫及】言人疾驰而前，我望其尘而不能追及也。

【印刷】古时文字，多系写本，至后唐明宗时，冯道李遇请校正九经，刻板印卖，是为印刷之始。其后传至巴比伦（在今东土耳其），复由巴比伦传至欧洲各国。

【指南针】创自黄帝，后由中国传至亚剌伯，由亚剌伯传于欧洲之意大利。

【火药】隋炀帝时，有火药杂戏，距今一千三百余年。西国则在十三世纪末叶，英国僧徒洛伽培毗始创之，距今仅六百余年。

【馁】饿也。自馁，言自委靡其志气，若饿者之不能振作其精神也。

新國文教授法

【第三册】

第一课　　气球及飞艇飞车

本文

凡物重则沉，轻则浮，在水然，在空气亦然。

煤气，轻于空气者也。以帛为球，中实煤气，球下系筐，人居其内，即能上升，是为气球。

气球之作，所以观察天象。交战之时，用以窥探敌情，传递消息。然随风而行，不能进退自如。其后将气球改为长圆形，下系以艇，艇中有机，可以进退，为用较便。是为飞艇。

其不藉煤气之力而能上升者，则谓之飞车。飞车之制，实类于吾华之纸鸢。纸鸢体量重于空气，所以高翔不坠者，则以当风之平面，与绳索之力，互相牵引故耳。飞车有翼以当风，犹纸鸢之平面也；飞车有机以进行，犹纸鸢之绳索也。

溯自飞车之制发明以来，欧美学者悉心研究，进步甚速。吾国亦有肄习之者。他日制作益精，飞行无阻，不特军事、学术受其影响，即税务、警察亦必变更其组织。其关系之大如是。

目的

本课述气球、飞艇、飞车之制，证明制造之日有进步，且使学生略知物理。

准备

书中之图，第一图之气球，因其上端之球而得名（球上加之以网，故图中画纵横之黑线无数）。第二图之飞艇，因其下系之艇而得名。第三图为单帆飞车之正面。第四图为双帆飞车之旁面。

教授事项

（甲）时间分配　本课分二时。

第一时　"凡物重则沉"至"是为飞艇"。

第二时　"其不藉煤气之力"至"其关系之大如是"。

（乙）内容提示

一、气球、飞艇、飞车，皆为空中飞行器。然气球、飞艇，均凭空气之浮力而航空，飞车则借空气之抵抗力而腾举，其用同而其体异。

二、气球、飞艇之质，较空气为轻，若烟云之浮于空际然。飞车之质，较空气为重，若飞鸟之高翔空际然。故飞升同而飞升之理不同。

三、气球能上升而不能进退，飞艇能进退而须用煤气之力，飞车则用平帆及推进机之力，即能飞行自在，无所阻碍，足征物以改革而益精。

（丙）文字应用课文为物状体，分五段。第一段四句，言物在空气及水中浮沉之理。第二段八句，言实煤气于球，可以制为气球而上升。第三段首五句，述气球之功用；次二句，言气球不能任意进退；次六句，言飞艇便于气球。第四段首三句，言飞车不借煤气之力而上升；次二句，言飞车之制类纸鸢；次五句，言纸鸢高翔不坠之故；次四句，指出飞车、纸鸢相同之理。末段首

177

六句，言飞车以研究而有进步，吾国人亦有肄[①]习之者；末七句，言飞机与世界之关系。

参考

【煤气】一名石炭瓦斯，以煤干烧，即生是气，有燃烧性而臭，重量轻于空气。

【帛】丝织物之总名也。

【筐】盛物竹器也。筐中所备者，为风雨表、寒暑表、时辰表、千里镜、罗盘、沙袋等物。

【气球】初创于法国蒙氏兄弟二人。始用热气，借热气膨胀之力而上升。却尔司氏（亦法人）改用氢气，因热气冷而球有下坠之虞故也。后又改用煤气。球在空中，欲其上升，则撤去袋中之沙，欲其下降，则泄出球中之气。

【飞艇】拟创飞艇之计划，始于法人麦士烈，制造家遂继起而做成之。下坐筐用艇形，中置螺旋推进机，遂得随意升降进退。

【飞车】或谓系澳洲建筑家哈格来甫氏所发明。其飞行之机关有四，一平帆，二螺旋推进机，三前后之纵横小帆，四供滑走用之车轮（用于陆上飞升）及浮体（用于水上飞升）。其所以能飞行者，因掠空气之平帆，与前进之机力，适平均故耳。其制不一，有单帆者，有双帆者，并有三帆及多帆者，系飞行家各极其智力以成之耳。

【纸鸢】一名风筝。以竹为之，糊之以纸，形状不一。古传为韩信所作。称之曰鸢者，因其升于空中，若鸢飞之时，翼不频动也。

【吾国亦有肄习之者】中国人之造飞行机者，有谢缵泰之飞艇，冯九如之飞车。缵泰系澳洲之华侨，其艇纯以铝制，推进机以电动之。九如广东人，留学于美，制有双帆飞车，民国元年在

① 肄：yì，学习，练习。

广州试演，机坠而毙。

第二课　小儿乘轻气球（一）

本文

有携其子女三人，观乘轻气[1]球者。球凌虚上升，三子见之皆惊恐，时虞其坠落。既而见凌虚之人坐竹篮，徐徐腾越屋脊，瞻顾城郭，徘徊引眺，久始示状司球者，收其絙，悠然而下，意适神怡，一无所窘。三子乃求父，亦欲乘此球。父允之。三子者，长为女，十岁。次男，七岁。又次女，五岁。

三子登球，球稍稍腾上絙且尽。微风摇曳中，絙忽断，气球已飞越，直趋云表。地上人见者，咸战栗失次，大声呼噪。球中长女，引首下盼，知絙断球飞，见其父仰空号恸，然微闻其声，而不辨其作何语。

既而气球少停空际。下顾大地，已濛濛然：人豆而马寸；林麓、庐舍，略具纤影，长江、大河，莹皎若线而已。

七岁之男，五岁之女，晕极而偃。其长姊稍镇静，则拥抱其弟、妹。已而风至，竹篮动摇稍厉，几欲倾覆。三人抱哭，五岁之幼女，犹张吻呼母也。

西日已匿，云瀚如墨，球已出云，头上见星光。风定球止，幼女不复涕，七岁之童悸亦粗定。长女探囊得饼，因分饲弟、妹。幼女忽作声曰："吾辈将引球就星，摘星遗吾母矣。"兄曰："是安能，吾不复面吾亲矣。"幼女应声而哭。

其姊则抚慰之曰："明日气球当下大地。即去家远，当以状语人，问途以归，昵就父母。汝勿哭也。"妹悦，止哭。女乃以衣拥弟、妹，枕藉[1]而寝。弟、妹皆酣眠。女寒甚，头岑岑然，知

---

[1] 现称氢气。

179

父母暴失三儿，且奇痛，此球又不知飘落何所，苟入巨浸，宁有幸者？困极不得眠，久之始寐。

目的
本课借小儿乘气球之事，证明气球之进退升降，不能自主。

教授事项
（甲）时间分配　本课分三时。
第一时　"有携其子女三人"至"而不辨其作何语"。
第二时　"既而气球少停空际"至"幼女应声而哭"。
第三时　"其姊则抚慰之曰"至"久之始寐"。
（乙）内容提示
一、见球凌空而恐其下坠，见人无所窬而亦欲乘球，忽惧忽喜，文能描出儿童本色。
二、球上升而系之以絙，斯时之气球，尚在初发明而试乘之际，非借以考验学理、侦探军情之时也。
三、文述长女在球内抚慰弟妹，及忆想父母失儿之奇痛，淋漓尽致，足以激发儿童孝友之情。
（丙）文字应用
课文为记事体，分六段。第一段首二句，记携子女而观乘气球；次三句，记儿童虞气球之坠落；次十句，记乘气球者之安适；次三句，记父允三子之乘球；次七句，点出三子之年龄。第二段首七句，记球之断絙上腾；次三句，记地上人之惊噪；次六句，记球中人之见闻。第三段八句，记球中人视大地之形状。第四段首五句，记弟妹惊晕而长姊拥抱之；次六句，记竹筐簸荡，三人惊极而哭，幼女且呼母。第五段首四句，记球已高出云表；次六句，记风定后之球中情形；次七句，记妹与弟之言。末段首

① 藉：jiè，衬垫。

七句，记姊慰弟妹之言；次五句，记弟妹之得眠；末九句，记长女之深思而不得安寐。

参考

【凌虚】凌，历也。虚，空中也。

【悸】受惊而心动也。

【绠】音耕，粗绳索也。

【悠然】闲暇貌。

【云表】云外也。

【濛濛】隐约不辨貌。

【人豆马寸】言人小若豆，马短若寸也。

【纤】细微也。

【林麓】丛木曰林，山足曰麓。

【莹皎】莹，明也。皎，白也。

【偃】仆也。

【吻】音稳，口边也。

【瀚】云气起也。

【昵】亲昵也。

【藉】卧其上也。

【岑岑】头昏也。

【暴失】骤然失去也。

【巨浸】大泽也。

第三课　小儿乘轻气球(二)

本文

迟明女醒，四顾乃空濛无物，自念此身竟落何许。阳光旋出，直射气球，而弟、妹犹安卧如恒状。俯首下窥，则惊悸亡魂。盖去地已远，大陆不可见，为云亘也。

女仰见球之中央，有緪下垂，不审何用。试攀之，俄而大暝，似坠浓云中，即顶上之球亦不可见。女复大震，然亦坐听之，不复动。

寻悟球之坠于云中者，盖下降也。球升则冒云上，球落则穿云下。复取緪挽之，则球瓣开，轻气泄，球复徐徐下坠。

女更俯视，则山村、水郭，历历可睹，非复前此之鸿濛矣。大喜过望。

仰视空际，球似停而不行，然去地已渐近，林麓、庐舍，向之如砾如茅者，稍稍大矣。即如线之河，亦渐闻潏汨之声。已而行近村落，人声喧豗如沸，仰瞻此球，相随而走。女自念，球果落是村中，吾弟、妹生矣。力趣弟、妹起，语以故。弟、妹大喜，几欲脱篮而下。篮大动摇，村人皆骇，盖虞其颠覆也。

先是气球断緪时，儿之父母，发电国中，谓见气球者，趣见告。村人固闻之矣。今见气球荡漾且下，即以电告之。

气球垂下，村人犹悸，以为如坠落骤，三子必不保。已而球向田间落，稻软如毡，三子皆无恙。移时，三子之父母以汽车至。相见大喜，遍谢村人而去。

目的
本课述氢气球下坠之理。

准备
画气球图于黑板，球下画一緪，下垂于竹篮中。教授时说明

182

此絚所以备泄气之用，并告以球下本有小门，此絚即所以司门之启闭者。

教授事项

（甲）时间分配　本课分三时。

第一时　"迟明女醒"至"大喜过望"。

第二时　"仰视空际"至"遍谢村人而去"。

第三时　复习全课。

（乙）内容提示

一、因球坠于浓云中而悟其下降之理，见女之聪明处，见球之神妙处，更见文之曲折处。

二、球将落于村中，三儿已得庆更生，斯时若动摇过甚，必复遭倾覆之患。故人于极喜悦、极惊恐之时，最宜镇定。

三、村人见篮动摇而骇，见球下而恐其骤落，村人之爱三子，非与三子有亲故之谊也，所谓恻隐之心，人皆有之也。

（丙）文字应用

课文为记事体，分七段。第一段首三句，记气球中迟明时之景象；次八句，记气球中日出后之景象。第二段首三句，记女见下垂之絚而不知其用意；次八句，记攀絚后之惊恐。第三段首四句，记女悟球升降之理；次四句，记女挽絚而球渐坠。第四段五句，记女之见大地而大喜。第五段首三句，记球下坠之缓；次四句，记球近地时之景象；次四句，记村人见球后之情形；次三句，记女之窃庆更生；次四句，记女告弟妹而弟妹狂喜；次三句，记篮动摇而村人恐其颠覆。第六段首六句，补述断絚后儿父母之布置；次二句，记村人以电告儿父母。末段首四句，记村人恐球坠地之骤；次三句，记球落于田间而安然；次三句，记儿父母之乘车而至；末二句，记儿父母之道谢而去。

参考

【迟明】迟音池。迟明，天将明而未明之顷也。

【空濛】言空无物而若微雨之迷濛也。

【何许】犹何处也。

【云亘】亘，遍也。云亘，言为云所遮蔽也。

【瞑】晦也。

【球瓣】球顶球底皆有之，球中之气放泄处也。

【鸿濛】气迷濛而不可分辨之貌。

【如砾】砾，小石也。如砾，视庐舍等如小石也。

【如荠】荠，菜名。言视树木如荠菜也。

【瀄汨】音至骨，水声。

【喧豗】见第一册二十五课。

【趣】音促，催促也。

【荡漾】摇动貌。

【垂下】将下也。

第四课　衡山

本文

　　凡大山，自一二高峰外，其余率皆卑小。惟衡山东西绵亘数十里，罗列七十二峰，峰峰峻峙①，故游者叹观止焉。环拱辐辏，而以祝融峰长之。

　　游衡山者，无不道祝融之高，方广之幽，水帘之奇。水帘洞道最近，在紫盖峰侧，飞流自山顶两折而下，峻壁百尺，以水界之，轻明如帘。帘尽，则飞涛怒溅，洞门在焉。

　　由紫盖峰西南行，岭道二十余里，始抵祝融峰。俯视诸峰，

---

① 峻峙：jùn zhì，高耸，陡峭。

悉见其顶。湘江纡回，作四大折，绕衡而西。凤帆隐隐可辨。下山自麓西行，复登岭，乃至莲花峰。峰之高亚于祝融，百千小峰攒簇周遭，如千叶莲花，而方广寺正居中央。水木明瑟，泉瀑琤琮，极幽邃之观焉。

目的
本课述衡山之胜迹，示学生以作游记之法。

教授事项
（甲）时间分配　本课分二时。
第一时　"凡大山"至"洞门在焉"。
第二时　"由紫盖峰西南行"至"极幽邃之观焉"。
（乙）内容提示
一、衡山以祝融峰为主峰，文中亦以之为主义，故祝融峰凡三见。
二、祝融、方广、水帘，为衡山胜境，文中即从此处着笔，是为作游记扼要之法。
（丙）文字应用
课文为游记体，分为三段。第一段首三句，言大山率只一二高峰；次四句，言衡山之高峰独多；次二句，言群峰以祝融为长。第二段首四句，点出衡山之胜境；次九句，记水帘洞之风景。第三段首三句，记至祝融峰之路程；次六句，记登祝融峰之所见；次三句，记至莲花峰之路程；次五句，记莲花峰之形状；末三句，记方广寺之胜景。

参考
【衡山】在湖南衡山县西三十里，即五岳中之南岳也，周围八百里。
【绵亘】绵，延长也。亘，竟也。言物之延长，自此端竟彼端也。

【罗列】周围排列也。

【七十二峰】在衡州境者六，在长沙、湘乡、湘潭境者七，在衡山县境者五十九。峰之大者有六，曰祝融、紫盖、天柱、石廪、芙蓉、密云，皆在衡山县境。

【辐辏】辐为车轮中木之直指者。辏，聚也。言四面环集，若车辐之聚于毂①也。

【祝融峰】在衡山县西北。湘水环带山下，登其巅，视七十一峰皆为盆砌间物。东有望日台，西有望月台。

【方广】寺名。在莲花峰中间，寺基若在莲房上。

【水帘洞】即朱陵洞。在衡山县北。山上有泉，至洞门作垂帘状，帘畔大字标天下第一泉。

【紫盖峰】亦在衡山县西北。南岳诸峰，皆朝于祝融，独紫盖一峰，势转东去。

【湘江】即湘水，源出广西，流入洞庭湖。

【莲花峰】以形似莲花而得名。

【亚】次也。

【攒簇】攒，聚也。簇，小竹也。攒簇，言攒聚而若小竹之稠密也。

【周遭】犹言周匝也。

【明瑟】明亮而鲜洁也。

【琤琮】玉相击声。

---

① 毂：gǔ，车轮中心，有洞可以插轴的部分。

第五课　济南三胜

本文

济南名胜之地三：曰趵突泉，大明湖，千佛山。

趵突泉在城南。凡三穴，出池中。池水盈盈，泉涌沸高出六七寸，横列整齐，相离各尺许，似人力穿凿而成者。

其北城内有大明湖，为诸水汇注之区。烟波草树，蔽隔城市，如在旷野间。遥见千佛山，奇伟深秀，如画屏远列。泛舟其中，莲叶纷披，湖水清洌，游鱼出没可数。

出城南五里，望千佛山，不甚高耸。自下而登，蹊径曲折。回观城郭、平原景象，移步变易。山多大石，壁立十余仞，佛宇、亭榭，依之为垣①，各踞其胜。面临大野，鹊、华、河、济山水环绕，雄远之观，令人意旷。山岩多凿石为佛，故谓之千佛山云。

目的

本课述济南之胜境。

教授事项

（甲）时间分配　本课分二时。

第一时　"济南名胜之地三"至"游鱼出没可数"。

第二时　"出城南五里"至"故谓之千佛山云"。

（乙）内容提示

一、天然之境，非人力能为。是泉出于天然，而能类人工之穿凿，故名著海内。

二、远山为湖水所映，荡漾于碧波间，是一幅绝妙画图。城市间而有此佳景，自能引人入胜。

---

① 垣：yuán，矮墙，墙。

（丙）文字应用

课文为记事体，分四段。第一段四句，点明济南三胜。第二段八句，记趵突泉之形状。第三段首五句，记大明湖之位置；次三句，记大明湖之风景如画；次四句，言泛舟湖中而见湖水之清。第四段首五句，言千佛山不甚高耸而蹊径曲折；次二句，接曲折二字而描写之；次五句，记山中之佛宇亭榭，依石壁而成；次五句，记千佛山有山水之环绕；末二句，记命名千佛山之故。

参考

【济南】山东省会。

【趵突泉】趵，音豹，跳跃也。泉在省城西南，为泰山以北诸谷之水，潜流于地中而涌出者也。其注而北，则谓之泺水，泉味甚甘。

【大明湖】在省城内西北隅，周十余里。

【千佛山】即历山，相传为舜耕之故地，故又名舜耕山。

【涌沸】沸，音费。涌沸，言泉涌出如沸腾也。

【纷披】散乱之意。

【洌】音列，水清貌。

【蹊】音奚，径道也。

【鹊】即鹊山，在历城县北二十里。扁鹊炼丹于此，故名。

【华】即华不注山，一名华山，在历城县东北。山下有华泉。

【河、济】河，即黄河。济，即古之济水，今之大清河。自黄河改道北流，大清故道，已为所夺。

第六课　海市蜃楼

本文

　　山东登、莱等处，时见海中有城市、楼阁、人物、车马之形，历历如绘，或倏起倏灭，或良久始散，世传为海市蜃楼，且释之曰："海市者，神山之幻景。蜃楼者，海中有蜃，嘘气而成楼台也。"是说流传既久，无有疑之者。

　　虽然，所谓神山者，往昔航海之术未精，自山东往日本，遥望三岛，往往为风所阻，乃神之云尔。今既中外交通，乌[①]睹所谓三神山者。兵舰商舶交错海上，潜水之器游行海底，又乌睹所谓嘘气之蜃者。

　　然则海市蜃楼，何缘而发现乎？曰空中摄影耳。不惟吾山东登、莱，欧洲意大利海面，及沙漠、高原之地，亦常见之。盖空气以冷、热为疏密，时而疏密相间，其界已成平面，则远处之城郭、村落，为人目所不及见者，常以折光或回光之故而映入人目，恍若罗列空际也者。此其理也。

目的

本课述光学之理，以辟迷信之说。

准备

　　用杯二只，各置一钱，一注水一不注水，以试验折光之理。更用回光镜以验回光之理。

教授事项

　　（甲）时间分配　本课分二时。

　　第一时　"山东登莱等处"至"又乌睹所谓嘘气之蜃者"。

[①] 乌：无，没有。

第二时　"然则海市蜃楼"至"此其理也"。

（乙）内容提示

一、迷信之心，大率因不明其理而起，故物理学既明，神怪之说，可消除于无形。

二、摄人影而显之于纸，初见者莫不疑怪，今其理渐明，疑怪者已少。海市蜃楼亦摄影之类，故谓之空中摄影，无足异也。

三、疏密相间，遂屈折而成折光。空气之所以有疏密，即冷热不同之故。

（丙）文字应用

课文为论说体，分三段。第一段首六句，点出海中之海市蜃楼；次六句，述释海市蜃楼者之言；次二句，言人信其说而不疑。第二段首七句，言古人所以称日本三岛为神山之故；次二句，言今无所谓神山；次五句，言今无所谓嘘气之蜃。第三段首三句，释海市蜃楼发现之故；次四句，言欧洲海面及沙漠之地皆见之；末九句，说出所以成幻影之理。

参考

【登、莱】今山东登州、莱州二府，滨海之区也。

【历历】行列貌。

【倏】疾也。

【蜃】蛟属，俗传其能嘘气成城郭之状。

【神山】古时相传东海中蓬莱、方丈、瀛州三神山，为仙人所居，实即日本之三岛也。

【三岛】即日本之本州、四国、九州三岛。

【潜水器】用橡皮为之，称身如衣服，头部则用金属为之，窍其二目，镶以玻璃，可以外视。又有橡皮管二，自其头部达于水面，以通呼吸。

【摄影】摄取他处之影而现于此地也。

【意大利】欧洲南部之国名，以亚平宁半岛突入地中海。

【沙漠】行人至阿非利加洲之撒哈拉大沙漠，每遥见湖水清澈，树影倒映，及至近前，则诸景全非，惟为荒凉不毛之土而已。

【空气以冷热为疏密】空气受热则涨，遇冷则缩，故冷时则缩而密，热时则涨而疏。

【疏密相间】凡光线自疏体入密体，或自密体入疏体，必变换其方向而屈折，故空气疏密相间时，光线通过，必多屈折。

【平面】凡光线照于物体，多生反射。物体愈近平面，则反射之光线愈有一定，故空气疏密相间至平面时，光线更能反射也。

【折光】即屈折之光。

【回光】即反射之光。

第七课　日喻　苏轼

本文

生而眇者不识日，问之有目者。或告之曰："日之状如铜盘。"扣盘而得其声，他日闻钟，以为日也。或告之曰："日之光如烛。"扪烛而得其形，他日揣籥，以为日也。日之与钟、籥亦远矣。而眇者不知其异，以其未尝见而求之人也。道之难见也甚于日，而人之未习也，无以异于眇。达者告之，虽有巧譬善导，亦无以过于盘与烛也。自盘而之钟，自烛而之籥，转而相之，岂有既乎？故世之言道者，或即其所见而名之，或莫之见而意之，皆求道之过也。然则道卒不可求欤？苏子曰："道可致而不可求。"何谓致？孙武曰："善战者致人，不致于人。"子夏曰："百工居肆，以成其事；君子学，以致其道。"莫之求而自至，斯以为致也欤。南方多没人，日与水居也。七岁而能涉，十岁而能浮，十五而能没矣。夫没者岂苟然哉？必将有得于水之道

191

者。日与水居，则十五而得其道；生不识水，则虽壮，见舟而畏之。故北方之勇者，问于没人，而求其所以没，以其言试之河，未有不溺者也。故凡不学而务求道，皆北方之学没者也。昔者以声律取士，士杂学而不志于道；今者以经术取士，士知求道而不务学。渤海吴君彦律，有志于学者也，作《日喻》以告之。

目的

本课借眇者不能得日之真相，证明得道之难。

教授事项

（甲）时间分配　本课分三时。

第一时　"生而眇者"至"皆求道之过也"。

第二时　"然则道卒不可求欤"至"作日喻以告之"。

第三时　复习全课。

（乙）　内容提示

一、既告以日之状，再告以日之光，告者已巧譬善喻矣。眇者犹误以钟、籥为日，所谓失之毫厘，谬以千里。

二、泥于形迹而不知变化，则不得真理。必渐渍于道而深造其极，始能心领神会，故道非一朝一夕之功可以得者。

三、见而名之，莫之见而意之，见者固较莫之见者为愈矣，然其不得则一也。能效没人之日与水居，则不求其得而自得。

四、通篇之意，不外子夏"学以致其道"一语，非告人以道之奥，乃告人以致道之法。

（丙）文字应用

课文为论说体。首三句，言眇者不识日而问人；次五句，言人告以日之状而误以钟声为日；次五句，言人告以日之光而误以籥为日；次三句，言眇者不见钟籥与日之异；次十句，言不知道者，无异于眇者之不知日，亦将有钟籥之误；次四句，言求道者不得其道；次十三句，言道可致而不可求，引孙武、子夏之言以释之；次五句，言没人自能涉而至于能没；次七句，言能得水道则可以没水，不能得水道则见舟而畏；次五句，言北方之人不习于水，试于河而必溺；次二句，言不学而求道，等于北人学没；次四句，言士趋时而或偏于学，或偏于道；末三句，言所以作日喻之故。

参考

【苏轼】见第二册三十一课。

【眇】偏盲也，本课作双目不明用。

【盘】承物之盘也，因其圆而取以为喻，铜制者扣之有声。

【扪】摸也。

【龠】乐器，似笛。

【自盘而之钟四句】之，至也。既，尽也。言自盘至钟，自烛至龠，辗转相至，无有穷尽也。

【没人】能潜于水底之人也。

【涉】徒行而过水也。

【声律】即指诗赋而言，因诗赋必取其声律之谐故也。唐时用以取士。

【经术】即指经义而言。宋时用以取士。

【渤海】故地在今山东滨州。

第八课　黄冈竹楼记　王禹偁

本文

黄冈之地多竹，大者如椽。竹工破之，刳去其节，用代陶瓦。比屋皆然，以其价廉而工省也。子城西北隅，雉堞圮毁，蓁莽①荒秽。因作小楼二间，与月波楼通。远吞山光，平挹江濑。悠阒辽夐，不可具状。夏宜急雨，有瀑布声；冬宜密雪，有碎玉声。宜鼓琴，琴调和畅；宜咏诗，诗韵清绝；宜围棋，子声丁丁然；宜投壶②，矢声铮铮然；皆竹楼之所助也。公退之暇，被鹤氅，戴华阳巾，手执《周易》一卷，焚香默坐消遣世虑。江山之外，第见风帆、沙鸟、烟云、竹树而已。待其酒力醒，茶烟歇。送夕阳，迎素月，亦谪居之胜概也。彼齐云、落星高则高矣，井干、丽谯华则华矣，止于贮妓女，藏歌舞，非骚人之事，吾所不取。吾闻竹工云："竹之为瓦，仅十稔，若重覆之，得二十稔。"噫！吾以至道乙未岁，自翰林出滁上，丙申移广陵，丁酉又入西掖，戊戌岁除日，有齐安之命，己亥闰三月到郡。四年之间奔走不暇，未知明年又在何处，岂惧竹楼之易朽乎？后之人与我同志而葺之，庶斯楼之不朽也。

目的

本课系王元之借竹楼以写谪居之清况，语气中大有视富贵如浮云之概。

教授事项

（甲）时间分配　本课分二时。

第一时　"黄冈之地多竹"至"第见风帆沙鸟烟云竹树而已"。

① 蓁莽：zhēn mǎng，杂乱丛生的草木。
② 古时宴会时的娱乐活动，大家轮流把筹投入壶中，投中少者须罚酒。

第二时　"待其酒力醒"至"庶斯楼之不朽也"。

（乙）内容提示

一、状竹楼之胜，均从幽静一方而着想，不使其有一毫尘俗气，是即文中制胜处。

二、用六"宜"字以形容竹楼，两"宜"字写天时，四"宜"字写人事，意有分别，故句法亦变换。

三、齐云、落星等均极一时之盛，后世阒寂无闻者。盖名胜之区，以冷淡胜而非以繁华胜也。

四、不惧竹楼之朽，元之之自悲身世也。望后人之修葺，元之之不能忘情也。

（丙）文字应用

课文为记事体。首七句，记黄冈人之用竹以代陶瓦；次五句，记筑竹楼于子城西北隅；次四句，写山川之景；次十三句，写竹楼之所宜；次十三句，元之自述登竹楼之乐；次八句，言不取楼之繁华者；次四句，记竹工之言；次十句，历叙所至之地；次四句，言不惧竹楼之易朽；末二句，望后人之修葺。

参考

【王禹偁】字元之，宋时人。与宰相张齐贤、李沆不协意，出知黄州。

【黄冈】今湖北黄冈县。

【刳】音枯，剖也。

【陶】以土制成瓦器曰陶。

【比】临近之称。

【子城】城内之小城也。

【雉堞】古时建筑之量法，方丈曰堵，三堵曰雉。堞，城上女墙也。

【月波楼】在府城上，亦王禹偁所建。

【挹】酌也。

【濑】水流沙上也。

【阒】寂静也。

【夐】远也。

【瀑布】泉水悬空而泻下也。

【丁丁】木石相激声。

【铮铮】金声。

【鹤氅】羽衣也。

【华阳巾】道冠。

【周易】即《易经》。文王广六十四卦著九六之爻①，谓之周易。

【齐云】五代时韩浦所建。

【落星】吴大帝所建。

【井干】汉武帝所建。

【丽华】魏武帝所建。

【十稔】稔，熟也。古人以一年为一稔，取谷一熟之意。十稔，十年也。

【至道】宋太宗年号。

【滁上】即滁州，因在滁水之阳故也，今安徽滁县。

【广陵】今江苏江都县。

【西掖】即中书省。

【齐安】即黄州，五代时置齐安郡。

---

① 爻：yáo，组成八卦中每一卦的长短横道。

第九课　凶宅　白居易

本文

长安多大宅，列在街西东。往往朱门内，房廊相对空。枭鸣松桂枝，狐藏兰菊丛。苍苔黄叶地，日暮多旋风。前主为将相，得罪窜巴庸。后主为公卿，寝疾殁其中。连延四五主，殃祸继相钟。自从十年来，不利主人翁。风雨坏檐隙，蛇鼠穿墙墉。人疑不敢买，日毁土木功。嗟嗟俗人心，甚矣其愚蒙。但恐灾将至，不思祸所从。我今题此诗，欲悟迷者胸。凡为大官人，年禄多高崇。权重持难久，位高势易穷。骄者物之盈，老者数之终。四者为寇盗，日夜来相攻。假使居吉土，孰能保其躬。因小以明大，借家可喻邦。周秦宅崤函，其宅非不同。一兴八百年，一死望夷宫。寄语家与国，人凶非宅凶。（诗见白香山《长庆集》卷一）

目的

本课言祸福惟人自召，破除房屋凶吉之说。

教授事项

（甲）时间分配　本课分二时。

第一时　"长安多大宅"至"欲悟迷者胸"。

第二时　"凡为大官人"至"人凶非宅凶"。

（乙）内容提示

一、获罪而贬窜远方，非房屋之不祥，乃贵显者骄奢恣肆，处事不慎所致。

二、死亡相继，或关于房屋之污秽卑湿，及空气不流通之故。然清洁轩敞之大宅，决无是弊。盖由于主人酒色是耽，不讲卫生所致。

三、权重位高而得罪，此即易所谓满招损也，不以谦退矫正之，虽处吉土，何益于事。

四、房屋吉凶之说，又非形势之说可比。形势之地，尚有德者居之则王，无德者居之则亡，况荒渺不足恃之吉凶乎。

五、不知自咎而咎房屋，固主人之执迷不悟，旁观者亦附和之而不敢居，任房屋之毁坏，则非房屋之祸人，乃人祸房屋矣。

（丙）文字应用

课文为诗歌体，共二十二韵。首四韵，咏长安大宅之荒凉。次四韵，咏居是宅者之获祸。次二韵，咏人任其荒废而不敢居。次二韵，咏人不知祸福之原理。次一韵，自述作诗之旨。次五韵，言四者相攻，虽居吉土而不保。次三韵，借周秦宅都之事，证明事在人为。末一韵，言凶由于人而非由于宅。

参考

【长安】唐之都城，故多大宅。

【朱门】古者豪贵之宅，以朱色染其门，故曰朱门。

【枭】猛禽也，昼潜洞穴，夜出捕食小鸟及鼠类。今因宅中无人，故鸣于松桂间。

【旋风】言风之回旋无定向也。

【窜】放之远方也。

【巴】故地在今四川重庆府。

【庸】故地在今湖北竹山县东。

【钟】聚也。殃祸继相钟，谓殃祸接续而聚于一处也。

【墙墉】以砖石砌筑为宫室之界限曰墙，筑土垒壁曰墉。

【毁】犹废也。言旧宅废弃不用，别建新宅，是空废土木之工程也。

【崤函】崤，山名，在河南永宁县境。函，即函谷关，在河南灵宝县西南。周秦故都，皆在今陕西西安（周都镐京在长安县西南，秦都咸阳在咸宁县东）。古来谈形势者，皆曰关中负崤函之险，故云宅崤函。

【望夷宫】在陕西泾阳县东南，赵高弑秦二世于此。

第十课　童子障堤

本文

　　荷兰地濒大海，潮水时溢，居民筑巨堤以御潮。有时堤溃，海水窜入，流衍及于平地，高屋、茂树、田禾、牲畜，崩折漂陷，人亦溺死。

　　一日，有童子晚行堤畔，见堤穿一穴，海水涓涓流入。童子私念，漏久穴大，将成决口。欲奔告其父，继念时已晚，复虑天黑，大堤蜿蜒，何从觅此小穴？且决口一成，塞亦无及。遂坐堤次，以手抵穴阻水，久坐夜深，冷风砭骨，竟达旦。

　　黎明，行人经其地，见童子枯坐堤次，亟问故。童子曰："堤口将决，我以手障之耳。"时童子饥冻经夜，几不能声。

　　行人大呼，居民咸集，塞堤穴。深德童子，皆曰："童子以孤掌救我一村，吾曹宜重谢之。"

目的

本课借童子障堤事，培养学生公德心。

教授事项

（甲）时间分配　本课分二时。

第一时　"荷兰地濒大海"至"竟达旦"。

第二时　"黎明行人经其地"至"吾曹宜重谢之"。

（乙）内容提示

一、荷兰沿海之地，低于海面，故必筑堤防以壅水。

二、童子富有公德心，且胸有卓识，知一穴之水，足以为害，视为生死关系，故能成障穴之功。否则虽有公德心而不足以自见。

三、事机之至，间不容发，若不虑小穴之难觅，若不虑决口之难塞，奔告其父，则二者必居一于此，后患有不堪设想者。

（丙）文字应用

课文为记事体，分四段。第一段首三句，言荷兰筑堤以御潮；次六句，记海潮泛溢之害。第二段首四句，记童子见堤有穿穴；次十句，记童子默察情势；次五句，记童子以手障堤之苦。第三段首四句，记行人之见童子；次三句，记童子之答辞；次二句，记童子困甚。末段首四句，记居民塞堤穴而德童子；末三句记居民言欲谢童子。

参考

【荷兰】国名，在欧洲西部之北，与比利时均为滨海之低地（"荷兰"二字义即低地）。

【窜】音穿，平声，入穴也。

【衍】水溢也。

【漂】音飘，浮也。

【涓】音娟，涓涓小流也。

【砭】音鞭。古者碱砭之术，以石针刺入皮肉曰砭。砭骨，犹言风冷刺骨也。

第十一课　猎象

本文

印度东南海中有岛曰锡兰，林箐深邃，暑酷瘴毒。地产巨象，土人以术捕之，其捕之也，颇有奇致。

先迹象所出入道，即其林木左近，代椟而成栅。其广者周围或至数英里。空其栅一角为门，以纳逃象。

土人始见象群，则结队可百十人，燃炬火上下挥之，以眩象目。稍稍进迫，驱象向栅。群象骇炬，惊踊奔越。将近栅门外，则左右伏人，各执巨梃，或举长枪，群声嚣喊。象乃益惊，皆趋向栅门。既入，则扃其栅，象不得出。

群象既扃，则栅人以四五驯象为媒，钩取一象外出。象出，复扃其栅。栅既出，投林而奔。驯象则聚而羁绊之，令勿去。扬鼻摩背，作态慰抚。野象乃稍静稳，逐驯象行。栅人已豫代巨木于林际，迨驯象诱至其处，则踵后而窃缳其足，系诸杙上。象怒，几拔其杙，顾不得去。

象既受系，则持椰子饲之。象怒弗食，顾久饥，则亦稍稍进食。土人复杂饲以他物，象甘之。久乃就抚如家象。又久则听象人指使矣。或为媒诱他象，无不如象人之意者。

目的

本课述捕象及驯象之术，以明象人之狡而象之愚。

准备

绘象图于黑板，示以象体伟大之状。

教授事项

（甲）时间分配　本课分二时。

第一时　"印度东南海中"至"象不得出"。

第二时　"群象既扃"至"无不如象人之意者"。

（乙）内容提示

一、象于兽类中为大兽，惟其智识不如人，故中人之术而供人役使。

二、象怒而几拔杙，其力甚大，而人能御之者，以智取不以力敌也。

三、象以食物之故而就抚，犹人为利禄所诱而甘效奔走之劳也，是因口腹而受人羁勒者。

四、象逸而驯象反羁绊之，驯象之意中，惟知求媚主人，不顾陷害同类，足证象之愚。

（丙）文字应用

课文为记事体，分五段。第一段八句，记印度产象而土人以术捕之。第二段六句，记木栅之作用。第三段十九句，记驱象入栅之法。第四段首五句，记栅人以驯象为媒而出一象；次八句，记驯象之羁绊野象；次七句，记象人环象足而象怒。末段首七句，记象始弗食而渐甘之；末四句，记野象渐驯伏而如象人意。

参考

【箐】音庆，竹之细者。

【瘴毒】即瘴疠，言人触瘴疠之气，即中其毒也。

【巨象】产于印度及非洲，为厚皮兽类。身高丈余，鼻长及地，可以拉倒树木房屋，且能杙鸷兽而掷杀之。因其不食肉，故人莫悉其猛。性本善良，触其怒，则虎豹亦不敌。口有长牙二枚，长五六尺。

【杙橥】音义诸，用木作桩也。

【栅】音乍，竖木而成栅也。

【梃】杖也。

【英里】见第二册三十四课。

【驯象】已驯伏而听命于人之象也。

【媒】相因而至也。

【羁绊】络马头曰羁，系马足曰绊。即绊之而使不得去也。

【椰子】椰树之子也。椰树为热带植物，高五丈至十丈，子大如人首，可食。

第十二课　马技

本文

德意志某市有技场，以马演技，甚娴。观者既入座，马师进曰："诸君辱顾感甚。"扬鞭一挥，而马进矣。

马师谓马曰："今日贵宾满场，汝其可不勖乎？"乃向客借货币，而问马曰："币几何？"马举足击地，其数与币同。更问曰："借币者公子乎？"掉头。"然则女士乎？"即首肯。曰："年几何？"马又举足击地，其数十七。客大奇之。

马师曰："此无足观。是马善解人语，且能心算。诸君幸试之。"于是客交言其数。马师顾马曰："示总计。"马举足击地，如其数。观者咸拍掌。师曰："加减算，辨之固易，请试乘法、除法，又更试分数、比例。"而马一一举足示之，无少差误。众客咸感叹。

场隅置枪，以机张之。马师呼曰："今日所演，无一蹉跌。幸承诸君赞美，宜发枪为祝。"马进近枪机。马师高呼曰："俄罗斯万岁！"马不动。又呼曰："英吉利万岁！"马依然不动。更呼曰："德意志万岁！"马进蹈机，轰然一发。观者拍手叫绝，嗟叹而去。

目的

本课言马虽兽类，亦能演各种技艺，足见有知觉者可因材施教。

教授事项

（甲）时间分配　本课分二时。

第一时　"德意志某市有技场"至"众客咸感叹"。

第二时　"场隅置枪"至"嗟叹而去"。

（乙）内容提示

一、马之能解人语，习闻人语故也，是为人之感化力。

二、算法非语言可比，语言只在仿效，算法在能运用，马而能示人以算法，脑筋之灵敏，亦不弱于人。

三、试加减数而言试验之法，试乘法、除法及分数、比例而不言其法，此即文法之变换处，若每种言之，便觉重复无味。

四、马闻"德意志万岁"而蹈机，马非本有爱国心也，特素受教者之指导，故闻是言而奋发耳。人而受外界之刺激，仍绝无爱国心者，可羞孰甚。

五、马技为娱悦耳目一端，西人仍寓励学爱国之旨，此即所谓社会教育也。

（丙）文字应用

课文为记事体，分四段。第一段首三句，记德国某市场之演马技；次三句，记马师之感谢观者；次二句，记扬鞭而开演。第二段首三句，记马师之勖马；次十四句，记马师问而马举足、掉头、首肯以示意，坐客大奇。第三段首五句，记马师言马知心算；次十四句，记马师历试马之算法而无误，客拍掌感叹。末段首七句，记马师命马发枪为祝；次七句，记马师历呼俄英万岁而马均不动；次四句，记马师呼德意志万岁而马发枪；末二句，记观者满意而去。

参考

【勖】勉也。

【掉头】掉，摇也。掉头，即摇头以示非是之意。

【首肯】肯，可也。首肯，即点首示意，使人知其可也。

【蹉跌】犹言失败也。

第十三课　商鞅

本文

　　商鞅，卫之庶公子也，事魏相公叔痤。痤知其贤，未及进。会病，惠王亲往视之。痤曰："鞅年虽少，有奇才，愿王举国听之。"王默然。痤曰："王不用鞅，必杀之，勿令出境。"王既去，痤召鞅，以告王之言告之，使出亡。鞅曰："王不能用君言以用臣，又安能用君言以杀臣乎？"卒不去。

　　久之，闻秦孝公下令求贤，遂入秦，以强国之说进。公大说，坐论通夕，不觉其膝之前席也。鞅欲变法，乃说孝公曰："疑行无名，疑事无功。是以圣人苟可以强国，不法其故；苟可以利民，不修其礼。"孝公曰："善！"

　　秦大夫甘龙、杜挚，争言不可。鞅曰："治世不一道，便国不法古。故汤、武不循古而王，夏、殷不易礼而亡。"孝公从之，乃定变法之令。

　　令既具，恐民不信，乃立三丈木于国都南门，下令曰："有能徙之北门者，予十金。"民怪之，莫敢徙。复曰："能徙者与五十金。"或徙之，即予五十金，以明不欺。于是太子犯法，鞅曰："法之不行，以自上犯之耳。太子，君嗣也，不可施刑。刑其师傅。"明日，秦民皆趋令。行之十年，秦国大治，道不拾遗，国富兵强。

目的

本课言商鞅立志坚决，故能变法以强秦。

教授事项

（甲）时间分配　本课分二时。

第一时　"商鞅卫之庶公子也"至"孝公曰善"。

第二时　"秦大夫甘龙杜挚争言不可"至"国富兵强"。

(乙)内容提示

一、知惠王不能用鞅而亦不能杀鞅,卒不去卫,鞅之料事明决,可为参透人情者。

二、疑行无名,疑事无功,二语显豁[①]异常,足为疑团莫释、畏首畏尾者之药石。

三、立法在因时制宜,若泥于成法,不知更变,是为不明世界进化之原理。

四、信赏必罚,民始奉法。鞅徙木而予以五十金,信赏也。太子犯法而刑其师傅,必罚也。

(丙)文字应用

课文为传记体,分四段。第一段首五句,言公叔痤知鞅贤而未及进;次十一句,惠王问痤疾而痤对惠王之言;次四句,痤劝鞅出亡;次四句,言鞅知惠王不用痤言而不去。第二段首七句,言鞅以强国之说劝孝公;次九句,言鞅说孝公变法而孝公称善。第三段首二句,言秦臣反对变法;次五句,鞅言变法之故;次二句,言孝公从之而议定。末段首十三句,言鞅恐民不信而下徙木之令;次八句,言太子犯法而刑其师傅;末六句,言秦民趋令而得变法之效。

参考

【商鞅】姓公孙(以氏为姓其祖本姬姓),名鞅,封于商,故曰商鞅,又曰商君。为卫公子,又称卫鞅,好刑名之学。

【公叔痤】以公族而得氏,痤(读坐平声)其名也,鞅事之而为中庶子。

【膝之前席】古时席地而坐,宾主若有密议,则膝行而前。

【甘龙】甘姓,龙名,春秋时甘昭公之后。

【杜挚】杜姓,挚名。

【汤武不循古】为易揖让为征诛也。

---

① 显豁:显明,明白。

【夏殷不易礼】指殷纣、夏桀而言也。

【太子】名驷，即秦惠王。

【刑其师傅】鞭刑太子之傅公子虔，黥①其师公孙贾。

【趋令】趋者，向也，附也。趋令，附和此令而不言其不便也。

第十四课　泅水术

本文

自五洲大通，商务、军备多在海外。故滨海之国，必争领海权。其民必习泅水术。不得其术，则溺而不能起，见溺者而不能拯，于是望洋而惧，以舟行为苦，航海事业无发达之日矣。

尝于某地观演习泅水术。其师擐甲荷枪，手挥铁扇，一跃入水。水深至丈余，而仅没其半，如陆行然。无何，阖扇一喝，忽没水底。观者不知其人何在，以为彼潜行水底而遵陆矣。未几，忽现其半身于水面，以枪口拟水上之标垛，击而中之。水陆观者皆惊叹。然犹疑其立于浅湍也。既而其人高举其枪，自腰而胸而首而甲而手，渐没水中，其后仅于水面见枪口而已，是其水固深及丈余也。

泅水师之言曰："初学宜极慎，不可离师而妄试。即稍稍习惯，亦不可以自满。不洞悉其地势，则勿入也。"

世界各国，无不奖励兹术，而以英为最。英固海国也，日本国境，四周皆海，亦自昔重之。我国虽宅于大陆，然东南面海，今者海外之交涉十倍于曩昔。为国民者，又乌可不加意与？

目的

本课记泅水术演习之精，使人知发达航业，整顿海军，必借是术。

① 黥：qíng，古代在人脸上刺字并涂墨之刑，后亦施于士兵以防逃跑。

207

教授事项

（甲）时间分配　本课分三时。

第一时　"自五洲大通"至"是其水固深及丈余也"。

第二时　"泅水师之言曰"至"又乌可不加意与"。

第三时　复习全课。

（乙）内容提示

一、人未有不学而能者。精于泅水之人，其初见大水，未始不生畏惧心也。习之既久，则人以为难而彼不觉其难矣。

二、现半身于水面，以枪击标垛，其直立水中，处之坦然，犹人之立于陆地也，在水中已得掉臂游行之乐。

三、始而慎，继不妄试，终不自满，此不特学泅水然。即求学治事，亦莫不然。泅水师而知此，宜乎能成惊人之技。

（丙）文字应用

课文为记事而兼论说体。第一段首六句，言交通时代最重泅水术；次七句，言不得其术，不能发达航业。第二段首二句，记观演习泅水术；次六句，记泅水师之入水如陆行；次五句，记师之没入水底；次五句，记师击中标垛而观者惊叹；次六句，记师渐没水而见水之深。第三段七句，记师之自言。末段首七句，记英日之注重泅水术；末五句，言我国民宜加意于此。

参考

【泅】音囚，浮行水上也。

【拯】救也。

【擐甲】擐，犹服也。甲，以革为之。

【标垛】射的也。

【湍】急流也。

第十五课　有恒

本文

　　勤勉之道无他，在有恒而已。良马虽善走，而力疲气竭，中道即止。驽马徐行弗间，或反先至焉。是故举一事，学一术，苟进取不已，必有成功之一日，在善用其精力耳。今人或有志于学，一旦发愤，不分昼夜，数十日后，怠心渐生，终以废学。孔子曰："欲速则不达。"孟子曰："其进锐者其退速。"此之谓也。

　　有种树者，树茂而果繁，他人莫及焉。或问其术，则曰："吾无他巧，但识物性，辨土宜，培壅有道，灌溉以时耳。凡人于初植者，恒朝夕审视，吾听其自然，若不以为意。植之既久，人已厌忘，吾则加勤焉。"

　　宋人有悯其苗之不长而揠之者，芒芒然归，谓其人曰："今日病矣，予助苗长矣。"其子趋往视之，苗则槁矣。

　　观此二者，则知修业之道矣。立志苟坚，执事苟专，必不在一日增进，自矜功效也。百里为期，捷行九十里而止，不可谓已至。事求有济，功贵其成，修业者其念之哉。

目的

本课言修业贵有恒，示学生以勤勉之道。

教授事项

（甲）时间分配　本课分二时。

第一时　"勤勉之道无他"至"吾则加勤焉"。

第二时　"宋人有悯其苗之不长而揠之者"至"修业者其念之哉"。

（乙）内容提示

一、欲历久不变，始终不生厌倦心，则必实行坚忍二字。故有恒者,忍劳耐苦之谓也。

二、学贵循序渐进,不贵一蹴而几,故孔子有欲速不达之言,孟子有进锐退速之语。

三、此文制胜处,在叠用譬喻。始以良马、驽马作喻,继以种树、揠苗作喻,更引孔孟之言作证。务便题义显豁,足见作者之苦心。

四、种树者一段,即从柳子厚《郭橐驼传》脱胎而来。

(丙)文字应用

课文为论说体,分四段。第一段首二句,言勤勉贵有恒;次五句,言良马之疾行而止,不如驽马之徐行弗间;次五句,言进取而事必成;次六句,言始勤而终怠者,学业不能成就;次五句,引孔孟之言作证。第二段十七句,引种树之道为喻。第三段七句,引揠苗之事为喻。末段十二句,言进取不在一时而在持久。

参考

【驽马】最下之马也。

【欲速则不达】此语见《论语·子路章》。

【其进锐者其退速】此语见《孟子·尽心章》。

【培壅】以土培壅其根也。

【灌溉】以水灌注之也。

【揠】拔也。揠一节,见《孟子·公孙丑章》。

【芒芒】疲倦也。

【槁】枯也。

第十六课　乐羊秦西巴　韩非子

本文

乐羊为魏将而攻中山。其子在中山，中山之君烹其子而遗之羹。乐羊坐于幕下而啜之，尽一杯。文侯谓堵师赞曰："乐羊以我故而食其子之羹。"答曰："其子且食之，当谁不食？"乐羊罢中山。文侯赏其功而疑其心。

孟孙猎得麑，使秦西巴载之持归。其母随之而啼，秦西巴弗忍而与之。孟孙归，至而求麑，答曰："余弗忍而与其母。"孟孙大怒，逐之。居三月，复召以为其子傅。其御曰："曩将罪之，今召以为子傅，何也？"孟孙曰："夫不忍麑，又且忍吾子乎？"

故曰，"巧诈不如拙诚"。乐羊以有功见疑，秦西巴以有罪益信。

目的

本课述乐羊、秦西巴之事，使学生知巧诈不如拙诚。

教授事项

（甲）时间分配　本课分二时。

第一时　讲解全课。

第二时　复习全课。

（乙）内容提示

一、父之爱其子，天性也。啜羹而尽一杯，天性亡矣，是人之忍心可知。

二、公尔忘私，固属人之美德，若借此名而食其子，必出乎人情之外，不得谓之忘私。

三、宁受过而弃麑，是为不忍人之心。人能守此心而不失，必无负人之事。

四、孟孙不念秦西巴之过而复用之，即略迹而原心也，即能

211

观人于微也，如是而始可为善用人。

（丙）文字应用

课文为记事体，分三段。第一段首六句，记乐羊食子之故；次五句，记文侯与堵师赞之言；次三句，记文侯之疑羊。第二段首四句，记秦西巴怜麑母而释麑；次六句，记孟孙求麑勿得而逐秦西巴；次九句，记孟孙所以复召秦西巴之故。末段四句，言因二人之事，益信巧诈不如拙诚之语。

参考

【韩非子】韩非（韩之诸公子）所著，本课见《韩非子·说林上》。

【乐羊】即乐羊子，魏文侯封之于灵寿（今直隶灵寿县），乐毅即其后也。

【中山】即春秋时鲜虞国，白狄别种，后灭于赵。

【啜】尝也。

【堵师赞】堵姓，师赞名。

【孟孙】鲁大夫，桓公子庆父之后也。

【秦西巴】秦姓，西巴名。

【曩】昔也。

第十七课　慈善事业

本文

甲乙富翁，各居一村，皆以力行慈善闻。然甲翁以慈善罄其资，而村人亦贫。惟乙不然，不及十年，而村人皆能自赡焉。

甲大怪之，乃造乙而问焉，曰："吾与子皆力行慈善，而成效何以大异？"

乙曰："请先问君之所谓慈善者何也？"甲曰："吾以施

与为主,岁寒施衣、粥,年凶赈钱、谷,涂①遇乞者必投以钱。凡有求助于吾者,必有以应之。而待施者多,倾吾家而不给。"乙曰:"恶劳好逸,人之常情。今君不择人而施,使彼可不劳而获,故待施者日多,是惠之适以害之也。"

甲曰:"然则君所行若何?"乙曰:"吾设学校若干所,其课程或全日,或半日,或惟夜课。凡来学者,皆不收学费。吾又设工厂若干所,集无业者教之以艺,必使能自给而后已。苟非老幼、废疾之人,决不使其徒手而得吾钱焉。而村人皆勤于职业,故处境日裕。"于是甲翁乃服。

观于两富翁之言,则慈善家可以知所择矣。

目的

本课言慈善事业宜有抉择,不可养成贫民游惰之性质。

教授事项

(甲)时间分配　本课分二时。

第一时　"甲乙富翁"至"是惠之适以害之也"。

第二时　"甲曰然则君所行若何"至"则慈善家可以知所择矣"。

(乙)内容提示

一、同一行善也,一则倾家不给,一则处境日裕,皆由得其道不得其道之故。

二、慷慨施与,不稍吝惜,其度量不可为不大,惜识见不足以辨别事理,致人不能得实惠耳。

三、不择人而施与,游惰之民,将以仰给于人为当然之事,益无自食其力之念。近人以旧时善堂为惰民养成所,即是之故。

四、徒手得钱,不特平时不宜,即遇水旱为灾,亦宜行以工

① 涂:同"途"。

代赈之法。

五、贫民而使之习艺，既济其困乏，又授以艺术，是为一举两得。

六、学堂所以培植人智识，工厂所以练习人技能。设学堂、工厂，皆从根本着想，非见其小而不见其大者可比。

（丙）文字应用

课文为记事体，分五段。第一段首三句，记两富翁之力行慈善；次五句，记两富翁之收效不同。第二段五句，记甲之问乙。第三段首二句，记乙之问甲；次九句，记甲自述所行之事业；次七句，记乙言不择人而施与之害。第四段首二句，记甲又问乙；次十句，记乙自述所行之事业；次二句，记乙抱定之宗旨；次二句，记乙之得成效；次一句，记甲之服乙。末段二句，言行慈善事业者之当知所择。

参考

【罄】尽也。

【赡】足也。

【造】就也。

【赈】给也，出钱谷以济灾荒之谓也。

【老幼废疾】皆不能自食其力而依赖于人者。

第十八课　南丁格兰[①]

本文

南丁格兰，英国女子也。生性仁慈，幼时见老犬有病，为之护视。家甚富，曾受高等教育，凡文学、音乐、裁缝等学，苟为女子所应知者，无不习。然素有远志，不耽逸乐，乃习为看护

① 现译南丁格尔。

妇，遍观内外病院，且游学德、法等国。年三十，学成，独创救贫院，以收养老妇之贫苦者。

西历一千八百五十四年，英、法与俄构兵，大战于克里米。时疾疫流行，军士死于战、死于疫者后先相踵。南丁格兰闻之，慨然欲赴战地救护伤病之人，上书陆军大臣，请录入军队。许之。乃与院中同志四十余人，跋涉险阻，竟至土耳其。

时病院中伤病之兵凡数千人，纵横僵卧，呻吟垂绝，莫之或恤。南丁格兰指挥其徒，为涤血污，给药饵，调护甚至，如其家人。以此多免死，即死亦甚安帖，故人咸呼之曰"母"。

战事既毕，返国，微服归乡里，不使人知。然功绩不可没，英土之君皆厚赐之，民人之集资赠者至二十五万圆。

南丁格兰以当时妇人不知看护法，乃罄所得赠金特筑一院，为养成看护妇之用。

目的
本课述南丁格兰为看护妇之事，以愧世之挟富而骄者。

准备
指书中南丁格兰之像，以示学生，使学生知其为大慈善家。

教授事项
（甲）时间分配　本课分二时。
第一时　"南丁格兰"至"竟至土耳其"。
第二时　"时病院中伤病之兵"至"为养成看护妇之用"。
（乙）内容提示
一、以富家女而不耽逸乐，已能脱除习俗，而又愿任看护之责者，非素具慈善性质不能。
二、于战地救护病伤之人，事涉危险，不特牺牲可宝贵之光阴，且牺牲一己之生命矣。

三、战事毕而微服归乡里，不自炫其功也，足见南氏之谦退。

四、罄赠金以养成看护妇，则不仅当时蒙其福，后人亦蒙其福矣。是为慈善事业之远且大者。

（丙）文字应用

课文为传记体，分五段。第一段首五句，记南氏之性情；次六句，记南氏之勤于习艺；次五句，记南氏至德法习看护学；次四句，记南氏学成归国而设救贫院。第二段首六句，记战事起而兵士多死丧；次六句，记南氏请至战地救护而得许可；次三句，记南氏之至土耳其。第三段首五句，记战地伤病者之苦；次八句，记南氏调护之周至。第四段首四句，记南氏之不矜功；次四句，记赠金者之多。末段五句，记南氏罄赠金养成看护妇。

参考

【南丁格兰】英国慈善家。长不适人，从事医学。时英国尚无适当之看护学科，故南氏留学于德法。自克里米之战，南氏创军前看护之法，其后凡有战役，即仿此而行。越十年，万国红十字会始成立。

【克里米】即克里曼，俄南部之半岛，突出于黑海中。

【跋涉】陆行曰跋，水行曰涉。

【呻吟】有疾痛而发声也。

第十九课　红十字会

本文

古之战争，公言杀敌。自教化日进，知战争之事，以屈服敌人为主，非肆意杀戮也。故虽两军相对，毫不退让，而既为捕虏，则不加杀害，遇敌之伤者、病者，必善视之。盖军人临敌，奋不顾生，为国家而战，非为一人之私怨也，不幸负伤，则当怜恤之。不论为己国人为敌人，其致身为国一也。

文明各国，有所谓红十字会者。遇有战事，则持红十字旗，驰赴战地，救护伤病之人。无论何国，皆不得侵犯之。

克里米之役，南丁格兰躬赴战地，救治伤病兵士，所活无算。功绩既著，世始知救护之不可已。未几，奥法交战。瑞士人亨利目击死伤惨状，著书言筹备救护之策。一时闻风响应，创立红十字会。设总会于瑞士，各国咸设分会，缔结条约，互相保护。

西历一千九百零五年，我国始入红十字会。革命军起，会员赴战地疗治伤病，踊跃从事，而女子之躬往执役者亦数十人。其后战事蔓延，刀光炮火之下，无不有红十字旗飞扬其间。此我国有战争以来，所最足纪念者也。

目的

本课述红十字会之性质，以明战争时不可肆意杀戮。

准备

教科书中之图，即会中人救护伤病者之情状。图中房屋，为伤病者养息之所，故屋顶插红十字旗，以为标识。二人所负者为绳床，即用以迁移伤病之人者。另有人背负药箱，乃供临时绷扎疗治之用者。

教授事项

（甲）时间分配　本课分二时。

第一时　"古之战争"至"皆不得侵犯之"。

第二时　"克里米之役"至"所最足纪念者也"。

（乙）内容提示

一、人道主义发达，兵革置而不用。战争时用红十字会，亦人道主义发达之一端。

二、用兵而任意残杀，大背人道，明理者不当有如是之举动。

三、勇于公战而负伤者，皆爱国健儿，人人当敬爱而怜惜之，不可因其与我为敌，复生仇视之念。

（丙）文字应用

课文为论说而兼记事体，分四段。第一段首六句，言教化日进而不若古之公言杀敌；次六句，言近时战争之情形；次九句，言救护伤病者之故。第二段八句，述红十字会之性质。第三段首六句，述南丁格兰之功绩；次五句，述亨利筹备救护之策；次六句，述各国共设红十字会。末段首二句，述我国之入红十字会；次四句述会员出发之踊跃；次三句，述会员任事之尽职；末二句，言此事足为我国战争之纪念。

参考

【公言杀敌】如春秋时子鱼言明耻教战，求杀敌也，狼瞫言杀敌为果，致果为杀，孙武言杀敌者怒也，皆公言杀敌者。

【红十字会】会中用白地及红十字形为旗帜，即衣服上亦用红十字为标识，故以红十字名会。

【奥法之战】即法王拿破仑第三两败奥师也。

第二十课　合群之利

本文

某儿性孤峭，与人落落不相合。父戒之曰："人之所以生存者，赖有群耳，今儿出入嬉戏，常不与众偕，何也？"

某儿曰："他人同处，往往不能如吾意，故不愿也。且人生所需者，衣食而已。儿欲得屋数椽[①]，田数亩，自耕而食，自织而衣，可无求于人矣。"

① 椽：古代房屋间数的代称。

父曰："耕田需犁，成犁需铁。尔能自开矿、自鼓铸乎？欲织布，必先纺纱。欲得纱，必先种棉。且机也，杼也，轴也，缺一不可以织。尔皆能自为而自用之乎？

幸得米与布矣。非爨之以釜甑，不可以为食。非加之以缝纫，不可以为衣。尔之一身，能兼陶、冶、缝工之事乎？

一人之力至有限也。猝遇毒蛇、猛兽、盗贼、敌人来相侵犯，则谁与尔共御侮？设不幸而婴①疾病，又谁与尔相扶持？

动物之长成，惟人最难。其初生也，赖人之怀抱者有年，赖人之饮食、教诲者又有年。尔之所以能长成以至今日者，何往非藉他人之力也？"

儿恍然曰："儿误矣。儿今知合群之不可以已矣。"

目的

本课言事物相需之理，以明合群之利。

教授事项

（甲）时间分配　本课分二时。

第一时　"某儿性孤峭"至"能兼陶冶缝工之事乎"。

第二时　"一人之力"至"儿今知合群之不可以已矣"。

（乙）内容提示。

一、人心之不同，有如其面。意见偶与我有不合者，亦宜降心相从，以成巩固之团体。否则人各一心，国不成为国矣。

二、人不可无独立之精神，亦不可无合群思想。目空一切，不愿与人为伍者，多见其阅历浅而不自量耳。

三、一身不能充数役，此犹指衣食之事而言。若社会国家之事，尤非合多数人之力不为功。

（丙）文字应用

---

① 婴：触，缠绕。

219

课文为论说兼问答体，分七段。第一段首二句，言某儿之不与人合；次六句，其父戒之而又诘之。第二段十一句，某儿言不愿与人同处之故。第三段首四句，其父言耕田不能借一人之力；次九句，言织布不能借一人之力。第四段七句，言炊爨缝纫非一身所能兼。第五段八句，言患难疾病必借助于人。第六段七句，言生长必借人之力。末段三句，某儿言悟合群之理。

参考

【孤峭】孤独峭绝也。
【落落】不相入貌。
【鼓铸】鼓，扇炽火也。铸，销金以成物也。
【杼轴】杼，机之受经者。轴，机之受纬者。
【釜甑】皆炊器也。釜以金属为之，甑以泥土为之。
【缝纫】即缝合衣服也。

第二十一课　天然界之利用

本文

凡工业之所需者二：曰质，曰力。木、石，质也，斫削之以为宫室，力也。金铁，质也，镕铸之以为器物，力也。是故质本天然，而力由人造。

虽然，天然界之可以利用者，不惟其质，力亦有然。洗衣而烘之，燃煤之力也，而利用光力，则曝日而自干；行船而速之，鼓棹之力也，而利用风力，则张帆而自行；聚米而精之，振杵之力也，而利用水力，则迎流而自舂。天然之力，可以利用者盖若是也。

美国之北，有著名之大瀑布焉，高一百数十尺，飞流迅疾，其力之大不可思议。瀑布之旁，遍设磨面厂，皆藉水力，以运行其机。凡美国近北诸省,所产麦粉大抵为瀑布所成,其利可谓巨矣。

目的
本课述物质足以代人工之理,以示天然物之妙用。

教授事项
(甲)时间分配　本课分二时。
第一时　"凡工业之所需者二"至"盖若是也"。
第二时　"美国之北"至"其利可谓巨矣"。
(乙)内容提示
一、物质为人工制造之本原,已为可贵,若天然之质而能代人力,其可贵益甚。
二、光、风、水三者,均为天然之质,不称质而称力者,因其足以代人力故也,是为天然界之力。
三、天然界之力,不用则不见其利,故不明物理,不得利用万物。
(丙)文字应用
课文为论说体,分三段。第一段十一句,辨明质与力之界限。第二段首四句,言天然界之质与力均可利用;次四句,言利用光力;次四句,言利用风力;次四句,言利用水力;次三句,言天然力利用之大。末段首六句,述美国之大瀑布;末七句,言美人之利用瀑布。

参考
【镕】以火熔化金属也。
【棹】用于舟之两旁,拨水前进之具也。
【精之】即去其糠秕[①]而使之精洁也。

① 秕:bǐ,子实不饱满。

【杵】音处，捣米之具也。

【迎流自舂】舂米用水力，即水碓①也。其法以水激轮使转，轮上有齿，拨动碓尾，一起一落，即能舂米。

【瀑】音仆，水之自上而下，望之如白布下垂者，谓之瀑布。

【最大瀑布】名尼亚哥拉，为世界第二大瀑布。在北美洲衣尔厘湖、安剔厘阿湖间，水之高下，相去一百六十尺，故其贯通处有此大瀑布。

【磨面厂】磨面粉之厂也，用机器不用人力。

第二十二课　师说　韩愈

本文

古之学者必有师。师者，所以传道、授业、解惑也。人非生而知之者，孰能无惑？惑而不从师，其为惑也，终不解矣。生乎吾前，其闻道也固先乎吾，吾从而师之；生乎吾后，其闻道也亦先乎吾，吾从而师之。吾师道也，夫庸知其年之先后生于吾乎？是故无贵无贱，无长无少，道之所存，师之所存也。

嗟乎！师道之不传也久矣！欲人之无惑也难矣！古之圣人，其出人也远矣，犹且从师而问焉；今之众人，其下圣人也亦远矣，而耻学于师。是故圣益圣，愚益愚。圣人之所以为圣，愚人之所以为愚，其皆出于此乎。

爱其子，择师而教之。于其身也，则耻师焉，惑矣。彼童子之师，授之书而习其句读者，非吾所谓传其道、解其惑者也。句读之不知，惑之不解，或师焉，或不焉，小学而大遗，吾未见其明也。

① 碓：duì，木石做成的捣米器具。

巫医乐师百工之人，不耻相师。士大夫之族，曰师曰弟子云者，则群聚而笑之。问之，则曰："彼与彼年相若也，道相似也。位卑则足羞，官盛则近谀。"呜呼！师道之不复，可知矣。

圣人无常师。孔子师郯子、苌弘、师襄、老聃。郯子之徒，其贤不及孔子。孔子曰："三人行，则必有我师。"是故弟子不必不如师，师不必贤于弟子。闻道有先后，术业有专攻，如是而已。

李氏子蟠，年十七，好古文，六艺经传，皆通习之，不拘于时，学于余。余嘉其能行古道，作《师说》以贻之。

目的

本课极言从师求道，不可存贵贱长幼之见。

教授事项

（甲）时间分配　本课分三时。

第一时　"古之学者必有师"至"其皆出于此乎"。

第二时　"爱其子"至"作师说以贻之"。

第三时　复习全课。

（乙）内容提示

一、退之作此说，非以师道自任也，勉人不以从师为耻耳。

二、通篇以"道"字作主，故处处说师，处处带定"道"字。

三、"道之所存，即师之所存"，二语最为精辟。彼不重道而以年齿爵位为重者，不知道之轻重也。

四、历引童子、巫医、孔子作喻，即证明从师无长幼贵贱之别也。

五、人有一艺之长，即足为我师，我能节取其长而师之，是为善从师者。

（丙）文字应用

课文为论说体，分六段。第一段首三句，点清师之作用；次五句，承上解惑二字说，证明不可不从师；次十四句，承上传道二字说，证明师道不师人。第二段首三句，慨师道之不传；次十一句，言圣人从师而众人耻学于师，故圣益圣而愚益愚。第三段首五句，言知爱其子而不知爱其身；次三句，言童子师之关系；次六句，言小学而大遗者之不知自爱其身。第四段十句，言巫医等相师而士大夫以从师为耻；次二句，慨师道之不复。第五段首七句，言孔子不以从师为耻；次五句，言师其所长，不必求其贤于我。末段九句，叙所以作《师说》之故。

参考

【韩愈】见第一册十八课。

【庸知】即岂知也。

【句读】读音豆。凡文字中语绝处曰句，半句曰读。

【郯子】郯音谈。郯子，春秋时郯国（在今山东郯城县境）之君，子爵，周景王二十年，来朝于鲁，与鲁叔孙婼论古时官制。孔子闻之，见郯子而请质焉。

【苌弘】周大夫。周景王时，孔子至京师，访乐于苌弘。

【师襄】鲁太师，名襄，孔子尝从之学琴。

【老聃】姓李，名耳，字伯阳，谥聃。周之柱下史。孔子问礼于老聃，归谓弟子曰："吾见老子，其犹龙乎。"

第二十三课　　座右铭　崔瑗

本文

无道人之短，无说己之长。施人慎勿念，受施慎勿忘。世誉不足慕，唯仁为纪纲。隐心而后动，谤议庸何伤。无使名过实，守愚圣所臧。在涅贵不缁，暧暧内含光。柔弱生之徒，老氏诫刚强。行行鄙夫志，悠悠故难量。慎言节饮食，知足胜不祥。行之苟有恒，久久自芬芳。

目的

本课示学生以慎言、修身、克己之功。

教授事项

（甲）时间分配　本课计一时。

（乙）内容提示

一、人有短，我虽不言，终有败露之一日。我有长，人虽不知，终有昭著之一日。积于中者形于外，我何必哓哓不已哉。

二、"施人""受施"二语，与唐雎所谓有不可忘者，有不可不忘者，同一用意。

三、外来之毁誉，于实际无甚损益。我而不合乎道，人誉我而我转内惭。我而合乎道，人毁我而我本无愧。故事贵求诸己，不必责诸人。

四、柔弱非委靡不振之谓，乃竞于内而不竞于外之谓也。老子谓柔弱胜刚强，又曰柔弱者生之徒，亦即斯意。

五、人为非礼犯分之事，致获罪戾，皆不知足之故，故老子有知足不辱之言。

（丙）文字应用

课文为箴铭体，共十韵。首一韵，戒人之慎言。次一韵，言报施宜慎。次二韵，言毁誉不足为重轻。次一韵，言实为重而名为轻。次一韵，言宜不为习俗所染。次二韵，言柔能胜刚、静以制动之理。次一韵，戒人贪得。末一韵，勉人有恒。

参考

【崔瑗】字子玉，汉时人。

【纪纲】法纪纲常也。

【隐心】言凡事度之于心，不轻举妄动也。

【守愚】孔子曰，聪明睿知，守之以愚。

【臧】善也。

【在涅贵不缁】涅，染皂物。缁，帛黑色也。其意即不为习俗所染也。系运用论语涅而不缁之言。

【暧暧】光暗貌。

【老氏】即老子。

【行行】音杭，去声，刚强貌。

【悠悠】闲暇貌。

【芬芳】香也，即言声誉之美。

第二十四课　博爱

本文

凡人有生之初，即具爱物之性。故对于亲则为孝，对于兄弟则为友，对于朋友则为信。名虽不同，其出于爱一也。

人当幼时，日处家庭，知爱父母兄弟而已。及稍长，则知爱朋友。然其量犹未广也。

孟子曰："恻隐之心，人皆有之。"以大同言之，则凡圆顶、方踵之伦，皆当使之得所；以种族言之，则凡肌黄、发黑之人，皆当联以情谊；以国界言之，则凡四境以内之人，皆当视为同胞。禹思天下有溺者，犹己溺之也；稷思天下有饥者，犹己饥之也；伊尹思天下之民，匹夫匹妇有不被其泽者，若己推而纳之沟中。张横渠曰："天下疲癃、残疾、茕独、鳏寡皆吾兄弟之颠连而无告者也。"呜呼！何其量之宏而爱之博耶！

人之秉赋际遇各自不同，于是有智愚、贫富之分。我幸而为智者，则当以助愚为己任；我幸而为富者，则当以恤贫为己任。至于罹患难、婴废疾者，尤当有以援助之，扶持之，使无或失所。推是心也，则虽至于禽兽草木，而不忍虐视之。孟子曰："亲亲而仁民，仁民而爱物。"斯真可谓博爱也已。

目的
本课言人宜怀大同主义，亲爱其同类。

教授事项
（甲）时间分配　本课分二时。
第一时　"凡人有生之初"至"何其量之宏而爱之博耶"。
第二时　"人之秉赋际遇"至"斯真可谓博爱也已"。
（乙）内容提示
一、孝、友、信三者，皆由亲爱之至而发。然孝友为立身之本，在家庭能尽孝友之道，始能推广其范围，及于朋友同类耳。
二、己溺己饥，即热心任事，能以天下为己任者也。爱人而如是，谓之博施济众，庶无愧色。
三、由亲及疏，人之常情。必视天下为一家，不分彼此厚薄，始可为实行大同主义。
四、以己之所长，助人不及。以己之有余，补人不足。人人能如是，则贫富可均，争端可息。
（丙）文字应用
课文为论说体，分四段。第一段七句，言亲爱之端，名异而情同。第二段六句，言爱情由父母兄弟而及于朋友。第三段首三句，引孟子人皆有恻隐之心之言作证；次三句，言使全球人各得其所，始可称大同；次三句，言黄种皆当联以情谊；次三句，言中国人皆当视为同胞；次四句，言禹稷之博爱；次四句，言伊尹之博爱；次三句，言张横渠之博爱；次二句，赞禹稷诸人。末段首三句，言人有智愚贫富之分；次二句，言智当助愚；次二句，言富当恤贫；次五句，言当援助人之患难，扶持人之废疾；次三句，言推爱而至于动植物；末四句，引孟子之言而称其博爱。

参考

【恻隐】恻，痛也。恻隐，忧痛之隐于心也。

【大同】谓天下之人，无分彼此厚薄也。

【圆顶方踵】踵，足跟也。人头圆而足方，故称圆顶方踵。

【伦】类也。

【种族】世界人类，以颜色分种，有黄、白、红、黑、棕五种，其族则甚繁。我国则有汉族、通古斯族、蒙古族、图伯特族、土耳其族之类。

【肌黄发黑】指黄种言之。

【国界】我国与他国分界之处也。

【同胞】同父母者之称。视为同胞，言亲爱全国之人，视若同胞也。

【禹】即夏禹，治水有功者。（"禹思天下有溺者"以下八句见《孟子》）

【稷】名记，为虞舜后稷之官，掌农事。

【张横渠】名载，字子厚，宋时人，世称横渠先生。

【疲癃】年老而疲乏之病也。

【残疾】肢体不完全者，或病废不能行动者。

【茕独】茕，音琼。无兄弟曰茕。无子孙曰独。

【鳏寡】鳏，音关。老而无妻曰鳏。老而无夫曰寡。

【颠连】失所之意。

【秉赋】人所秉受之天性也。

【罹】音离，遭也。
【婴】触也。

第二十五课　盲哑学校

本文

人之所异于禽兽者，有语言、文字耳。人而不能解语言、文字，则一切学业皆无从教授，与禽兽无以异矣。

悲哉！盲、哑之人也。哑由于聋，故哑者不特不能为语言，而且不能闻人之语言。盲者之于语言可通矣，而不能见文字。故欲教之以学业也皆甚难。

虽然，有一术焉，使哑者能以目代耳，则以两手之向背高下及十指之屈伸，而为之记号。又有一术焉，使盲者能以手代目，则用厚纸压凸字以为读本，使持针刺孔以仿写之也。

外国盲哑学校用此二术，以授文字，故各种学业，皆可得而教授。近年研究益精，并能使哑者发言矣。

我国山东、福建有盲哑学校之设，他处尚未遍及也。

目的

本课言盲哑者亦宜授以文字，足征求学为人生之急务。

教授事项

（甲）时间分配　本课分二时。

第一时"人之所异于禽兽者"至"使持针刺孔以仿写之也"。

第二时 "外国盲哑学校用此二术"至"他处尚未遍及也"。

（乙）内容提示

一、禽兽不知语言文字，故不能进化。盲哑者任其一物不知，不教之以学业，是以禽兽畜之矣，于心何忍？

二、盲哑者虽有法以教之，而欲其领会，究属不易。西人教之而绝不惮烦，足见提创教育之精神。

（丙）文字应用

课文为论说体，分五段。第一段首二句，言人能解语言文字而异于禽兽；次四句，言不能解者与禽兽无异。第二段首二句，悲盲哑之人；次六句，言盲哑者之不易施教。第三段首六句，述教哑者之术；次四句，述教盲者之术。第四段首五句，言用此术而可授盲哑者以各种学术；次二句，言哑者能使发言。末段二句，言我国未能遍设盲哑学校。

参考

【盲哑学校】见第二册第八课。

【盲】双目不明也。有生而即盲者，有生后遭疾病而盲者。

【哑】口不能成言语也。人幼小之时，必听人之声音，渐渐仿效之，始能言语。生而聋者，失其听觉之作用，不能效人言而为哑矣。

【厚纸压凸字】盲者之读本，用厚纸压凸字于上，盲者以指摸之，即知为何字矣。

【持针刺孔】盲者所读之字，皆以点成之，如符号然，名为点字，专为盲者所用，极简单。盲者平时持针，仿所读之字刺成孔，或作文，或写信，均可用之。

第二十六课　平方立方

本文

物之长短，以尺寸为准；并其四方面计之，则为平方之尺寸；又并其上下而计之，则为立方之尺寸。

长短之尺寸，谓之线，计远近者用之，所谓相距若干尺是也；平方之尺寸，谓之面积，计广狭者用之，所谓某地若干方尺是也；立方之尺寸，谓之体积，计大小者用之，所谓某物若干立方尺是也。

计线之法，不难知也。若欲计面积，则以纵横之线相乘。如纵三尺、横三尺，则知其面积为九方尺矣。欲计体积，则以纵横线相乘之数，更以高乘之。如纵二尺、横二尺、高二尺，则知其体积为八立方尺矣。

目的

本课言平方立方，有量面积、量体积之别。

准备

书中之图，前为平方图，纵横各三尺，故成九方尺。后为立方图，实线为正面，虚线为背面。

教授事项

（甲）时间分配　本课分为二时。

第一时　"物之长短"至"所谓某物若干立方尺是也"。

第二时　"计线之法"至"则知其体积为八立方尺矣"。

（乙）内容提示

一、线之云者，即此端至彼端之谓也。中间弯曲者谓曲线，直者谓直线。

二、面积指其一面而言，体积指其全体而言，此面积、体积之所以分也。

三、纵横各二尺，则二与二乘而为四尺，更合高之二尺相乘，则二与四乘而为八尺矣。

四、以东西南北言，则东西为横，南北为纵。以上下左右言，则上下为纵，左右为横。

（丙）文字应用

课文为论说体，分三段。第一段首二句，言尺寸之用；次二句，言平方之尺寸；次二句，言立方之尺寸。第二段首四句，言长短之尺寸以线计；次四句，言平方之尺寸以面积计；次四句，言立方之尺寸以体积计。第三段首二句，言计线之易；次五句，言计面积之法；末七句，言计体积之法。

参考

【准】标准也。

【相距】距，至也。自此至彼，自彼至彼，谓之相距。

第二十七课　量地

本文

量地以度，度始于尺。五尺为步，三百六十步为里。一里之长，盖一千八百尺也。纵横一里者，谓之方里，其面积为三百二十四万方尺。

计亩之法，以纵横五尺为一步。步，二十五方尺也。二百四十步为一亩。亩，六千方尺也。百亩为一顷。顷，六十万方尺也。凡五百四十亩为一方里。

地球周七万四千余里。绘图者欲测其方向与远近也，乃画纵横线于其上。横线以赤道为起点，其北谓之北纬度，其南谓之南纬度，纵线我国以北京为起点①，其东谓之东经度，其西谓之西经度。凡南北纬各九十度，东西经各百八十度。凡纬度一，相距率二百里。经度之近赤道者，与纬度同，渐近两极，距离渐狭矣。

目的
本课述量地之法，使学生知算学与地理之关系。

准备
教员教授时，指书中之图，告学生以横线为纬，纵线为经，线中之数目字，即经纬线之度数也。

教授事项
（甲）时间分配　本课分二时。
第一时　"量地以度"至"凡五百四十亩为一方里"。
第二时　"地球周七万四千余里"至"距离渐狭矣"。
（乙）内容提示
一、方里方尺，均合纵横面积计算。即纵横各一里一尺也，与计直线者不同。
二、地球上之经纬线，皆虚设之线，借以计里数者，非地球上实有此线也。
三、经度之起算点，不若纬度之不可移易。中国地图，大率以京师观象台为中线。世界地图，则以英伦敦格林维基为中线。
（丙）文字应用
课文为论说体，分三段。第一段首六句，言计里之法；次三句，言计方里之法。第二段八句，言计亩之法，与量地之法不同。第三段首四句，言地图画线之故；次四句，言横线之为纬度；次四句，言纵线之为经度；次二句，述经纬线之度数；末六

---

① 与现通行的经度不同。

句，述经纬度之距离不同。

参考

【度】量物长短之器，如丈尺等是。

【赤道】为南北两极之正中。赤道以北为北半球，南为南半球，纬度即以之为起算点。

第二十八课　户口

本文

古者司寇之职，掌登万民之数，书之于版，岁登下其生死，及三年而献诸王。王拜受之。古人之视民数，若是其重也。

汉时始课丁税，凡民自十五以至六十，岁必纳税，是为口钱。魏、晋以降，皆沿其制。清初编审法，每岁一举，以稽人民之数。自康熙五十二年，并丁税于田赋，于是户口之增减，无与国帑之盈亏，稽查之事，官吏遂视若具文矣。

东西各国，以户口为行政之要端。设户籍公所，国中人民无贵贱贫富，以其生死婚嫁，随时白诸吏而登记之。故其户口丰耗之数，可以按籍而稽。

夫国家者，积于人民，故施行政事当以人民为本位。户口之政不举，则国不可得而理也。

目的

本课述古今中外编审户口之法，以为整理户籍之模范。

教授事项

（甲）时间分配　本课分二时。

第一时　"古者司寇之职"至"官吏遂视若具文矣"。

第二时　"东西各国"至"则国不可得而理也"。

（乙）内容提示。

一、民为邦本，治民者知地方户口之繁简，政务之设施，始有凭借，故古人视为极郑重之事。

二、清并丁税于田赋，不得谓非惠民之政，然视稽查为具文，置地方应办事于不顾，殊非致治之道。

三、户口之数不确实，则纳税数、公民数均不足恃，各地方之财政、选举等事必至紊乱而无秩序。

（丙）文字应用

课文为论说体，分四段。第一段八句，言古人之重民数。第二段首六句，言汉魏以后之丁税；次三句，言清初之编审户口；次六句，言康熙后之视稽查事为具文。第三段九句，言各国之重视户籍。末段首四句，言行政当以人民为本位；末二句，言户政不举之弊。

参考

【司寇】官名。周之司寇，掌登万民之数，若后世之户部然。

【登】上也，上其生者。

【版】书户口之版也。

【下】犹去也，去其死者。

【汉时始课丁税】课，税也。汉高祖四年，初为算赋，凡民年十五以上至五十六，出赋钱八百二十为一算。

【魏晋以降皆沿其制】魏武帝定制赋，户绢二匹、绵二斤。晋武帝制户调之式，丁男之户，岁输绢三匹、绵三斤，男女年十六以上至六十为正丁。

【编审法】清初丁税，每一丁科银几钱几分，各省多寡不等。编审之事，责成州县，民年十六以上，增注于册。六十以上除名，每年以所造之册，达部而闻于天子。

【并丁税于田赋】清康熙五十一年，以丁税并入钱粮，自后

235

所生人丁，永不加赋。

【国帑】帑音汤，上声。国帑，国中金币所上之府也。

【具文】有其文而无其实也。

【丰耗】丰盛耗减也。

第二十九课　市

本文

古者日中为市，交易而退，商业盖始于此。特其时交通未盛，大抵一乡一邑之市而已。后世人众物繁，土地愈广，乃由乡邑之市，而有一国之市，而有国与国通商之市。

一乡之中，农取米，渔取鱼，猎取兽，业取其一，而日用必求兼备，故相易之事起。及世界进化，准钱币为价，不必以物相交易，益见利便。于是陈设百物以待购者，必居会集之地，如一乡之有墟集是也。

进而一邑，则四乡居者各携物以求售，而远道之人亦挟资以至，争购其所欲得者。故地必要冲，非车路所经，即河航所集也。

至一国之市，则来者益众，所求者益多。商旅输运，各返售诸乡邑，而乡邑所产，亦行销于是。故其地必居全国之中枢，或水陆要害焉。我国汉口为九省市场，西联川陕，南接湖广，北走燕晋河南，东通长江下游，货物运道皆出于此，盖足以当之矣。

五洲交通，商界益扩。清道光时，大开海禁，立五口市场。其后口岸增辟，贸易殷盛。欧美各国商人，以我国为利薮，接踵而至。我为地主，乃转苦之，若受其剥削者然。斯则我国工业不振，商业未讲之咎也。不然，地大物博，民性智巧，举农所生、工所制，皆得为外国所取资而获其赢利，安见贫乏之足患哉？

目的

本课言市为交通货物之地，关系于国之贫富。

教授事项

（甲）时间分配　本课分三时。

第一时　"古者日中为市"至"即河航所集也"。

第二时　"至一国之市"至"安见贫乏之足患哉"。

第三时　复习全课。

（乙）内容提示。

一、自日中为市之制，渐进而至国与国通商，商业固日有进步，然必工业与之俱进而后可。

二、汉口为我国商业之中心，他日粤汉、川汉铁路告成，其繁盛可预卜。有志商战者，当提倡国货，以为竞争之点。

三、舶来货多于出口货，利权外溢，为我国莫大之病根，治本之策，非资本家注重实业不可。

（丙）文字应用

课文为论说体，分五段。第一段首五句，述市之起点；次五句，述推广市之范围。第二段首七句，述市之关系于一乡者；次四句，言以钱购物之便；次三句，言乡市设于会集之地。第三段首六句，述市之关系于一邑者；次三句，言城市必设于冲要之地。第四段首九句，述市之关系于一国者，必居全国中枢及水陆要害；次九句，言汉口足为一国之市。末段首四句，言我国通商之缘起；次五句，言欧美人之逐利于我国；次五句，言我国以工商业不振而受其剥削；末七句，言中国能注重实业，则不患贫弱。

参考

【日中为市】神农氏立廛（市宅）于国，日中为市，使民各挟所有之货，以易所欲得之物而去。

【墟集】墟，见第二册十八课。集，北方多用为镇市之名。

237

【中枢】中央枢要之地也。

【川陕】四川陕西也。

【湖广】合今之湖南北而言。

【燕晋】直隶山西也。

【长江下游】指江西、安徽、江苏而言。

【五口市场】上海、宁波、福州、厦门、广州也。清道光二十二年，鸦片战争之结果，与英订约而开五口市场。

【利薮】薮，大泽也，水所聚也。利薮，利之所聚也。

【赢】有余利也。

第三十课　营业之道德

本文

经营实业，资本为先，资本愈多，则获利愈厚。此人人所知也。资本不独金银而已，若房屋，若机械，及一切食用之物，是为有形之资本；若智识，若技艺，能使所业日益发达，是为无形之资本。此又人人所知也。是数者，固为实业家所不可缺。然最大最要之资本，则莫如道德。

世人之论商业也，往往尚狡狯而薄正直，不知正直虽不可得分外之利，而可以持久不败。如作伪以眩人目，可以掩饰于一时，及屡屡为之，则未有不败露者。至于举世指摘，其业已受大损，而始知悔焉，不亦晚乎？故善营业者，必以道德为主。其道有三：

一曰务真实。质之精粗，值之高下，以一语为断。无伪物，无滥价，则人始信之。

二曰守契约。契约一定，无论如何，必实践之。期限不爽，物品又良，则购客自无不满意者。

三曰慎交际。凡与我交易者，无论其人所处之地位，与所需之多少，皆当以礼相接，且出以笃挚诚恳之意。即或交易不成，亦不稍显愠怒之色，则人自乐于相就。

诚能行此三者，道德既著，名誉亦高，其业未有不发达者。

目的
本课言经营商业而欲其发达，必以道德为主。

教授事项
（甲）时间分配　本课分二时。
第一时　"经营实业"至"其道有三"。
第二时　"一曰务真实"至"其业未有不发达者"。
（乙）内容提示
一、有形之资本，必借无形之资本为之运用支配，始能见其功效。智识、技艺为无形之资本，固甚重要。道德又为无形资本之精神，其重要尤甚。
二、业贵持久，不贵得分外之利。若希图厚利，以欺诈之术待人，则利虽得而信用失，后日将无立足地，所得者小而所失者大矣。
三、中国商业之不发达，以伪乱真，固为最大之病根，然不讲交际之道，动以恶语侵人，使人望而生畏，亦为失败之一大原因。
（丙）文字应用
课文为论说体，分六段。第一段首五句，言资本与营业之关系；次一句，点清资本；次四句，述有形之资本；次四句，述无形之资本；次一句，总结上文八句；次四句，自有形无形而转到道德。第二段首二句，言商业道德之堕落；次二句，言正直之得益；次八句，言作伪之损失；次三句，言营业之道有三。第三段七句，言务真实则人始信之。第四段七句，言守契约则购客满意。第五段九句，言慎交际则人自乐就。末段四句，言行此三者则商业发达。

参考

【狡狯】以诈术欺人也。

【指摘】摘，发也。指摘，谓奸邪为人攻发也。

【契约】契，合也。约，要约也。契约，言定购货物、订造物件之合同也。

【笃挚】笃，厚也。挚，至也。

【诚恳】诚，诚实也。恳，恳切也。

【愠】含怒之意。

第三十一课　利用万物

本文

盈天地间，皆物也。物名曰万，而人为万物之灵。是以万物役于人，人必不役于万物。

上古人智未启，人之天能不如鸟兽。鸟兽有羽毛以御寒暑，有爪牙以御外侮，而人则无之。是以当时之人，求食不给，避祸不遑，孑然幸存于天地间耳。

洎乎人智初开，一切事物渐明其理，乃能出其智能，驱策万物使为我用。衣服之章，肥甘之奉，官室车马之美，要皆非初民所有事也。推其所以致此者，无非利用万物而已。

虽然，人群之进化无止境也，事理之发明无穷期也。今之世界，其物质之文明较之数千百年以前固有间矣，然不得谓已尽天地间之能事也。人人善用其耳目，善用其心思，则异日之物为人用者，不将益见其多乎？

目的

本课述人能利用万物之故，勉人力求进步。

教授事项

（甲）时间分课　本课分二时。

第一时　"盈天地间"至"无非利用万物而已"。

第二时　"虽然人群之进化"至"不将益见其多乎"。

（乙）内容提示

一、人无爪牙之利，而能役使万物，即运其智能，力谋制物而不受制于物故也。

二、进化无程式，无界限，只在研究事物之理，精益求精，不以故步自封耳。

三、人不特利用万物，且能利用同类，彼文明之族，役属愚蠢之族，使之帖服者，亦利用之手段也。

（丙）文字应用

课文为论说体，分四段。第一段六句，言万物役于人。第二段十句，言未开化时之人民，以生存为幸。第三段首六句，言人智开而渐能制物；次六句言人能利用万物。第四段首五句，言进取之途不可限；次五句，言近世之文明，不得谓已造其极；末四句，言文明益进而利用之物益多。

参考

【役】驱使于人也。

【给】足也。

【遑】暇也。

【孑然】独立之貌。

【鞭策】言若人之待牛马，驱逐而鞭策之也。

【章】文彩也。

【利用】善用之也。

【物质文明】指工艺发达、器械改良而言。

第三十二课　国家

本文

国家之要素有三：一定之疆土，一定之人民，一定之主权是也。沙漠之地，无一定之居民，不得为国家；游牧之民，无一定之疆土，不得为国家；即或有疆土矣，有人民矣，而主权损失，仅为他国之藩属，或受他国之保护，是亦不得为国家。完全国家者，必兼有人民、疆土及主权者也。

专制国之主，自谓"朕即国家"，不知疆土之广非一姓之产业，人民之众非一家之仆隶，主权之强非一人之威福。故谓政府为国家者，误也。

且国家者，与他之国家相对待者也。存闭关自大之见，辄夸境内为天下，自昧其国家在世界之地位。故谓天下为国家者，亦误也。

我中国地大物博，人口众多，有四千余年之历史，为世界开化最早之国。不独吾父母祖宗经营生息于斯，非可恝然相处，即吾藐然一身，既为国家分体之一，亦自当尽其匹夫之责任矣。

目的

本课辨明国家二字之界限，激起学生爱国心。

教授事项

（甲）时间分配　本课为二时。

第一时　"国家之要素有三"至"误也"。

第二时　"且国家者"至"亦自当尽其匹夫之责任矣"。

（乙）内容提示

一、疆土、人民、主权，合而成为国家，则主权丧失，即与人民丧失无异，焉得漠然视之？

二、近日有疆土日蹙、主权被侵之虑，我国民宜如何力筹对付之策？

三、专制时代，君主以国家为一姓之私产，固君主之误。人民之视国家，若与己无甚关系者然，亦属放弃天职，其误与专制君主等。

四、天下乃世界之代名词，非一国之代名词，立言不可不辨。

（丙）文字应用

课文为论说体，分四段。第一段首四句，言疆土、人民、主权为国家之要素；次三句，言无一定之居民者不得为国家；次三句，言无一定之疆土者不得为国家；次六句，言主权损失者不得为国家；次二句，言必合土地等三者而后成国家。第二段首二句，述专制君主之言；次八句，辟以政府为国家之误。第三段七句，辟以天下为国家之误。末段首四句，言中国地大物博而开化最早；末五句，言中国与我辈之关系。

参考

【要素】素，质也。要素，重要之质也。

【游牧之民】皆逐水草而居处，以牧畜为业。

【朕即国家】朕，我也，君主自称之辞。"朕即国家"一语，系法王路易十四之言。

【恝然】无愁貌。

【藐然】小貌。

【分体】犹分子也，指极小之一部分而言。

第三十三课　国民

本文

人类之区别，就种界言之，是为民族；就国界言之，是为国民。国民者，国家之分体。不问其种族之何若，凡有同一之国籍，即为同一之国民。其对于私人，有平等而无服从，彼此自由独立。然对于国家，则为分子之于全体，有权利亦有义务。

国民者，别乎外国人民而言之者也。外国人民之在吾国，权利固自有限，即服从之义务亦非绝对。甲国人民，侨寓乙国，虽不得不服从乙国主权，然去而之他，即无服从之责。若本国人民，则无论身在何地，亦必服从本国之主权。盖国民之对于本国主权，有无限服从之义务也。

就国民权利论之，人民为国家之本，国家以法律保护人民之权利，无有差等。人民苟不逾法律之范围，所得权利亦无不均。

是故国民之于国家，关系至为密切。欲国家之强盛，必国民能重道德，修学术，勤职业，以植国本；又必耐劳苦，尚节俭，重服从，以树民风。能如是，而后得谓之国民。凡为国民者，可不勉欤？

目的

本课述国民应尽之义务、应享之权利，使学生知国民之天职。

教授事项

（甲）时间分配　本课分二时。

第一时　"人类之区别"至"有无限服从之义务也"。

第二时　"就国民权利论之"至"可不免欤"。

（乙）内容提示

一、国民非外人可比，故权利、义务亦大异，所谓有绝对的权利、义务者也。

二、国民之尽义务，虽曰尽于一国，实无异尽于一己，盖义务尽而国基巩固，国民并受其福也。

三、国家为人民公共之机关，经人民集合，而后公共之机关成立，故人民为国家之主体。

（丙）文字应用

课文为论说体，分四段。第一段首五句，辨明民族国民；次五句，言入国籍者均为国民；次六句，言国民之权限。第二段首二句，言国民别于外人而言；次四句，言外人之在吾国者，权利义务有限；次五句，言侨民服从之界限；次五句，言国民有无限服从之义务。第三段六句，言国民不犯法律，即得享同等之权利。末段首二句，言国民与国家之关系；次九句，言国家欲强盛，则国民须何为；末四句，谓国民须自勉也。

参考

【区】犹类也。

【国籍】国中载记户口之册也，凡人名登入此册者，即为入籍。

【绝对】为有一无二之意。

【差等】差，次也。差等，言以次递降而不齐等也。

第三十四课　井陉之战

本文

汉遣韩信、张耳击赵。赵相陈余闻有汉师，聚兵二十万，塞井陉口。

李左车说余曰："汉兵乘胜，去国远斗，其锋不可当。今井陉之口，车不得方轨，骑不得成列，行数百里，粮食在后。足下坚壁高垒，勿与交战，而假臣兵三万，从间路截其辎重。彼前不得战，退不得还，不及十日，两将之头可致之麾下。"陈余恃众，不用其计。

信谍知之，则大喜。乃选轻骑二千人，人持一赤帜，从间道萆山而望。使万人先行，背水而陈。赵人见之，皆大笑。平旦，信建旗鼓，出井陉。赵开壁击之。战良久，信伴弃旗鼓，走水上军。赵空壁逐利。水上军皆殊死战，不可破。而信所遣奇兵，见赵空壁出，即驰入赵壁，拔赵帜，立汉帜。赵军望见之，以为汉已得赵矣，兵遂乱，遁走，斩之不能禁。信麾军夹击，大破赵军，斩陈余于泜水上。

诸将效首虏毕，请曰："兵法右背山陵，前左水泽，今将军背水以取胜，此何术也？"信曰："此在兵法，顾诸君不察耳。兵法不曰'陷之死地而后生，置之亡地而后存'乎？且信所将悉市人，非置之死地，使人自为战，惟有走耳，乌得而用之乎？"诸将皆服，曰："非所及也。"

目的

本课言韩信用计而胜，陈余恃众而败，使学生知用兵之机。

准备

将韩信进兵井陉之路线，绘于黑板（照中国历史战争形势图绘之），以备讲解时指示之用。

教授事项

（甲）时间分配　本课分三时。

第一时　"汉遣韩信张耳击赵"至"不可破"。

第二时　"而信所遣奇兵"至"非所及也"。

第三时　复习全课。

（乙）内容提示

一、李左车欲从间道截汉军辎重，即袭敌之后而制其死命也。陈余不从，韩信反从间道掩其后，是诚兵不厌诈矣。

二、陈余不特恃众，且自称义兵而不用诈谋奇计，致为汉军所乘，其不知兵法也实甚，故后世以宋襄比之。

三、信之背水而陈，乃出奇以制胜，因众寡劳逸之势不敌，不得已而决死一战耳。

（丙）文字应用

课文为记事体，分四段。第一段四句，记汉赵攻守之大略。第二段十八句，李左车献袭汉粮食之计；次二句，言陈余不用其计。第三段首七句，记韩信诱敌之计划；次二句，记赵人之轻敌；次十句，记汉赵两军之合战；次五句，记汉军之拔赵帜、立汉帜；次五句，记赵军之溃乱；次三句，记信之破赵军而斩余。末段首六句，记诸将扣信之兵法；次十句，信自言其兵法；末二句，记诸将服信之言。

参考

【韩信】淮阴人，初事项羽，羽不能用，弃而归汉，佐高祖定天下。

【张耳】大梁人，汉高祖立之为赵王。

【陈余】亦大梁人，始与耳为刎颈交，同起兵，后有隙，遂相攻。

【井陉口】今直隶井陉县东北井陉山，上有井陉关，即古之井陉口也。

【李左车】赵人，赵封为广武君。

【方轨】方，并也。轨，车辙也。不得方轨，言山路狭窄，车不得并行也。

【列】军伍也。

【辎重】军中载衣食杂物之车也。

【麾下】麾，大将之旗也，故称大将曰麾下。

247

【谍】侦探敌情者也。

【帜】音炽，旗也。

【草山而望】草音蔽。草山而望，言藏隐山间，不使敌知也。

【信建旗鼓】战时用鼓以进军，言信自建大将旗鼓，前行以诱敌也。

【殊死战】殊，决也。谓决死以战也。

【泜】水名，音之，发源于直隶临城县西南，流入大陆泽。

【效首虏】效，致也。首，斩获之敌首也。虏，生擒之敌人也。

【市人】言招集市井之人为兵，非亲加训练之兵也。

第三十五课　动物自卫之具

本文

动物之属，所以能生存于世界者，必有自卫之具，否则其种将绝。

犬有牙，牛有角，虎有爪，鹰之嘴锋利，蜂之针毒螫，皆藉以御敌者也。

鱼有鳞，龟有甲，猬有刺，螺蛤有壳，皆藉以防敌者也。

蝉色似树皮，蛙色似泥土，墨鱼能吐墨汁以涃[①]浊其周围之水，皆藉以避敌者也。

人亦动物之一，天然自卫之具固不如他动物，然人能自知其力之不足恃，乃制弓矢枪炮，以为自卫之助。又知一人之力之不足恃，乃合亲族为一家，合邻里为一村，合郡邑为一国。其群大，其自卫之力亦大，故能制胜他动物而为之长。

① 涃：hùn，肮脏，混浊。

目的

本课言动物皆有自卫之能力。

准备

将鸟图、兽图、昆虫图中有自卫之具者，一一指示学生。

教授事项

（甲）时间分配　本课分二时。

第一时　"动物之属"至"皆藉以避敌者也"。

第二时　"人亦动物之一"至"故能制胜他动物而为之长"。

（乙）内容提示

一、御敌、防敌、避敌，其作用固不同，然借为保护之具则一也。

二、人无爪牙之具以自卫，反足制他种动物者，因能借助于物，以智胜而不以力胜也。

三、合家族、村落、郡邑而成国，即合无数小团体而成一极大团体也。即借众人之力以自卫也。当群策群力，共尽保护同类之责。

（丙）文字应用

课文为论说体，分五段。第一段四句，言动物能生存于世界之故。第二段六句，言动物中有御敌之具者。第三段五句，言动物中有防敌之具者。第四段五句，言动物中有避敌之具者。末段首三句，言人不若动物有天然自卫之具；次三句，言人能创造自卫之具；次四句，言人知自卫之道；末三句，言人所以能为动物之长。

参考

【犬】为肉食兽，种类甚多，有鹿犬、猎狗、家狗等名。齿甚利，上有六大齿，下有七大齿。善与人守户者，即家狗也。

249

【牛】为反刍兽之有角者，有黄牛、水牛之别。性驯，怒则以角触人。

【虎】为肉食兽猫属之一，锯牙钩爪，吼声如雷，食人及他动物。

【鹰】为猛禽类之一，肉食，嘴钩而利，爪尖而弯。有猎鹰、金翅鹰、鹞鹰等，攫小鸟及雏鸡等为食。

【蜂】有黄蜂、蜜蜂之别，尾端均有毒针。

【毒螫】螫，音释。毒螫，虫行毒也。

【鱼鳞】鱼，水族之一种。鳞，鱼皮之由软而硬者，可以保护鱼之全体。

【龟】水族中之介属。腹背皆有甲，遇敌，则头足均缩入甲内以避之。

【猬】亦称刺猬，毛极硬，遇敌则缩成球形，毛竖起如刺，以为保护计。

【螺蛤】螺，如田螺之属，背负螺旋形之单壳，外面为黑暗色，故亦谓之单壳类。蛤，如元蛤之属，壳系两片相合，而壳中有肉柱，外面为深苍色，故亦谓之双壳类。

【蝉】为虫之善鸣者，亦作知了。夏秋间鸣，其翼色与树皮同，止于树上，人有不知觉者。

【蛙】水陆两栖之脊椎动物也，有金线蛙（俗称田鸡）、青蛙（又曰雨蛙）、蟾蜍之别。蟾蜍暗褐色，颇与泥土相似。

【墨鱼】又名乌贼，体为稍扁之圆筒形，内有墨汁囊。遇敌时，则囊中墨汁流出，使周围水色皆黑，令敌不知其所在而可远遁也。

【弓矢】为我国古时之战具，弯弓注矢以射敌人者，今已不能制胜。

【枪炮】均谓之火器，西人用以弹射敌人者，我国亦设厂仿造之，以供军需。

第三十六课　陆军

本文

今之世界，一兵争之世界也。故东西各国无不重视陆军。

陆军之别有五：曰步兵，曰骑兵，曰炮兵，曰工兵，曰辎重兵。

步兵利用枪，远战则用弹射，近战则用刺击。其为用最多。故骑兵、工兵，亦各携短枪，时或任步兵之役。

骑兵者，军队之耳目也。将战，则先远出，而探敌军之举动；既战，则退至本军左右为两翼，乘机袭击。

炮兵者，军队之脑，所以壮军威、夺敌胆也。临战宜先占高地，以攻敌之炮队。其所用之炮，凡二种：曰陆路炮，可远击十二里；曰过山炮，所击较近，而利于转运。尚有攻城炮及守城炮，则炮体甚巨，非行阵所能携带矣。

工兵者，掌掘沟、作垒，以资守御；架桥、修路，以便行动。其关系甚巨。若工兵不足，则以步兵代之。故步兵亦携锹、锄之属。

辎重兵者，在军后而运粮食、子弹者也。然恐为敌所袭，则以他种兵队防护之。

其外有野战病院，有卫生队，所以疗治伤病之兵。为局外中立，敌所不得而攻击者也。

凡欲争存于世界者，以练兵为急务，可不于兵制加之意乎？

目的

本课述陆军编制之法，使学生略有军事智识。

教授事项

（甲）时间分配　本课分二时。

第一时　"今之世界"至"非行阵所能携带矣"。

第二时　"工兵者"至"可不于兵制加之意乎"。
（乙）内容提示

一、规划有秩序，则进退起伏，皆有一定，不至紊乱而为敌兵所乘。陆军以步兵迎敌，骑兵为耳目，炮兵为后劲，工兵、辎重兵司工作军械，则左右前后，均有呼应，可免凌厉无次之弊。

二、卫生机关为保持军人战斗力之根本，非有病后始施疗治之方，受伤后始用救护之术，必防患未然，消病毒于无形，方为尽职。

（丙）文字应用

课文为论说体，分九段。第一段四句，言陆军之重要。第二段六句，言陆军之编制法。第三段首四句，言步兵之长于战斗；次三句，言骑兵、工兵或任步兵之役。第四段七句，言骑兵之利于侦探及袭击。第五段首六句，言炮兵之足以壮军威而夺敌胆；次十句，言炮之种类。第六段首六句，言工兵之掌工作；次三句，言步兵亦有时代工兵之不足者。第七段首二句，言辎重兵之掌粮食军械；次二句，言辎重必用他种兵队保护。第八段五句，言疗治伤兵者敌人不得攻击。末段三句，言练兵必加意于兵制。

参考

【刺击】敌军迫近，枪炮无所施，则用枪尖小刀以刺击。

【退为两翼】言退至本军界线内，分列左右，如鸟之有两翼也。

【脑】主脑也。

【锹】读如悄，平声，起土之具。

【野战病院】即辎重医院，系随本军前进，至战时而设以疗治伤病者也，与战地定立医院有别。

【卫生队】本队抵战地时，即择来往便利之地设救伤处（或曰裹伤所），派医兵与担架兵收死伤者，及救伤者之急。如有须疗治者，至战斗毕而送于辎重医院。

第三十七课　军舰

本文

　　滨海之地，欲扩张海权，防御国境，保护商船，皆不得不恃军舰。

　　古之军舰，以木造之，以帆、橹行之。自有汽机行船之术，而军舰之构造大异畴昔①。其后炮械攻击之术，药弹制造之法，与年俱进，非木质之舰所能御。乃有以钢铁之厚板，包护舰体者，是谓铁甲舰。

　　军舰种类甚多，而各异其用。舰中置巨炮，多者数十门，少者数门。曰战斗舰，主攻击敌舰，破坏炮台者也；曰海防舰，主防御本国海岸，或攻击敌国海岸者也；曰巡洋舰，主守护本国商船及口岸，或捕拿敌国船舶者也；曰报知舰，主窥伺敌情，往来通报者也；曰练习舰，主兵弁②操练，培植人才者也；曰鱼雷艇，发射鱼雷，以袭敌舰者也；曰猎舰，主逐捕鱼雷艇者也；至若潜水鱼雷艇，则潜行水中，敌不能见，尤便攻袭之用。

　　又有所谓无畏舰者，长五六百尺，载重二三万吨，速率二十二三浬③，护船之铁甲厚十余寸。一船之建筑费，达三千万元，诚战斗船中之尤有力者也。

　　我国自奉天以至广东，滨海之岸，凡七千余里，而军港多失，舰队奇零，平时不足树威，有事不堪任战。欲争海上之权者，必有待于扩充矣。

目的

　　本课述军舰之作用，使学生知军舰为争海权之必需品。

---

① 畴昔：往昔，以前。
② 弁：biàn，旧时称低级武官。
③ 浬：lǐ，海里，一海里合1852米。

教授事项

（甲）时间分配　本课分二时。

第一时　"滨海之地"至"尤便攻袭之用"。

第二时　"又有所谓无畏舰者"至"必有待于扩充矣"。

（乙）内容提示

一、自木质之舰，变而为铁甲，已见战舰之坚利。更进而有潜行水中艇，则制造之精巧，可谓不可思议。

二、滨海要港，均握于外人之手，皆由军舰不备、海军不振故耳。如欲扩张海权，非练军制舰不为功。

（丙）文字应用

课文为论说体，分五段。第一段五句，言军舰之作用。第二段首三句，言古时军舰，造以木而行以帆橹；次三句，言汽机通行而制造之法异；次七句，言炮火利而始造铁甲舰。第三段首五句，言军舰种类多而均置巨炮；次三句，述战斗舰之用；次三句，述海防舰之用；次三句，述巡洋舰之用；次三句，述报知舰之用；次三句，述练习舰之用；次三句，述鱼雷艇之用；次二句，述猎舰之用；次四句，言潜水鱼雷艇之尤便攻袭。第四段八句，述无畏舰魄力之大。末段九句，言我国必扩充军舰。

参考

【畴昔】犹言昔日也。

【战斗舰】即铁甲舰。为海军之本，战争之原动力也。

【海防舰】其职任在于防海，无远航速力之性，不过一浮炮台而已。近除德国外，罕有制造者，英国则均以老朽之战舰充之。又有炮舰，亦为海防舰之一种。

【巡洋舰】亦名快船。往来驰逐，攻人不备，援己所竭，与陆军之马队相似。

【报知舰】亦名信船。其速力之大，运动之捷，攻防二力之具备实不让巡洋舰。

【练习舰】亦名练船。不任战争之责，专备实地练习之用。

【鱼雷艇】亦名水雷艇。形小而轻，驶行颇速，为攻击力之主要，坚船猛舰，每为所困。

【猎舰】亦名捉水雷艇，又名驱逐舰。其责任界乎水雷炮舰（御水雷艇而破坏之者），及水雷艇之间，速力超乎各舰之上。

【潜水鱼雷艇】亦名潜航水雷艇。其平时航行，则露其背于水面，及攻击敌舰之余，即沉入海中，为战争之利器。

【无畏舰】即战斗舰之至坚巨者。

【滨海之岸】中国滨海之区，为奉天、直隶、山东、江苏、浙江、福建、广东七省，海岸线共长七千五百里。

【军港尽失】广东之广州湾、香港、澳门，山东之胶州湾、威海卫，奉天之旅顺、大连湾，均为要港，或割与外人，或租与外人，主权尽失矣。

【奇零】奇，音羁，单数也。零，零星也。言兵舰零星散布，不能成为舰队也。

【树】立也。

图书在版编目(CIP)数据

共和国教科书教授法．高小部分．新国文：全2册／谭廉编撰．－－北京：新星出版社，2011.9
ISBN 978-7-5133-0378-1
Ⅰ．①共… Ⅱ．①谭… Ⅲ．①小学语文课－教学参考资料 Ⅳ．①G623

中国版本图书馆CIP数据核字(2011)第173139号

新国文教授法（高小部分·上）

出版发行：	新星出版社
出 版 人：	谢 刚
社 址：	北京市西城区车公庄大街丙3号楼　100044
网 址：	www.newstarpress.com
电 话：	010-88310888
传 真：	010-88310899
法律顾问：	北京市大成律师事务所

经销电话：010-83398809
官方网站：www.duku.cn
邮购地址：北京市海淀区万寿路邮局67号信箱　100036

印 刷：	北京尚唐印刷包装有限公司
开 本：	645×925　1/16
印 张：	16.5
版 次：	2011年9月第一版　2012年5月第二次印刷
书 号：	ISBN 978-7-5133-0378-1
定 价：	82.00元（共三册）

版权专有，侵权必究；如有质量问题，请与出版社联系调换。

再版整理修订　读库

校　　注　陈淑梅
复　　审　杨运洋
　　　　　朱秀亮
　　　　　田　巍
审　　校　朱朝晖
　　　　　杨运洋
特约审校　吴晨光
编务统筹　张立宪
资料提供　石　鸥
美术编辑　艾　莉
助理编辑　杨　雪
责任编辑　罗　晨

读库·老课本丛书

共和国教科书·高小部分

新國文教授法

下

编纂 谭廉
校订 高凤谦 庄俞

新星出版社
NEW STAR PRESS

新國文教授法

【第四册】

第一课　周游世界(一)

本文

余素有周游世界之志。某年夏月，发自北京，乘汽车至天津，易汽船指朝鲜。一日，至仁川。登陆，游汉城。日本所置总督府在焉。由此乘汽车至釜山，登舟向日本。明日，抵马关。又明日，抵神户。皆大商埠。欧美各国人，商于其地者颇众，然皆服日本法权，无租界，无会审。更乘汽车至大阪，工业甚盛。至西京，彼国旧都也。山水明秀，多古迹。又抵东京，则日本之都城矣。遥望富士山，高出云表，虽在盛夏，山巅积雪不消。

居东京数日，至横滨登舟，作美洲之游。船随黑潮之流，向东北，渐寒，遂见雪。由是折向东南，复转炎暑。航行十四日，抵旧金山。远眺街市，有石造大厦，六七层不等。寺院尖塔，耸峙其间。登岸，乘汽车，横贯美洲而东，五日至纽约。纽约者，美国商业最盛之地，市街之南部，皆大商肆，北部则市民居之。复南行，至美都华盛顿。议院、官署，规模宏壮，徘徊其间，景仰不置。

游既毕，至波士顿登舟，渡大西洋。航行八日，过爱尔兰，达利物浦。利物浦者，英国大商埠也，船舶出入，无间昼夜。登岸乘汽车，向东南行，历八小时而达英都伦敦。东部为街市，商业繁盛；西部多贵显、富豪邸第；南部多工厂。泰姆士河有长桥十三，而最著之伦敦桥，在其下游。河底有隧道二，其内遍燃灯火，电车往还，络绎如织。

目的
本课述周游世界之路线及时日，以为游历者之先导。

准备
教员教授本课时，先示以图例，说明其作用，而后画周游世界图于黑板，以备教授时指示。

教授事项
（甲）时间分配　本课分三时。
第一时　"余素有周游世界之志"至"山巅积雪不消"。
第二时　"居东京数日"至"景仰不置"。
第三时　"游既毕"至"络绎如织"。
（乙）内容提示
一、游历异邦，当以考察政治、实业、教育为主要，瞻览山水之胜为余事，故文中处处带定工业、商业，略以风景点缀之。
二、甲午以后，朝鲜俨然以独立国自居。不及二十年，已在日本总督统辖之下。可知不能自立而借人以为重者，自速其亡而已。
三、欧美人商于日本者，皆服日本法权，此即所谓有完全之主权也。我国土地，较日本大数倍，反有租界、会审，可耻孰甚。
四、河底而有隧道，足见建筑之进步，更足征地方之繁盛。

（丙）文字应用

课文为记事体，分三段。第一段首句，自述有远游之志；次四句，记启行之年月及发轫之地点；次五句，记至朝鲜而游汉城；次七句，记自釜山抵马关、神户；次五句，言日本有治外法权；次二句，记大阪之工业；次四句，记西京之风景；次六句，记东京之风景。第二段首三句，记自横滨而作美洲之游；次八句，记海中之寒暑及航行之时日；次五句，记旧金山之建筑；次四句，记乘汽车至纽约；次五句，记纽约商业之盛；次六句，记华盛顿议院、官署之宏壮。第三段首六句，记自波士顿至利物浦；次四句，记利物浦商业之盛；次三句，记自利物浦达伦敦；次四句，记伦敦商场、邸第、工厂之分立；次三句，记泰姆士河之伦敦桥；末四句，记隧道内之情形。

参考

【朝鲜】在我国东北朝鲜半岛上，昔为独立国。民国纪元前二年，为日本所合并。

【仁川】在朝鲜京畿①道西南，其地为汉城之咽喉。

【汉城】为朝鲜旧日之京城，在汉江北岸。

【日本所置总督】统治朝鲜全境者，犹英之印度总督然。

【釜山】在朝鲜庆尚道东南，有绝影岛横其前。

【马关】在日本本州岛之西南角。

【神户】在畿内（在本州中央）大阪湾北岸。工商之业，与横滨并称。

【皆服日本法权】昔日欧美人之居日本者，亦归己国领事保护。自日本刑律改良后，始与各国改订对等条约，裁撤领事裁判权。无论何国，均受治于日本法律之下，故云服日本法权。

【无租界无会审】我国之通商口岸，以其地租于外人，谓之

---

① 畿：jī，旧时靠近国都的地方。

租界。租界中有会审公堂，华官与西官，会审中外钱债词讼一切交涉案件。各国人既服日本法权，故无租界，无会审。

【大阪】在畿内大阪湾之东，工业商业之盛，推为西南第一。

【西京】亦在畿内，为古时帝都所在，故称京都。明治二年，乃徙都东京，铁路四达，交通便利。

【东京】在东海道东京湾之北岸，为日本现在之京师。

【富士山】在东海道之中央，为日本名山，冬夏积雪，风景绝佳。

【横滨】在东京西南，当太平洋航路之要冲，商务之盛，推为全国第一。

【黑潮】暖流之名，呈暗蓝色，起于斐律宾群岛，经台湾之东，过日本东南海，折向东北，至北美洲西岸，复南转而合于北赤道海流。

【旧金山】一名三佛兰西斯哥[①]，属美国加利佛尼亚省，为太平洋第一要埠，夙以产金名于世，故名金山。后因为产额不及澳大利亚，故称澳为新金山，此为旧金山。

【纽约】为美国第一大都会，滨大西洋，属纽约克省，前有琅岛遮绝风涛，不啻天然之堤岸。

【华盛顿】为美国之都城，在可伦比亚区波多麦河左岸，有华盛顿之记功坊在焉。

【波士顿】为麻沙朱色得士首府，不特工商业兴盛，又为文学美术之中心。

【爱尔兰】为英吉利三岛之一，在英格兰之西。

【利物浦】即丽佛普尔，在英格兰西北马尔塞河口，为英吉利第二大城。

【伦敦】英之京城，为世界大都会之一，并操世界贸易之中

---

① 现译圣弗朗西斯科。

权。

【邸第】邸，音底。古者诸侯朝天子至京师，所宿之舍称邸。邸，至也。又天子赐诸侯住宅曰第，言其有次第也。

【泰姆士河】即达迷塞河，发源于西部丘陵，横贯南部，东流入海。

【隧道】隧，音遂，掘地通路曰隧。伦敦居民稠密，故于地下通隧道以便行人。

第二课　周游世界（二）

本文

由英国南海岸乘汽船，渡海峡，历二小时，易汽车抵法都巴黎。其市街之华丽，称欧洲第一。周围炮台密布。府中街市繁盛，楼阁参天。其西之公园，平地广场，有喷泉，有高塔，风景颇为壮快。道旁列植树木，中央有大道，车马往来，有流水游龙之视。

由法国乘汽车东行，一日，至德京柏林。市肆壮丽，不如巴黎，商业繁盛，不如伦敦。然人民嗜学，风俗朴素，为欧洲冠。国中多工厂，以克虏伯为最，役工匠至数万焉。

由柏林东北行，赴俄罗斯。二日，至圣彼得堡。盖以彼得大帝之名，名其都城也。由此南行，至旧都莫斯科。有礼拜寺，庄严华丽，凡新君即位，必于是中行加冕礼焉。由莫斯科东行，入亚洲境，经西比利亚，以达哈尔滨。汽车所过，高山大湖，则凿洞架桥以通之，其工程之浩大，实为可惊。自圣彼得堡至哈尔滨，凡十二日。更南行，经吉林奉天，一日以达营口。又西行，复归北京。时已冬令矣。

是役也，环球一周，费时五月，而游观都市之日为多。途中所经行者，海道几三万里，陆道几五万里，而费时不过五十日。

甚矣，交通之便利也。

目的
本课述周游世界之归途，不由故道。

准备
画欧亚略图于黑板，指示归途之路线。

教授事项
（甲）时间分配　本课分三时。
第一时　"由英国南海岸乘汽船"至"役工匠至数万焉"。
第二时　"由柏林东北行"至"交通之便利也"。
第三时　复习全课。
（乙）内容提示
一、巴黎以豪华胜，伦敦以商业胜，柏林以学术工业胜。我国若奉以为法，则效法于法，不如效法于英德。
二、俄人于荒凉之西伯利亚，建筑铁路，不恤巨款，急迫竣工，其抱绝大之希望可知。
（丙）文字应用
课文为游记体，分四段。第一段首四句，记自英国抵法都巴黎；次五句，记巴黎守备之严，市街之繁盛；次九句，记巴黎公园中布置之精及游人之多。第二段首三句，记自法至德京柏林；次四句，记柏林不如巴黎、伦敦之处；次三句，记柏林之学术为欧洲冠；次三句，记克虏伯厂规模之大。第三段首四句，记自柏林至俄京圣彼得堡；次二句，记彼得堡得名之故；次六句，记莫斯科为俄皇行加冕礼之所；次四句，记自莫斯科达哈尔滨；次五句，记西比利亚铁路之工程；次二句，记自圣彼得堡至哈尔滨之时日；次三句，记南行达营口；次四句，记西行达北京而时已冬令。末段十句，言行程不过五十日，足见交通之便利。

参考

【海峡】即英法相隔处之多维尔海峡。

【巴黎】见第一册二十四课。

【炮台密布】巴黎城外，环以炮台，共有十八座。

【喷泉】用铁管通泉，激之上喷，自高泻下也。

【柏林】地跨中央平原史普里河之两岸，为世界学术之中心。

【克虏伯】炮厂之名。创造是厂者，为克虏伯爱耳弗雷，克虏伯其姓，爱耳弗雷其名也。德国爱生城人，生于一千八百十二年，卒于一千八百八十七年。其父在本城设一小铁厂。父死，爱耳弗雷年幼，其母主厂事。及长，以其所造枪赴伦敦赛会，大获声誉，其业日振，称为炮王。近年德国军备日张，皆由是厂所供应，日佣工人四万余。一千九百零八年，全厂已值英金九〇、〇〇〇、〇〇〇镑。

【圣彼得堡】扼芬兰湾之咽喉，为商务及用兵要地，西比利亚铁路发端于此。

【莫斯科】居全国之中央，为陆路通商之要点，故虽经残毁（拿破仑征俄时俄人设计焚之，全城化为焦土），今建筑已复旧观。

【礼拜寺】即教堂也。俄国奉希腊教，以俄帝为教主。

【西比利亚】俄国亚洲属地之名。有铁路自俄京横贯南境，至哈尔滨而分为二支，东达海参崴，南达大连旅顺（日俄战后长春以南已属日本），计长二万余里。

【哈尔滨】清季改为双城府，在吉林西北境，俄国东清铁道之中央停车场。

【吉林奉天】均在我国东北部，合黑龙江为关东三省。

【营口】奉天省之厅名，行辽河入海之口，亦通要商埠也。

第三课　公债

本文

国家用度，大抵出于民间之赋税。其赋税之轻重，恒视国用为消息，所谓量出为入是也。虽然，国家时遇非常之事，若大战争，若大工役，而岁出骤增数倍，或至数十百倍。若遽行加赋，使所入足当所出，非特民不堪命，即令勉强输将，而百业亦因以俱败。故不得不募集公债，以应一时之急。夫公债不能不还。还之之道，又不能取给于租税。特为期较久，分年筹措，则轻而易举耳。今有中人之家。一时令出百金，必形竭蹶，若通为十年，年出十余金，斯稍易为力矣。此公债之举，所以善于加赋也。

明之季世，内乱纷起，国用不足，不得已多取于民。因之民益贫，乱益甚，国用益不足。相为因果，遂至于亡。此租税骤加之为害也。今东西各邦，岁入不足，则募集公债。其法先定募债之总额，归还之期限，利息之多少。应募者，给以证券，以为取偿之据，并许其转相买卖。时或以本国乏财，则募集于他国。凡国本巩固，信用昭著，则应募多而息轻，否则反是。英法等邦，公债虽多，而年息不过百之三四，一遇募集，应者恒逾其额。埃及土耳其之公债，年息至十之一，尚往往无有应者。此其明证也。

清之季世，所有公债，大抵募自外国。息既不轻，且多以赋税、路矿为质。议者以利不敌害为言。于是有倡募内债之举，而昭信股票，失约于民，信用益坠。今者民国成立，百端待举，所赖于公债者益亟。而整理之术，尤不可以不谨也。

目的

本课言募集公债，其法善于加赋。

准备

本课后所列之公债表，第一格为募集公债之国，第二格为各国已募集之公债数，第三格为国民每人担任之公债数。此表之作用，所以比较各国公债之多寡，及国民担任之轻重。

教授事项

（甲）时间分配　本课分四时。

第一时　"国家用度"至"所以善于加赋也"。

第二时　"明之季世"至"此其明证也"。

第三时　"清之季世"至"尤不可以不谨也"。

第四时　复习全课。

（乙）内容提示

一、公债之数，以法国为最多，国民之负担，亦以法国为最重。而国不患贫弱者，因募集之时，以本国为主，非借外债以为周转也。

二、以法国与中国较，中国公债之数，不及法国十分之一。国民负担之数，不及法百分之一。反日现贫弱之象者，因富民无爱国心故也（如藏金于地，贮蓄于外国银行之类是）。

三、埃及公债之数，不可谓多，然所负者皆系外债，故受英人之监督而不能自主。

四、公债而募自外国，特救一时之急，所谓治标之策而非治本之策也。谈经济者当如何保全信用，以为募内债之地步。

五、欲使国民担任公债，必注重实业，使民间家给户足，方不至有竭泽而渔之患。

（丙）文字应用

课文为论说体，分三段。第一段首五句，言国家之赋税，当量出为入；次十三句，言国家有意外之岁出，不可遽行加赋，必募集公债；次六句，言公债有分年筹措之利；次六句，以一家作比较；次二句，申明公债善于加赋。第二段首十句，言明季骤加赋税之害；次十句，言各国募集公债之法；次二句，言时或募集外债；次四句，言应募者之多寡，关于国家之信用；次五句，言英法等国募集公债之易；次三句，言埃及、土耳其募集公债之难；次一句，总结上文八句。第三段首六句，言清季募外债之利不敌害；次四句，言募内债而又失信；末五句，言民国欲募公债，不可不谨。

参考

【不堪命】堪，任也。不堪命，言不能任受上之命令也。

【输将】送也。

【筹措】筹，筹划也。措，措办也。

【竭蹶】困顿貌。

【季世】末世也。

【相为因果】因，原因。果，结果。相为因果云者，言有内乱之原因，而生重税之结果，即有重税之原因，而生内乱之结果。

【埃及】见第一册二十七课，今为英之保护国。

【土耳其】地跨欧亚二洲，国势贫弱，为各国所挟制。

【以赋税路矿为质】赋税，如关税、盐税之类。路矿，铁路及矿产也。质，音致，以物抵押也。

【昭信股票】为中国募内债之债票，甲午中日战后，清廷因赔款巨而募以济急者，后因归偿误期准其以此项债票捐纳实官，故曰失信也。

第四课　地方自治

本文

集地方而成国。其大经大法，常合全国而统筹之，各地方均受其范围，而不敢有所畔涣，宜也。然国中诸地方，以其气候之温凉、地质之饶瘠、人口之多寡、民生之贫富、风俗之醇浇，各有差别。则其所以待治者，亦不能不因之而差。

　　各地方之待治者，既不能无差，使一切受治于中央政府，以统理全国之例，干涉而整齐之，则不免于削趾适履之弊。此地方自治之制所由起也。

　　地方自治，非离国家而独立也。凡大经大法，属于国家之范围者，不可不听命于中央政府。若夫修筑道路，建设学校，以及卫生、慈善事业，为地方公共利害所关者，则宜任地方自谋之。

　　地方自治，以市乡为起点。凡一市一乡，其共同之利害，惟居民知之最深，则所以谋之者亦必最切。立宪国之制，由市、乡居民，公举议员，又由议员公推董事若干人，以管理本地方之事务。苟其所为无忤乎国法，则国家决不干涉之。此完全自治之制也。更上而县而省，则由国家设置官吏，执行政务，并由人民公举议员，以参预本地方之事务。盖官治与自治之混合制度也。

目的

本课述自治之原理，使学生知自治非离国家独立之谓。

教授事项

　　（甲）时间分配　本课分三时。

　　第一时　"集地方而成国"至"则宜任地方自谋之"。

　　第二时　"地方自治"至"盖官治与自治之混合制度也"。

　　第三时　复习全课。

　　（乙）内容提示

　　一、各地方之风俗人情，不能一致。施治之方针，亦不能一成不变。故以本地方人民，办本地方事业，最为相宜。

　　二、属国家范围者，则听命于中央政府。属省县范围者，由人民自治。是谓立宪之制度。

　　三、治理地方之事，无忤乎国法，方为有立宪国民程度，有自治资格，否则受人干涉，即失立法之本意。

（丙）文字应用

课文为论说体，分四段。第一段首六句，言各地方均受治于中央而不使其畔涣；次九句，言各地方之情形各有差别。第二段七句，言统理全国之制，不合于各地方，故有地方自治之制。第三段首二句，言自治非独立；次三句，言属于国家范围者，应听命于中央；次五句，言关于地方利害者，宜任地方自谋。末段首六句，言本地方之事，居民知之深而谋之切；次九句，述完全自治之制度；末六句，述官治与自治混合之制度。

参考

【经】道之常也。
【畔涣】畔，离也。涣，散也。
【醇浇】犹言厚薄也。
【差别】参差而有别也。
【削趾适履】言履小而削趾以适之，以喻事之勉强牵合也。
【忤】音五，逆也。

第五课　晏安之害

本文

动物肢体，各有其用：目以视，耳以听，足以行动，翼以飞翔，其他诸官骸，亦无不各司其职。然苟废置不用，则其性渐失，不能复如其初矣。

人家所畜之鸡鸭，其始犹野鸡野鸭也，飞翔迅疾，与凡鸟同。盖不若是，则无以求食，无以避害，而不能自存于世。人取野生之鸡鸭，喂养之，保护之。鸡鸭日处庭除，仰给于人，不虞匮乏。数十传以后，翼之功用渐失，与野生者迥异。设更放之山林中，不待终日，尽饱鹰、鹯之腹矣。

意大利某山有巨壑，壑通大湖，后因陵谷变迁，遂与外湖隔绝，昏黑不见天日。鱼生其中，目力无所用，积久尽盲。然无网罟①猿獭之患，鱼亦安之。忽有开矿者，凿其塞，壑与湖通，而盲鱼为他鱼所吞噬，其种竟绝。

　　由此观之。有肢体而不用，直与无等。不独他动物为然，人亦犹是。尝见富家子弟，丰衣足食，不知治生为何事。一旦失其所凭藉，往往无以自给，流为饿莩。是岂聪明才力之不如人乎？毋亦习于晏安，不克遽自振拔耳。

目的

本课言肢体以运用而益灵，不可习于晏安而失其功用。

教授事项

（甲）时间分配　本课分二时。

第一时　"动物肢体"至"尽饱鹰鹯之腹矣"。

第二时　"意大利某山"至"不克遽自振拔耳"。

（乙）内容提示

一、人必日进而月不同，方能争存于世。若晏安是怀，则非特寸进俱无，将失其故我而成为废物，可危孰甚。

二、鸟以飞翔见长，试取鸟而蓄之笼中，锢闭数年，虽纵之而不能奋飞，非驯服也，即积久而失其飞翔之作用也。

三、富家子弟，无智识才力之足以自见者，非资质之不如人，因酒食声色，汨没其性情，致一物不知耳。古人谓晏安鸩毒，信哉。

（丙）文字应用

课文为论说体，分四段。第一段首八句，言动物肢体之各司其职；次三句，言肢体不用则不灵。第二段首四句，言鸡鸭未为人畜养时，飞翔与凡鸟同；次四句，言鸟不能飞则无以自存。

① 罟：gǔ，鱼网。

次九句，言鸡鸭所以不能飞之故；次三句，言放鸡鸭于山中而尽饱鹰鹳之腹。第三段首五句，言意大利某湖之黑暗；次三句，言鱼目因不用而盲；次二句，言鱼无外患；次五句，记盲鱼尽为他鱼所吞噬。末段首五句，言无论何种动物，肢体不可不用；次三句，言富家子弟之不知治生；次三句，言富家子弟失凭借而流为饿莩；末三句，言习于晏安之害。

参考

【官骸】官，体也。骸，骨也。

【庭除】庭，阶前也。除，堂阶也。

【鹰】见第三册三十五课。

【鹳】鹫鸟名，鸢属也。

【意大利】见第一册二十七课。

【猵】音宾，獭属，能入水之兽也。

【獭】音塔，食鱼之兽，有水獭、海獭两种。

【凭藉】依靠也。

【饿莩】"莩"与"殍"通。饿莩，谓饿而死者。

第六课　艰难

本文

　　生人入世，犹以身莅战场也。艰难之事，日临吾前，吾苟不出死力与之搏战，又乌能胜之？柔者遇难而靡，见危而怖。惟刚果之人，以奋励之力，战胜艰难，始能有所成就。

　　处艰难之中，而不为所慑者，其道在先治心。心能不乱，而后可以有为。前史所载英雄豪杰，手创大业，无非大艰难、大困苦之记录。北方之民，御隆寒而治瘠壤，百物匮乏，非罢其手足，不可得食。不若南方热带之人，易于谋生也。然智巧过人，

271

艺术卓绝，又往往出于北方，惟其能胜艰难故耳。

虽然，初遇艰难之事，虽有志之士，亦不敢决其有成。而惟持之不变者，则人定可以胜天。犹之趋山路者，初病莘确，然定吾神，端吾向，不中道而馁，终可造其极巅。然则图成吾事，当先有必成之愿力，奋往直前，有进无退，则艰难尽去，终必有达吾目的之时矣。

孟子曰："故天将降大任于是人也，必先苦其心志，劳其筋骨，饿其体肤，空乏其身，行拂乱其所为。所以动心忍性，增益其所不能。"然则处艰难忧患者，其可以兴矣。

目的
本课言人能战胜艰难，始克有为。

教授事项
（甲）时间分配　本课分二时。
第一时　"生人入世"至"惟其能胜艰难故耳"。
第二时　"虽然初遇艰难之事"至"其可以兴矣"。
（乙）内容提示

一、心不乱者，既忍艰难而不动其心也。胜艰难者，即不为艰难所困也。能忍能胜，方为有志之豪杰。

二、知其难而力排畏难之念，纯系强制工夫。若历艰难而不觉其难，则毅力更超人一等。拿破仑言难字惟庸人字典中有之，即不觉其难之谓。

三、人定可以胜天，英雄亦造时势，不可以天命二字，变其本志。汉光武不以河北之难而挫其进取心，即知斯道。

四、处艰难忧患而兴，孟子所谓生于忧患也，否则必死于安乐。

（丙）文字应用
课文为论说体，分四段。第一段首二句，言入世犹莅战场；

次四句,言艰难非出死力不能胜;次六句,言刚果者始能战胜艰难而成事业。第二段首五句,言心定而不慑艰难,始能有为;次三句,言英雄豪杰必经艰难困苦;次五句,言北方人之谋生不易;次二句,言南方人之易于谋生;次四句,言北方人能胜艰难,故其智巧艺术过人。第三段首六句,言做事不变其志,则事必成;次六句,言登山不馁其志则可造极;次六句,言奋勇向前,则艰难去而目的达。末段首九句,引孟子之言作证;末二句,激励处艰难忧患者。

参考

【莅】临也。

【靡】委靡不振也。

【隆寒】极盛之寒气也。

【瘠壤】瘠薄之土也。

【罢】音皮,与"疲"通,劳也。

【荦确】音落鹊,山石高低不平也。

【空乏】空,音控。空乏,言困穷而缺资财也。

【行拂乱其所为】拂,逆也。言所行之事,遭意外拂逆也。

【动心忍性】言惊动其心,坚忍其性也。

第七课　鲁滨孙(一)

本文

境遇无常,惟能自立者,可不为境遇所困。否则安顺之时,因人成事,若可偷生,一旦值意外之变,呼吁无门,未有不束手待毙者。呜呼!吾读英人所记鲁滨孙事,未尝不叹其坚忍之力、创制之材,深足为图自立者之模范也。

鲁滨孙,英人也。幼好听航海谈,有周游世界之志。年十九,闻有航海者,鲁滨孙慕之,请随往,愿执水夫役。其好奇耐苦若此。

数日,风起船覆,幸得救。请于他船长,赴南洋哥宜亚。船长殁,鲁滨孙代理其事。发哥宜亚,取道非洲海岸间,突遭海贼,舟人皆被捕。鲁滨孙忍苦执役,得闲乘小舟而逸。

舟行数日,备尝艰苦,后为葡国船所救。留巴西,制糖及烟草。居四年,资产稍丰。以事赴哥宜亚,又遭暴风,同舟皆没。独鲁滨孙泅水,达一孤岛。岛中只岩石、草木,绝无他物。鲁滨孙由死得生,方自庆。继忽觉衣湿,无可更者,又无家可居,无物可食,无利器可以御野兽。所携者,止小刀、烟管及烟草而已。虽苦恼欲狂,而无如何也。日渐暮,乃入林中藉树叶而卧。

翌晨,走海岸,欲觅前船覆处。傍海岸迹之,俄见舟距岸仅二里余,大喜,趋视之,知不可用。遂解衣,泳而至船旁。见器具、食物,不尽渍水。取面包食之,结木作筏,载诸食物及衣服兵器,携一犬一猫抵岛。

乃举所取材木,构庐张幕,以避风雨。然恐受猛兽或土人之害,旋觅得岩穴,梯而上,结栅居之。昼则跋涉山野,求食物,以为常。

目的

本课述鲁滨孙之屡遇艰险,不挫其志,养成学生坚忍心。

教授事项

(甲)时间分配 本课分三时。

第一时 "境遇无常"至"得闲乘小舟而逸"。

第二时 "舟行数日"至"以为常"。

第三时 复习全课。

(乙)内容提示

一、慕航海术而愿执水夫役,是即能耐苦之见端。后日困荒岛数十年，得以不死，皆由始基已定故也。

二、船长殁而代理其事，为海贼所捕而又忍苦执役，办事不论巨细，不论劳心劳力，均能尽职，可称攸往咸宜。

三、覆舟遇盗之事，迭遭不已，而又漂流于无人之荒岛，立志稍不坚，鲜有不灰心绝望，自残其身者。鲁滨孙犹忍苦而经营居处，非善处变者不能。

（丙）文字应用

课文为记事体兼论说体，分六段。第一段首三句，言人能自立，则不为境遇所困；次六句，言因人成事者，遇变而不能自全；次五句，叹鲁滨孙足为图自立者之模范。第二段首四句，记鲁滨孙幼时之志愿；次五句，记鲁之愿执水夫役；次一句，断定其好奇耐苦。第三段首三句，记鲁之初次遭难；次四句，记鲁之代理船长；次四句，记鲁之为海贼所捕；次二句，记鲁之得闲而逸。第四段首五句，记鲁遇救后之工作；次五句，记鲁之二次遭难；次六句，记鲁之得庆更生；次七句，记鲁在岛中之困难；次四句，记鲁之夜卧林中。第五段首八句，记鲁之觅船；次八句，记鲁之抵岛。末段首三句，记鲁构庐以居；次四句，记鲁结栅以避猛兽；末三句，记鲁至山野求食物。

参考

【鲁滨孙】英人，生于西历千六百三十二年（明崇祯五年），母族氏曰鲁滨孙，因氏焉，名柯洛苏。

【哥宜亚】即几内亚，在非洲中部西岸。

【葡国】即葡萄牙，见第二册二十一课。

【巴西】在南美洲东部，南美最大之国也。

【渍水】为水所浸渍也。

第八课　鲁滨孙(二)

本文

　　一日纵猎，犬衔一山羊至，知岛中有此，乃多捕而畜之。饮乳食肉；以脂作烛；衣冠敝，取其皮更制之；又以皮制伞，以御雨。久之，所留小麦，或落地生芽，渐繁殖。乃斫大木，以火灼其心为臼，削杵而舂之。于是食物渐具。

　　食既具，苦无储蓄器。悉心经验，得成土缶，可以蓄麦，惟不能蓄流质。偶于薪火中，见土器碎片，受烧而坚固。以法制之，遂成陶器，而食物皆可蓄矣。

　　当斯时也，以一身营数业，时而犁锄，时而缝纫，时而建筑，时而制造，非精力坚固，思想缜密，乌足以语此。

　　鲁滨孙欲出此岛，乃造舟。伐巨松，二旬，仆之，去枝剥皮，三月而舟成。以海岸陡绝，凿渠以通之，二年乃竣工。遂以独木舟浮于海。陆居有庐，航海有舟，鲁滨孙之意，亦足豪矣。又捕一鹦鹉，教之言语，以慰羁愁。如是者凡二十有九年。

　　既而行海岸。见野人群聚，谋杀一少年，救之。少年愿为仆。教之言语、动作及用枪法。后又见野人虏二人至，亦救之，而其一即仆之父也。

　　主仆四人，或农于田，或猎于山，优游岁月，差胜于前日之寂寞矣。居久之，欧洲航海者至。鲁滨孙附其舟，返故乡。计自十九岁出，经三十五年而归，家属死亡殆尽，邻里故旧莫有识者。呜呼！鲁滨孙居孤立无助之世界，衣食日用，取之不竭，可谓自立矣。今或居人烟稠密之地，百业并举，物用皆备，乃犹束手嗟贫，谋生无术，能勿耻与？

目的

　　本课续前课，述鲁滨孙经营荒岛之苦心。

准备

书中之图，乃鲁滨孙服羊皮衣冠、持羊皮伞之状，故遍体毛茸茸如野兽也。

教授事项

（甲）时间分配　本课分三时。

第一时　"一日纵猎"至"乌足以语此"。

第二时　"鲁滨孙欲出此岛"至"能勿耻与"。

第三时　复习全课。

（乙）内容提示

一、以一身兼营数业，而又器具不备，困难已达极点。鲁滨孙不以其难而为之，即一息尚存，不肯稍懈其志也。

二、因海岸陡绝，而又凿渠以通舟，不计施工之难易，成功之迟速，盖存得寸则寸、得尺则尺之念也。

三、人以偷安为怀，将不图久远。鲁滨孙若希望航海者之至，不愿劳其手足，则必迫于饥寒而死于荒岛矣。

（丙）文字应用

课文为记事兼论说体，分六段。第一段首四句，记鲁滨孙之畜山羊；次六句，记鲁之赖山羊以资衣食；次四句，记小麦之繁殖；次四句，记食物之渐具。第二段十二句，记鲁之得制陶器。第三段九句，论鲁之艰苦成功。第四段首七句，记鲁之制舟；次四句，记鲁之凿渠浮海；次四句，记鲁之足以自豪；次三句，记鲁之畜鹦鹉；次一句，记历年之久。第五段首六句，记鲁之救少年；次三句，记鲁之又得二仆。末段首五句，记鲁得仆人后之情状；次四句，记鲁之还乡；次五句，记鲁还乡时莫有识者；次五句，赞鲁之能自立；末六句，叹谋生无术者之可耻。

参考

【灼】烧也。

【杵】音础,舂米之杵也。

【储蓄器】存储积蓄杂物之器也。

【陶器】瓦器也。

【缜密】缜,音诊,精细也。

【陡绝】陡,峻立也。陡绝,谓崖壁峭绝也。

【渠】人力所成之沟也。

【鹦鹉】见第二册十六课。

【羁愁】羁,寄也。羁愁,言旅客寄托于异地,因寂寞而生愁。

【蛮人】即未开化之野番也。

第九课　分业

本文

农,国之本也,衣、食、宫室之原料所自出者也。况我邦以农立国,居世界农业国之一,农业之当重,不待言矣。

人之在世也,唯林不可以居,唯棉不可以衣,必也伐之,斫之,构之,以为宫室。纺之,织之,裁之,缝之,以为衣服。又不能以土盛饭、以铁调羹也,必也假陶工、铁工之手,为之杯盂,为之锅釜,而后可以应用。使无工业,则天然之物足以供用者几希矣。

虽然,有农、工而无商,则山居之人无以致海物,而热带所生不能入寒地,有余不足,无以相剂,而人人有偏枯之患矣。故商业亦与农工并重。

其他若渔人,能供水产之物者也;车夫、舟子,能代人输运者也;医,能治病者也;教员,能益人以学问者也;官吏,能为国家治事者也。人各有职,而人人又各尽其职,以利己而利物,而分业之道得矣。

故人之与人相依相待,以营其生者也,虽各分职业,实无尊卑轻重之别。如官吏而蔑农、工、商，农、工、商而侮车夫、舟子，又或自贱其职业，而日羡他人之所为；皆所谓至愚者也。

目的
本课言职业无尊卑轻重之别，以勖励学生尽职之心。

教授事项
（甲）时间分配　本课分二时。
第一时　"农国之本也"至"故商业亦与农工并重"。
第二时　"其他若渔人"至"皆所谓至愚者也"。
（乙）内容提示
一、业之所以分，非分其贵贱也。因一身不能兼数役，各精一业，始可以利己利人耳。
二、以己之长，补人之不足。以人之长，补己之不足。此即调剂之法，所谓通工易事也。
三、官吏之措施政治，农工商之注重实业，车夫舟子之输运货物，虽有劳心劳力之分，其治事则一也。治事而能尽职，何轻贱之足云？
（丙）文字应用
课文为论说体，分五段。第一段首二句，言农为各种原料之所自出；次四句，言农业国当更注重农业。第二段首十二句，言宫室衣服之必借工作；次六句，言杯盂锅釜之必借工作；次三句，言无工业则足以供用者少。第三段十句，言商业与农工并用。第四段首十句，点出个人之职分；次四句，言人人能尽职而分业之道得。末段首五句，言职业无尊卑轻重之别；末五句，言蔑侮人及羡慕人之愚。

参考
【原料】天然物未经制造之名。

【纺织】绩棉成纱曰纺，用纱成布曰织。

【锅釜】烹饪之器，黄帝始作釜，俗谓之锅。

【几希】少也。

【剂】音记，调和也。

【蔑】无也。即轻蔑其人而视之若无也。

【侮】慢易也。

第十课　生财之本

本文

生财之本有三：曰土地，曰勤劳，曰资本。

农夫生米谷，非自生也，必植之于田。故欲得米谷，先有土地。

既有土地，米谷非能自熟也，必耕耘之，培养之，收获之，历无数之勤劳，而后可充食。

农夫勤劳之时，非徒手可从事也。耕耘则必备锄、犁，培养则必贮肥料，收获则必具耷、筛。且自播种以至成熟，历春徂秋，半年有奇，其间农夫之生活，衣食有费也，日用有费也。约言之，凡备勤劳时之用者，皆谓之资本。

农夫既得米谷，粜于市，易钱以归。而人之欲得米谷者，亦以钱易之而去。凡物可以交易者，皆名曰财。钱，财也；米，亦财也。以此例推，则生财之本，土地、勤劳、资本，三者不可缺一矣。

不独农业然也，工、商亦何独不然？工之制造，商之贸迁，若只恃勤劳与资本，而无赖乎土地者。然工不能徒手而制造，商不能徒手而贸迁，故无动物、植物、矿物，则工、商之业亦废矣。此三物者，皆出于地，未有不赖土地之力者。且工场、商肆，岂能不占土地？然则土地、勤劳、资本三者，农、工、商皆不能废，而其为生财之本无疑矣。

财也者，可以交易之谓也。空气日光，满布宇宙，人生一日不可少之物也，然不待勤劳、资本，随地可得，而无所用其交易，故不得谓之财。

目的
本课言土地、勤劳、资本，均为生财之本。

教授事项
（甲）时间分配　本课分三时。
第一时　"生财之本有三"至"三者不可缺一矣"。
第二时　"不独农业然也"至"故不得谓之财"。
第三时　复习全课。
（乙）内容提示
一、农夫有土地而不知勤劳，则土地荒芜，收获不丰，与获石田无异。
二、以勤劳与资本较，则勤劳为重而资本为轻。盖资本家而不知勤劳，资本将化为乌有。勤劳者而虽无资本，资本亦不难立致。
三、土地资本之有无，其权不自我操。勤劳为人体固有之物，不患其无，特患弃之不用耳。
四、农夫之与土地，有直接之关系。工商之与土地，有间接之关系。间接与直接虽殊，不能离土地以生活则一也。
五、三者为生财之本，勤劳又为本中之本。楚庄王谓民生在勤，勤则不匮，即此意也。
（丙）文字应用
课文为论说体，分七段。第一段四句，点清土地、勤劳、资本为生财之本。第二段五句，言土地为农业之本。第三段七句，言耕种收获必借勤劳。第四段首五句，言农夫必具农器肥料；次五句，言农夫必有衣食日用之费；次三句，言资本之范围。第五段首五句，言交易之道；次六句，言财字之界限；次四句，言生财之本，土地、勤劳、资本缺一不可。第六段首二句，言工商亦与农业同；次四句，言工商似无赖乎土地；次七句，言工商与土地之关系；次二句，更言工场商肆之占土地；次三句，申明土地、勤劳、资本，皆为生财之本。末段首二句，言可以交易者谓之财；末七句，言空气日光不得谓之财。

参考

【耕耘】发土曰耕，去草曰耘。

【获】刈谷之谓也。

【徒手】空手也。

【锄】治田器，兼去草起土之用。

【犁】所以发土绝草根者。

【砻】音龙，磨谷之去壳之器。

【筛】用竹编成之，所以分别物质之粗细者。

【播种】播，布也。种，种子也。

【徂】犹至也。

【奇】音羁，余也。

【粜】音眺，出谷也，俗谓卖米麦之类曰粜。

【贸迁】交易货物也。

【商肆】肆，陈列货物之处。商肆，即商店也。

第十一课　节用

本文

天下之事，出于人情所同恶者，曰失业，曰疾病，曰死亡。失业疾病，或可幸免，若死亡，则无智愚、贵贱，皆必不可逃者也。夫不幸之事，既不能免，必先为吾身及倚吾身以存活者，预计其衣、食、起居之所从出，而为人之道斯完。故宜以正道而取财，以节俭而用之。抑金钱之为物，不徒以给衣、食，且以保名誉，及其自主、自立之权也。

威灵登，英之名将也。自置帐簿，详录其收纳之数。尝谓人曰："负债者，所以化自由人为奴隶也。故予虽屡濒穷乏，决不乞一介于人。"

华盛顿善处事，不忽小节。故其治家也，虽毫厘之微，苟逾常度，必严核之。盖欲恃己力以生存，不失正直廉节之行也。及为美总统时，身居高位，亦复如故。呜呼！可谓难矣。

伯洛沙敦之言曰："吾之富，不在吾产业之巨，而在吾需用之小。"伯洛沙敦起家工场，后登显职，而端厚信实，勤慎从事，自奉俭约，惟求日尽其职，虽小事末节亦不敢蔑视之。

之三子者，世所谓豪杰之士也。而立身之本，乃以节用为先。吾少年其知所法矣。

目的

本课言节用之道，历引泰西名人言行以为证。

准备

取近世六十名人中之威灵登、华盛顿肖像，指示学生，并告以教科书中所以不列华盛顿像者，因已见于第一册第三课教科书中故也。伯洛沙敦之像，则不见于图籍，故未列入。

教授事项

（甲）时间分配　本课分二时。

第一时　"天下之事"至"决不乞一介于人"。

第二时　"华盛顿"至"吾少年其知所法矣"。

（乙）内容提示

一、用财节俭，不特关系于一身，且关系于一家。若人人能节衣缩食，至家给户足，则一国之富强，亦系于是，其影响甚大。

二、节俭过甚而失之于吝，失之于贪，则出纳不当矣。必取以正道而用以节俭，斯为得当。

三、借贷于人，初若甚微，积久而亏累渐多，竭力弥补，事事不能如意，即为债项所困而失其自由故也。

四、逾常度而必严核，治家而量入为出，已用预算决算之法矣。此非吝啬过甚，算及锱铢也。恐涓涓不塞，而成江河耳。

五、需用之小，为救贫之妙策，亦即致富之本原。彼用财如泥沙者，虽所入丰盛，或富有积蓄，亦徒见其冰消瓦解而已。

（丙）文字应用

课文为论说兼记事体，分五段。首五句，言失业疾病死亡，为人情所同恶；次五句，言失业疾病可幸免，而死亡不可逃；次五句，言人必为倚吾存活者预筹衣食之资；次二句，言出纳之标准；次四句，言金钱之势力。第二段首二句，记威灵登之位分；次二句，记威灵登出纳之谨；次五句，威灵登极言负债之害。第三段首三句，记华盛顿之处事，不忽小节；次六句，记华盛顿治家之俭约；次三句，记华盛顿居高位之不失故我；次二句，赞华盛顿之难能。第四段首四句，伯洛沙敦之言节用；次八句，记伯洛沙敦之为人。末段五句，言三子之节用可法。

参考

【威灵登】一作惠灵吞，英之爱尔兰人，为英名将，曾大破拿破仑之兵。

【濒】与滨同。

【一介】介与芥通。蔬类植物，结实成荚，子如粟粒。一芥，言其小如一芥子之微也。

【华盛顿】见第一册第三课。

【核】考事得实之谓。

【伯洛沙敦】法人，曾为上议院议员。

第十二课　戒赌博　刘德新

本文

事之有益于人者，虽古凶人之所遗，吾亦有取焉。若鲧之城，桀之瓦是也。事之无益于人者，虽古圣人之所遗，吾亦无取焉。如尧之弈，老之樗蒲是也。夫以无益而不取，况乎其有害耶？旧事相沿，新机递创。昔人以之适性情者，今人以之规财贿，而赌博之事纷出焉。予尝曰："小人而赌博，盗之媒也。君子而赌博，贪之囮也。"曷言之？夫赌博以求利，断未有能得利者，胜者什之一，负者什之九，此所谓乞头而外，无赌钱不输之方也。乃负矣，而必求一胜。再负矣，而又必求一胜，再三四之不已，卒之有负无胜，则吾资以罄，吾债以积，而吾心益以热。凡苟可以得财贿者，将何所不至哉？吾故曰，此盗之媒、贪之囮也。而且心术以此坏焉。何也？觊觎之念一动，则必弄机智；而且体貌以此亵焉。何也？计较之心太明，则必起争竞；而且身命以此轻焉。何也？胜负之情切，则必忘饮食，废寝眠。以是而言，非所谓不徒无益而又害之者耶？

目的

本课极言赌博之害，以戒沉溺于此者。

教授事项

（甲）时间分配　本课分二时。

第一时　"事之有益于人者"至"无赌钱不输之方也"。

第二时　"乃负矣"至"而又害之者耶"。

（乙）内容提示

一、鲧桀尧舜，贤否本不可同日语，而制作品之损益，则适相反。所谓智者千虑，必有一失，愚者千虑，必有一得也。

二、小人君子四句，为全篇纲领，后幅极言赌博之害，特本此意而发挥之耳。

三、赌博之胜负，固在不可知之数，而抽头之消耗，则必不能免。故一再赌博者，虽胜负未分而资本已耗，决无幸全之理。

四、因赌博而倾家荡产，为盗贼乞丐之事而不以为耻者，皆侥幸一胜之心有以害之，故侥幸心必不可存。

（丙）文字应用

课文为论说体。首五句，言凶人之遗有足取者；次五句，言圣人之遗有不足取者；次二句，言无益者不足取，有害者更不足取；次五句，言赌博之意，今昔不同；次五句，论定赌博之害；次三句，言赌博断不能得利；次四句，言赌钱无有不输者；次九句，言赌钱愈负而心愈热；次二句，言负则必贪；次二句，申明盗媒贪囮之说；次四句，言心术之所以坏；次四句，言体貌之所以衰；次四句，言身命之所以轻；末三句，申明无益有害之说。

参考

【鲧之城】鲧，夏禹之父也，因治水而作九仞之城，讫无成功。

【桀之瓦】桀，夏之暴君，名癸。《博物志》（张华所作）谓桀作瓦。

【尧之弈】尧，唐帝，姬姓。《博物志》谓尧造围棋，丹朱善棋。

【老之樗蒲】樗蒲，见第一册二十一课。《博物志》谓老子入胡作樗蒲。

【贪之囮】囮，音讹，鸟媒也。捕鸟者系之以诱外来之鸟者。贪之囮，即诱贪之具也。

【乞头】即抽头也。

【觊觎】希望也。

第十三课　戒酗酒　刘德新

本文

传有之曰："兵，犹火也，不戢将自焚。"吾则以为酒犹兵也，不戒将自杀。盖酒之为害，固不仅内丧若德，外丧若仪而已。当夫群然举白，痛饮自豪，岂不曰吾求一醉之为快也？及其量为酒所胜，颓然而倒，非梦如梦，非死如死。即其梦幸得觉，死幸得苏，而宿醒所苦，呕吐狼藉。以吾人之身，寒暑燥湿之不克当者，宁堪经此摧折耶？且饮者之量，或不为酒所胜，而不能不为酒所使。酒胜则气粗，气粗则胆壮，时而狂呼、大笑，时而悲哀、愤怒，非言可劝，非力可排。因而骂坐、行殴，杯盘之地，即戈矛之场，以此得亡身丧家之惨者，盖比比也。呜呼！人之湎于酒者，纵不恤若德若仪，独不为性命计耶？

目的

本课极言酒之为害，以戒沉酗于酒者。

教授事项

（甲）时间分配　本课分二时。

第一时　讲解全课。

第二时　复习全课。

（乙）内容提示

一、以酒为兵，以好饮为自杀，盖痛言其害而使人生戒心也。

二、酒以通气合好，古人未尝悬为厉禁。惟过量则败德伤身，有损无益。故孔子有惟酒无量不及乱之言。

三、为酒所胜，为酒所使，则我之本性已昧，不能自主，则举动未有能中节者矣。

四、呕吐而斫丧身体，其害犹小，失其知觉而妄言妄行，肆无忌惮，败坏一家一国之事者，其害尤大。

（丙）文字应用

课文为论说体。首三句，引《左传》言穷兵之害；次二句，言不戒酒之害，与穷兵相等；次三句，言酒之为害，不仅丧德丧仪；次三句，言未醉时之豪饮；次四句，言已醉时之失其知觉；次七句，言酒醉之伤其身体；次三句，言人易为酒所使；次十一句，言酒胜则妄言妄行以肇祸；末四句，慨言性命之重，警醒湎于酒者。

参考

【酗】音煦，醉怒也。

【戢】音急，敛也，藏兵也。

【若】汝也。

【白】酒樽也。

【颓然】醉倒貌。

【苏】死而复生也。

【酲】音呈，病酒也。

【狼藉】藉，音籍。狼藉，离披杂乱貌。

【粗】不精也。

【排】推也。

【骂坐】骂坐客也。

【比比】读去声，犹言频频也。

【湎】音免，沉于酒也。

第十四课　图书馆

本文

　　求学问，增智识，其道多端，而读书为要。虽然，书籍之浩繁，岂能一一备置？且至古至精之本流传甚少，虽力足以具之，而或不可得。即幸而藏书富矣，时或游历四方，又岂能尽挈以行？于是图书馆尚焉。

　　法国官立图书馆，藏书至三千余万册。英、俄、美、德，亦各以千万册计。其公立、私立之馆，随在皆是。馆中备置几案，列坐而观者，恒数百人。

　　我国自汉代已有藏书之所，石渠、天禄，其尤著也。清乾隆时，于京师建立四库，收藏古今图书，并于奉天、热河、扬州、镇江、杭州设阁以储之。近年建议创图书馆者，时有所闻。而有志之士，亦或集资建屋，购置图书，以备众览，规模虽狭，其用意固甚善也。

　　凡观书于图书馆者，必严守规则，无喧哗，无污损。盖公共之物，人人有保护之责也。

目的

本课述图书馆之利益，使提倡教育者知设立图书馆之不可缓。

教授事项

（甲）时间分配　本课分二时。

第一时　"求学问"至"恒数百人"。

第二时　"我国自汉代已有藏书之所"至"人人有保护之责也"。

（乙）内容提示

一、书籍非一二种可尽，亦非一时所能搜集。若欲博览群书，非求之于图书馆不可。

二、藏书籍于一家，仅一家获益。设立图书馆，则自一乡一邑，推而至于一国，莫不获益。所谓益人神智，莫若书籍（北魏李光之言）也。

三、图书馆多设一处，即民智多开通一处。故为社会谋公益者，只在量力建设，不必拘规模之狭小宏大，致碍其进行。

（丙）文字应用

课文为记事兼论说体，分四段。第一段首四句，言人以读书为要；次三句，言书籍之不能备置；次四句，言精本书籍之不易得；次三句，言书籍之不便携带；次一句，言图书馆之可贵。第二段首四句，言外国图书馆藏书之富；次五句，言外国图书馆设立之多，及观者之众。第三段首三句，言汉代藏书之所；次五句，言清代藏书之所；次八句，言近时各地之设图书馆。末段六句，言观书时应守之规则，及应尽之义务。

参考

【挈】悬持也。

【尚】贵也。

【官立】由官筹款设立者。

【公立】由地方公款设立者。

【私立】由一人独出巨款，或数人合资设立者。

【石渠】阁名，汉萧何所造，刘向曾校书于此。

【天禄】阁名，亦萧何所造，用以藏入关所得秦之图籍，成帝以此藏秘书。

【乾隆】清高宗帝年号。

【建立四库】清乾隆时，收天下图书，设经史子集四库于京师。

【奉天热河扬州镇江杭州设阁以储之】奉天设文溯阁，热河避暑山庄设文津阁，扬州设文汇阁，镇江金山设文宗阁，杭州西湖设文澜阁。洪杨之变，扬、镇二阁焚失殆尽。近年杭人士修复文澜阁，补藏图书，然不逮旧观远矣。

第十五课　博物院

本文

谚曰："百闻不如一见。"故欲知实质之物，书籍不如图画，图画不如模型。模型肖矣，然犹不如实物之真且确也。顾世界之物之蕃，决非一人一家之力所能罗致，且其物所产之时与地又至不一，将乌从而遍睹之？曰，有博物院在。

博物院者，有天然物，有人造物，殊形异状，集于一室。部别类居，各标其名。且不独今时之物、内国之品而已，即传自上古、产自遐方①者，亦无不广搜而胪陈焉。所以广知识，资考据，意至善也。

欧美都会，无不有博物院。其最著者，为英之不列颠，法之第鲁华②。院中罗列繁富，启闭有时，所以供众人之游览。而众人偶得新奇之物，亦往往送致院中，故储藏日多。我国至今尚无博物院③。上海等处有外人所设者，搜罗虽未甚备，规模亦稍稍具矣。

目的

本课言博物院之益，不下于书籍、图画、模型。

教授事项

（甲）时间分配　本课分二时。

第一时　"谚曰百闻不如一见"至"意至善也"。

第二时　"欧美都会"至"规模亦稍稍具矣"。

（乙）内容提示

一、真确之物状，非幻想可以得之，必触接于目，而后能映

---

① 遐方：远方。
② 现称卢浮宫。
③ 当时已有张謇创办的博物馆。

291

之于脑。谚所谓百闻不如一见，即此故也。

二、书籍以理论启人智识，尚赖实物为之佐证。博物院罗致众物，供人研究，可称为书籍之实验品。

三、取古以证今，取舶来品以较本国土产，则物质之进步与否，皆可于此中验之，激起竞争心，不仅扩人眼界而已也。

（丙）文字应用

课文为记事兼论说体，分三段。第一段首二句，引用谚语；次五句，言书籍、图画、模型之不如实物；次六句，言遍睹实物之难；次一句，点出博物院。第二段首八句，言博物院储物之种类；次五句，言博物院搜罗之广；次三句，言博物院之利益。末段首五句，述欧美著名之博物院；次六句，记院中之大略情形；末五句，言我国博物院之未完备。

参考

【模型】各物之雏形也。

【肖】似也。

【蕃】多也。

【罗致】搜罗而招致也。

【标】表明也。

【胪陈】胪，陈序也。胪陈，即陈列有次序也。

【不列颠】为英国最大之博物院，在英京伦敦。

【第鲁华】为法国最大之博物院，在法京巴黎。

【上海】上海之博物院，在英租界圆明园路，为外人所设，以资中西人士之观览者。

第十六课　郑和

本文

郑和，云南人。明成祖欲耀兵异域，示中国富强，永乐三年，命和通使西洋，将士卒二万七千人。造大舶六十二，其舶修四十四丈，广十八丈。自苏州刘家河泛海，越福建而至占城，以次遍历诸国。宣天子诏，因给赐其君长，不服则以武慑之。凡二年余，率诸国使者，及所获俘虏而还，帝嘉之。明年，更命和出使。锡兰发兵劫和，和出不意，攻破其城，生擒其王。诸番党震詟，来者日多。和前后渡海七次，经二十八年，历三十余国。所取宝物，不可胜计。自后将命海表者，莫不盛称和，以夸外国。

和之出使也，志在通欧洲。而当时无汽船，航海术未精，故不能达。然南洋群岛，及印度、非洲诸海岸，足迹殆无不历。所携将士，或留居其地，往往征服土人，而王其国。今南洋群岛中，吾闻、粤人之流寓者尚数百万，以工、商、矿业致富，所在皆是。虽其土地为欧洲所分据，而生计之实权，皆操于华人之手。推其原来，实自和始也。

目的

本课言郑和之出使，有开辟南洋群岛之功。

准备

用世界地图一幅，指示郑和所至之地。

教授事项

（甲）时间分配　本课分二时。

第一时　"郑和云南人"至"以夸外国"。

第二时　"和之出使也"至"实自和始也"。

（乙）内容提示

一、以中官为钦使，其重视宦官可知，故明末卒有阉党之祸。

二、成祖欲耀兵异域，特为一时计耳，非为后世造福也。而闽粤人至今蒙其福者，盖事患不为，不患为之无功。

三、和之功业，不在遍历诸国，在能以兵力征服土人，故闽粤人之在南洋群岛者，得握生计之实权。

（丙）文字应用

课文为记事体，分两段。第一段首二句，点清郑和；次四句，记成帝命和出使西洋；次四句，记出使之预备；次三句，记经历之道路；次八句，记和第一次出使之历史；次八句，记和再出使而败锡兰之兵，诸番震詟来归；次五句，记和一生出使之事业；次三句，记后人称和以夸外国。第二段首五句，记和有志通欧洲而未达之故；次七句，记和所经之地及征土人之功；次八句，记现今流寓南洋群岛者之获利；末二句，归功于和。

参考

【郑和】明成祖时宦官，世谓之"三保太监"。

【永乐】成祖年号。

【刘家河】即今江苏太仓县（明时太仓属苏州，故明史作苏州）之刘河（即娄江）。元时海运，由此入海。

【占城】见第一册三十三课。

【遍历诸国】如暹罗、真腊、苏门答腊、爪哇等国，皆和所经历者也。

【以武慑之】慑，恐怖也。以武慑之，即用武力而使之恐怖也。

【俘虏】战时所获之敌人也。

【锡兰】岛名，在印度之南。明时别成一国，今已属英。

【詟】音哲，惊惧而失气也。

【三十余国】除初次经历诸国外，又经印度、波斯、阿剌伯，及阿非利加洲之东南境，共三十余国。

【将命】奉命也。

【海表】海外也。

【汽船】借蒸汽转动轮轴之力而行船也。

【闽】指福建省而言。

【粤】指广东省而言。

第十七课　木假山记 苏洵

本文

木之生，或蘖而殇，或拱而夭。幸而至于任为栋梁则伐。不幸而为风之所拔、水之所漂，或破折或腐。幸而得不破折不腐，则为人所材，而有斧斤之患。其最幸者，漂沉汩没于湍沙之间，不知其几百年，而激射啮食之余，或仿佛于山者，则为好事者取去，强之以为山，然后可脱泥沙而远斧斤。而荒江之濆，如此者几何？不为好事者之所见，而为樵夫野人之所薪者，何可胜数？则其最幸者之中，又有不幸者焉。

余家有三峰。余每思之，则疑其有数存乎其间。且其蘖而不殇，拱而不夭，任为栋梁而不伐，风拔水漂而不破折不腐，不破折不腐而不为人之所材，以及于斧斤，出于湍沙之间而不为樵夫野人之所薪，而后得至于此，则其理似不偶然也。然余之爱之，非徒爱其似山，而又有所感焉。非徒爱之而又有所敬焉。余见中峰魁岸踞肆，意气端重，若有以服其旁之二峰。二峰庄栗刻削，凛乎不可犯，虽其势服于中峰，而岌然决无阿附意。吁！其可敬也夫，其可以有所感也夫。

目的

本课言木假山之幸，慨材木之不幸。

295

教授事项

（甲）时间分配　本课分二时。

第一时　"木之生"至"又不幸者焉"。

第二时　"余家有三峰"至"其可以有所感也夫"。

（乙）内容提示

一、作记最忌平铺直叙，无甚丘壑。若仅就表面而言，无深意存乎其间，即不免犯忌。此文因木假山而想到木之幸不幸，因木之幸不幸而暗慨人之幸不幸，一路说来，均含无限慨叹之意。

二、任为栋梁而不伐，已难。水所漂而不破折不腐，更难。不腐而能免斧斤之患，又不为樵夫野人所薪，则难之又难。经如许曲折，而后成为木假山，则木假山之幸，非常木之幸。

三、因幸而生爱，因爱而生敬，因一物而生出无限波澜，必如是而说得方畅，必如是而读者方有兴趣。

四、后段将木假山竭力抬高，虽非此文本意，而于山穷水尽之时，复现突兀之奇峰，精神为之一振。

（丙）文字应用

课文为记事兼论说体，分二段。第一段十二句，极言木之难以幸全；次八句，言幸为木假山而得脱泥沙斧斤之厄；次七句，言木不遇好事者之不幸。第二段首三句，疑木假山之有数；次十一句，历叙木假山所经之险厄；次五句，言因爱而生感与敬；次七句，实记木假山之形状；末三句，叹其可感可敬。

参考

【苏洵】字明允，号老泉，宋时人。

【蘖】萌芽之旁出者。

【夭】短折也，不尽天年曰夭。

【栋梁】栋，当屋南北之中，持两壁之最高柱者，亦谓之正梁。梁，横持两楹者，俗又谓之二梁。

【漂】浮于水面逐水而流也。

【斧斤】均斫木器也。

【汩没】犹言放失销没也。

【湍】急流也。

【啮】音臬，噬也。言为水石所激荡，日渐剥削，若为齿所噬食也。

【强】勉强也。

【溃】音汾，水涯也。

【魁岸】雄杰貌。

【踞肆】兀峙貌。

【庄栗】庄严而谨敬也。

【刻削】刻治而刮削也，坚确之意。

【凛乎】凛，寒也。凛乎，言其威严而视之寒栗也。

【岌然】高貌。

第十八课　巴黎观油画记　薛福成

本文

余游巴黎蜡人馆，见所制悉仿生人，形体态度、发肤颜色，长短丰瘠，无不毕肖。自王公卿相以至工艺杂流。凡有名者，往往留像于馆。或立或卧，或坐或俯，或笑或哭，骤视之，无不惊为生人者。余亟叹其技之奇。

译者称西人绝技，尤莫逾油画。乃偕行至油画院，观普法交战之图。其院为一大圜室，周悬巨幅，由屋顶放光入室。人在室中，极目四望，则见城堡、冈峦、溪涧、树林，森然布列；两军人马杂沓，驰者、伏者、奔者、追者、开枪者、燃炮者、搴大旗者、挽炮车者，络绎相属。每一巨弹堕地，则火光迸裂，烟焰迷漫。其被轰击者，则断壁危楼，或黔其庐，或赭其垣。而军士之折臂断足，血流殷地，偃仰僵仆者，令人目不忍睹。仰视天，则

297

明月斜挂，云霞掩映；俯视地，则绿草如茵，川原无际。几自疑置身战场，而忘其在一室中者。其实则壁也，画也，皆幻也。余问法人好胜，何以自绘败状，令人丧气若此。译者曰："所以昭炯戒，激众愤，图报复也。"则其意深长矣。

目的
本课言法之油画，足以激发人心。

教授事项
（甲）时间分配　本课分为二时。
第一时　"余游巴黎蜡人馆"至"令人目不忍睹"。
第二时　"仰视天"至"则其意深长矣"。
（乙）内容提示
一、记油画而先言蜡人，是以蜡人为宾而油画为主也。是为作文之陪衬法。
二、蜡人而肖人，已见制者之巧妙。油画非若蜡人之有实质，仅借丹青之力，得以象真，益见技之神巧。
三、"骤视之"之"骤"字，用得十分灵活，与下文之"疑"字"忘"字，针锋相对。盖既能描摩蜡人之真相，又为赞油画留余地也。
四、蜡人虽妙，不过为美术之一种，其关系犹小。油画之佳，能令人自疑置身战场，触起雪愤之念，其关系甚大。
五、绘胜状而粉饰太平，不若绘败状而激之思奋。法人用此图而陈列于油画院，欲使人人不忘国耻之意。
六、油画之佳者，固属与真实之境无异。叔耘之文，亦形容尽致，宛若一幅绝妙油画，陈列眼前，是为传神之笔。
（丙）文字应用
课文为状物体，分两段。第一段首六句，记巴黎蜡人馆之蜡人；次三句，记蜡人馆留像之人物；次三句，记蜡人之态度；次

298

一句，叹其技之奇。第二段首二句，记译者之言；次二句，记至油画院观图；次四句，记油画院之布置；次四句，记远望之景；次九句，记两军交战之状；次十一句，记巨弹炸裂之惨；次八句，记仰观俯察，宛如真景；次三句，点清皆系幻景；次三句，叔耘自记其疑问；次四句，记译者言法人之用意；末一句，称法人之用意深长。

参考

【薛福成】字叔耘，清时人。

【普法交战】普即普鲁士，今之德意志也。千八百七十一年，法因争立西班牙王子事（时西班牙继位无人选定普亲王），与普构兵。普（时普王为威廉第一）兴师伐法，悬军深入，所向皆捷。法王（时法王为拿破仑第三）兵败于绥丹，遂降。普兵乘胜围巴黎，法粮绝援穷，愿如约议和，割地偿金，国势几至一蹶不振。

【圜】与圆同。

【城堡冈峦】小城曰堡，山脊曰冈，山之小而锐者曰峦。

【杂沓】众多而纷乱也。

【搴】音迁，拔也。

【黔其庐赭其垣】黔，黑也。赭，赤也。言庐垣为炮火所轰击，或为黑色，或为赤色。

【殷】赤黑色也，血色久则殷。

【茵】褥也。如茵，言细软之草，铺地如茵褥也。

【昭】著也。

【炯】明也。

第十九课　物体之轻重

本文

　　孟子曰："金重于羽者，岂谓一钩金与一舆羽之谓哉？"由此言之，则所谓物体之轻重，皆指其大小相等者而言也。一钩金所以不如一舆羽者，非羽重而金轻，实羽多而金少也。若金与羽之大小相等，其轻重之差盖将千百倍矣。

　　昔某国有王，以金令匠制一冠。冠成，王疑其杂银也。然权其轻重，又与原金符，无以罪之。王心终不释，屡以为言。其臣某闻之，日夜求其故，百思莫得。一夕入浴，纵体盆中，盆水流溢，乃悟曰："物体入水。所排去之水，必与其物之体积相等。"旦，入告王曰："臣能验之矣。请王制金、银球各一，其重皆与冠等。先以器盛水，置金球其中，视水所升处，刻而记之。次易以银球。银球之重，虽与金同，然体积较大，水升自较高，又刻而记之。然后以冠置水中，冠为金制，则水所升处，必与金球等。冠为银制，则水所升处，必与银球等。若为金银合制，则其水必升于二者之间。"王如其言试之。冠入水后，水所升处适在金银球之间。于是告王曰："是冠杂银已过半矣。"召匠诘之，具服其罪。

目的

　　本课言轻重之理，使学生知试验金银之法。

准备

　　取玻璃缸一只，盛水于内，用矿物（不拘定何种，因金银不易置备故）之轻重相等而大小不同者，试验其轻重之量。

教授事项

　　（甲）时间分配　本课分三时。

第一时 "孟子曰"至"必与其物之体积相等"。

第二时 "且入告王曰"至"具服其罪"。

第三时 复习全课。

（乙）内容提示

一、物理学发明，则物质之轻重成分，可一一分析，作伪者不易措手。

二、因入浴而悟排水量由于体积之大小，是即触类旁通，能悟物理学之作用也。

三、同量之金银，则金之体积小而银之体积大，验出体积之大小，则金银之质可辨。

（丙）文字应用

课文为记事兼论说体，分二段。第一段首三句，引孟子之言；次三句，释轻重之理；次六句，辨明钩金、舆羽之轻重。第二段首二句，记某国王之以金制冠；次七句，记王疑其杂银而不能得确证；次三句，记某臣亦莫名其故；次七句，记某臣因入浴而悟试验之理；次五句，记某臣自言能验，请王制金银球；次四句，记试金球之法；次六句，记试银球之法；次九句，记试冠而辨其金银之法；次六句，记验毕而知其杂银过半；末二句，记诘匠人而匠人服罪。

参考

【"孟子曰"三句】见《孟子·告子章》。

【钩】带钩也。

【一舆羽】舆，车也。一舆羽，言一车所载之鸟羽也。

【差】不齐等也。

【符】两相符合而不差也。

【纵】放也。放纵其体而投入水中也。

【排去之水】指流溢之盆水言。盆水所以流溢之故，即以此水在盆内所占之容积，为人身之体积排去，故知排去之水必与物之体积相等。

第二十课　原人　方苞

本文

孔子曰："天地之性人为贵。"董子曰："人受命于天，固超然异于群生。"非于圣人贤人征之，于涂[①]之人征之。非于涂之人征之，于至愚极恶之人征之也。

何以谓圣人贤人？为人子而能尽其道于亲也，为人臣而能尽其道于国也。而比俗之人，徇妻子则能竭其力，纵嗜欲则能致其身，此涂之人能为尧舜之验也。盗窃之行，非失其本心者，莫肯为也，而有或讦之，则怍于色，怒于言。故禽兽之一其性，有人所不及者也，而偏且塞者不移也；人之失其性，有禽兽之不若者矣，而正且通者具在也。

宋元凶劭之诛也，谓臧质曰："覆载所不容，丈人何为见哭？"唐柳璨临刑，自詈曰："负国贼，死其宜矣。"由是观之，劭与璨未尝不自知也，惟知之而动于恶。故人之罪，视禽兽为有加，惟动于恶而犹知之。故人之性，视禽兽为可反。

孟子曰："人之所以异于禽兽者几希？"痛哉言乎！非明于天性，岂能自反于人道哉？

目的

本课言人之天性，非群生可比。

教授事项

（甲）时间分配　本课分二时。

第一时　"孔子曰"至"而正且通者具在也"。

第二时　"宋元凶劭之诛也"至"岂能自反于人道哉"。

（乙）内容提示

一、通篇本孟子性善之说立论，故以为人人可为尧舜。

[①] 涂：涂人，普通人。

二、人为万物之灵，故所具者为独一无二之灵性。尽道于亲，尽道于国，即为灵性之见诸实行。动于恶而负亲负国，即为灵性之蔽于利欲。

三、小人之为恶，非其生性异于人也。特为厉气所熏炙，利心所战胜，遂默化潜移而不自觉。若清夜扪心，临殁[①]回想，未有不动于中而反悔者。此即所谓复善也。刘劭柳璨，临刑而自詈，亦人穷反本之一端。

四、徇妻子竭力，纵嗜欲致身，对于亲对于国反不能尽道者，非不能也，不为也。

（丙）文字应用

课文为论说体，分四段。第一段首五句，引孔子及董子之言；次四句，承上文而言其可征。第二段首三句，言圣贤之道；次四句，言观比俗者竭力致身之处，可知人人能为尧舜；次六句，言盗窃者失其本心而尚有羞恶心；次三句，言禽兽之心偏且塞；次三句，言人之性正且通。第三段首四句，记宋刘劭对臧质之言；次四句，记唐柳璨自詈之言；次四句，言动于恶者之罪加于禽兽；次三句，言人性之可反。末段首二句，引孟子之言；末三句，言非明天性者不能自反。

参考

【天地之性人为贵】见《孝经·圣治章》，其意谓人之性贵其异于万物也。

【董子】名仲舒，汉时人。武帝举贤良方正，仲舒对三策，极陈治道。"人受命于天，故超然异于群生"二语，对第三策中之词。

【征】证也。

【比俗】比，从也。比俗，谓从俗而无所树立也。

【徇】从也，以身从物之义。

---

① 殁：mò，死。

【讦】攻发人之阴私也。

【怍】惭也。

【元凶劭】宋文帝太子，名劭。文帝欲废之，劭遂弑帝，故称元凶。

【臧质】字含文。宋文帝时，拒魏师有功，孝武帝举兵讨太子劭，质亦举兵应之。事平，质渐骄恣，卒举兵反，兵败被杀。

【覆载】指天地而言。人为天所覆，地所载。覆载所不容，即言天地所不容也。

【柳璨】字炤之。唐昭宗时为相，与朱全忠私相结，昭宣帝时，璨劝全忠杀宿望旧臣三十余人，以为媚悦。后全忠受王殷等之谮，疑其背己而杀之。

第二十一课　习惯

本文

语云："习惯如自然。"又云："习惯为第二天性。"习于善则善，习于恶则恶。其善也，则毕生之幸。一中于骄蹇惰窳，终身不能湔涤矣。

衣之被体，不称体者，更制之。污，则取而浣之。怠惰之习惯成，匪特不能更，亦不能浣。

家庭者，陶冶习惯之学校也。父母一教员，子女一学生，子女之贤、不肖，皆父母举动之宜、否为之。然庭训所贻，母重于父，家之主妇苟得其人，则指导匡救之力较父为多。

家庭教育，卫生为首。以饮食言之，则戒急遽，戒贪多，戒非时进食。以清洁言之，则勤沐浴，谨洒扫，涕唾勿任意，指甲勿积垢，衣服、器具、书籍勿污损。凡是数者，不特为卫生之要，抑亦所以端容止，养廉俭，与道德、生计皆有至切之关系焉。推而至于一言一动、一颦一笑，事属至微，亦必时加匡正，使不越其范围。始基既端，庶终身受其益焉。

昔者，墨子见染丝而叹曰："染于苍则苍，染于黄则黄，所入者变，其色亦变。"夫儿童之性，无异素丝，不可不慎于所染也。

目的

本课言习惯足以变易本性，不可不慎。

教授事项

（甲）时间分配　本课分二时。

第一时　"语云习惯如自然"至"较父为多"。

第二时　"家庭教育"至"不可不慎于所染也"。

（乙）内容提示

一、习于善则善，习于恶则恶，此人之常情。若不为习俗所移者，非立志坚定，即蠢焉无知，故孔子有惟上智与下愚不移之言。

二、衣不浣不更制，尚系一身之事。习之既久，不知矫正，则任意涕唾，随地溲溺，妨害公众卫生，其影响甚大。

三、家庭教育，名曰补助学校教育之不及，实则为培植人材之根本。根本一坏，虽有良师尽心指导，而彼已先入为主，恐诲者谆谆，听者藐藐，不能收教育之功效也。

四、各物污秽历乱，不知整理，即养成一种阑珊①之性质，他日为社会办事，焉能措置悉当，有条不紊？

（丙）文字应用

课文为为论说体，分五段。第一段首四句，言习惯之不可改移；次五句，言习于善习于恶之利害。第二段首五句，言衣服不称体则更制，污则浣濯；次三句，言习于怠惰则不更不浣。第三段首二句，言家庭为陶冶习惯之学校；次四句，言父母之举动

---

① 阑珊：lán shān，衰减；消沉。

不可忽；次六句，言母之责任尤重于父。第四段首二句，言家庭教育首重卫生；次四句，言饮食宜慎；次六句，言清洁之道；次六句，言以上数端之关系甚大；次五句，言言动颦笑亦不可越范围；次二句，言始基端而终身受益。末段首六句，引用墨子染丝之叹；末三句，言儿童之性如丝之易染。

参考

【习惯如自然】孔子曰，少成若天性，习惯如自然。语见《汉书·贾谊传》。

【习惯为第二天性】意大利谚语。

【骄蹇惰窳】骄蹇，骄傲也。窳，音羽。惰窳，懒惰也。

【湔涤】湔，音煎。涤，音狄。湔涤，犹洗涤也。

【浣】音换，濯衣垢也。

【陶冶】陶所以烧成瓦器，冶所以铸成铁器，故引申之为培养人材之意。

【涕唾】目汁出曰涕，口汁曰唾。

【颦】眉蹙也。

【墨子】名翟，战国时宋人，著书名《墨子》。

第二十二课　田单

本文

燕破齐，降其七十余城。田单守即墨，燕引兵围之。田单尽散饮食飨士。收城中牛千余，衣以五彩缯绘，束兵刃于其角，而灌脂束苇于尾，烧其端。凿城数十穴。夜纵牛，壮士五千人随其后。牛尾热，怒而奔燕军。燕军大惊。五千人乘势击之。城中鼓噪，老弱皆击铜器为声，声动天地。燕军大骇，败走。齐人追之。所过城邑，皆畔燕而归齐，遂复七十余城。齐封田单为安平君。

田单为齐上将军，兴师十万，将以攻狄。往见鲁仲连子。仲连子曰："将军之攻狄，必不能下矣。"田单曰："单在即墨时，以五里之城、七里之郭、败亡余卒，破万乘之燕，复齐地。攻狄不能下，何也？"上车弗谢而去。遂攻狄，三月而不克。齐婴儿谣曰："大冠如箕，长剑拄颐，攻狄不能下，垒于梧丘。"于是田单乃惧，往见仲连子曰："先生谓单不能下狄，请闻其说。"

仲连子曰："将军在即墨之时，坐则织蒉，立则杖臿，为士卒倡，曰：'无可往矣。宗庙亡矣。归何党矣。'当此之时，将军有死之心，士卒无生之气，闻若言，莫不挥泣、奋臂而欲战。此所以破燕也。今将军东有掖邑之奉，西有菑上之娱，黄金横带，而驰乎淄渑之间，有生之乐，无死之心。所以不胜者也。"田单曰："单有心。先生知之矣。"明日，乃厉气循城，立于矢石之所，援枹鼓之。狄人乃下。

目的

本课言田单之败燕下狄，皆在有决死心。

教授事项

（甲）时间分配　本课分三时。

第一时　"燕破齐"至"齐封田单为安平君"。

第二时　"田单为齐上将军"至"请闻其说"。

第三时　"仲连子曰"至"狄人乃下"。

（乙）内容提示

一、田单为燕师所困，众寡不敌，已成垂亡之势，单反能大破燕师者，因上下有致死之心，且出其不意，攻其无备也。

二、燕师顿于坚城之下，旷日持久，锐气已挫，故为田单所乘而有摧枯拉朽之易。

三、功成名遂，则侈然自足，以身家为重而无先登陷阵之勇

307

矣，故田单攻狄而不克。

四、始攻狄而不胜，继闻仲连之言而下狄，兵不加多也，将不加勇也，惟能决死与不能决死之别耳。

（丙）文字应用

课文为记事体，分三段。第一段首四句，记燕军之围即墨；次十三句，记田单用火牛以冲燕军；次五句，记城中鼓噪助之而燕军骇走；次五句，记齐军克复城邑而田单获封。第二段首四句，言田单将伐狄而见仲连子；次三句，记仲连子言单不能胜敌；次九句，记单自夸其即墨之功；次三句，记单悻悻而去，不得克狄；次五句，记齐婴儿之谣辞；次四句，记单惧而请教于仲连子。第三段首十四句，记仲连言单所以破燕之故（中间"无可往矣"三句系仲连子述田单之言，故另用括弧以括之）；次七句，记仲连言单不胜狄之故；次三句，言田单之服善；末五句，记单激励将士以下狄。

参考

【燕破齐】周赧王三十一年，燕昭王使乐毅为将，合秦魏韩赵之师伐齐，下齐七十余城。

【田单】齐之疏族，多智习兵，时即墨大夫战死，城中相与推单为将。

【即墨】今山东即墨县。

【衣以五彩绛缯】绛，赤色。缯，帛也。言以赤色之帛为衣，而以五彩画于上也。

【灌脂束苇】脂，脂油。苇，芦也。束苇于牛尾，再灌以脂油，则易引火。

【鼓噪】击鼓呼噪以助威也。

【鲁仲子】即鲁仲连，齐人。

【大冠如箕】箕，簸器。大冠如箕，言冠之大形如箕也。

【长剑拄颐】拄，音主，撑也。颐，面颊也。言其剑之长，拄于面颊也。

【垒于梧丘】《尔雅·释地》，当道有丘曰"梧丘"，言筑垒于当道，不能进军也。

【织蒉杖臿】蒉，草器。杖，持也。臿，同锸，插地起土之器。坐织蒉立杖臿，言与士卒同劳苦，无一息之暇也。

【掖邑】即夜邑，故地在今山东莱州府掖县。齐襄王杀幸臣九人而益封田单以掖邑万户。

【淄上】淄水之上。即指安平（在今山东临淄县东十里）而言。田单破燕，齐襄王封单为安平君。

【淄】水名，源出山东博山县东南之沂山，东北流经临淄乐安，至寿光县之东北境，合清水泊而入海。

【渑】水名，源出临淄县，西北流而入于时水（俗名乌河）。

【枹】音浮，同"桴"，击鼓杖也。

第二十三课　豪杰

本文

孟子曰："生于忧患，死于安乐。"欧阳子曰："忧劳可以兴国，逸豫可以亡身。"至哉言乎。

吾尝见古之所谓豪杰者，方其处贫贱患难之时，困之以饥寒，羁之以犴牢，临之以刀锯，曾不足少动其心，一意孤行，百折不回。其意气之盛，节操之坚，虽与日月争光可也。

一旦事成功立，实至名归，致身青云之上，宫室之美、衣食之奉既足，以沉溺其口体。权势所集，阿附者众，志得意满，习为固然。浸假而贪恋禄位，浸假而擅恣威福。偶有所拂逆，或失所凭藉，则抑郁咨嗟，不能自聊，甚且倒行逆施，虽身败名裂而不惜。夫非犹是人耶，何其本末之不相应耶？

自来庸夫俗子，戚戚贫贱，摇尾乞怜，其志趣之卑污，吾无责焉。若夫豪杰之士，既已战胜忧患，卓然有以自立，乃以区区身外虚荣，失其本心，终为天下笑僇，真可为痛哭者也。

目的
本课言豪杰贵能忍患难，又在不淫于富贵。

教授事项
（甲）时间分配　本课分二时。
第一时　"孟子曰"至"何其本末之不相应耶"。
第二时　"自来庸夫俗子"至"真可为痛哭者也"。
（乙）内容提示
一、饥寒犴牢刀锯，均不足以动其心者，因豪杰所怀者远，所希望者大，非外来之利害能变其素志也，谓具一腔爱国热忱。
二、因得志而骄矜，器小易盈者皆然，有识者不宜有此，自命为豪杰者更不宜有此。
三、豪杰之奋发有为，为国利民福计，非为一己之快意计也。因失其凭借而倒行逆施，非特背其本志，前功尽弃，且为万世之罪人。
四、常人以战胜忧患为难，豪杰以不沉溺于利禄为尤难，故非守道坚而视富贵如浮云者，不足以语此。
（丙）文字应用
课文为论说体，分四段。第一段七句，引孟子及欧阳子之言。第二段首一句，点清豪杰；次五句，言豪杰历处艰难之境而不动其心；次五句，言豪杰之立志坚卓。第三段首十句，言豪杰得志后之渐流于骄恣；次八句，言得志后不自敛抑，至身败名裂；次二句，叹豪杰前后之行不符。末段首五句，言庸俗之不足责；末七句，言豪杰失其本心者可痛哭。

参考

【生于忧患死于安乐】言处忧患之境而刻苦自励，则可以兴。处安乐之境而骄奢淫佚，则足以亡身也。二语见《孟子·告子章》。

【忧劳足以兴国逸豫足以亡身】逸，安逸也。豫，悦乐也。二语与孟子之意同，见《五代史伶官传序》（欧阳修所作）。

【犴牢】即监狱也。狴犴，兽名，善守，狱门画狴犴之形，故称监狱曰犴牢。

【刀锯】古刑具。刀，割刑。锯，刖刑，以锯截断胫骨者也。

【浸假】浸，渐也。假，设辞也。

【凭藉】依托也。

【咨嗟】叹辞。

【僇】音路，辱也。

【戚戚】忧也。

第二十四课　火药

本文

战争之事繁，而后相杀之器利。上古之时，无所谓武器也，徒搏之外，近则以木梃相击，远则以土石相投。盖个人与个人之争，即此已足。厥后群与群争，国与国争。于是有刀矛弓矢之属，而利用铁器，更由铁器以进于火器，而战争之事益烈。

火器之用，由于火药。枪炮之制，范铁为筒，实弹其中。弹不能自出也，惟藉火药之爆发，故能送弹出筒，及远而陷坚。

火药之制，创于我国。其发明之人与其时代，虽不可考，然大率在千余年以前。隋炀帝时，已有火药杂戏。则其所由来者远矣。

考火药之质，以炭与硝为主。我国土中多含硝质，居民以木

311

炭生火，炭屑偶与硝质化合，訇然爆裂，因此考求其故，遂成火药。后人又加硫黄以助燃烧，为力益猛。遂渐为战阵之用。元代盛时，兵力及地中海，火药之制始由中国传至亚剌伯，继乃由亚剌伯传入欧洲。欧洲之有火药，距今仅六百余年耳。欧人既知火药之制，日夕研究，利用益精，而枪炮之制大盛焉。

目的
本课言火药之功用及历史。

教授事项

（甲）时间分配　本课分二时。

第一时　"战争之事繁"至"则其所由来者远矣"。

第二时　"考火药之质"至"而枪炮之制大盛焉"。

（乙）内容提示

一、始以火药为戏，继借火药以攻敌，此亦利用万物之一端。

二、炭屑硝石化合而爆裂，即化学之作用也。能明化学，则不待爆裂，已可试验而得其理。

三、火药之发明，始于中国。欧人师吾成法而考究之，物质益良，转借以胜我。足见欧人求制造精进，不遗余力。

（丙）文字应用

课文为论说兼记事体，分四段。第一段首二句，言战事繁而兵器利；次七句，言上古时个人之争；次六句，言后世兵器之进步，战争之剧烈。第二段首二句，点清火药；次七句，言枪炮赖火药之力而陷坚。第三段首六句，言火药之发明在千余年以前；次三句，引隋炀帝时事作证。末段首二句，言火药中以炭硝为主质；次五句，记火药之所以发明；次四句，言火药加硫黄而力猛，遂为战阵之用；次七句，记火药传入欧洲之道路及时代；末四句，言欧人所制之火药精而枪炮盛。

参考

【徒搏】谓以空手相击也。

【木梃】木杖也。

【范】以模治金也。

【爆】火裂也。

【火药杂戏】物原云,轩辕作炮,吕望作铳,魏马钧制爆杖,隋炀帝益以火药杂戏。所谓杂戏者,殆即蒺藜火球、霹雳火球、嘴火鹞、竹火鹞之类。

【炭与硝为主】炭,木炭也。硝,硝石也。凡制火药,用硝石七十五分,木炭十五分,硫黄十分。故云炭与硝为主。

【訇然】訇,音轰。訇然,大声也。

【硫黄】矿物,为黄色之固体。性烈易燃,磨之生臭。有火山之地,产生最多。

【地中海】在欧洲之南,非洲之北,为世界第一内海。

【亚剌伯】国名,在亚洲之西南部。

第二十五课　枪炮

本文

枪炮之制,亦始于我国。宋时已有火枪,而炮之名尤古。相传范蠡制蜚石,重十二斤,为机发之,可行三百步。秦、汉以后,常用炮石为攻城之具。其用火药者,则始于宋虞允文之霹雳炮。法以纸制炮,实药其中,自空下投,药性爆发,其声如雷,烟雾弥漫,人马之目皆眯。后金人又制震天雷。取铁罐盛药,上穿小孔,以火燃之,炮举火发,声闻数十百里,半亩以内,炮火所及,铁甲皆透。

欧洲之用枪炮,始于十四世纪,普人所发明也。其后渐加改良,日以益精。今日新式快枪,一分时可数十发,弹行之远,

313

至七八千尺。炮之口径大小不同，尤大者至十六吋，炮身之重一百二十六吨，一弹之重一千三百七十磅，击力可及五六万尺。虽尺余厚之钢板，遇之无不洞穿。又有开花弹者，以炸药实弹中，遇物则爆裂为碎屑，纵横飞散，所伤尤多。

枪炮之力，如是其猛，为行军所必需。我国所用，多购自欧美。近虽稍稍仿制，所成无多，精巧又不如人。此不可不速图者也。

目的
本课述枪炮之历史及其种类。

教授事项
（甲）时间分配　本课分三时。
第一时　"枪炮之制"至"铁甲皆透"。
第二时　"欧洲之用枪炮"至"此不可不速图者也"。
（乙）内容提示
一、火枪、霹雳炮之名，均发明于宋时。则枪炮之制，非自欧洲传入可知。特能创造而不知精益求精，致不克与欧美争胜耳。

二、竞争愈剧烈，则军械愈精利。今日为以武力角逐时代，军械不利，不足与列强相周旋。故制造枪炮，为现今当务之急。

三、开花弹发明，一弹堕地，血肉横飞，遭劫者不知凡几。素持和平主义者，必至目不忍睹，然弱肉强食之时，有强权而无公理，不能弃枪炮而不用也。

（丙）文字应用
课文为论说兼记事体，分三段。第一段首四句，言中国古时已有枪炮之名；次六句，言蜚石、炮石之制；次九句，言霹雳炮之制度及力量；次九句，言震天雷之制度及力量。第二段首五句，记欧洲枪炮之发明及改良；次四句，记快枪之弹力；次十句，记大炮之能摧坚；次五句，记开花弹炸力之猛烈。末段首三句，言枪炮为行军所需；末六句，言我国枪炮之不如人，急宜图谋。

参考

【火枪】宋真宗咸平三年，唐福献新制火枪。

【范蠡】字少伯，春秋时越王勾践之臣（为越上将军）。

【蜚】与"飞"通。

【炮石】如蜀诸葛亮攻陈仓，魏将郝昭以绳连石击其冲车，即炮石之制。又曹操击袁绍，亦用发石车。唐李密造广云炮三百具，以机发石为攻城具，号将军炮。皆炮石之制也。

【虞允文霹雳炮】允文，字彬甫，宋时人。绍兴年间，金亮入寇至江北，掠民船欲济，允文伏舟山后，发霹雳炮。炮以纸为之，实石灰硫黄，自空下坠水中，药见水自发，房人马皆眯，遂大败。

【眯】物入目中也。

【震天雷】状如合碗，顶一孔，仅容指。金人守汴时作此。

【铁甲皆透】言铁制之铠甲皆穿透也。

【新式快枪】毛瑟枪为最新，来福枪次之。但欧洲枪炮之制，日新月异。近年所制，又有精于毛瑟者矣。

【口径】炮口之直径。

【吋】英寸也，一英寸，合中国营造尺七分九厘三毫余。

【吨】有重吨轻吨之分。英一吨，约合中国库平[①]一千七百零二斤，关平一千六百八十斤，谓之重吨。美一吨，约合中国库平一千五百二十斤，谓之轻吨。计船所载之容积亦曰吨，每吨为四十立方英尺。

【磅】英美衡名，有两种。常衡以七千克冷为一磅，约合库平十二两一钱五分五厘，关平十二两。金衡、药衡，皆以五千七百六十克冷为一磅，约合库平十两，关平九两八钱七分四厘。

【开花弹】炮弹之一种，因其触物即炸裂，如花之开放也，惟堕入淤泥中，则炸力不能发。

① 库平：旧中国部库征收租税、出纳银两所用的衡量标准。

第二十六课　白雪歌　岑参

本文

北风卷地白草折，胡天八月即飞雪。忽如一夜春风来，千树万树梨花开。散入珠帘湿罗幕，狐裘不暖锦衾薄。将军角弓不得控，都护铁衣冷难著。瀚海阑干百丈冰，愁云惨淡万里凝。中军置酒饮归客，胡琴、琵琶与羌笛。纷纷暮雪下辕门，风掣红旗冻不翻。轮台东门送君去，去时雪满天山路。山回路转不见君，雪上空留马行处。

目的

本课言西北地区气候寒冷，八月飞雪，以明戍守边境之苦。

教授事项

（甲）时间分配　本课教授一时。

（乙）内容提示

一、此系雪时送客东归之作，故前五韵言冰雪中之寒冷，后四韵言送客时之情景。

二、参诗以轻清超脱胜，故入手二句，即飘逸非常，迥不犹人。

三、结尾二句，无限深情，曲曲表出，大有送别时黯然销魂之意，且雪字仍不落空，尤为入妙。

（丙）文字应用

课文为诗歌体，共九韵。首一韵，言胡地天寒而飞雪早；次一韵，状积雪之景；次三韵，言雨雪时天气之冷；次二句，言设筵张乐以送客；次一韵，言送客于风雪中；次一韵，言东行之道路；末一韵，言人去而空留马蹄痕。

参考

【岑参】唐时人，天宝中进士。尝从封常清屯兵轮台，是歌系送武判官归京而作。

【白草】即枯草也。草枯则色惨白。

【角弓】以牛角饰弓也。

【都护】官名。设之以保护属国者，唐有北庭安西等都护。

【铁衣】即铁甲也。

【瀚海】即沙漠也，言其浩瀚如海。

【阑干】纵横也。

【胡琴】二弦，以柱紧弦，使之急促，用马尾屈竹为弓形以捩之。

【琵琶】体椭圆有柄，四弦，以手弹之。

【羌笛】笛之三孔者。

【辕门】古王者巡行于外，以车为藩，其出入之处，仰车以辕相向表门，故曰辕门。

【掣】音彻，曳也。

【轮台】今新疆轮台县，属焉耆府。

【天山】即今新疆之天山山脉，山之南为天山南路，山之北为天山北路。

第二十七课　科学之应用

本文

欧美各邦，文明程度之高，若有令人不可思议者。要而论之，广用机械而已，科学进步而已。

海之汽船，陆之汽车，架于空中之电报、电话，其用机械无论已。即事至单简，为一手一足所能应者，如磨刀也，作字也，呼仆婢也，亦无不用机械。甚而跛者之乘车，亦以精密之机械行

317

之。其在军事，非仅恃将士之忠勇也，战舰之坚强，枪炮之精速，药弹之猛烈，实有以成之。此皆机械之功也。

其在农业与工业，耕耘、制造，恒藉机械。故用力少而功多，出产富而价廉。是亦广用机械之功也。其在商业，有电报以知各地之市价，而为操奇计赢之地，又有汽车、汽船，以供至速之运送。是以商战多捷，而势力愈大。是亦机械之功也。

然则欧美之文明，自商、工业以至军事，无一不得机械之力者。而机械之制造及应用，一系乎科学之知识。是故言文明程度之差，由于科学知识之进步与否而已。

目的
本课言文明进步，皆由有科学智识而善用机械。

教授事项
（甲）时间分配　本课分三时。
第一时　"欧美各邦"至"此皆机械之功也"。
第二时　"其在农业与工业"至"由于科学知识之进步与否而已"。
第三时　复习全课。
（乙）内容提示
一、小而至于磨刀、呼婢仆，大而至于战舰、枪炮、药弹，皆借机械之力。则机械为攸往咸宜之物，事事不能缺，所谓工欲善其事必先利其器也。

二、农工商业之发达，必借机械之力。否则物价不能廉，出品不能富，焉能与人争胜？

三、物价廉而出品富，为注重实业之根本谈。实业家而从根本上着想，未有不利用机械者。

四、人用机械而我专用人力，人则事半功倍，我则事倍功半。人则着着争先，我则着着落后，未有或爽者。

五、机械愈精，则农工商业愈发达，需用人工之处必多，劳动家之生计问题，断不至受其影响。

（丙）文字应用

课文为论说体，分四段。第一段六句，言欧美各国之科学进步而广用机械。第二段首四句，言汽船、汽车、电报、电话之用机械；次八句，言简单之事亦用机械；次七句，言军事非机械不为功。第三段首六句，言农工业用机械之功；次八句，言商业用机械之功。末段首三句，言欧美文明，皆机械之力；次二句，言机械之制造应用，皆关于科学智识；末二句，言文明程度由科学智识而定。

参考

【汽车汽船】均借蒸汽之力而行动者也。

【电报】植电杆、电线而借以通消息者也。

【电话】俗名德律风，借电力以传声。其植杆、架线，与电报略同。惟其两端各系受语、听语机，彼此可以互相问答。

【磨刀作字呼仆婢】西人磨庖刀用机械，写信有打字机，呼仆婢用铃。

【躄者】躄，音必。躄者，足不能行之人也。

【操奇计赢】物少则贵。操奇，言借电报之速，知何物缺少，即操之以为奇货也。赢，余也。计赢，谓计其余利也。

第二十八课　工业之巧拙

本文

　　工业竞争时代，所制最佳者，被购亦最多，自然之势也。非独物品，即制此精品之良工，亦为世所争用。凡一工厂，苟有良工以制精品，则其业益盛，而赢利无穷。

　　良工者，制作精巧，技术熟练。其道何由？在精通其执业所关之学术而已。

　　今夫染工染物，欲其色之鲜丽而耐久，则不可不通化学；织工欲以新巧之花纹，投世人好尚，则不可不知美术；匠人建筑宫室，必先具图，则不可不通几何学。其他无论何种工匠，若不通学术，皆无由进步也。

　　顾学术精矣，而或经验不久，习练未熟，则所制亦不能尽善。是以人人分业，专门而研究之，亦良工之所从出也。

目的

本课言制作品而求其精美，必在有专门之学术。

教授事项

　　（甲）时间分配　本课分二时。

　　第一时　讲解全课。

　　第二时　复习全课。

　　（乙）内容提示

　　一、工业一道，中国素不注重，故习之者皆为不学无术之徒。制作品之不能与西人争胜，职是之故。

　　二、染工染物，深浅浓淡，最难配合。不知化学，则颜色之入时与否，不能自主，焉能鲜丽耐久？

　　三、人具好奇之性质，触接于眼帘之物，不久即厌。故织品非翻新花纹，不足动目。

（丙）文字应用

课文为论说体，分四段。第一段首四句，言物品佳而购者自多；次三句，言良工为世所争聘；次四句，言工厂得良工而可以获利。第二段五句，言良工有专精之学术。第三段首三句，言染工不可不通化学；次三句，言织工不可不知美术；次三句，言匠人不可不通几何学；次三句，言工匠无学术则无进步。末段首四句，言学术精而犹必经验习练；次三句，言分业之必要。

参考

【赢利】赢，音盈。赢利，有余利也。

【化学】科学中分析万物之原质，或融合之使变为他物，谓之化学。通之则能知物质之变化，以配合各种药剂为染料。

【几何学】详点线面体之理，通之则能明物之形体，故作宫室图用之。

第二十九课　秦良玉

本文

秦良玉，蜀之忠州人也。嫁石砫宣抚使马千乘。千乘出师讨贼，良玉亦统精兵五百，裹粮自往，战辄有功。千乘死，良玉代领其众。为人饶胆识，善骑射，兼通词翰。而驭下严峻，每行军发令，营伍肃然。为远近所惮。

明熹宗时，奢崇明反重庆，以金帛赂良玉。良玉斩其使，率弟民屏讨之。叠战皆捷。而诸军迁延不进。良玉乃上言曰："行间诸将，未睹贼面，攘臂夸张。及既对垒，闻风先遁。败者惟恐人之胜，怯者惟恐人之强。总兵李维新，一战败衂，归营闭门，不容一见。以七尺须眉男子，忌一巾帼妇人，静夜思之，亦当愧死。"帝优诏报之。未几，良玉弟民屏力战死。良玉以家财助

321

饷，率其诸侄，攻讨蜀盗，战数有功。

张献忠犯蜀。良玉筹守御策，主者不能用，全蜀尽陷。良玉慷慨语其众曰："吾兄弟皆死王事。吾以一孱妇，蒙国恩二十年，今不幸至此，其敢以余年事逆贼哉？"悉召所部约曰："有从贼者族无赦。"乃归其乡，分兵守四境。献忠不敢犯。良玉竟以寿终。

目的
本课借秦良玉率兵讨贼事，以愧男子之无勇者。

教授事项
（甲）时间分配　本课分二时。
第一时　"秦良玉"至"战数有功"。
第二时　"张献忠犯蜀"至"良玉竟以寿终"。
（乙）内容提示
一、良玉既善骑射，又通词翰，不特有须眉之气，且有儒将之风。
二、行间诸将七句，言诸将畏敌忌功之情，历历如绘，非深历戎行者不能道，非极有肝胆者不敢道，稍有血气之男子，自当愧死。
三、夫与弟皆死于战事，而讨贼之志不衰，其性之坚忍可知。一腔爱国热诚，尤非利害所能动者。
四、良玉屡立战功，而所筹守御策犹不见用，足见进言之难。
五、分兵守乡里而贼不敢犯，贼之畏良玉至矣。主者苟能用良玉之策，则全蜀不至陷没，贼势何至蔓延？
（丙）文字应用
课文为传记体，分三段。第一段首三句，点清良玉之家世；次六句，记良玉之统兵讨贼；次七句，记良玉治军之能。第二段首三句，言贼以金帛赂良玉；次三句，记良玉勇而诸军怯；次十六句，记良玉上书言诸将之无勇；次一句，记熹宗优诏答之；次六句，记良玉破家以纾国难。末段首四句，记主兵者不用良玉之言而陷蜀；次六句，记良玉誓不事贼；次二句，戒所部之从贼；末四句，记良玉之保全乡里而以寿终。

参考

【秦良玉】秦姓，良玉名，事见明史。

【忠州】今四川忠州，在四川东部扬子江西北岸。

【石砫】砫，音主。石砫，明土司地，今为石砫厅，在忠州东南。

【千乘出师讨贼】神宗万历二十五年，播州宣慰使杨应龙叛。二十七年，以李化龙总督川湖贵州军务讨之，千乘从征，良玉别统精兵随之。

【千乘死】为部民所讼，瘐死①狱中。

【奢崇明】四川永宁土司。奢氏永宁人，自洪武后，世为宣抚使。崇明以疏属袭职，性阴鸷。熹宗天启元年反，据重庆，伪号大梁。

【重庆】今四川重庆府。

【行间】行伍之间也。

【衂】败北也。

【巾帼】巾，妇人用以蒙首者。帼，首饰也。

【筹守御策】良玉图全蜀形势，上之巡抚陈士奇，请益兵守十三隘。

---

① 瘐死：囚犯因受刑、冻饿、生病而死在监狱里。

323

第三十课　灯塔

本文

灯塔设危岩、伏礁之上，夜间以火标示来船，其用意至美善也。

塔之形，类大烟囱。缘以阴梯，隐达其顶。玻璃龛其外，置巨灯焉。

塔有监，司其灯。司灯者，必以诚谨信实之人，按时燃灯，使海行者有所取准，勿致触礁而殒。若司灯者懈其事，则来舟不可问矣。

北美洲距海有小岛，无居民，惟司灯者之小屋，岿然踞岛上。司灯者曰孟尼科，与八龄幼女阿依丹同处。

一日，孟尼科以小舟出，令其幼女居守。孟尼科得物欲归，飓作，电光烨然出云，海暗如漆。孟尼科念不归则失灯候，灯候失，误来船，又念幼女茕处，欲冒险刺船归。忽灯光一线，若力辟阴霾之气，自海上来者。则塔中已荧荧矣。

阿依丹之居岛也，天垂暮而父弗归。风雨猝至，怀父弗已，计风浪烈，非小舟所能任。父苟念我冒险归，则舟必覆。灯候又且及，失灯候而误来舟，父亦不免。辗转焦思，计惟速燃此灯，庶吾父不以旷职取戾。且父见灯而慰，可无冒险趋此岛。乃决然缘梯上。时风恶如吼，塔震震作声，几陷。女卒奋勇而登。

既登，顾灯高莫及，势将束手。旋见塔中有小榻，乃移来以助之。仍不及，乃积书榻上，履之以燃其灯。

孟尼科突然瞭见灯光，几莫审所自来，继念必其女所为，喜极而哭。

风雨既杀，孟尼科棹舟归。阿依丹趋出抱父。孟尼科赏其慧且勇，复抚之而哭。

是夜，舟经灯下者甚众，均免于难，皆阿依丹之功也。

目的

本课述阿依丹处事明决，故能免父之戾而脱人于险。

准备

书中之图，为小岛上之灯塔。塔顶两旁之白色处，即力辟阴霾之灯光也。

教授事项

（甲）时间分配　本课分三时。

第一时　"灯塔设危岩伏礁之上"至"塔中已荧荧矣"。

第二时　"阿依丹之居岛也"至"皆阿依丹之功也"。

第三时　复习全课。

（乙）内容提示

一、司灯者必诚谨信实，因稍误时，则必酿成覆舟之祸也。孟尼科得物欲归而忽尔遇风，此固出于意料之外，不得谓其不诚谨不信实也。然来舟若遇险，孟尼科仍不得辞旷职之罪。

二、事出意外而无可如何之时，必权利害之轻重而决之于心，不可稍涉游移，致失事机也。阿依丹因爱父切而决燃灯之计划，年龄虽幼，已有成人之识见。

三、阿依丹不以风声怒吼而生退缩心，不以灯高莫及而生绝望心，盖不特勇而慧，且具有坚忍之性质者也。

四、文宜蓄势而不犯平衍之病。此文写至欲冒险归时而忽见灯光，写至缘梯上时而极言风势之狂，皆文之故作波澜处。

（丙）文字应用

课文为记事体，分十段；第一段假三句，言灯塔之作用。第二段六句，言灯塔之设备。第三段八句，言监灯者之责任。第四段首四句，记北美洲小岛上司灯者之屋；次二句，点出司灯者之名及其女之名。第五段首三句，记孟尼科之出岛；次四句，记孟之遇暴风；次六句，记孟之进退失据；次四句，记孟之见灯光。第六段首四句，记阿依丹之怀父；次八句，记阿之种种思虑；次五句，记阿之定燃灯计划；次五句，记阿之奋勇登塔。第七段八句，记阿之移榻积书以燃灯。第八段四句，记孟尼科之喜极而哭。第九段五句，记孟之见女而复哭。末段四句，记阿依丹之功。

参考

【危岩】山岩之险者。

【伏礁】礁石之伏于水中者。

【烟囱】囱，音聪。烟囱，灶屋之上用以出烟者。今大厂中之烟囱，有高至十余丈者，故灯塔似之。

【阴梯】即塔中之梯，不现于外者也。

【龛】音堪。龛其外，言玻璃围其外，如佛像之有龛也。

【取准】谓以是灯为航海者之标准，以防不测也。

【岿然】岿，音喟。岿然，独貌。

【飓】音具。贸易风与信风交代之时，欲变其方向，激荡而成猛烈之风，是谓飓风。

【烨】音叶，火光也。

【茕】音琼，独也。

【霾】音埋，晦也。大风扬尘土自上而下也。

【荧荧】小光貌。

【猝至】犹暴至也。

【辗转】转半周曰辗，全周曰转。

【旷职取戾】旷，空也。戾，罪也。有职守而空旷之，必获罪戾也。

【缘梯上】即循梯而上也。

【吼】呼后切，大声鸣也。猛兽之鸣皆曰吼。

【震震】动也。

【束手】束，缚也。束手，言如手被缚，无从作为也。

【瞭】音了，远视也。
【杀】减也。

第三十一课　共和国之模范

本文

世界共和国，大小以十数，其发达较早、制度较善者，有三：曰瑞士，曰美利坚，曰法兰西。

瑞士，小国也。立法部，有代议制、直接制二种。寻常事件，由选举之代议士议决之。重大事件，由全体人民议决之。行政部不设总统，以委员七人组织之，置长一人，任期极短。行政部委员受立法部之监督。其余各官吏，由立法部任免之，且有由人民直接选任者。

美利坚不设内阁，以总统握行政权，对于国民负责任。各部长只为总统之僚属。立法部与行政部对峙，其权颇重，行政部不得干涉之。中央之权力较狭，地方之权力较广。盖美本联邦制也。

法兰西之总统，无政治上之责任。以内阁任行政之事。国务总理，虽由总统任命，实取之国会之多数党。就职之始，必宣布政纲，议会不信任，则内阁当然去职云。

之三国者，各因其地理、历史之关系，而法制不能相同，要皆足为世界共和国之模范也。

目的

本课述瑞士、美、法之共和国制度，为共和国之模范。

教授事项

（甲）时间分配　本课分三时。

第一时　"世界共和国"至"且有由人民直接选任者"。

第二时　"美利坚不设内阁"至"要皆足为世界共和国之模范也"。

第三时　复习全课。

（乙）内容提示。

一、瑞士虽无总统之名称，而行政委员长亦具总统之性质，惟须受立法部之监督，则与共和国之总统有异耳。

二、行政委员七人，其权限与我国各部之部长无异。其组织之行政部，亦与我国组织之政府无异。

三、美国具联邦性质，其总统特为统一行政之机关，不能伸张权力于各地方，故中央之权力稍狭。

四、法以内阁任行政之事，即所谓责任内阁也。国务总理必议会信任，即取决于国会议员多数之同意也。我国今日之制，大致取法于法国。

（丙）文字应用。

课文为记事兼论说体，分五段。第一段七句，点清足以取法之共和国。第二段首八句，言瑞士立法部之制；次五句，言瑞士行政部之制；次三句，言瑞士官吏任免之权限。第三段首四句，言美总统握行政权而各部长为其僚属；次三句，言美立法部之与行政部对峙；次三句，言美中央与地方之权力。第四段首三句，言法总统不负职任，以内阁任行政事；次七句，言国务总理之去就，必取决于国会。末段四句，言三国之制度，足为共和国之模范。

参考

【瑞士】欧洲西南部小国，与法兰西均为民主政体（欧洲诸国惟法兰西、瑞士、葡萄牙为民主国）。

【法兰西】在欧洲西部，西临大西洋。

【美利坚】在北美洲南部，合四十九联邦而成，故又名合众国。东临大西洋，西临太平洋。

【代议士】即人民所举之议员，代人民议政者也。

【内阁】国务总理所组织而成者。凡国务员（指总理及各部长而言）皆可称曰内阁人员。

【僚属】官僚下属也。

【政纲】政事之纲领也。

第三十二课　共和政治之精神

本文

去专制，行共和，维持而发达之，要有素焉。要素维何？曰平等，曰自由，曰博爱。自古专制国，常因种族、门阀、宗教、武力、财产等事，而分阶级。共和政治，必以万民平等为原则，去阶级之制，而使国民受治于同等法律之下，无论其资格、地位之若何，权利、义务无不从同。絜矩行而无虑不均不和矣。

专制政治，以驯伏人民为惟一之政策。共和时代，则必以个人自由为重。非特私人不得侵犯，即国家亦不能滥用其权力。凡在法律范围中，人人自由，各有活泼进取之精神，各具独力自治之能力。分子发达，而国家全体随之矣。

专制政治，法尚尊严，恒流苛酷。共和政治，则必以博爱为主，尊重人道，而以仁恕出之。刑狱改良，教育普及。与夫劳働之保护，慈善事业之发达，一以国利民福为归，而尤注意于最下级之社会，期无一夫不获。互相亲爱，始能互相维系，而团体日以固结焉。

目的

本课引专制之害，以明共和之利，使学生知共和真理。

教授事项

（甲）时间分配　本课分二时。

第一时　"去专制"至"絜矩行而无虑不均不和矣"。

第二时　"专制政治"至"各团体日以固结焉"。

（乙）内容提示

一、权利、义务不同，则人心涣散，决无合群之思想。彼贫贱之人，视富贵者若秦越①，以幸灾乐祸为怀者，皆阶级害之也。

二、人人自由，则人各有自由之范围，不能逞一己之自由，侵犯他人之自由矣。故自由之界限，不可不辨。

三、人失其本心而果于为恶，固宜加以刑罚，然亦宜哀而矜之，不宜用惨酷之手段，任意虐待。

四、最下级之社会，用力多而获资无几，所谓最苦之劳动家也。宜为之开源节流，不宜与之争利而夺其生计。

（丙）文字应用

课文为论说体，分四段。第一段八句，言平等自由博爱为共和之要素。第二段首三句，言专制国之分阶级；次八句，言共和政治以平等为原则。第三段首二句，言专制政治之束缚；次十句，言共和时代之尊重自由。末段首三句，言专制政治之苛酷；末十四句，言共和政治之以博爱为主。

参考

【要素】见第三册三十二课。

【门阀】阀，阀阅也，书功状以榜于门也。门阀，即家世门第之称。

【原则】普通处所通用之法则，又多数现象共同之法则。

【絜矩】絜，度也。矩，为方之器也。絜矩，言度量为方之器，则四方无不周，其意谓推己以度物，则彼此无不均平也。

【驯】音讯，马顺也。

【滥】过度也。

---

① 秦、越为春秋时两个诸侯国，一南一北相距很远，不大往来。比喻两方疏远。

【分子】极小之一部分也。
【働】日本所制字,读如动,自动曰働。

第三十三课　　临时约法

本文

宪法者,国家之根本法也,一切法令皆由此而生。共和国以人民为主体,其宪法规定于国会。国会者,人民之代表也。

中华民国成立之始,不及召集国会,先以参议院行国会之职务,以临时约法代宪法之效用。约法分七章:一、总纲。二、人民。三、参议院。四、总统。五、国务员。六、法院。七、附则。凡五十六条。今举第二章之条文如下。凡人民皆当知悉,不可忽也。

第五条　　中华民国人民,一律平等,无种族、阶级、宗教之区别。

第六条　　人民得享有左列各项之自由权:

一、人民之身体,非依法律,不得逮捕、拘禁、审问、处罚。

二、人民之家宅,非依法律,不得侵入或搜索。

三、人民有保有财产及营业之自由。

四、人民有言论、著作刊行及集会、结社之自由。

五、人民有书信秘密之自由。

六、人民有居住迁徙之自由。

七、人民有信教之自由。

第七条　　人民有请愿于议会之权。

第八条　　人民有陈诉于行政官署之权。

第九条　　人民有诉讼于法院,受其审判之权。

第十条　　人民对于官吏违法、损害权利之行为,有陈诉于平政院之权。

第十一条　人民有应任官考试之权。

第十二条　人民有选举及被选举之权。

第十三条　人民依法律有纳税之义务。

第十四条　人民依法律有服兵之义务。

第十五条　本章所载人民之权利，有认为增进公益，维持治安，或非常紧急必要时，得依法律限制之。

目的

本课辨明临时约法之性质，及人民应享之权利，应尽之义务。

教授事项

（甲）时间分配　本课分三时。

第一时　"宪法者"至"人民有信教之自由"。

第二时　"第七条"至"得依法律限制之"。

第三时　复习全课。

（乙）内容提示

一、宪法之规定，既在国会，则临时约法取决于参议院，亦为当然之事实。

二、临时约法为临时政府所适用，正式国会成立，规定宪法后，此约法即为无效。

三　侵入人之家宅，固为法律所不容，然家藏违法之物，为人告发，则非特不能禁人侵入，且不能禁人搜索。盖己既为法律之罪人，则必受法律之检查也。

四、营业固可自由，而贩卖违法物，即失其自由之资格，必处以相当之罚金，产业亦不能自保。

五、言论著作，任意鼓煽，不顾大局，集会结社，图谋不轨，则有维持地方秩序之责者，即可剥夺其自由权。

六、平时书信之秘密，固非他人所得拆阅。至军兴时，有函件处于嫌疑地位者，即不能保守秘密。

七、临时约法第一二三四条为总纲，与人民之约法无涉，故本课不载。第十五条以下，则又参议院与总统等之约法矣。

八、第十五条所载，即指违法及战时而言。

（丙）文字应用

课文为论说体，分二段。第一段首四句，言宪法之关系；次二句，言共和国之宪法，规定于国会；次二句，言国会为人民之代表。第二段首四句，言临时约法之效用；次十六句，举临时约法所载之条件；末三句，言人民皆当知第二章之条文。以下为临时约法中人民之约法十一条。

参考

【不及召集国会】欲召集国会，必先选举议员。欲选举议员，必先调查选民，其间有种种手续。今民国国会，以众议院参议院组织之，其议员已次第选举，故定民国二年四月为召集国会之期矣。

【逮捕】逮，追也。逮捕，即追而捕之也。

新國文教授法

【第五冊】

第一课　信教自由

本文

世人仰观宇宙，俯察万物，以为冥冥之中，有神灵默为主宰，因从而崇奉之，祷祀之，而宗教兴焉。

自昔专制国，有择一宗教以为国教者，国教之外悉行排斥，甚或加以戮辱。世界各国，因争教而相杀者，盖不可胜数也。若夫立宪国则不然，一切宗教，任人信仰自由。苟无背于法律，皆不加干涉。

宗教之力，感人最深，其有益于社会人类者甚大，故国家设法律以保护之。即就个人而论，对于非所信仰之宗教，亦不可稍有侮慢之心。盖宗教派别虽殊，而所以化导社会之意则一。若以非我信奉，而即怀一党同伐异之见，加以侵犯，不特道德所不容，抑亦法律所必禁者也。

目的

本课言宗教宜任人信仰,不可侵犯其自由。

教授事项

(甲)时间分配　本课分二时。

第一时　"世人仰观宇宙"至"皆不加干涉"。

第二时　"宗教之力"至"抑亦法律所必禁者也"。

(乙)内容提示

一、宗教之设,意欲诱人为善,非导人为恶也。若因争教而相残杀,不特为野蛮之陋习,且大背设教之本意。

二、信仰宗教,国家不加干涉,非畏其势力之大也,因其不背乎法律,无干涉之理由也。故非逞邪说以淆惑视听,扰乱治安者,国家当保护之而不当仇视之。

三、人各有志,不能强其相从。苟其教旨不同于我,而有益于社会,则殊途同归,不得引为诟病。

(丙)文字应用

课文为论说体,分三段。第一段七句,言宗教之所以兴。第二段首五句,言专制国之排斥异教;次三句,言各国宗教之争;次五句,言立宪国不干涉人之信仰宗教。末段首四句,言宗教有益于社会,故国家保护之;次三句,言不可侮慢非信仰之宗教;次二句,言宗教派殊而意同;末五句,言党同伐异者之为法律所必禁。

参考

【冥冥】昏晦而不明也,言神灵在暗中为吾目力所不能见。

【宰】治也。

【崇奉】尊崇而供奉之也。

【化导社会】宗教虽为迷信之一端,然设教者之意,不外以劝善惩恶之说,导人为善,故能化导社会。

第二课　宗教派别

本文

世界之宗教，派别甚多，而佛、耶、回[1]最盛。创佛教者曰释迦。创耶教者曰耶稣。创回教者曰谟罕默德。

释迦，印度迦叶国王之子也。生而仁慈，谓世间众生，皆宜平等，特创宗教，以明心见性超脱苦厄为宗旨。巡行四方，劝导甚力。及其殁也，弟子数千人。当后汉明帝时，自西域波斯，入我中国，至晋宋间而大盛。近数百年来，僧徒无学，人多浅视之矣。

耶稣，犹太人。犹太人拜神礼节备极繁缛。自耶稣出，改创教派，发明新义，以博爱为宗旨，随地宣布，信徒日繁。有嫉之者，钉之十字架而死。其徒哀之，相约传播其教。遂盛行于欧洲，渐及于世界各国。

谟罕默德，生于亚剌伯之麦加城。尝著《可兰经》[2]，以说天道为宗旨。众怪其言，欲害之。避于麦地那。土人信服，徒党日众。卒藉兵力，胁降亚剌伯全境，且灭波斯，并罗马，据非洲北部，极一时之盛。谟罕默德既死，其子孙徒党传之。一支东徙者，遍于亚洲中部，我国各地有清真寺，即其传教所也。

目的

本课述佛、耶、回三大教之派别。

准备

书中插图为释迦、耶稣、谟罕默德之像，三大教之始祖也。教授时一一指示之，并告以释迦耶稣主慈爱，故态度和平，谟罕默德主攻灭异教，故形状刚猛，腰间缚短刀以自卫。

[1] 现称伊斯兰教。
[2] 现称《古兰经》。

教授事项

（甲）时间分配　本课分二时。

第一时　"世界之宗教"至"渐及于世界各国"。

第二时　"谟罕默德"至"即其传教所也"。

（乙）内容提示

一、释迦谓众生皆宜平等，欲矫印度阶级之弊也。印度之民，仍醉心残忍非道之婆罗门教，信仰释教者反寡，故至亡国。

二、释迦弃王子之尊，立志超脱苦厄，能实行社会主义者也。后世僧徒，藉唪经①为敛钱之具、糊口之资，背释迦本旨矣。

三、耶稣以博爱为主，用敬天爱人之说，苦口诫人，非仅以事天为能事也，欲人人存一上帝临汝之念，不敢自欺其心以欺人耳。

四、谟罕默德之说天道，欲藉受命于天之名，使人信从而攻灭异己者耳，非诚能本《新旧约》（耶教之书，谟罕默德读而喜之）之言而立教也。

（丙）文字应用

课文为记事体，分四段。第一段首三句，言佛耶回为世界最盛之宗教；次三句，点清三教之始祖；第二段首五句，记释迦之家世及其志趣；次二句，记释迦之教旨；次四句，记释迦传教之苦心，及身殁后弟子之多；次四句，记释教传入中国之时及大盛之时；次三句，言近日僧徒之为人轻视。第三段首二句，记耶稣生长之地；次二句，记犹太之风俗；次四句，记耶稣之教旨；次四句，记耶稣因宣教而遭惨死；次四句，记耶稣教传播于世界之故。末段首二句，记谟罕默德生长之地；次二句，记谟罕默德之教旨；次五句记谟罕默德因避难而得徒党；次六句，记谟罕默德兵力之盛；次四句，记回教传播之地；末二句，言清真寺为其传教所。

---

① **唪**：běng。**唪经**：**诵经**。

参考

【宗教派别】宗教分两大派，一曰多神教，一曰一神教。如佛教者，多神教之一派也；耶教、回教者，一神教之一派也。

【释迦】即释迦牟尼。生于西历纪元前六百八十七年，其教以慈悲为本，平等为主义。

【耶稣】译言救世主也。名基督，其生之年，即为西历之纪元，抱博爱主义以救世，犹太人疑其为伪救世主，谓其妖言惑众，执之而钉死于十字架。

【谟罕默德】生于西历五百六十九年，著《可兰经》。托言天神所赐，恶之者辄思加害，其后结党日众，不率教者即攻杀之，武功颇盛。

【迦叶国】印度古时之一国也。

【明心见性】明物欲所蔽之心，见其本性也。

【超脱苦厄】释迦悯世俗有生老病死之苦厄，勉人为善以解脱之者也。

【西域】见第二册十三课。

【波斯】国名，占亚洲西部伊兰高原（波斯、阿富汗、俾路支①三国之地，总名为伊兰高原）之西，为独立王国。

【犹太】古亚西亚名国，亡于土耳其，今叙利亚之耶路撒冷，即犹太之京城也。

【繁缛】缛，音辱，犹数也。繁缛，言其礼文之多也。

【十字架】以两木纵横制成，形如十字。今教堂及教士随处以十字架为标志，示耶稣之纪念也。

【亚剌伯】国名，在亚洲西南。

【麦加城】在亚剌伯西境红海之滨，国人尊为圣城，每年游此都者恒数千人。

【《可兰经》】回教之经典，略言凡人运命，皆天所主，

---

① **俾路支：巴基斯坦西南部与伊朗东南角一带。**

不能变以人力，人死则轮回，受前生善恶之报。其教专主兼爱正直，并寓勇敢之气，深合亚剌伯人强悍之性，故信者日众。

【麦地那】在麦加城之北，都会虽小，以谟罕默德坟墓显。

【罗马】古之强国，即今之意大利也。

第三课　孔子

本文

佛、耶、回三教，我国人杂奉之，然人人尊崇孔子。即至乡僻之妇孺，无有不知孔子者，无有不敬孔子者。孔子盖我国之大圣人也。

孔子之设教也，以仁义道德为本，治国平天下为用，其宗旨与各教不同。宗教家以未来祸福，范围一世之人心，故有轮回之说，有天堂地狱之说。而孔子则不语怪，不语神，此其异一也。宗教家排斥外道，耶言一神，佛言不二法门，至回教且以兵力诛锄异己。而孔子则问礼老聃，问官郯子，未尝以异端、夷狄而拒绝之。此其异又一也。

我国自汉以来，国人无不崇祀孔子。内而京师，外而郡县，皆建立孔庙。其曲阜之陵庙，则置吏守护，历久不废。其所以若是者，非藉礼拜祈祷，以求福利，实以孔子之圣，足为万世师表故耳。

目的

本课言孔教之有体有用，不若宗教家之藉一神多神以惑人，故足为万世师表。

准备

将书中孔子之像，指示学生，使其知孔子为后世学者之祖，我辈皆宜尊敬之。

教授事项

（甲）时间分配　本课分二时。

第一时　"佛、耶、回三教"至"此其异又一也"。

第二时　"我国自汉以来"至"足为万世师表故耳"。

（乙）内容提示

一、以未来祸福范人心，其意亦欲诱人为善，非无益于世也，特不明理者藉以要福，不求正道，斯为失耳。

二、孔子不语神怪，欲以仁义道德化人，不欲以因果祸福之说动人也。

三、问官问礼，博采他人之长，以匡己之不逮。盖存大同主义，不绝异己者而自狭其范围也。

（丙）文字应用

课文为传记体，分三段。第一段首二句，言我国人杂奉佛、耶、回教；次五句，言孔子为人人所尊敬。第二段首四句，言孔教之宗旨；次四句，言宗教家范围人心之法；次三句，言孔子不语神怪而与宗教家异；次四句，言耶佛回三教之排斥外道；次四句，言孔子不分畛域而与宗教家异。末段首八句，言崇祀孔子者由来已久；末五句，言崇祀孔子者，因孔子足为万世师表之故。

参考

【孔子】名丘，字仲尼，鲁昌平县陬邑人。父叔梁纥，母颜氏，周灵王二十一年，孔子生，周敬王四十一年卒。

【轮回】轮，转轮也。回，去而复来也。言人之精神，至死不灭，随复受形，前世所行善恶，来世投生后皆有报应，如轮之转而复回也。

【天堂地狱】天堂，天之上层也。地狱，地之下层也。言为善者死后升天堂，为恶者死后入地狱也。

【耶言一神】言人只宜敬事上帝，不可敬他神也。

【不二法门】言惟佛门一法也。

【老聃】见第三册二十二课。

【郯子】同上。

【异端】老聃为道教之祖，儒者谓之异端。

【夷狄】孔子学于郯子，告人曰，天子失官，学在四夷，盖以郯子为夷狄之人也。

【曲阜】山东县名。

【陵庙】陵，即孔陵。在曲阜县北二里，周四十里，桧柏之属，高五六丈，故又名孔林。孔子庙在城内西隅，历代封其后人为衍圣公，赐以常禄，俾任守护陵庙之责。

第四课　道教

本文

道教之言，托始于老子。老子《道德经》五千言，大旨以泯毁誉，忘得丧，一生死，使人去其骛名竞利之心，而归于安静守己。固与后世方士惑人之说，邈乎其不相涉也。

秦汉之时，有所谓方士者，自称能致不死之药，能化丹砂为黄金，世人多信奉之。汉末张道陵，始专以符箓治病。而北魏寇谦之修道陵之术，自言"尝遇老子，命继道陵为天师，授以辟谷、轻身之术，使之清整道教。"又云"遇神人李谱文，自称老子玄孙，授以图箓真经。"自是为方士者，无不崇奉老子，沿以为例。至唐明皇末年，遂立玄元皇帝庙，以祀老子。

宋之徽宗，自称为教主道君皇帝，尝幸上清宝箓宫，使林灵素讲道经，自设幄其侧。明世宗久不视朝，深居西苑，一意焚修，而道教益盛。至于今日而式微已极。惟贵溪之龙虎山，尚存天师名号。而祷祈晴雨，号召风雷，术亦鲜验。其名胜所在，古时宫观，间有存者，而供奉者亦寥寥如晨星矣。

目的

本课述道教之源流，辨明道教不得以老子为始祖。

教授事项

（甲）时间分配　本课分二时。

第一时　"道教之言"至"以祀老子"。

第二时　"宋之徽宗"至"而供奉者亦寥寥如晨星矣"。

（乙）内容提示

一、老子之所谓道，非道陵、谦之等所谓道也。特道教中人，欲借重老子，故强为牵引而附其后耳。

二、老子之旨，固足以阻人进取心，不宜于竞争时代，然毁誉泯而得丧忘，亦足矫攘功夺利者之失。

三、方士以不死惑人，荒诞不经之说也。然蔽于物欲而妄冀长生，即深信其说而不疑，故雄才大略如秦皇汉武，亦为方士之术所中。

四、徽宗信道教而蒙尘于北，世宗信道教而阉人当国，不求治道而溺意于斋醮等事，未有不致乱者。

（丙）文字应用

课文为记事而兼论说体，分三段。第一段首二句，言道教之本原；次六句，言老子以清静无为为宗旨；次三句，言老子异于后世之术士。第二段首五句，言方士之惑人；次四句，言张道陵、寇谦之修符箓之术；次八句，记寇谦之之妄言；次三句，言方士崇奉老子之故；次三句，记唐明皇之尊祀老子。末段首五句，记宋徽宗之信道教；次四句，记明世宗之信道教；次六句，言今日道教式微，天师之道术亦鲜验；末四句，言道观之寥落。

参考

【老子】即老聃。

【《道德经》】老子所著，其大意主静而不主动，主柔而不主刚。

【泯】尽也。

【骤】奔驰也。

【邈】音秒，远也。

【方士】方术之士也。

【化丹砂为黄金】秦汉时，方士盛传化炼丹砂为黄金之术，丹成而不死之药可得，秦始皇汉武帝皆惑之，是为外丹。

【张道陵】字辅，后汉时人，张子房八世孙也。

【符箓】以朱书黄纸，即今日道士所画之符。道陵自言受符箓于太上老君。

【寇谦之】北魏时隐居嵩山为道士，太武帝初年，诣阙献书，太武为起天师道场。

【唐明皇】即玄宗，天宝元年，玄宗尊老子为玄皇帝，立庙祭祀之。

【教主道君皇帝】宋徽宗政和七年，道箓院册帝为教主道君皇帝。

【上清宝箓宫】政和六年，作上清宝箓宫，密连禁署，宫中列馆舍台阁上下亭宇，不可胜计，以为斋醮之事。

【明世宗】名厚熜，宪宗之孙，即位后改元嘉靖。

【深居西苑】世宗好长生，信方士言，居西苑专事斋醮，不理朝事。

【贵溪】即江西贵溪县。

【龙虎山】在贵溪县南，张道陵子孙，世居于此，即俗所称之天师也。

第五课　快哉亭记　苏辙

本文

　　江出西陵，始得平地，其流奔放肆大。南合湘、沅，北合汉、沔，其势益张。至于赤壁之下，波流浸灌，与海相若。清河张君梦得谪居齐安，即其庐之西南为亭，以览观江流之胜。而余兄子瞻名之曰"快哉"。盖亭之所见，南北百里，东西一舍。涛澜汹涌，风云开阖。昼则舟楫出没于其间，夜则鱼龙悲啸于其下。变化倏忽，动心骇目，不可久视。今乃得玩之几席之上，举目而足。西望武昌诸山，冈陵起伏，草木行列，烟消日出，渔父樵夫之舍，皆可指数。此其所以为快哉者也。至于长洲之滨，故城之墟，曹孟德、孙仲谋之所睥睨，周瑜、陆逊之所骋骛，其流风遗俗，亦足以称快世俗。昔楚襄王从宋玉景差于兰台之宫，有风飒然至者，王披襟当之，曰："快哉此风！寡人所与庶人共者耶？"宋玉曰："此独大王之雄风耳，庶人安得共之！"玉之言盖有讽焉。夫风无雄雌之异，而人有遇不遇之变。楚王之所以为乐，与庶人之所以为忧，此则人之变也，而风何与焉？士生于世，使其中不自得，将何往而非病？使其中坦然不以物伤性，将何适而非快？今张君不以谪为患，窃会稽之余功，而自放山水之间，此其中宜有以过人者，将蓬户瓮牖，无所不快，而况乎濯长江之清流，揖西山之白云，穷耳目之胜以自适也哉！不然，连山绝壑，长林古木，振之以清风，照之以明月，皆骚人思士之所以悲伤憔悴而不能胜者，乌睹其为快也哉！

目的

　　本课将"快哉"二字，尽力发挥，显出张君不以谪居为不快。

教授事项

（甲）时间分配　本课分三时。

第一时　"江出西陵"至亦"足以称快世俗"。

第二时　"昔楚襄王从宋玉景差于兰台之宫"至"乌睹其为快也哉"。

第三时　复习全课

（乙）内容提示

一、因风景之佳，足使谪居者心旷神怡，宠辱都忘，是为至快之境。

二、心中郁而不舒，则触处皆是悲观，处忧患而坦然，则见眼前之景快，吊古之事亦快，所谓何适而非快者欤。

三、亭以快哉名，故记中处处不脱快字，无论正写，无论反照，均从快字着想。

四、谪居则不易快，后幅从谪居中生意，仍与快字粘合，使不快者亦成为快，快哉二字，便跃然于纸上。

（丙）文字应用

课文为记事体。首九句，记长江合诸水而始大；次四句，记张梦得作亭以览江流；次二句，点出亭名；次三句，记亭之足以望远；次七句，记江中景象之变化；次九句，记亭中风景佳而所以称快；次六句，吊往古之快事；次九句，引楚襄宋玉问答之辞；次一句，言宋玉之言含讽意；次六句，言人变而风不变；次五句，言快与否在一己之心理；次九句，言张君旷达，登此亭而益快；末八句，言牢愁抑郁者对之而不得快。

参考

【苏辙】字子由，子瞻之弟。

【西陵】即今之西陵峡，在湖北东湖县（即清宜昌府）西北二十五里。

【湘】江名，源出广西兴安县之阳海山，流至湖南东北境，入于洞庭湖。

【沅】江名，有二源，皆出于贵州省，流入湖南之洞庭湖。

【汉】水名，亦称汉江、汉水。长江最长支流。上源玉带河出山西省宁强县，至湖北夏口县南而入于长江。

【沔】水名，发源于陕西沔县西南，流入汉水。

【赤壁】指黄冈县之赤鼻山而言，非嘉鱼县周瑜败曹兵处之赤壁也。

【清河】今江苏清河县。

【梦得】名来。

【齐安】即清之黄州，今之黄冈县也。

【一舍】三十里也。

【倏忽】倏，音书。倏忽，言其疾速非意计所及也。

【武昌】今湖北寿昌县（即清之武昌府），现为武汉市一部分。

【曹孟德】名操，即魏武帝。

【孙仲谋】名权，即吴大帝。

【睥睨】邪视也。

【周瑜】字公瑾，孙权将，尝败曹操于赤壁下。

【陆逊】亦权将，尝破曹休，振旅过武昌，权以御盖覆逊出入。

【驰骛】直骋，乱驰曰骛。

【宋玉】周时楚人，屈原弟子，原放逐，玉曾作《九辩》以悲之。

【景差】周时楚人，曾作续骚《大招》一篇。

【兰台】在湖北钟祥县治东。

【飒然】风声也。

【会稽】指簿书钱谷言。

【蓬户】编蓬为户也。

【瓮牖】以破瓮为牖也。
【骚人】诗人也。
【思士】忧思之士也。

第六课　黠鼠赋　苏轼

本文

苏子夜坐，有鼠方啮。拊床而止之，既止复作。使童子烛之，有橐中空，嘐嘐聱聱，声在橐中。曰："嘻！此鼠之见闭而不得去者也。"发而视之，寂无所有。举烛而索，中有死鼠。童子惊曰："是方啮也，而遽死耶？向为何声，岂其鬼耶？"覆而出之，堕地乃走。虽有敏者，莫措其手。

苏子叹曰："异哉！是鼠之黠也。闭于橐中，橐坚而不可穴也。故不啮而啮，以声致人；不死而死，以形求脱也。吾闻有生，莫智于人。扰龙伐蛟，登龟狩麟，役万物而君之，卒见使于一鼠。堕此虫之计中，惊脱兔于处女，乌在其为智也？"

坐而假寐，私念其故。若有告余者曰："女惟多学而识之，望道而未之见也。不一于女，而二于物，故一鼠之啮而为之变也。人能碎千金之璧，而不能无失声于破釜；能搏猛兽，而不能无变色于蜂虿。此不一之患也。言出于女，而忘之耶？"余俛而笑，仰而觉，使童子执笔记余之作。

目的

本课言鼠用术以愚人，固鼠之黠，然亦由人不能专一其心之故。

教授事项

（甲）时间分配　本课分二时。

349

第一时　"苏子夜坐"至"乌在其为智也"。
第二时　"坐而假寐"至"使童子执笔记余之作"。

（乙）内容提示

一、鼠之作声于橐中，非欲啮橐而出也，欲人之启其橐也。伪死而不动，非不欲急遁也，欲乘人不备而去也。兵法所谓将欲取之，必姑与之，出其不意，攻其无备者，是鼠能兼用之。

二、方啮而忽死，死非真死，可知童子不能断之于心，迟疑不决，且疑有鬼，是自信不坚而授鼠以可乘之隙也，鼠焉得不悠然而逝。

三、橐方启而鼠苟迫不及待，狂奔以去，斯时之童子，早已预计及此，必有罗捕之法。惟其伪死而懈人防范心，故得脱险。

四、处患难之际，持之偶不坚，即无自全之策，必若鼠之忍死须臾，始克有济。

五、璧可碎而猛兽可搏，反失声于破釜，变色于蜂虿者，因一时之怒，一时之勇，不能永改其平日之本性也。

（丙）文字应用

课文为赋体，分三段。第一段首四句，苏子自记闻鼠啮之声而不可止；次四句，言童子烛之而知鼠在橐；次三句，童子述鼠在橐中之故；次四句，言发橐而见死鼠；次五句，述童子惊怪之辞；次四句，言鼠走避之速。第二段首九句，言黠鼠求脱之术；次九句，言人虽智而为鼠所愚。末段首二句，苏子自思其故；次十三句，言心思不专一之病；末三句，言作赋之故。

参考

【啮】音臬，噬也。
【拊床】拍床作声也。
【嘐嘐聱聱】鼠啮物声。
【敏者】敏捷之人也。
【黠】慧也。

【扰龙】顺龙所欲而畜养之也。

【伐蛟】古以蛟为龙类,能发大水,时至季夏,命渔师伐蛟。

【登龟】龟,介属动物,古人视为灵物,用以卜休咎,登之于庙堂之上。

【狩麟】麟,仁兽也,春秋鲁哀公十三年,西狩获麟。

【役万物而君之】即役使万物而为之长也。

【惊脱兔于处女】即孙子所谓"始如处女,敌人开户,后如脱兔,敌不及拒"也。

【蜂】种类甚多,有蜜蜂、细腰蜂、土蜂、赤蜂、胡蜂之类,其腹后皆有毒针,能螫人。

【虿】虫名,蝎属,亦能螫人。

【俛】与俯同。

第七课　外交

本文

列国并立,而有邦交,故特设外交官以司其事。在内则有外务部,在外则有公使馆。然国家与国家相互之关系,本于人民与人民相互之关系。故外交之事,为国民所当知。

外交可分为二:一曰交涉,一曰交际。

交涉者,权利之关系也。国与国皆为平等,各有权利,在人不容侵犯,即在我不容放弃。故苟有关于本国之权利者,无论大小,不宜稍让。即或共图便利,而偶有迁就,然于此有所让者,必于彼有所偿。此办理交涉之正轨也。

交际者,情意之关系也。夫个人之相与,有礼貌焉,酬酢焉。国家团体之相与,亦犹是耳。在昔闭关时代,声气未通,譬之独居一室,诚无所谓交际。今者五洲交通,无间遐迩,往来之踪迹日以密，则联结之情意亦日以深。交际之道不容缺矣。

是故交涉与交际，不可混而为一也。交涉之时，以交际之道行之，事事退让，则损本国之权利；交际之时，以交涉之道处之，无谓争执，则伤他国之感情。二者皆非外交之善者也。

我国往时与各国所订条约，多不平等。至举若路若矿莫大利益，拱手而授诸外人。以公众利赖之事，为私人投赠之资。人欲得之，我若不可无以应之者。是皆由于交涉与交际，不能分明之故也。

虽然，岂独外交家哉？国人之不明界限、不权轻重者，所在而有。尊崇外人者，媚之惟恐不至。其嫉视外人者，乃又激而为排外之举。交际之道，忽焉不讲，则亦适以取辱而已。

彼文明国民之遇外人也，虽权利所关，丝毫无所退让，而平日过从则亲厚恳切，优于遇其国人。盖以外人远适异土，孤立寡助，为之地主者乃以冷淡无礼遇之，设彼异日归国，语其邦人，其以我民为何如民，我国为何如国耶？至外国外交官之居我国者，有代表其国之资格，侮辱其人即为侮辱其国，故尤不可不慎。若因微末之事，逞一朝之忿而侮辱之，使外国人心怀愤恨，或且祸及于国家焉。此岂有爱国心者所宜出哉？

目的

本课言外交之道，当辨明交涉与交际之界限。

教授事项

（甲）时间分配　本课分四时。

第一时　"列国并立"至"不容缺矣"。

第二时　"是故交涉与交际"至"则亦适以取辱而已"。

第三时　"彼文明国民之遇外人也"至"此岂有爱国心者所宜出哉"。

第四时　复习全课。

(乙)内容提示

一、交涉得手而国势强，则国民为人尊敬，交涉失败而国势弱，则国民为人轻侮。故外交家之得失，国民之荣辱生死系之，人人所当注意者也。

二、退让争执，必相度机宜，不亢不卑，方能得体。彼不明法律，胸无识见，言语迟钝者，焉得不偾事。

三、平时则用其灵敏之手腕，联络邦交，有事则据理力争，不稍宽假，是为外交能手。

四、交涉与交际，外交家最宜辨得清楚。界限稍混，非丧失权利，即破坏邦交，鲜有能得当者。

(丙)文字应用

课文为论说体，分八段。第一段首五句，言外交官之掌邦交，有在内在外之别；次四句，言外交为国民所当知。第二段三句，言外交有交涉交际二端。第三段首二句，点清交涉；次四句，言权利不容侵犯及放弃；次三句，言权利不宜稍让；次五句，言交涉以不失利为正轨。第四段首二句，点清交际；次五句，言团体之交际与个人同；次四句，言闭关时代之无交际；次六句，言交通时代之交际繁。第五段首三句，言交涉与交际不可混；次四句，言交涉退让，则损权利；次四句，言交际争执，则伤感情；次一句，总结上文八句。第六段首四句，言我国往时之交涉失败；次六句，言因私情亏公义，由于交涉交际不分明之故。第七段首五句，言不明界限者不独外交家，国人亦然；次四句，言国人待遇外人之道，不能得中；次三句，言不讲交际者适以取辱。末段首六句，言文明国之优待外人；次八句，言所以优待之故；次五句，言外交官尤不宜侮辱；末六句，言侮辱外人者不得谓有爱国心。

参考

【邦交】国与国交相往来也。

【外交部】见第二册十九课。

【公使馆】有条约之国，彼此皆命使臣常驻其国都，以代表本国办理交涉之事，其所居曰公使馆。

【正轨】正道也。

【酬酢】主人答客曰"酬"，客人答主人曰"酢"。

【闭关时代】闭关，谓拒绝外人，不通往来也，清道光以前，海禁未开，皆可谓闭关时代。

【无间遐迩】间，去声，犹隔也。无间遐迩，言交通不为远近所阻也。

【条约不平等】举其大者言之，如各国通例，此国人民入彼国境内，须服从其法律，不能于其国内施领事裁判权。我国则不然，外人在我国者，皆归其领事管辖，我国人民至外者，则应服从其法律。又如贸易货物之进口税，加减之权，操诸本国，外人不得干预。我国则不然，以税则订入条约，若欲加税，必商诸各国，得其承认方可。我国之货物运往外国，彼得任意征收进口税。此皆不平等之大端也。

【若路若矿】以铁路言之，日俄之铁路，经我东三省，英法之铁路，达我云南，其他合资经营者尚多。或则借款兴筑，而外人操其工程材料之权利。以矿产言之，如直隶、山东等省之矿产，皆有外人主持者矣。

【排外】排斥外人也。

第八课　战争与和平

本文

对外人宜宽大，固矣。然宽大者，非置权利、荣誉于不顾之谓也。苟外国而损我权利、毁我荣誉，则我政府当与敌国政府抗争。抗争之不得，当委托裁判于某一国，而待其调停。调停之不得，则虽赌一国之存亡以争之，而亦不容已。此战争之事所由起也。

虽然，战争之目的，惟欲敌国政府听我要求而已，斯时敌国人民之在我国者，我国人民不宜轻举妄动，窘迫攻击之也。且权利与荣誉，非我国所独有者也。战争之前，尤不可不三思之。

昔有勇士二人遇于途，见树上悬一楯，一人以为黄金所制也，一人以为白银所制也。甲是乙非，争论不已，拔刀相击，各负重伤。一僧过之，徐问其由，二人以实对。僧闻而笑曰："愚哉公等。此楯半面金而半面银也。公等各见其半，而未睹其全也。"

是故与外国纷争之时，必当详察其两面，不宜徒观其半面。我自知伸我权利，保我荣誉，而外国权利荣誉之所在，亦不可不设身处地，为之推阐焉。直在我，不可不争；曲在我，不可不让。让者非怯，而勇者之事也。古云："自反而不缩，虽褐宽博，吾不惴焉；自反而缩，虽千万人，吾往矣。"斯真大勇之事也。

目的

本课言战争之事，宜以曲直为断，不宜逞快于一时。

教授事项

（甲）时间分配　本课分二时。

第一时　"对外人宜宽大"至"尤不可不三思之"。

第二时　"昔有勇士二人"至"斯真大勇之事也"。

（乙）内容提示

一、受人之侮辱而不较，失权利荣誉而不顾，对外而如是固不免有奴隶性。然好胜之心过甚，但知有己，不知有人，亦非国家之福。

二、赌一国之存亡与人争，非以国家孤注一掷也。因敌人恃其强权，相逼而来，则处于无可退让之地位，不如决死以战耳。

三、直在我则气壮，曲在我则气馁。兵气之壮馁，即可定战斗之利钝。古人以师直为壮曲为老者，亦此意也。

四、勇非徒恃血气之谓，即不畏强御之谓，能引国耻为己耻，宁战死沙场，不愿为奴隶而生者，非大勇不能。

（丙）文字应用

课文为论说体，分四段。第一段首四句，言对外宜宽而有节，不宜置权利荣誉于不顾；次三句，言外人损毁我而我当与之抗争；次三句，言抗争不得，当委人调停；次四句，言调停不得则战争乃起。第二段首四句，点出战争之目的；次四句，言战争时不宜攻击敌国之侨民；次四句，言战争前宜平心三思。第三段十七句，引二勇士相争之事作证。末段首三句，言处事不宜徒观其半面；次五句，言伸张己之权力，当为他人着想；次四句，言争与让当以曲直为断；次二句，言让为勇者之事；末八句，引古人之言而称其大勇。

参考

【抗争】抵抗而与之相争也。

【委托裁判】言两国相持不下，委托第三国裁判曲直也。

【楯】与"盾"通，战时以御兵器者。

【推阐】阐，音产，显明也。推阐，谓推测而显明其理之得当与否也。

【自反而不缩】谓反诸己而理不直也，此句及以下五句，见《孟子·公孙丑》章。

【褐宽博】褐，毛布也。宽博，宽大之衣，古贱者服也。

【吾不惴焉】惴，恐惧也，吾不犹言吾岂不也，"焉"作"乎"字解。

第九课　民族分合之原因

本文

　　吾国民族复杂，或以汉族为黄帝子孙，他族皆属异类。然而夷考各族之谱系，满洲出于肃慎，肃慎者，颛顼之苗裔也；蒙古与回部出自匈奴，匈奴者，夏禹之苗裔也；藏卫即古之氐羌，氐羌者，有扈氏及虞舜之苗裔也，皆黄帝之子孙。然则满、蒙、回、藏与汉族，固同出一祖，特因分封转徙之故，散处四方，历世久远，语言习俗日以益歧，各成风气，遂至绝不相侔①。此各民族由合而分之大略也。

　　三代盛时，所谓中国者，大抵在黄河流域，幅员偏小，吴、楚、闽、粤、滇、黔诸地视同化外。秦汉以来，疆土日辟，满洲、蒙古、青海、西藏以次内属，汉族之移殖域外者日众。晋、宋、元、清之世，域外之民族又久据中原，杂居既久，渐以混合。此各民族由分而合之大略也。

　　自清代以往，有主权者大抵不学无术，数典忘祖，沾沾自喜，以私厚其种人为得计。故分合无常，终难同化。今民国开幕之始，即持种族平等主义，凡属国民，苟能善体斯意，同心协力，互相扶持，各族同胞，将一合而不可分。国家基础，亦永固而不可摇矣。

目的

本课言五大族同出一祖，宜协力扶持以固国基。

教授事项

　　（甲）时间分配　本课分二时。

　　第一时　"吾国民族复杂"至"此各民族由分而合之大略也"。

① 侔：móu，相等，齐。

第二时　"自清代以往"至"亦永固而不可摇矣"。

（乙）内容提示

一、汉族之中，苟有未除畛域之见，蔑视他种族者，固汉族之失。今汉族已怀大同主义，蒙族中反有妄自尊大，形同化外者，五大族中之败类也，宜声讨其破坏共和之罪。

二、昔因语言习俗不同而分，势也。今联合五族为一家，共御外侮，亦势也。因势利导，必使其成一合不分之势而后可。

三、据目前而论，抑若种族不同，追溯本原，则五族同为一祖，皆黄帝之子孙。若谋独立而开兵端，非自残同种而何？

四、清代之亡，其最大原因，即在私厚其种人，当时政治之所以腐败，人心之所以离散，悉基于是。

（丙）文字应用

课文为论说体，分三段。第一段首三句，言汉族或以他族为异类；次十一句，推出各族之统系；次二句，言颛顼舜禹之同为一系；次二句，言五族之同祖；次七句，指出分离之原因；次一句，言上文为民族由合而分之大略。第二段首六句，言三代时疆土狭小，视南方为化外；次五句，言秦汉后之内外交通；次五句，言域外人之入据中原；次一句，言上文为民族由分而合之大略。末段首四句，言清代之权贵无学术；次四句，言厚视同种而不能泯种族之见；末十句，言民国持平等主义，各族协力而国基永固。

参考

【黄帝】战胜苗黎之族而主中华者，汉族以之为祖。

【满洲】今之东三省，其种族源流见第二册第一课。

【肃慎】东方古国，帝舜时曾来朝献弓矢，系出颛顼，载在《路史》。

【蒙古】今之内外蒙古，其种族源流见第一册三十三课。

【匈奴】北狄之名，其民族为夏禹子维淳之裔，载在《汉书

·匈奴传》。

【夏禹】姒姓，名文命，受舜之禅而有天下。

【回疆】即今之新疆，其种族源流见第二册第一课。

【藏卫】今之前后藏（藏为后藏，康为前藏），其种族源流见第二册第一课。

【氐羌】种族名，羌酋姚弋仲，乃舜少子之裔，氐种吕光，系出单父，为齐太公之裔，并见《晋书》载纪。

【虞舜】姚姓，名重华，受尧之禅而有天下。

【黄河流域】今之北带诸省是也。

【吴楚闽粤滇黔】吴，今之江苏；楚，今之两湖；闽，今之福建；粤，今之两广；滇，今之云南；黔，今之贵州。

【秦汉以来】秦之始皇，汉之武帝，皆征服四夷，开拓土地，故当时汉族甚强。

【晋宋元清之世】晋时五胡乱华，宋时有契丹、女真、蒙古为患，元则以蒙古族入主中华，清则以满洲族入主中华，故五族渐混合。

【基础】基，据也，在下为物所据也。础，柱下石也。

第十课　俾斯麦

本文

昔普鲁士有铁血宰相，曰俾斯麦。俾之言曰："世界无可恃之物，所恃者惟铁与血耳。"故世人以是称之。

普鲁士者，日尔曼列邦之一也。日尔曼势力涣散，迭为强国役属。俾斯麦微时，即以统一日尔曼联邦为己任。后为普国宰相，乃下全国皆兵之令，期实行铁血政略。

既破奥军，日尔曼北部遂戴普为盟主。法帝拿破仑第三在位，势张甚，自将大军攻普。普军迎战，大破之。追至绥丹，法帝出降。普兵乘胜围巴黎，法人行成，割二省之地与普，偿金五千万万佛郎。于是日尔曼南部亦奉普为共主，合南北二十五邦，建一大国，号德意志。皆俾斯麦之力也。

俾斯麦状貌奇伟。少时跌荡不羁，人皆以为狂。其为相时，偶微服游于野，刺客手枪击之，四发不中。俾挺身执之，交警署，徐步而归。时宾客迎室，俾从容谈笑如常，莫之知也。及普王闻变，造其第，候者塞门，众方知其事，皆惊服。

目的

本课言俾斯麦之统一日尔曼，由实行铁血政略之故。

准备

取近世六十名人中之俾斯麦肖像，指示学生使其知俾雄伟刚毅之态度，并告以书中插图，与之略异者，即冠与不冠之别耳。

教授事项

（甲）时间分配　本课分二时。

第一时　"昔普鲁士有铁血宰相"至"皆俾斯麦之力也"。

第二时　"俾斯麦状貌奇伟"至"皆惊服"。

（乙）内容提示

一、以涣散之日尔曼，介于奥法之间，势甚可危。俾斯麦为相，败奥败法，一跃而执欧洲牛耳，全国皆兵之令有以致之也。

二、俾之政策，非穷兵黩武之政策也。知欲享和平之福，非武力不足解决也。

三、法割地偿金以和，即春秋所谓城下之盟也。宜乎普法之战，法人引为莫大之耻。

四、俾之跌荡不羁，非不自检束，所谓成大事者不拘小节，且有成竹在胸也。故人虽以为狂，彼仍无所动于心。

（丙）文字应用

课文为传记体，分四段。第一段首二句，点出俾斯麦；次四句，言俾以铁血为可恃，故人称曰铁血宰相。第二段首二句，点清普鲁士；次二句，记日尔曼之涣散不振；次二句，记俾斯麦之志愿；次三句，记俾之政策。第三段首三句，记普为日尔曼北部之盟主；次三句，记拿破仑之攻普；次八句，记法败而偿金割地以和；次六句，记普统一而成大国，皆俾之力。末段首三句，记俾之状貌及为人；次七句，记俾之遇变镇定；次三句，记俾之不改常度；末五句，记众知其事而惊服。

参考

　　【普鲁士】即今德意志联邦中最大之王国，普王兼德意志皇帝之号。

　　【铁血】意谓国家所恃，惟兵器与死士耳。

　　【俾斯麦】一作毕斯麦，德之政治学家，生于西历一千八百十五年，卒于一千八百九十八年，为普宰相，在普王威廉第一时，以武健称。

　　【日尔曼】为德意志未统一时之名，是时诸邦各有君主自治，不相统属。所以称谓日尔曼者，因为日尔曼人所领之地故也。

　　【强国】指法、奥等国而言。

　　【破奥军】一千八百六十四年，普奥连兵伐丹麦，丹麦力不能敌，失其二省地。普欲据为己有，奥欲立一小国，以为附庸。相持一载之久，乃议各分其一。普与奥因是有违言。至一千八百六十六年，遂联合意大利而破奥。

　　【拿破仑第三】拿破仑之侄子，名路易·拿破仑。

　　【张】自侈大也。

　　【绥丹】在巴黎西北。

　　【巴黎】见第一册二十四课。

　　【佛郎】法币名，约合中国银圆四角。

【跌荡不羁】跌，音迭。跌荡，犹放荡也。不羁，言不受羁束也。

第十一课　公司

本文

欲获大利益，必具大资本，是非一人所能任也，于是有合众人之资本以经营产业者，是谓公司。

公司之种类甚多，大别之，曰有限公司，曰无限公司。有限公司者，股东各出若干金以设公司，而声明所集资本以此为限者也。设不幸而倒闭亏欠，苟无隐匿讹骗之弊，则惟以公司产业变卖偿还，而股东不必别有所弥补。无限公司则反是，苟有所亏欠，得令股东偿之。

凡公司由股东互选董事若干人，以处理公司之重要事务。由董事委任一人为总理，以主管公司之事务，以时召集股东，报告营业之情状，议决处置之方法，所以示公允也。其所得之利益，酌提若干，以为公积，备赏给，其余则分给各股东。有限公司之股东，若欲以资本更营他业，得以股票转售于人。特公司赢利，则票价涨；公司亏折，则票价落耳。

目的

本课述公司之性质，使学生略知营业之道。

准备

书中所列之股票式，即股东收执以为入股之证据者，中间有空白须填字处，教员宜告以填写之法。

教授事项

（甲）时间分配　本课分二时。

第一时　"欲获大利益"至"则票价落耳"。

第二时　讲解股票及复习全课。

（乙）内容提示

一、因一人之资本有限，集合无数人之资本而成公司，则公司之股东，未必皆系殷实之家，脱有亏折，往往有身家性命之关系，故司其事者，尤宜力筹万全之策。

二、创办实业，非公司不为功，中国资本家之对于各种公司，正在疑信参半之时，若办事者一失信用，则一二人之名誉丧失，其害犹小，实业前途之受其影响，贻害甚大。

三、近日所设之各种公司，大抵皆为有限公司，因无限则入股者恐有后患，愈难踊跃也。

（丙）文字应用

课文为论说体，分三段。第一段首三句，言大资本非一人能任；次三句，言合资而成公司。第二段首四句，点出公司之种类；次五句，言有限公司，所集资本有限制；次五句，言不幸亏折而股东不须弥补；次三句，言无限公司则与之相反。末段首八句，言组织公司者有董事及总理；次五句，言赢余之分派法；末七句，言股票转售之价值。

参考

【隐匿讹骗】隐匿，藏匿公司之资本也。讹骗，诈伪而欺骗也。

【股东】即公司中出资本之人。

【弥补】弥，缝也。弥补，谓弥缝补合之也。

【公允】公平也。

【公积】以公共所得之利，积贮于公司也。

363

第十二课　保险

本文

人之生也，孰不愿终身安乐？而灾害之来或不可测，于是有保险之法。

其法，计所保之价值以为偿额，而因其遭险之难易，使以时纳若干分之费。脱有不策，虽其人所纳无几，亦必如数以偿之。

保险创自外国，种类颇多。而盛行于我国者，曰火险，以备房屋器物之火灾也，费之轻重视建置之地位与方法为差，大率年纳百分之一而已；曰水险，备江海船舶之遭难也，其费视航路之险易与船舶之坚否，大率每行二三千里之途，则纳千分之一二而已；曰人险，预约期限，及期还之，设先期而死，则以所偿者遗其子孙，其费视其人之年龄与所保之年限，大率年少之人，保期十年者，年纳十分之一而已。夫以区区之小费，而可备莫大之祸患，诚哉其为良法也。

目的

本课言保险之法甚善，足以免不测之祸患。

教授事项

（甲）时间分配　本课分二时。

第一时　教授全课。

第二时　复习全课。

（乙）内容提示

一、年纳百分之一，则纳者不觉其艰，营保险业者得以集腋成裘。岁入巨款，苟非任意滥用之经理，断无无力赔偿之理。

二、遇意外之险而不至无以自存，即用调剂之法，以有余补不足也。

三、保人险而须年纳十分之一者，因期满之后，仍须归其所纳之金故也。

(丙) 文字应用

课文为论说体,分三段。第一段首二句,言人人愿生于安乐;次三句,言保险所以防不测之灾。第二段首三句,言偿额以所保之价值而定;次二句,言纳费数以遭险之难易而定;次三句,言遇险则如数以偿。第三段首二句,言保险之种类多;次六句,述火险之所保物及纳费数;次六句,述水险之所保物及纳费数;次十句,述人险之保法及纳费数;末三句言纳小费而防大患,可为良法。

参考

【价值】即指所保物之价值也。

【偿额】保险公司所赔偿之额数也。

【年纳】即每年所纳之数也。其法假如保衣服器具火险银一千两,通例每年纳费十一两八钱,如其人所居房屋为最上等,不易遭险者,则其费照此减少,如所居为下等房屋,易于遭险者,则其费照此加多。

第十三课　汽机

本文

凡人用物,期其质良价廉,此情之所必趋、势之所必至也。欲求质良价廉,其术无他,在用汽机而已。

有汽机,则人力不能造者,汽机能造之。十人百人之力所仅能造者,一人之力能造之。夫以一人兼十百人之工,则所成之物必多矣;以一人能为十百人之工,减作二三人之工价,则物值必廉矣。然则论所成之物,一人可兼十百;论所获之价,一人可兼二三。此两利之道也。

议者谓广用汽机，将夺贫民生计，俾不能自食其力。不知价愈廉，则用者愈多，而需工亦愈众。各国行之，皆大收其效矣。且我国即不用汽机，不能禁他国之用也，又不能禁他国之货之来也。我国之货，以人工而贵，他国则以汽机而廉，是我国之民，非但不能成货，以与外人争利，且争购彼货以供用，而厚殖外人之利。然则不用汽机，不啻自绝生路也。即使汽机有害于工人，而利犹在本国，穷民尚可分其余润，若不用汽机，率全国之人而用外国货物，则如水渐涸而禾自萎，如膏渐销而火自灭，后患有不可言者矣。

目的
本课言汽机功用甚大，善用之而足与外人争利。

教授事项
（甲）时间分配　本课分二时。
第一时　"凡人用物"至"皆大收其效矣"。
第二时　"且我国即不用汽机"至"后患有不可言者矣"。
（乙）内容提示
一、国患实业不兴，工人坐困，不患广用汽机，夺民生计。故工艺发达，工人将日不暇给，断无淘汰之理。
二、外人广用汽机，本国之民，不敷应用，招华工以任劳役者，即因工厂林立故也。
三、用汽机以制物，则出货速而成本轻，定价必廉，工商业必能处优胜之地位。
（丙）文字应用
课文为论说体，分三段。第一段首四句，言用物而求质良物美，为人之常情；次三句，言欲质良物美，则必用汽机。第二段首五句，言汽机力量之大；次五句，言汽机造物，则物易成而价廉；次五句，言人工少而工人获资多，为两利之道。第三段首三句，言议者谓用汽机则夺民生计；次五句，言用者多而需工亦愈众，各国已收成效；次三句，言我国不用，不能禁他国之不用，更不能禁外货之输入；次八句，言我之货贵而彼之货廉，人将争购彼货；次二句，言不用汽机之自绝生路；次三句，言即使有害而利犹在本国；末六句，言不用汽机则后患无穷。

参考

【汽机】用蒸汽之力，运行各种机械也。

【殖】生也。

【萎】草木病也。

【膏】凝者曰脂，泽者曰膏，盛于器而藉以燃火者。

第十四课　科仑布[①]

本文

科仑布，意大利人也。性喜冒险，年十六，即习航海术。凡海道为舆图所详者，踪迹靡不至。

距今四百年前，世无知地形之圆者，惟科精地学，独谓为圆形。闻者皆哗，科自信甚。尝欲航海西行，探寻新地。家贫不能具舟，求助于葡萄牙、英吉利，皆不得达其志。后乃见西班牙王后，得三船百二十人与俱。

科帅众渡海，向西行，积两月余，但见烟波浩淼，茫无畔岸。众危之，求返棹，不许。群情汹涌，谋投科海中，棹船而返。科侦知之，乃集众曰："更三日，无所得，则东归。"未几，忽见水藻树枝，随波而至，知离陆不远。众乃大欢，相率鼓勇前进。

① 现译哥伦布。

更三日，晨兴，见成群小鸟款款飞来，而陆地蜿蜒已在目前，盖美洲东境之海岛也。岛中土人蠢如鹿豕，见科等至，愕眙不知所措。科收其地，属其人。归报西班牙，受上赏。名震全欧。

目的
本课言科仑布有冒险之性质，故能探得新大陆。

准备
书中之图，右手持剑，左手持旗者，即探险家科仑布也。立科身后者，为从科登陆之三人。伏于科前者，为岛中之土人。

教授事项
（甲）时间分配　本课分二时。
第一时　"科仑布"至"相率鼓勇前进"。
第二时　"更三日"至"名震全欧"。
（乙）内容提示
一、仅具冒险性质而自信不坚，则一经挫折，即无勇往直前之概，必至进锐退速矣。
二、地圆之说，尚未经发现，科研究地学而有心得，信其必有陆地，欲航海探寻，足见科之思想精确，更足见科之不畏艰险。
三、科不许返棹，舟中人欲投之海中。斯时之科仑布，措置偶不当，即不免有性命之忧，立志稍不坚，即不免前功尽弃，科以数言解众人之怒，仍鼓棹前进，非胸有成竹者不能。
（丙）文字应用
课文为记事体，分四段。第一段首二句，记科仑布生长之地；次五句，记科习航海术而靡远勿至。第二段首二句，言当时莫知地形之圆者；次六句，记科谓地形圆而欲西行探地；次三句，记科求助于葡英而不得；次二句，记西后助科远行。第三段首五句，记科之不能得地；次六句，记科不许返棹而众人谋杀科；次五句，记科之与众约；次六句，记众人知陆地将近而大欢。末段首六句，记科之觅得美洲；次四句，记岛中人之蠢愚；末五句，记科因收其地而得名。

参考

【科仑布】于一千四百三十七年，生于意大利，于一千五百零九年卒。其寻获美洲，在一千四百九十二年。

【意大利】国名，在欧洲南部亚平宁半岛上。

【地形之圆】地圆之说，虽倡自希腊学者德黎[①]，而未经实验，莫有信之者。经科仑布探得新大陆，麦哲仑复绕行地球一周，而地圆之说，遂确凿而不可移。

【家贫不能具舟】科之父以贩羊毛为业，故家甚贫。不能具舟，谓不能自置航海之舟也。

【求助于葡萄牙英吉利立】科以为自欧洲向西航行，经大西洋，当抵印度，否则必更有一大陆。闻者疑信参半。科欲自试之，说葡王约翰第二，又奉书英王显理第七。请之，皆不纳。

【西班牙王后】西班牙，一名曰斯巴尼亚，与葡萄牙同在欧洲西部伊伯利安半岛上。时西王名匪地难多，后名伊萨伯拉。

【淼】音渺，大水貌。

【水藻】水草之总称。

【美洲东境之海岛】即今大西洋巴哈马群岛之一也。

【款款】款，迟缓貌。款款，缓缓而飞也。

【蜿蜒】蛇行也，言地形屈曲而不齐也。

【蠢】无知之貌。

【愕眙】愕，音遏，惊遽貌。眙，惊视貌。

---

① 现译泰勒斯。

第十五课　巴律西

本文

　　法人巴律西，少贫，以画玻璃为业。睹法国陶器，尽黯然而黄，思改为纯白者。乃求药品，分涂于各土器而烧之，积年无效，愤甚。欲为一大试验，罄其产，购土器二百余，涂药品烧之。经数时，成一纯白者。

　　巴律西自谓得其术，经七八月，积瓦石，自成一窑。一日早起，携器烧之，日暮未已。翌晨，妻饷以食，仍兀坐窑前，面黑体惫。如是七日夜，守其旁不去，卒无成。家益困，至无力购药品。有友怜之，助以金，乃复涂土器，入旧窑烧之。器将成矣，薪忽尽，计无所出，毁其屋材投之。不足，又毁其坐卧具。家人以为狂，号而走。窑中器幸成纯白，但未完好。巴律西不自足，必达其初志乃已。乞假经年，每得数金，必试之。积十八年之经验，改制至百数十次，艺乃成。加以绘彩，精妙无伦。器出，遂为世界最。而巴律西亦以此闻于世。

目的

本课言巴律西抱改革陶器之志，卒能成纯白精美之陶器。

教授事项

　　（甲）时间分配　本课分二时。

第一时　讲解全课。

第二时　复习全课。

　　（乙）内容提示

　　一、因色黄而不甚美观，动其更制之念。斯时之巴律西，并无可恃之改良术在也，可恃者惟改良之志耳。

　　二、器将成而薪忽尽，若束手无策，必至前功尽弃。巴不惜毁屋毁坐卧具以投之。盖欲成伟大之事业，不能顾惜小费也。

三、一物而欲求精美，必经无数手续，多次改革，始克如愿。巴之改制至百数十次，即知成物之艰难，不以一得而自矜也。

（丙）文字应用

课文为记事体，分二段。第一段首三句，记巴律西之家世及职业；次三句，记巴有改良陶器之念；次四句，记巴之试验积年而无效；次六句，记巴大试验而略有所得。第二段首四句，记巴自筑窑而烧之；次十句，记巴专心致志而无成；次六句，记巴得友人助金而复烧；次八句，记巴毁屋材坐卧具以助薪，致家人惊走；次四句，记器成而巴犹以为未足；次六句，记巴之一意改革而艺成；末五句，记器精妙而巴亦名闻于世。

参考

【巴律西】德国著名之陶工也，生于西历千五百十年，后人推为是术之发明家。

【玻璃】见第一册十二课。

【黯然】色黯淡也。

【窑】音遥，烧瓦器之窟也。

【翌晨】明朝也。

【惫】音贝，疲极也。

【屋材】造屋所用之材木也。

【坐卧具】如椅桌床榻之类是也。

第十六课　忍耐

本文

生人事业之成败，与所就之大小，在能忍不能忍耳。天下之事，不能袖手而得也。谷不能拾诸途，钱不能生诸树，推之勋业名誉，何一非由辛苦经营而来？古今成大事立大业之人，其先所历之境，必有非常人所能受者。征之东西史乘，历历可指。是可知忍耐之力，就一人言，则足以判贤愚；就一国言，则足以决贫富强弱。

验忍耐者，不在闲居安乐之时，而在困难穷厄之日。若夫事变纷起，进退维谷，此时能以忍耐处之，则精神不散，而智慧亦生。然亦有物足破其定力者，一曰畏怖，二曰外慕，三曰厌倦。

畏怖者，惴惴然惟财产是守，性命是保者也。懦夫貌为持重，趑趄①不前，一若尚能忍耐者，然一经蹉跌，而无定识定力以持之，则恐惧之心立起。故真能忍耐者，必不畏怖。

外慕者，胸无所主。遇可歆可羡之起于其前，则遂为所夺矣。科仑布之求新大陆也，设令中道回帆，返与地中海诸国贸易，何尝不可致富？然欲耀伟业于今日，恐非其任矣。故真能忍耐者，必无外慕。

负才使气之人，恒不能坚守一事，以俟其成。其始若甚勇敢有为，而转瞬即衰竭。固因由于见理之未真，亦由于一志之无术，始勤终怠，其不能有为固宜。故真能忍耐者，必不厌倦。

人能祛此三弊，又何往而不成事业者？

目的
本课言人必忍劳耐苦，而后能成就事业。

教授事项

（甲）时间分配　本课分二时。

第一时　"生人事业之成败"至"必不畏怖"。

第二时　"外慕者胸无所主"至"又何往而不成事业者"。

（乙）内容提示

一、立非常之功业，必经非常之困难。遇困难之境，忍耐之而不以为难，则自能渐至坦途。

二、事之成败，虽在智力，然必以忍耐为主，拿破仑谓胜负

---

① 趑趄：zī jū，想前进又不敢前进，形容疑惧不决，犹豫观望。

在最后之三分钟,即谓能忍与不能忍之别耳。

三、忍耐乃坚持不懈之谓,必富贵不能淫,贫贱不能移,威武不能屈,始得为真忍耐。

四、恃血气之刚,不能持久,必有静以制动之术,愈折愈厉之气,始克有济。

(丙)文字应用

课文为论说体,分六段。第一段首三句,言事业之成否,在能忍不能忍;次六句,言凡事莫不由辛苦而来;次五句,言成大事业者必遭艰苦;次五句,言忍耐之关系。第二段首三句,言验忍耐必在穷厄之日;次五句,言遇事变而处以忍耐,则智慧自生;次四句,点出破定力之三端。第三段首三句,言懦夫似能忍耐;次三句,言懦夫易生恐惧心;次二句,言真忍耐者不畏怖。第四段首三句,言胸无所主者易为外物所夺;次六句,言科仑布若中道回帆,恐不能成伟业;次二句,言真忍耐者无外慕。第五段首三句,言负才使气者不能持久;次六句,言志不一则始勤终怠;次二句,言真忍耐者不厌倦。末段二句,言祛三弊则事无不成。

参考

【史乘】乘,音剩,载也。史以记载历代之事,故名史乘。

【进退维谷】谷,穷也。进退维谷,言进退皆穷也。

【外慕】为外物所动而生羡慕心也。

【惴惴】忧惧也。

【蹉跌】跌,音迭。蹉跌,失坠也。

【地中海】在欧洲之南,非洲之北,为世界最大之内海。沿海之国,为欧洲之土耳其、希腊、意大利、法兰西、西班牙,非洲之埃及、的黎波里、突尼斯、阿尔及耳[①]、摩洛哥等诸国。

【祛】音驱,遣也。

---

① 现称阿尔及利亚。

第十七课　纵囚论　欧阳修

本文

信义行于君子，而刑戮施于小人。刑入于死者，乃罪大恶极，此又小人之尤甚者也；宁以义死，不苟幸生，而视死如归，此又君子之尤难者也。

方唐太宗之六年，录大辟囚三百余人，纵使还家，约其自归以就死。是以君子之难能，期小人之尤者以必能也。其囚及期而卒自归无后者，是君子之所难而小人之所易也。此岂近于人情哉？

或曰："罪大恶极，诚小人矣，及施恩德以临之，可使变而为君子。盖恩德入人之深而移人之速，有如是者矣。"

曰："太宗之为此，所以求此名也。然安知夫纵之去也，不意其必来以冀免，所以纵之乎？又安知夫被纵而去也，不意其自归而必获免，所以复来乎？夫意其必来而纵之，是上贼下之情也；意其必免而复来，是下贼上之心也。吾见上下交相贼以成此名也，乌有所谓施恩德，与夫知信义者哉！

不然，太宗施德于天下，于兹五年矣，不能使小人不为极恶大罪；而一日之恩，能使视死如归，而存信义。此又不通之论也。"

"然则何为而可？"曰："纵而来归，杀之无赦，而又纵之而又来，则可知为恩德之致尔。然此必无之事也。若夫纵而来归而赦之，可偶一为之尔，若屡为之，则杀人者皆不死，是可为天下之常法乎？不可为常者，其圣人之法乎？是以尧、舜、三王之治，必本于人情，不立异以为高，不逆情以干誉。"

目的

本课言纵囚之事，出乎人情之外，不可为天下后世法。

教授事项

（甲）时间分配　本课分二时。

第一时　"信义行于君子"至与"与夫知信义者哉"。

第二时　"不然"至"逆情以干誉"。

（乙）内容提示

一、开口两句，便断定小人不可施以信义，则罪大恶极之囚而纵之，不得为化人以德，直可谓纵容奸恶耳。

二、太宗之纵囚，非诚怀不忍行戮之心也，特为沽名干誉计。欧公之论，故处处指破其心事。

三、刑罚所以惩恶，固宜必不得已而用之，然辟以止辟，刑期无刑，古圣王未尝置刑罚而不用也。

四、罪大恶极之小人，忽尔如期来归，盖逆意太宗之必免其罪，行险以侥幸也，仍不脱小人本色。

五、太宗之纵囚，囚之自归，皆出于人情之外，故后段断定其不可为常法。

六、欧公之论，虽有过苛处，然层层勘入，使两方皆无可躲闪，笔锋犀利，直如刀斫斧截。

（丙）文字应用

课文为论说体，分五段。第一段首二句，言君子小人宜异其待遇之道；次三句，言犯死罪者乃小人之尤；次四句，言视死如归者君子尤难。第二段首六句，叙出纵囚之事，断其期小人之尤者以必能；次二句，言及期自归，为小人之所易；次一句，断定其不近人情。第三段八句，难者谓恩德足以化人。第四段首三句，揭出太宗之隐；次六句，推究纵囚者与来归者之意；次七句，断定其上下交相贼。第五段八句，言一日之恩，决不能感动罪人。末段首六句，为太宗设法；次一句，言此为必无之事；次七句，言纵囚事不可为常法，即不可为圣人之法；末四句，言王道不外乎人情。

参考

【欧阳修】字永叔，宋时人。

【唐太宗】姓李，名世民，高祖次子，为唐室英主，史称贞观之治。

【大辟囚】犯死刑之罪人也。

【贼】犹盗也。谓人之言未出诸口，我已窃取其意也。

第十八课　《伶官传》序　欧阳修

本文

呜呼！盛衰之理，虽曰天命，岂非人事哉！原庄宗之所以得天下，与其所以失之者，可以知之矣。

世言晋王之将终也，以三矢赐庄宗而告之曰："梁，吾仇也。燕王吾所立，契丹与吾约为兄弟，而皆背晋以归梁。此三者，吾遗恨也。与尔三矢，尔其无忘乃父之志！"庄宗受而藏之于庙。其后用兵，则遣从事以一少牢告庙，请其矢，盛以锦囊，负而前驱，及凯旋而纳之。方其系燕父子以组，函梁君臣之首，入于太庙，还矢先王，而告以成功，其意气之盛，可谓壮哉！及仇雠[①]已灭，天下已定，一夫夜呼，乱者四应，仓皇东出，未及见贼而士卒离散，君臣相顾，不知所归，至于誓天断发，泣下沾襟，何其衰也！岂得之难而失之易欤？抑本其成败之迹，而皆自于人欤？

《书》[②]曰："满招损，谦受益。"忧劳可以兴国，逸豫可以亡身，自然之理也。故方其盛也，举天下之豪杰莫能与之争；及其衰也，数十伶人困之，而身死国灭，为天下笑。夫祸患常积于忽微，而智勇多困于所溺，岂独伶人也哉？

① 雠：同"仇"，仇恨，仇怨。
② 即《尚书》。

目的

本课慨唐庄宗之始盛终衰，既得复失，皆由溺于伶人之故。

教授事项

（甲）时间分配　本课分二时。

第一时　"呜呼，盛衰之理"至"而皆自于人欤"。

第二时　"《书》曰满招损"至"岂独伶人也哉"。

（乙）内容提示

一、盛衰得失四字，为一篇关键，故起手一提，已将四字包括在内，中间之两扬两抑，皆不出乎此。

二、用兵而负矢前驱，固以雪父之恨为念，不敢稍事轻忽也，及系燕灭梁，志骄意得，惟安乐是求，宜乎祸机猝发而不可遏矣。

三、庄宗虽灭梁燕，尚偏于一隅，未能统一天下。遽尔自足，不知更图进取，是亦器小易盈者耳。

四、庄宗喜音律而宠爱伶人，尚非荒淫残暴之主可比，竟至身死国灭者，置内忧外患于不顾故也。

五、全篇低昂反复，纯以慨叹出之，故于盛衰得失，写得淋漓尽致处，令人有无限凄凉之感。

（丙）文字应用

课文为传叙体，分三段。第一段七句，总挈盛衰得失四字，为全篇之纲领。第二段首十一句，叙晋王临殁时赐庄宗以三矢，使其不忘遗恨；次七句，叙庄宗请矢以用兵；次七句，赞庄宗系燕灭梁之盛业；次十二句，悲庄宗之末路；次三句，作虚神宕出本意。第三段首六句，引书作断，应篇首理字；次三句，再扬庄宗；次四句，再抑庄宗；末三句，结出正意。

参考

【庄宗】姓朱邪（以先世事唐有功赐姓李），名存勖，小字

377

亚子，克用长子。灭梁称帝，号后唐，为伶人郭从谦所弑。

【晋王】名克用，以平黄巢功，封晋王。勇而一目微眇，时人谓之独眼龙。

【梁】即朱温有天下之国号也。温从黄巢为盗，既而降唐，拜为宣武节度使，赐名全忠。克用至汴，全忠击之，遂有隙。未几，全忠进封梁王，竟移唐祚。

【燕王】姓刘，名守光，晋王尝推为尚父。守光曰，我作河北天子，谁能禁我，遂称帝。

【契丹】时其主为耶律阿保机，克用与之连和，约为兄弟，期共举兵灭梁。未几背约，奉表称臣于梁。故克用恨之。

【少牢】羊也。

【凯旋】军行得胜而还也。

【系燕夫子以组】燕父子，即守光及其父仁恭也。庄宗伐燕，克幽州，执守光父子以归，斩之。

【函梁君臣之首】晋兵入梁，梁主友贞谓皇甫麟曰，李氏吾世仇，理难降之，卿可断吾首。麟泣弑梁主，因自弑。庄宗以函（木匣）盛其首。

【一夫夜呼】郭崇韬之诛，天下莫知其罪。魏博戍兵作祸，奉赵在礼入据邺都。

【仓皇东出】时李嗣源已叛，庄宗如关东（汜水关东）欲自招抚之。闻嗣源已据大梁，即命旋师（"誓天断发"、"泣下沾襟"之语不见于史）。

第十九课　独立自尊

本文

蓬生麻中，非不直也，然或刈其麻，则蓬因之而折矣；萝施松上，非不高也，然或伐其松，则萝与之俱偃矣。人之不能自立也亦然。智不足以效一官，而谄事权要以得禄位，能不足以营一业，而依附亲戚以谋衣食。一旦权要失职，亲戚死亡，则吾之禄位、衣食，亦随之而澌灭矣。均是人也，吾苟移谄事之精神以求知识，移依附之光阴以练技艺，曾何虑职业之不胜任，而世不吾需也？

人之于世，非必独营一业也，常与人共营之。共营之道，或为合力，或为分职。凡与于其业者，必各有一长，为此业之所不可缺。故分而观之，各自独立，合而观之，互为相因，此营业之通例也。苟有人焉，一无所长，而滥与于其业，吾知其必不可久矣。昔者齐王好闻竽，凡善吹者皆禄之。有南郭先生者，不能吹而滥与焉，以王之闻竽，常使三百人合吹故也。未几，王卒，新王立，使一一吹之。南郭先生遂弃竽而逃。呜呼！一无所长，而滥与于其业，其能免于南郭先生之辱者，几希矣。

孟子曰："人皆有是非之心。"夫是非之心不可见也，于是有言以宣之。心之所是而言是，心之所非而言非。故曰："言为心声。"有人于此，初无所谓是非，闻人之所是，则从而是之，闻人之所非，则从而非之，是以人之是非为是非也。其果无是非之心乎？抑有其心而不敢宣之于言乎？要之其言之不足贵，则彰彰矣。有豢鹦鹉而教以人语者，人曰甲，彼亦曰甲，人曰乙，彼亦曰乙，必不能自为变化也。人而以他人之是非为是非，则何以异于鹦鹉乎？

目的
本课言人当有独立之能力，不可借人以为重。

教授事项
（甲）时间分配　本课分三时。
第一时　"蓬生麻中"至"而世不吾需也"。
第二时　"人之于世"至"几希矣"。

379

第三时　"孟子曰"至"则何以异于鹦鹉乎"。

（乙）内容提示

一、蓬与萝本无直立之性质，不得不藉麻与松之力。人则个个可以自立，不患无此能力，特患无此志愿耳。

二、独力非鄙夷他人而不相联络之谓，乃各具谋生之术而不相依附之谓，故滥竽者固非独立，傲视一切而抱个人主义者，亦失独立之本旨也。

三、可合而可分，独立之道斯完，否则已无一艺之长，因人成事，未有不为南郭先生者。

四、独立自尊，不仅指立身营业言，即思想言论，亦贵独立，不可以人之是非为是非。

五、人而无辨是非之能力，则无脑筋，无智识，失其为人之资格，孟子谓无是非之心非人，即此意也。

（丙）文字应用

课文为论说体，分三段。第一段首九句，引蓬与萝喻人之不能自立；次六句，言无才能而依赖于人者；次四句，言依赖之不足恃；次五句，言谄附于人，不若求智识技艺之为愈；次二句，言不虑不能自立。第二段首三句，言人不能独营一业；次六句，言共同营业之道；次五句，言可分可合者为营业之通例；次四句，言滥与之不可久；次三句，记齐王之好竽；次五句，记南郭先生之不善吹竽而充数；次五句，记南郭先生之所以逃；次五句，言滥与其业者不能免辱。末段首二句，引孟子之言；次三句，言言以宣是非之心；次四句，明言之所以为心声；次七句，言以人之是非为是非者；次四句，言无是非者之言不足贵；次六句，言鹦鹉学语而不能变化；末二句，言无是非者无异于鹦鹉。

参考

【蓬】草名，种类甚多，其华似柳絮，遇风则飞，故名飞蓬。

【萝】女萝也，蔓生松上。

【施】去声，延也。

【偃】仆也。

【澌】音斯，尽也。

【滥】窃也，失实也。言无其实而窃与其事也。

【齐王】即齐宣王，事见《韩非子（卷九）·内储说》。

【竽】古乐器，用竹为之，形似笙，三十六管，长四尺二寸。今人每自谦曰滥竽，见人之无功而受禄者，则曰滥竽充数，其语即出于此。

【南郭先生】战国时人，其姓名不传。

【宣】发布也。

【心声】心不可得见，亦不可得闻也，言出诸口而意发于心，口中之声，无异心中所出也，故曰心声。

【豢】养也。

【鹦鹉】见第二册十六课。

第二十课　与黄琼书　李固

本文

闻已度伊洛，近在万岁亭，岂即事有渐，将顺王命乎？盖君子谓："伯夷隘，柳下惠不恭。"故传曰："不夷不惠，可否之间。"盖圣贤居身之所珍也。诚遂欲枕山栖谷，拟迹巢由，斯则可矣。若当辅政济民，今其时也。自生民以来，善政少而乱俗多，必待尧舜之君，此为志士终无时矣。常闻语曰："峣峣者易缺，皦皦者易污。阳春之曲，和者必寡。盛名之下，其实难副。"近鲁阳樊君，被征初至，朝廷设坛席，犹待神明。虽无大异，而言行所守，亦无所缺，而毁谤布流，应时折减者，岂非观听望深，声名太盛乎？自顷征聘之士，胡元安、薛孟尝、朱仲昭、顾季鸿等，其功业

381

皆无所采。是故俗论皆言处士纯盗虚声。愿先生弘此远谟，令众人叹服，一雪此言耳。

目的

本课乃子坚因处士盗虚声而为世诟病，故作书勉世英一雪此耻。

教授事项

（甲）时间分配　本课教授一时。

（乙）内容提示

一、子坚素慕世英，故于其未任事之前，为劝勉之辞。书中语气，非因其才不胜任而有不满意处，乃爱之而惟恐其不惬人望耳。

二、勉其进取，勉其无过高，勉其宏远谟，立身处世之道，已尽此二百余字中，非肝胆照人者不肯道。

三、子坚不待尧舜之君而欲有为，其热心国事可知，厥后力持正论，触梁冀之怒，身死不悔者，已于此书见其微。

（丙）文字应用

课文为书牍体。首四句，揣测世英之心；次六句，言圣贤居身之道；次五句，言不欲为巢由，则宜及时有为；次四句，言志士不能必待尧舜之君；次七句，引古语以明行不可过高，名不可过盛；次十一句，引樊君事证明盛名难副；次七句，言近日应征之士，为世所轻；末三句，勉其力行以雪耻。

参考

【黄琼】字世英，香之子，东汉人。

【李固】字坚，郃之子。

【度】与"渡"通，过也。

【伊洛】二水名，伊水，源出河南卢氏县南境之熊耳山，并于洛水。洛水源出陕西商州之秦岭，流入黄河。

【伯夷隘、柳下惠不恭】孟子谓伯夷隘，柳下惠不恭。隘与不恭，君子不由。

【不夷不惠、可否之间】孔子谓伯夷叔齐不降其志，不辱其身，柳下惠少连降志辱身，我则异于是，无可无不可，盖不为夷齐之清，不为惠连之屈也。

【巢由】即巢父许由，古之隐士也。

【峣峣】峣，音尧。峣峣，高也。

【皎皎】皎，音皎。皎皎，白也。

【阳春】曲之高者。宋玉谓下里巴人（皆曲名），国中属而和者数千人，阳春白雪，国中属而和者不过数百人。

【樊君】樊英也。

【设坛席】以师礼待之也。

【折减】亏折减损其声望也。

【胡元安、薛孟尝、朱仲昭、顾季鸿】皆应征之士而无所表见者。

第二十一课　　与孟东野书　韩愈

本文

与足下别久矣，以吾心之思足下，知足下悬悬于吾也。各以事牵，不可并。合其于人人，非足下之为见，而日与之处，足下知吾心乐否也。吾言之而听者谁欤？吾唱之而和者谁欤？言无听也，唱无和也，独行而无徒也，是非无所与同也，足下知吾心乐否也。

足下才高气清，行古道，处今世，无田而衣食，事亲左右无违。足下之用心勤矣！足下之处身劳且苦矣！混混与世相浊，独其心追古人而从之。足下之道，其使吾悲也！

383

去年春，脱汴州之乱，幸不死，无所于归，遂来于此。主人与吾有故，哀其穷，居吾于符离睢上。及秋，将辞去，因被留以职事，默默在此，行一年矣。到今年秋，聊复辞去。江湖余乐也。与足下终幸矣！

　　李习之娶吾亡兄之女，期在后月，朝夕当来此。张籍在和州居丧，家甚贫。恐足下不知，故具此白，冀足下一来相视也。自彼至此虽远，要皆舟行可至，速图之，吾之望也。春且尽，时气甚热，惟侍奉吉庆。愈眼疾比剧，甚无聊。不复一一。愈再拜。

目的

本课系韩退之怀友之书，故诉离别之苦而望友来视。

教授事项

（甲）时间分配　本课分二时。

第一时　"与足下别久矣"至"与足下终幸矣"。

第二时　"李习之娶吾亡兄之女"至"愈再拜"。

（乙）内容提示

一、不直言不乐，一段中用两乐否也，反托出不乐。语气虽未决绝，而一种悲切切之情形，直跃然现于纸上。

二、悲东野之勤劳困苦，不悲己之奔波乱离中。非不悲也，盖悲甚而故作旷达语，以解东野之烦恼耳。

三、所在念者皆系故人，说得关切非常，非语语从肺腑中流出者，哪得如此，是文之善表情处也。

（丙）文字应用

课文为书牍体，分四段。第一段首三句，推己以及友；次六句，言人之识见非东野比，安得而乐；次七句，言言无听而唱无和，安得而乐。第二段首七句，言东野之勤苦；次四句，言东野之道，足使吾悲。第三段首五句，自述其遇难而流离失所；次八句，述居留于符离睢上之故；次四句，言辞职而得遂江湖之志。

末段首三句，述李习之之近事；次五句，述张籍之苦况而冀其来视；次四句，以行程之便劝驾；次三句，因时令而为颂辞；末四句，以己之近状作结。

参考

【孟东野】名郊，为诗有理致，最为退之所称，张籍谥曰贞曜先生。

【韩愈】见第一册十八课。

【混混】谓随俗而处，不立异以为高也。

【汴州】今河南开封县。时宣武节度使董晋卒，愈从丧出，（愈本为晋观察推官）不四日，汴军乱，杀留后陆长源。

【主人】既指张建封而言，时建封为徐泗濠节度使，辟退之为府推官。

【符离睢上】符离，为今安徽省宿县（清宿州），睢上，即睢水之上也（睢水在宿县北）。

【李习之】名翱，曾从退之为文章。

【亡兄】伯兄会也。

【张籍】字文昌。

【和州】今安徽和县（清和州）。

【比剧】比，近也。 剧，甚也。

第二十二课　善动善游

本文

昔日本大鸟圭介，游英国伦敦，寄书于其友曰："彼国之人动作也，常豫约时刻，定程限。及时，则就场执业，耳目专一，手足敏捷，不吸烟，不谈论，执业之外，心无旁及。及壁上时辰钟报停业时刻，则理器洗手，相率出场。卸其执业之服，而易以雅洁者，或驰车，或骑马，或垂钓园池，或泛舟河川，或游公园，或适郊野，或兄弟姊妹相携持，朋友亲戚相问讯。然后还家晚食，日以为常。

其就职也，日以九小时为率，专心致志，虽分阴且惜之，若勇士之临阵然。其退闲也，则歌舞唱和，以活泼其精神。一弛一张，深得其宜，余因名之曰'善动善游'。

今我国之执业者，不顾时限，不践定程，当勤而不勤，当息而不息，杂乱苟且。无论朝野都鄙，若士若工商，莫不皆然。其最甚者，为都会之工商、业土木者，晨必晏起，既就业，动作如儿戏，吸烟饮茶，闲坐杂谈，虚糜时刻。及夏日，则昏昏午睡。与人交，不耻背约。如染工、锻工，订约造物，往往失期，视为固然。其休憩也，不喜游散，群聚一室之内，或酣卧，或恣意饮食。摄生之法，殆非所知。交际之乐，冥然罔觉。以视彼善动善游之风气，不几有霄壤之别乎？

夫工人出入无度，作辍无时，就一己言，似属小事，然合一邑一国计之，则工业之利害盛衰，所关甚大。盖西人觇国之贫富强弱，必视民之多寡，以生齿繁，则事业昌也。然人少而勤劳，一人可以当三人；人多而懈怠，合三人不能得一人之功。如我日本者，又乌足以人烟稠密自夸耶？"

大鸟氏之言如此，返观我国，又何与彼之所言吻合也。今日本已渐改旧习，而我国人中其弊者尚居多数，人口虽多，恐终不免于贫弱也。愿吾少年力矫之。

目的
本课述大鸟圭介之言，以为起居无节，作辍无时者戒。

教授事项
（甲）时间分配　本课分三时。
第一时　"昔日本大鸟圭介"至"余因名之曰善动善游"。

第二时 "今我国之执业者"至"又乌足以人烟稠密自夸耶"。

第三时 "大鸟氏之言如此"至"愿吾少年力矫之"。

（乙）内容提示

一、治事必专其心志，虽疲精劳神而不惜，非不顾其身也，因按时毕事，有休养精神之时，不至过于劳瘁耳。

二、言工人腐败处，穷形极相，历历如绘，直可当我国工界腐败史读。

三、我国人每日办事时刻，较西人为延长，而办事之成绩，反不若西人者，因执业时从事敷衍，糜费光阴，致有名而无实耳。

四、善游而亦足以称者，因闲时游散于空旷之地，使胸襟舒畅，身体强健，自能聚精会神以治事也。

（丙）文字应用

课文为书牍兼论说体，分五段。第一段首三句，述大鸟圭介寄书于其友；次三句，述英人动作之有时限；次八句，言其执业时之专心；次五句，言其停业时之整理一切；次十句，言其停业后之游散。第二段首五句，言其就职之勇；次三句，其言退闲之乐；次三句，断定其善动善游。第三段首六句，言作事之无秩序；次五句，言士与工商皆然，以工商为最甚；次十一句，言土木工之作事懒惰；次四句，言染工、锻工之失信于人；次五句，言休憩时之不讲卫生；次六句，言无智识而与善动善游者大异。第四段首七句，言工人之关系甚大；次四句，言西人觇国之法；次四句，言人多而懈怠，不若人少而勤劳；次二句，言日本不足以人烟稠密夸。末段首三句，言我国与大鸟氏所言吻合；末六句，言我国不若日本之渐改旧习，愿吾少年力矫之。

参考

【大鸟圭介】日本播摩国赤穗人，生于西历千八百三十三

387

年，少习兵学，后任元老院议官、学习院长、清国公使。中日甲午战争时，为朝鲜公使，折冲甚力，是年归朝，任枢密顾问。明治三十三年，晋男焉多。

【程限】程度之限制也。

【旁及】顾及旁事也。

【率】音律，一定之限制也。言其办事不出乎九小时之外也。

【一弛一张】弓解放其弦曰弛，安弦曰张。一弛一张，以喻人之动作休息也。

【憩】音器，息也。

【都鄙】大邑曰都，小邑曰鄙。

【锻工】冶金者也。

【摄主】摄，养也。摄生，养生也。犹今之言卫生也。

【霄壤】霄，指天言，壤，指地言，霄壤，言相去如天与地之远也。

【作辍】作，兴也。辍，止也。

【觇】窥伺也。

【生齿】犹言人口然，因人生齿而体备也。

【力矫】矫，正也。力矫，尽力矫正其失也。

第二十三课　普人之朴素

本文

普鲁士国，尝受挫于拿破仑，国中文物，为所蹂躏殆尽。然其后不及七十年，一举破法，屹然为德意志联邦盟主。迄于今，则陆军之强，冠绝全欧，商、工之业，亦骎骎陵驾全球。承创巨痛深之后，而发达之速乃如此，此其普及教育，扩张军备，诚君相所有事，而要其国民之啬己奉公，则尤为强国之本也。

吾辈居于东亚，习闻欧人自奉之丰，远过吾辈。亲历英法各国，其纷华靡丽，几非吾人之所能拟议。于是谓欧人之豪侈，大抵如斯矣。及至普国，而见其朴素之风气，乃又出于意外。普京柏林，较之巴黎、伦敦，殆若乡村之于城市焉。

普国缙绅之在家也，室无华饰，食无兼味，其学问家，则室中自图画纸笔外，几无长物。客至，则娓娓谈学问不倦。即寻常居民，亦无不以俭约自守。有游柏林郭外者，投宿人家，其主人饷以麦酒及脯肉，曰："远客至，不能具珍馔，吾甚歉焉。吾等为图吾国教育及军备之完备，纳租税甚重，故平日不得不节俭。君其熟观吾国教育军备之特色，以归饷国人。"呜呼！国民之啬己奉公如此，国乌得而不强乎？

目的

本课言普鲁士强国之本，在于国民之啬己奉公。

教授事项

（甲）时间分配　本课分二时。

第一时　"普鲁士国"至"殆若乡村之于城市焉"。

第二时　"普国缙绅之在家也"至"国乌得而不强乎"。

（乙）内容提示

一、创巨痛深之后，非实行节俭主义不为功。普人以教育军备为重，甘受苦况，是以国家为重而己身为轻也。我国民当奉以为法。

二、教育军备为强国之本，国民之勇于纳税，俭于自奉，尤为本中之本。故欲强其国，非国民之富于爱国心不可。

三、欧人自奉之丰，非欧人之长，乃欧人之短也。然其生活程度高，不至为害。吾国实业不兴，富源未辟，亦欲其豪侈，焉得而不贫困。

四、普鲁士以科学之精，陆军之强，雄视全球，皆由国人啬己奉公，担任教育练兵之经费故也。

（丙）文字应用

课文为论说兼记事体，分三段。第一段首四句，言普国之受挫于法；次三句，言普之崛兴；次七句，言普国兵力工商业发达之速；次五句，言普人之啬己奉公，为强国之本。第二段首三句，言闻欧人自奉之丰；次五句，言亲见英法奢靡，以为欧人大抵如斯；次六句，言普国朴素，繁华远不及英法。第三段首三句，言普国缙绅之朴素；次五句，言学问家之朴素；次二句，言寻常居民亦守俭约；次三句，言主人饷客之饮食；次九句，主人自言不能具精馔之故；末三句，叹德国之所以强。

参考

【普鲁士】为德意志联邦中之最大者，故以普鲁士名全国。

【蹂躏】蹂，音揉。躏，音吝。蹂躏，犹践踏伤害之也。

【一举破法】昔时德意志诸邦，各有君主自治，不相统属，一千八百七十年，拿破仑三世与普开战，普人宣告列邦地合从以御法军，普军大捷，破法京。

【骎骎】音侵侵，马行疾也。

【陵驾】陵，踏也。驾，出乎其上也。

【啬】俭约也。

【长物】长，善也。长物，良好之物也。

【娓娓】娓，音尾。娓娓，不倦之意。

【饷】馈也，凡馈送人物皆曰饷。

【麦酒】以麦所制之酒，为德国之特产。

【脯肉】脯，音甫。脯肉，干肉也。

【歉】不满足之谓也。

第二十四课　实业

本文

人之职业中，为衣、食、居室所从出者，曰农，曰工，曰商，三者谓之实业。自世俗以劳心者为贵，劳力者为贱，往往重官吏而轻实业，好坐食而厌劳动。甚矣其惑也。

文明之国，教育普及，实业家通学艺、具知识者，所在多有，于是知官吏不必贵于农、工、商，而农、工、商不必贱于官吏。且人之贵贱，在品格，不在职业。苟能自立，则人品自高，无论所职何业，举世自无不尊敬之也。

人之与人，相依相待，以营其生而利其国者也。或委身官职，为国家任事，或从事实业，为国家兴利。二者不可偏废，在各量其材而分任之。惟官吏所处之职有限，农、工、商可兴之利无穷。人人慕官吏之虚荣，而舍实业以就之，则人浮于事，官吏不可必得，而实业坐荒，人己将两受其害。择术者不可以不慎也。

目的

本课言实业为利国之端，故农工商之职业，与官吏并重。

教授事项

（甲）时间分配　本课分二时。

第一时　讲解全课。

第二时　复习全课。

（乙）内容提示

一、我国人轻视工人，固不平等之一端。然习工艺者不学无术，志趣卑下，授人以口舌，致为人轻视，亦自取其辱也。

二、劳心劳力，各有益于社会国家，无缓急轻重之可言，即无贵贱之可言，高自位置者不可不知。

三、人人厌农工等业而不肯劳力，则衣食物用，无自而至，必致坐困。

四、教育虽不能为实业，然身受教育而具有智识，农工等业，皆可精益求精。则教育者，无异实业之母也。

五、无论处于何等地位，若心术不正，品行不端，必为清议所不容。若自食其力，勤于职事，人未有不器重而信任之者。

六、实业为立国之本，一切行政经费，地方经费，皆惟实业是赖。故财政困难之国，其实业不振，可断言也。

（丙）文字应用

课文为论说体，分三段。第一段首六句，点清实业；次五句，言世人重官吏轻实业之惑。第二段首六句，言实业家具有智识，则农工商不贱于官吏；次七句，言贵贱不在职业而在品格。第三段首三句，言人与人相依以成事；次六句，言任官职办实业，当分任之而不可偏废；次八句，言人人欲为官吏，则实业荒而共受其害；末一句，言择业不可不慎。

参考

【劳心者】指官吏言之。

【劳力者】指农工商言之。

【坐食】亦指官吏言之。

【惑】迷也。

【人浮于事】浮，过也，多也。人浮于事，谓人多而事少也。

第二十五课　触詟说赵太后

本文

　　赵太后新用事，秦急攻之。赵氏求救于齐，齐曰："必以长安君为质，兵乃出。"太后不肯，大臣强谏。太后明谓左右："有复言长安君为质者，老妇必唾其面。"

　　左师触詟愿见太后，太后盛气而揖之。入而徐趋，至而自谢，曰："老臣病足，曾不能疾走，不得见久矣。窃自恕，而恐太后玉体之有所郄也，故愿望见太后。"太后曰："老妇恃辇而行。"曰："日食饮得无衰乎？"曰："恃粥耳。"曰："老臣今者殊不欲食，乃自强步，日三四里，少益嗜食，和于身。"太后曰："老妇不能。"太后之色少解。

　　左师公曰："老臣贱息舒祺，最少，不肖，而臣衰，窃爱怜之。愿令补黑衣之数，以卫王宫。没死以闻。"太后曰："敬诺。年几何矣？"对曰："十五岁矣。虽少，愿及未填沟壑而托之。"太后曰："丈夫亦爱怜少子乎？"对曰："甚于妇人。"太后笑曰："妇人异甚。"对曰："老臣窃以为媪之爱燕后，贤于长安君。"曰："君过矣！不若长安君之甚。"

　　左师公曰："父母之爱子，则为之计深远。媪之送燕后也，持其踵为之泣，念悲其远也，亦哀之矣。已行，非弗思也，祭祀必祝之，祝曰：'必勿使反。'岂非计久长，有子孙相继为王也哉？"太后曰："然。"

　　左师公曰："今三世以前，至于赵之为赵，赵王之子孙侯者，其继有在者乎？"曰："无有。"曰："微独赵，诸侯有在者乎？"曰："老妇不闻也。"

　　"此其近者祸及身，远者及其子孙。岂人主之子孙则必不善哉？位尊而无功，奉厚而无劳，而挟重器多也。今媪尊长安君之位，而封之以膏腴之地，多予之重器，而不及今令有功于国，一旦山陵崩，长安君何以自托于赵？老臣以媪为长安君计短也，故

393

以为其爱不若燕后。"太后曰："诺，恣君之所使之。"于是为长安君约车百乘，质于齐，齐兵乃出。

　　子义闻之曰："人主之子也，骨肉之亲也，犹不能恃无功之尊，无劳之奉，而守金玉之重也，而况人臣乎！"

目的
本课记触詟说太后辞令之妙。

教授事项
　　（甲）时间分配　　本课分三时。
第一时　　"赵太后新用事"至"不若长安君之甚"。
第二时　　"左师公曰"至"而况人臣乎"。
第三时　　复习全课。
　　（乙）内容提示
　　一、进谏之道，或婉曲或刚直，各有其用。触詟之说太后，缓缓从人情中道出，使太后听之，不自觉入其彀中，是以婉曲胜者。
　　二、犯颜以诤，辞气激烈，不若从容纳谏，回上意于无形，观触詟之谏而益信。
　　三、知其爱子，即从爱子为进言之端，更用无数曲折，逼出太后心事，是为抛砖引玉法。
　　四、知太后极爱长安君，偏说其不如爱燕后，盖顺以说之，不若反以激之也。
　　五、因太后自认爱长安君甚，发出极大议论，使其有不得不听从之势，立说之巧，非成竹在胸者不能。
　　六、触詟之说，步步引人入胜，文笔亦旁敲侧击，迂折顿挫，将触之态度神情，一一写出，直有绘色绘声之妙。
　　（丙）文字应用
　　课文为记事体，分七段。第一段首六句，述齐必获质而后救赵之急；次五句，述太后不肯以长安君为质。第二段首二句，述触詟见太后而太后盛怒待之；次八句，述触入而自言其病足及思念之切；次十五句，述太后与触琐谈饮食起居等事，太后色少解。第三段首九句，述触以少子托太后；次十九句，述太后与触共谈子女之爱。第四段十七句，触言太后之爱燕后，太后以为然。第五段十二句，触言诸侯之子孙无相继为侯者，太后亦以为然。第六段首七句，触言诸侯之子孙无功劳，故不能相继为侯；次八句，触言长安君无功于国，恐不能安于赵；次六句，述太后允长安君为质于齐，齐兵乃出。末段八句，述子义之言。

参考

【赵太后】惠文王后，即威后也。

【长安君】威后少子，孝成王弟也。

【质】音至，抵押于人以取信也。

【左师】官名。

【触詟】触姓，詟名。

【郄】音隙，病苦也。

【辇】车之以人挽，曰辇。天子之车亦曰辇。

【粥】谁和米煮之，使糜曰粥。

【少解】谓少消释怒容也。

【息】子也。

【舒祺】触子之名也。

【黑衣】戎服也。

【没】犹昧也。

【填沟壑】谓死而无人收葬，填于沟壑之中，亦自谦之辞也。

【媪】妇人年老者之通称。

【燕后】太后女，嫁于燕为后者也。

【必勿使反】古者嫁女于异国为后，或被废，或国灭，始反本国。

【继】谓相继为侯也。

【重器】金玉重宝也。

【山陵崩】山陵，为君与后安葬之所。山陵崩，即谓太后殁也。

【恣】纵也。

【约】缠束也。

【子义】赵之贤士。

第二十六课　猫说　薛瑄

本文

余家苦鼠暴，乞诸人，得一猫。形魁大，爪牙铦且利。余私计，鼠暴当不复虑矣。以其未驯也，絷①维以伺，候其驯焉。群鼠闻其声，相与窥其形，类有能者，恐其噬己也，屏不敢出穴者月余日。

既而以其驯也，遂解其维絷。适睹出壳鸡雏，鸣啾啾焉，遽起而捕之，比家人逐得，已下咽矣。家人欲执而击之，余曰："勿庸物之有能者，必有病。噬雏，是其病也，独无捕鼠之能乎？"遂释之。

已则伈伈泯泯，饥哺饱嬉，一无所为。群鼠复潜视，以为彼将匿形致己也，犹屏伏不敢出。既而鼠窥之益熟，觉其无他异，遂复出为暴如故。余方怪甚，然复有鸡雏过堂下，又亟往捕之而走，追则啮者过半矣。

余之家人执之至前，数之曰："天之生材不齐，有能者必有病。舍其病，犹可用其能也。今汝无捕鼠之能，有噬鸡之病，真天下之弃材也哉！"遂逐之。

① 絷：zhí，拴，捆。

目的

本课言猫而有噬鸡之病，无捕鼠之能，故至见弃于人。

准备

将百兽图中猫之图，指示学生，使其知猫之形状，有类于虎，宜乎有捕鼠之能力。

教授事项

（甲）时间分配　本课分二时。

第一时　"余家苦鼠暴"至"追则啮者过半矣"。

第二时　"余之家人"至"遂逐之"。

（乙）内容提示

一、猫之形体虽小，亦为食肉兽之一，故捕鼠是其长技。

二、猫而忽噬鸡雏，其性之不驯可知。然犹曰奔蹄之马，能致千里，其捕鼠技或未可量也，及群鼠为暴而不能制，则猫之功用失而徒负虚名矣。

三、有一长足录，善用之亦有补于事，徒有病而无能，则无论何物，皆系弃材，不仅一猫而已。

四、始而曰比逐得已下咽，继而曰追则啮过半，不仅文法之有变换也，盖始则出于意料之外，继而已有预防之心，情势不得不异也，是为文之细心摩神处。

五、德温之为此说，非为猫而发也，为人之有病无能者发也，借猫以喻人，亦寓言之类耳。

（丙）文字应用

课文为论说体，分四段。第一段首七句，言乞得巨猫而以为不畏鼠暴；次三句，言縶猫而伺其驯；次六句，言群鼠窥之而不敢出。第二段首七句，言解其縶而猫乃捕鸡雏而食；次九句，言冀其有捕鼠之能而劝家人勿击。第三段首三句，述猫无能为之情状；次六句，言群鼠见之而初犹不敢动，继乃为暴如故；次四

397

句，言方怪其无能而猫又捕鸡雏；末十一句，言数猫有病无能之罪而逐之。

参考

【薛瑄】字德温，明时人，其学一本程朱，修己教人，以复性为主。

【暴】言其纵肆而为害也

【铦】音先，利也。

【驯】顺从也。

【縶维】縶之也。

【屏】匿也。

【出壳鸡雏】言方自壳中出之小鸡也。

【啾啾】音揪，鸣声之小者。

【伈伈泯泯】伈，音心。伈伈，恐惧貌。泯泯，无知觉之貌。

【匿形致己】谓匿其威猛之形而诱己也。

【弃材】言无用之材，为人所弃也。

第二十七课　司法

本文

今日文明各国，所以统治国家者，无一不明定法律，使上下皆就其范围，而不敢或违，故谓之法治国。

虽然，有法不行，与无法等，故又特选精通法律之人，以为司法官，其有纷争曲直者，则依法以断之；违背律令者，则执法以纠之。凡司法官所为，无论何人不得干涉，所以示威严，而持公正者也。然事实之调查，或多误漏，法律之解释，容有异同，而所以裁判之者，即不能无失。故文明各国多用三审制，凡不服初审者，得上诉而受第二审，又不服，得更上诉而受终审。所以正权义，免冤抑也。

裁判之事，虽属司法官，然亦未尝专行己意。其断狱也，不用威迫，以证据为主。许人民旁听，以示至公。又恐不习法律及讷于语言者，未能自达其情，许其聘用律师，以为辩护。其尊重人权也若是。

前清因预备立宪，修改法律，设大理院及高等地方各级审判厅，又设检察厅代表国家纠弹违法，采用司法独立之制，旧时刑讯滥拘等弊渐事划除。惜官吏多未实行。民国初定，益重司法独立。中央及各省已设审判厅者整齐之，未设者促成之。特许律师代任辩护。法治日进，人民之保障亦日见巩固矣。

目的

本课言法律为保障人民之具，不可不出以审慎。

教授事项

（甲）时间分配　本课分二时。

第一时　"今日文明各国"至"免冤抑也"。

第二时　"裁判之事"至"亦日见巩固矣"。

（乙）内容提示

一、人人皆当服从，人人不得干预，即所谓司法独立也。否则法律不能伸而秩序必乱。

二、初审再审终审，有种种手续，即慎刑之意也。不如是不足以服人心，并不足以杜舞文弄法之弊。

三、用律师辩护，本欲使讷者达其情也，非逞其利口，为奸人脱罪也。律师而惟以金钱为目的，不问理之曲直，哓哓[①]强辩，是自损其价值矣。

---

① 哓哓：xiāo xiāo，争辩。

（丙）文字应用

课文为论说体，分四段。第一段六句，辨明法治国之性质。第二段首九句，言司法官之责任；次七句，言司法之独立；次六句，言所以用三审制之故；次六句，释三审之用意。第三段首七句，言裁判时有陪审及旁听者；次七句，言重证据用律师以尊重人权。末段首十句，言清季采用司法独立之制，未能实行；次六句，言民国重司法而设审判厅，许律师辩护；末三句，言法治进而人民之保障固。

参考

【纠】举也。

【裁判】裁度事理而判断其是非也。

【容有】或有也。

【冤抑】谓冤枉而屈抑也。

【讷】言语迟钝也。

【律师】在日本谓之辩护士，西国凡卒业于法律学校之学生，及有法律之智识而考验得凭者，得代原告或被告人公庭诉讼，称曰律师。

【刑讯】用刑罚讯问犯人口供也。

【划除】消除也。

【审判厅】设立于京师及各省省城者，曰高等审判厅；设立于各县者，曰地方审判厅；设立于各乡镇者，曰初级审判厅。

【保障】即保卫也。

第二十八课　周亚夫

本文

汉文帝时，匈奴大入边，以宗正刘礼为将军，军霸上；祝兹侯徐厉为将军，军棘门；以河内守周亚夫为将军，军细柳以备胡。

上自劳军至霸上，及棘门军，直驰入。将以下，骑送迎。已而之细柳军，军士吏披甲，锐兵刃，彀弓弩，持满，天子先驱至，不得入。先驱曰："天子且至军门。"都尉曰："军中闻将军之令，不闻天子之诏。"有顷，上至，又不得入。于是上使使持节诏将军曰："吾欲劳军。"亚夫乃传言开壁门。壁门吏士，请车骑曰："将军约，军中不得驱驰。"于是天子乃按辔徐行，至营。将军亚夫持兵揖。曰："介胄之士不拜，请以军礼见。"天子为动，改容式车。使人称谢"皇帝敬劳将军"成礼而去。

既出军门，群臣皆惊。文帝曰："嗟乎！此真将军矣。乡者霸上、棘门，如儿戏耳，其将固可袭而虏也。至于亚夫，可得而犯耶？"称善者久之。月余三军皆罢，乃拜亚夫为中尉。

目的

本课述周亚夫治军之肃，以为轻而不整者戒。

教授事项

（甲）时间分配　本课教授一时。

（乙）内容提示

一、军中不闻天子诏，所以专阃[①]外之责也。否则号令纷歧，将无威重，鲜有能得军士死力者。

二、军中不得驰驱而文帝按辔徐行，亚夫以军礼见而文帝改

[①] 阃：kǔn，**统兵在外的将军**。

401

容式车。亚夫之治军严整，能守为将之道，固矣。问文帝不以为罪而称谓真将军，亦文帝之贤也。

（丙）文字应用

课文为记事体，分三段。第一段九句，记汉文帝命将备胡。第二段首五句，记文帝驰入霸上棘门军；次七句，记细柳军严备甲兵而先驱不得入；次五句，言军中不闻天子诏；次三句，记天子亦不得入；次三句，记持节诏之而始开壁门；次四句，记壁门吏言军中不得驱驰；次六句，记帝入而亚夫请以军礼见；次四句，记帝改容成礼而去。第三段首二句，言群臣皆惊；次九句，文帝赞亚夫治军之能；末三句，记军罢而拜亚夫为中尉。

参考

【文帝】名恒，高帝子。

【匈奴】见本册第九课。

【宗正】官名，汉九卿之一，掌宗族事者。

【霸上】地名，在今陕西咸宁县东。

【祝兹】地名，即松兹，在今安徽宿松县北五十里。

【棘门】地名，在今陕西咸阳县东北，秦故阙门也。

【河内】地名，在今河南武涉县西南。

【周亚夫】勃次子，封条侯。

【细柳】地名，今咸阳县西南有细柳仓。

【彀】音构，弓满也。

【都尉】官名。

【持节】节以竹为之，编旄于上，奉使者必持节为信。

【壁门】壁垒之门也。

【按辔】辔，马缰也，笼于马头，欲马疾行则急持之，按辔，即止辔而不动也。

【介胄】介，铠甲也。胄，铠帽。古者身服甲胄之人，不行拜跪礼，因其不便也。

【式车】式，车前横木，古者乘车时有敬，则俯首凭式，故曰式车。

【乡】去声，与向同。

【中尉】秦官，汉因之，掌缴循京师。

第二十九课　活版

本文

吾国之有书籍，盖四千余年矣。其始剖竹为简，而以漆书之，故著书至数十万言，储藏即已不易，而传布之难无论矣。

秦汉之间，乃有毛笔。或书于缣，或书于纸。于是较竹书为简易，而传播之术不外抄录。南北朝学者，每以手抄若干千卷相夸，其困难可想见也。

汉之季，已开印刷之端，石经是也。其后偶有仿刻者，亦仅有五经、九经，不暇旁及。至于五代，冯道刻五经。毕升造活字，易石以木，特趋简易。于是流行渐广。宋版之书，至今犹有存者。惟自宋以来，刻版之风盛行，而活字则用之者殊少。至清乾隆间，武英殿聚珍版出，而其用始盛。

原活版之所以不广者，有二故：锲字比行，粗疏苟简，不适于观美，一也；再版、三版，又费缀集，二也。人人见此缺点，而不为之改良，故遂恝置之耳。

自毕升发明活版之后，传宋及元，至有明英宗之世，而活版之法始行于欧洲。创之者，西班牙人约翰也。盖距毕升时已五百余年矣。

欧人既用活版，以时改良，进步无已。今则范铜以为模，合铅与锑以为字，虽细若蝇头，而锋棱可观，则旧法之第一缺点去矣。缀集至易，再印、三印以次改订，其宜于保守者或范为纸型，铸为铅版，仍可以一劳而永逸，则旧法之第二缺点去矣。且

403

运以机械，印刷迅速，日成万纸。是以书籍报章、公私文告，莫不藉此以印行。又有石印之法，则摄影而印于石者，得与原本无毫发之异。其他如金属版、玻璃版，略与石印法相同。法帖精图，多资以流传焉。

我国创制活版，历时千年，不知改良，旧法相沿，迄今不变。近虽急起模仿，而机械之属又多不能自造，不亦愧乎？

目的
本课言印刷书籍，以活版为最便。

准备
图为印刷机器。中有轮轴，轮轴下有铁版，能前后移动，即用以承活版者。轮轴后有竹箅，能上下移动，机器前端置有油墨，恰与铁板相切。印刷时用汽机运轴，使之旋转，纸从轮轴上面放入，同时活版移前，沾有油墨，与轴面之纸相切，印成文字。纸即为轴后竹箅揭起，自机后落下。如是相继印刷，每小时可千余张。

教授事项
（甲）时间分配　本课分三时。
第一时　"吾国之有书籍"至"故遂趫置之耳"。
第二时　"自毕升发明活版之后"至"不亦愧乎"。
第三时　复习全课。
（乙）内容提示
一、自竹简而至于抄录，自抄录而至于石经木版，种种变迁，即有种种进步，活版最为便利，独至今日而始盛行者，因当时未得改良之道故耳。

二、毕升发明活版后，我国不能善用其法，任其废置数百年。此非毕升之不幸，亦我国印刷业之不幸也。

三、石印之法，得与原本无异，固非铅印可及。然印刷过多，即不免有模糊之病。故与铅印相较，亦各有其长，并重而不能偏废者也。

（丙）文字应用

课文为记事兼论说体，分七段。第一段首二句，述吾国始有书籍之时；次五句，言竹简之繁重。第二段首五句，言毛笔较竹简为便；次五句，言古以抄录之书传世。第三段首六句，言汉以后之石刻；次九句，言五代后之易石以木；次六句，言宋以后盛行刻版，活字至乾隆间始盛行。第四段首二句，言活版不广之故有二；次七句，言一不适于美观，二又费缀集；次三句，言活版不改良，人遂恝焉置之。第五段首四句，言活版至明时始行于欧洲；次三句述创始之人。第六段首三句，言欧人之改良活版；次五句，言字精美而第一缺点去；次八句及言缀集易而又制成纸型铅版，则第二缺点去；次六句，言印刷速而流行易；次三句，言石印之不失本真；次四句，言金属版、玻璃版之宜印法帖精图。末段首五句，言我国创活版而不知改良；末四句，言近虽模仿而机械仍不能自造，未免自愧。

参考

【简】竹简也，古未有纸，载文于竹谓之简。

【毛笔】秦蒙恬始用鹿羊等毛为之。

【缣】音兼，即今之绢也。

【纸】后汉蔡伦，始用破布鱼网为之。

【南北朝】两晋既亡，南北分立。南朝宋齐梁陈相继，北朝魏（后分为东西魏）北周北齐相继，是为南北朝。

【石经】后汉灵帝时，蔡邕等奏求正定六经文字，使石工篆刻于石，立于太学门外，谓之石经。

【五经】易，诗，书，春秋，礼记也。

【九经】周礼、仪礼、礼记，春秋，左氏传，公羊传，谷梁传，易书，诗也。

【五代】唐亡，梁唐（即后唐）晋汉周继之，谓之五代。

【冯道】字可道，历事唐晋汉周四代，浮沉以取容，作《长乐老叙》以自娱，时人鄙之。

【毕升】宋布衣，庆历（仁宗年号）中，制成活版，法用胶泥刻字，烧之令坚，置铁范于铁版上，密布字其间而印之。

【刻版】用木刻字为版也。

【活字】昔用木刻成字，排比印刷。今则改用铅锑点铜等混合铸成。

【乾隆】清高宗年号。

【武英殿聚珍版】武英殿，为大内宫殿之一。聚珍版，即活字版。清高宗提倡文学，著书繁博，尝倡制聚珍版印刷书籍。有《御撰聚珍版程式》一书，刊于武英殿丛书内，述聚珍版之源流制法甚详。

【锲字比行】锲，音切，刻也。比行，并行也。

【缀】连也。

【恝置】淡漠视之也。

【英宗】名祁镇，宣宗之子。

【西班牙】见本册第十四课。

【范铜为模】用铜铸成阴文模型，然后以镕铅浇其上，冷后即成阳文铅字。欲制铅字，故必先铸铜模。

【铅】金类矿物，性柔软，色灰白，必与锑镕合，方可铸铅字。

【锑】音题，金属类矿物，性脆于铅。

【蝇头】形容字之小也。

【锋棱】锋芒而有棱角也。

【纸型】亦曰纸版。西历一千八百二十九年，法人谢萝氏所发明。凡制纸型，取湿纸十数层，铺于排成之活版上，以压抑器压之，移于炉上烘干，则纸型成矣。

【文告】告示告白之类。

【石版】以石为板，俗称石印，为奥人所发明，迄今已百余年矣。有二类，一曰单色石印，一曰五彩石印。

【金属版】即铜板、锌版之类。

【玻璃版】亦名珂罗版，系用胶质制于极薄之玻璃上而成者。

【法帖】昔人字书，可为后人取法者。曩时多镌之石上，而以墨拓之，近则用照相法摄其影，以石版、铜版、玻璃版等印成，益见精美。

第三十课　报纸

本文

报纸者，所以交换智识，主持舆论。东西各邦，报纸发达，千百倍于我国。而原其所由来，则实推我国为鼻祖，此世界所公认也。

我国报纸之发生，不知始于何时。今所可考者，以开元杂报为最古，距今已千余年矣。特其制度史缺不载，无由知其详。宋制，进奏院，每五日，具定本，报状于枢密院，然后传之四方。报中所录，大抵诏令章奏之属。以朝廷所设施，传布国中，使得共见共闻，用意至公。今中央刊行之政府公报，犹是唐宋旧制也。

十五世纪中叶，当明孝宗之世，德国始有报纸。其后英、法亦仿行之。然印刷迟缓，交通阻滞，报中所载简略已甚。至十九世纪后，报纸始渐发达，其种类可分为二：一曰日报，一曰杂志。

日报者，日日出版，记内外之新闻也。英之《太晤士》、法之《陆当》、美之《纽约赫勒路》为最著。日刊数十万纸，其记载议论不特备政府之采择，为国民之向导，而外交政策，列强且视其一言为重轻。其势力之大，可想见矣。

杂志者，定期出版之报也。其期自数日至数月不等，大抵分门别类，人各就其所学而求之。美国之杂志多至二万余种。论者推为校外教育之利器，所以助学校之不及也。

欧美报纸所以盛行之原因，固由印刷神速，交通便利，抑亦教育发达，编辑者既多淹博之士。而人人知书，志趣远大，其见闻不欲局于一隅，故报纸之推行日广。今我国各都会虽有刊行报纸，而进步迟迟，方之欧美，瞠乎后矣。

目的
本课述报纸之源流及种类，并述其功效之大。

准备
书中所载，系唐之开元杂报，乃以甲子记日者。

教授事项
（甲）时间分配　本课分二时。
第一时　"报纸者"至"一曰杂志"。
第二时　"日报者"至"瞠乎后矣"。
（乙）内容提示
一、开元杂报，亦京报之流，沪地数十年前报纸之发端，亦以邸抄为重，仍唐时杂报之遗意也。
二、报纸中最有关系者，一为议论政治之得失，一为记载风俗之良否，皆足促社会国家之改良进化者也。
三、报纸为舆论之代表，国民之向导，足以转移一时之风气。必议论正大，无偏无党，不激不随，方不负此重大之责任。
四、日报取其消息灵通，杂志取其材料丰富，其性质虽异，而扩见闻增智识则一也。
五、今日报纸之发达，固非十年前可比，然党同伐异，入主出奴，言论界几至各树一帜，殊为世道人心忧。
（丙）文字应用

课文为论说体,分六段。第一段首三句,辨明报纸之性质;次六句,言我国为发明报纸之鼻祖。第二段首八句,推原报纸发生之初,在于唐时;次六句,述宋报发行之大略;次六句,述报中所记之事实;次二句,言今之政府公报为唐宋旧制。第三段首八句,述十五世纪欧洲报纸之简略;次五句,述十九世纪后报纸之种类。第四段首三句,点清日报;次十一句,言英法美日报之力量。第五段首三句,点清杂志;次二句,述杂志之功用;次四句,言美国杂志之价值。末段首十句,道出欧美报纸所以畅销之故;末五句,言我国报纸之不如欧美。

参考

【鼻祖】始祖也。百科全书谓中国报纸最古,创始于西历十世纪(案十世纪为中国唐宋间,实则开元时已有之)。

【开元杂报】开元,唐玄宗年号。杂报,即京报也。其后名曰邸报(唐藩镇皆设邸于京师,邸中之官传抄诏令章奏等,以报于诸藩,故曰邸报)。

【进奏院】唐藩镇京师所设之邸,以大将主之,为知进奏院官,宋因之,各州就京师置进奏院,掌受诏敕及诸司符牒,以颁于诸路,并受诸州章奏,以进于天子。

【定本】写定之本也。

【报状】状,牒文,言用牒文以报于枢密院也。

【枢密院】掌兵机军政之职,与中书省对峙,号为二府(中书掌文枢密掌武)。

【诏令章奏】天子所降者曰诏令,臣下所上者曰章奏。

【孝宗】名佑樘,宪宗之子。

【德国始有报纸】据百科全书谓日报始于德国,约在西历一千四百九十八年(明孝宗弘治十一年),今其图书馆尚存八百余种。

【太晤士、陆当、纽约赫勒路】为英、法、美最有名之报。

【淹博】淹，渍也。博，广博也。言其学问如水之浸淫而广博也。

【瞠】音撑，直视也。言不能追及他人，致落人后，两目向人直视也。

第三十一课　广告

本文

有人于此建设一学堂，所希望者，生徒之众也。然而学科若何，学额若何，建校何地，招考何时，苟未尝告人，虽有求学之人，乌从而知之？

有人于此经营一商业，所希望者，销售之广也。然而货物若何，价值若何，设肆何地，开张何时，苟未尝告人，虽有求货之人，又乌从而知之？

告人之道奈何，将执途人而语之乎？则不胜其繁。而一遇无关涉之人，且将厌其絮聒矣。将大书特书而榜之门乎？则见者徒往来之人，而相距较远又无由见之。于是乎有广告之法。

今试取各种报纸而披阅之，有载于简端者，有列于余幅者，非种种广告乎？报章流传，日以万计，通行全国，无远不届。列广告于其中，人人各就其所关者而求之，斯诚两利之术也。然而利用广告，作不实之语，以售其牟利之奸者，亦往往有之。是不可以不察焉。

目的

本课言广告藉报纸传达，足以获远近皆知之利。

教授事项

（甲）时间分配　本课分二时。

第一时　讲解全课。

第二时　复习全课。

（乙）内容提示

一、学校之发达，固在教科之完善，教法之周密，然一校有一校之性质，苟无广告以传播之，恐道远者不知其底蕴，将裹足而不前。

二、商界中一年之告白费，消耗固甚巨，然不如是则价廉物美而人不知，商业不得发达，断不能顾惜此费而贻误所营之业也。

三、广告之利有三：一可以振兴商业，二可以补助报馆之亏折，三可以备阅报者之检查。固不仅一方面之利也。

四、广告而作不实之语，固为欺人之计也。岂知欺诈之名出，虽报端称扬不绝，人将一笑置之，广告费不啻掷于虚牝，是谓欺人即自欺。

（丙）文字应用

课文为论说体，分四段。第一段首四句，言设学堂而希望生徒发达；次七句，言不以校中情形告人，求学者不得而知。第二段首四句，言经营商业而希望销售之广；次七句，言不以货物货价等告人，求货者不得而知。第三段首五句，言不能执途人而告之；次五句，言告白榜之于门而不能及远；次一句，点出广告。末段首四句，言广告之载于报纸；次七句，言报纸无远勿届，列广告而人人得以披阅；末五句，言虚伪之广告不可察。

参考

【开张】凡店肆初次张挂牌号，谓之开张。

【絮聒】絮，言语连绵不断也。聒，语杂声嚣也。

【榜】标示也。

【披阅】披，阅也。阅，观也。

【简端】简，古时载文字之竹简也，后人以纸代简，仍沿用其名。简端，犹言报纸之前面也。

【余幅】言报纸所余之空幅也。

【牟利】取利也。

第三十二课　辨志

本文

人之生也，呱呱以啼，哑哑以笑，蠕蠕以动，惕惕以息，无以异也。出而就学，所受之业，又无以异也。及其既成，或为圣，或为贤，或为豪杰，或为庸人，甚者流而为盗、贼、乞丐，岂有生之始，遽不同如此哉？抑岂有驱迫限制，为之区别，以致然哉？习为之耳。习之不同，志为之耳。

志在乎此，则习在乎此矣；志在乎彼，则习在乎彼矣。其始甚微，其效甚巨。近在胸臆之间，而远周天地之内。定之一息之顷，而著之百年之久。盖志之为物，往而必达，图而必成。及其既达，则不可以返也；及其既成，则不可以改也。

志之定于心也，如种之播于地也。种粟菽则粟菽矣，种乌附则乌附矣。雨露之滋，壅培之力，各如所种，以成效焉。粟菽成，则人赖其养，乌附成，则人被其毒。呜呼！学者一日之志，天下治乱之原，生人忧乐之本也。

目的

本课言人无愚智，事无难易，只在立志之坚定。

教授事项

（甲）时间分配　本课分二时。

第一时　讲解全课。

第二时　复习全课。

（乙）内容提示

一、志乎圣贤，即可为圣贤，孟子谓人皆可以为尧舜，亦此意也。

二、盗贼乞丐，非生而有盗贼乞丐之资质也，盖在家庭受不良之教育，昧其本性，在社会交邪僻之损友，沾染恶习，致志趣愈趋愈下耳。

三、所志远大，则利害不能动，艰险不能阻，虽遇困厄之境而视若坦途矣。

（丙）文字应用

课文为论说体，分三段。第一段首六句，言人初生之时无异；次三句，言所受之学业无异；次六句，言人之成就各异；次八句，言人之不同，由于志之不同。第二段首四句，言所志若何，即所习若何；次六句，极言志之变化不可测；次七句，言所志无不成。第三段首二句，以播种喻定志；次六句，言所种何物，收成即为何物；次四句，言粟菽、乌附之性质不同；末四句，叹学者之志，关系于国家人民。

参考

【呱呱】呱，音姑。呱呱，小儿啼声也。

【哑哑】哑，音呀，笑语声也。

【蠕蠕】蠕，音辱。蠕蠕，动也。

【惕惕】安静也。

【驱迫限制】驱迫，驱逐逼迫其为盗贼乞丐也。限制，界限禁制其不得为圣贤也。

【胸臆】臆，音忆。胸臆，当胸之处也。

【一息之顷】息，鼻息一呼一吸也。一息之顷，言为时极短促，止一呼吸间也。

【粟菽】粟，谷类植物，俗谓之小米。菽，豆类之总名。

【乌附】乌头附子也，为药品中之毒草类。

第三十三课　弈喻　钱大昕

本文

予观弈于友人所。一客数败，嗤其失算，辄欲易置之，以为不逮己也。顷之，客请与予对局，予颇易之。甫下数子，客已得先手。局将半，予思益苦，而客之智尚有余。竟局数之，客胜予十三子。予赧甚，不能出一言。

后有招予观弈者，终日默坐而已。今之学者，读古人书，多訾古人之失；与今人居，亦乐称人失。人固不能无失，然试易地以处，平心而度之，吾果无一失乎？吾能知人之失，而不能见吾之失；吾能指人之小失，而不能见吾之大失。吾求吾失且不暇，何暇论人哉！

弈之优劣，有定也，一著之失，人皆见之，虽护前者不能讳也。理之所在，各是其所是，各非其所非，世无孔子，谁能定是非之真？然则人之失者未必非得也，吾之无失者未必非大失也，而彼此相嗤，无有已时，曾观弈者之不若己。

目的

本课藉观弈之难，证明见人之失易而见己之失难。

教授事项

（甲）时间分配　本课分二时。

第一时　"予观弈于友人所"至"何暇论人哉"。

第二时　"弈之优劣有定也"至"曾观弈者之不若己"。

（乙）内容提示

一、从旁作冷眼观，最易见人之短。此非我才胜于彼也，所谓旁观者清，当局者迷耳。

二、视之易，言之易，行之则难，非身入其境，鲜有知其难者。

三、观弈然，观人之优劣亦然。必有知人之明，自知之明，方不至冒昧从事。

四、当未与客对局之时，固以为客之棋非我敌也。一经失败，则高下立判，虽欲护短而不得。

五、因观弈而悟人己之得失，此即见道之语，非触类旁通者不能。

（丙）文字应用

课文为论说体，分三段。第一段首五句，言观客弈而觉其不如己；次三句，言与客对弈而颇易之；次七句，述初下子至终局之情形；次二句，言因负而赧甚。第二段首二句，言以后观弈而不敢言；次五句，言学者喜道人之失；次四句，言人与我均不能无失；次六句，言见人之失而不能见己之失，何暇论人。第三段首四句，言弈之优劣不可掩；次三句，言理之是非无定；末七句，言轻为是非者曾观弈者之不如。

参考

【钱大昕】字晓徵，号辛楣，清时人。

【哂】笑之也。

【对局】相对下棋也。

【易之】轻视之也。

【赧】音南，愧也。

【訾】议也。

【护前】回护前失也。

【讳】掩饰之而不言也。

第三十四课　醉翁亭记　欧阳修

本文

环滁皆山也。其西南诸峰，林壑尤美，望之蔚然而深秀者，琅琊也。山行六七里，渐闻水声潺潺而泻出于两峰之间者，酿泉也。峰回路转，有亭翼然，临于泉上者，醉翁亭也。作亭者谁？山之僧智仙也。名之者谁？太守自谓也。太守与客来饮于此，饮少辄醉，而年又最高，故自号曰醉翁也。醉翁之意不在酒，在乎山水之间也。山水之乐，得之心而寓之酒也。若夫日出而林霏开，云归而岩穴暝，晦明变化者，山间之朝暮也。野芳发而幽香，佳木秀而繁阴，风霜高洁，水清而石出者，山间之四时也。朝而往，暮而归，四时之景不同，而乐亦无穷也。至于负者歌于途，行者休于树，前者呼，后者应，伛偻提携，往来而不绝者，滁人游也。临溪而渔，溪深而鱼肥，酿泉为酒，泉香而酒洌，山肴野蔌，杂然而前陈者，太守宴也。宴酣之乐，非丝非竹，射者中，弈者胜，觥筹交错，坐起而喧哗者，众宾欢也。苍颜白发，颓然乎其间者，太守醉也。已而夕阳在山，人影散乱，太守归而宾客从也。树林阴翳，鸣声上下，游人去而禽鸟乐也。然而禽鸟知山林之乐，而不知人之乐；人知从太守游而乐，而不知太守之乐其乐也。醉能同其乐，醒能述以文者，太守也。太守谓谁？庐陵欧阳修也。

目的

本课系欧公记亭而并记山水，且处处为己身写照。

教授事项

（甲）时间分配　本课分二时。
第一时　"环滁皆山也"至"而乐亦无穷也"。
第二时　"至于负者歌于途"至"庐陵欧阳修也"。

（乙）内容提示

一、通篇用二十"也"字，逐层写来，颇有错落之致。惟第一"也"字系半面语，神理未完，余"也"字则为结束上文之辞，语气与下文不相属。

二、起手处淡淡着笔，入后一步紧一步，写得兴会淋漓，一结复超脱非常，大有咏歌而归之态度。

三、此文似散非散，似排非排，文家之创调也。后人喜摹仿斯调，致觉文格之不高者，系摹仿者之过，非斯文之过也。

四、公不以酒名，斯时以醉翁名亭，且自摹醉态者，因谪居于是，借酒浇愁，聊以消遣悲愤之怀耳。

五、时而太守，时而醉翁，至结尾始点出己之姓名，是为文之画龙点睛法。

（丙）文字应用

课文为杂记体。首五句，从环滁皆山而说到琅琊；次四句，从山而点出酿泉；次四句，从泉而点出醉翁亭；次二句，点出作亭之人；次二句，点出名亭之人；次四句，释所以名醉翁之意；次四句，写醉翁对于酒之兴味；次四句，记山间之朝暮，即记亭之朝暮；次五句，记山间之四时，即记亭之四时；次四句，总收朝暮四时而道出乐处；次七句，记滁人之游；次七句，记太守之宴客；次七句，记众宾投壶围棋以为欢；次三句，记太守之醉；次三句，记归时之情景；次三句，记归后禽鸟之乐；次四句，言禽鸟之乐人之乐，均不知太守之乐其乐；次三句，结出作记；末二句，结出作记者之姓名。

参考

【欧阳修】见本册第十七课。

【滁】州名，在今安徽滁县（清之滁州）。

【蔚然】草木盛貌。

【琅琊】山名，在滁县西南十里，晋元帝为琅琊王时，避地

417

此山，故名。

【潺潺】潺，音蝉。潺潺，水流声也。

【翼然】如鸟之舒翼然也。

【醉翁亭】在滁县西南七里。

【太守】官名，一郡之长也。

【霏】烟雾也。

【伛偻】伛，音羽。偻，音缕。伛偻，背屈而不伸也。

【冽】音列，清也。

【山肴野蔌】肴，凡鱼肉之类熟而食之曰肴。蔌，音束，菜也。山肴，山间野鸟野兽等之肉也。野蔌，郊野之蔬菜也。

【觥筹】觥，音肱，酒器，容七升，以兕牛角为之。筹，所以记罚者。

【苍颜】苍，青色也。年老者气血已衰，面带青色也。

第三十五课　吴王夫差　刘基

本文

吴王夫差与群臣夜饮，有鸲鹆鸣于庭。王恶，使弹之。子胥曰："是好音也，弗可弹也。"王怪而问之，子胥曰："王何为而恶是也？夫有口则有鸣，物之常也，王何恶焉？"王曰："是鸟妖也，鸣则不祥，是以恶之。"

子胥曰："王果以为不祥而恶之与？则有口而为不祥之鸣者，非直一鸟矣，王之左右皆能鸣者也。故王有过，则鸣以文之；王有欲，则鸣以道之；王有事，则鸣以持之；王有闻，则鸣以蔽之；王臣之顺己者，则鸣以誉之；其不顺己者，则鸣以毁之。凡有鸣，必有为。故其鸣也，能使王喜，能使王怒，能使王听之而不疑。是故王国之吉凶，惟其鸣。王弗知也，则不祥孰大焉。王胡不此之虞，而鸟鸣是虞？夫吉凶在人，禽兽何知？若以为不祥，则虑而先为之防，求吾阙而补焉，所益多矣。"

目的
本课系文成述子胥之言，以明诡谄之臣为不祥物。

教授事项
（甲）时间分配　本课分二时。
第一时　讲解全课。
第二时　复习全课。
（乙）内容提示
一、夫差与群臣夜饮，即为失德，即为亡国之征，不知自责而惟鸟鸣是恶，宜其见灭于越。
二、鸟鸣之声，本无关乎事之吉凶，然闻之不祥之鸟声，能惕然自惧，修德以禳之，则不祥者反转而为祥。
三、鸟之恶声而为人所恶者，因其声之刺耳，与逆耳之言相似也，焉得所谓之不祥？
四、小人揣意承志，用种种迎合之言以为媚悦，所谓口蜜腹刀也。亡国败家丧身之祸，皆隐伏其中。鸣之不祥，莫此为甚。
（丙）文字应用
课文为寓言体，分二段。第一段首四句，记吴王夜饮，闻鸜鹆鸣而欲弹之；次三句，记子胥言不可弹；次六句，记王问子胥，子胥言鸣为物之常；次四句，记王言因其不祥而恶之。第二段首六句，记子胥言鸣之不祥者非一鸟，王之左右皆能鸣；次二句，言鸣以文王过；次二句，言鸣以道王欲；次二句，言鸣以持王事；次二句，言鸣以蔽王闻；次二句，言鸣以誉顺己者；次二句，言鸣以毁不顺己者；次六句，言鸣之效力；次四句，言王不知其鸣之吉凶，则不祥莫大；次二句，言王不虞左右之鸣而虞鸟之鸣；末六句，言禽兽本无知，若以为不祥而修德，获益必多。

参考

【刘基】字伯温，明时人，原文见其所著之《郁离子》。

【夫差】吴王阖庐之子，因败越而骄，耽于酒色，任用谗臣，卒为越勾践所灭。

【鶀䳢】音忌其，即鹈鹕鸟，今之角鸥。

【弹】用弓发弹丸以击物也。

【妖鸟】怪异之鸟。

【文】文饰也。

【道】引导之也。

【持】把持之也。

第三十六课　费宫人

本文

费宫人，年十六，德容庄丽。明怀宗命侍公主，主绝爱怜之。宫人见上忧流寇，屡以问宦者王承恩。承恩曰："若居深禁，何用知此！"宫人曰："惟居深禁，不可不知，而预为计。"承恩奇之。寇愈炽，怀宗忧愈深，宫人之问承恩者愈数。承恩曰："若何以不询他人？"宫人曰："他人皆泄泄，孰以君国为意？吾见君忠诚，故相问耳。"承恩益奇之，问计将安出，宫人曰："设不幸，惟有死。要不可徒死耳。"

甲申三月十九日，李自成破都城。王承恩告帝，帝与后泣别，宫中之人皆环泣，后自缢。帝召公主至，曰："尔年十五矣，何不幸生我家！"遂掩面举刃杀之，断其左臂，手栗而止。遂登万岁山自缢。承恩缢于其右。时公主仆地未绝，他宫人悉散走，费宫人哭侍其侧，会宦者何新至，相与救之而苏。公主曰："父皇赐我死，我何敢生？且贼至，必索我，终难匿也。"宫人曰："请与婢易服，婢当诳贼以脱主。"主丞更衣，何新负之而走。

李自成射承天门，将入宫。魏宫人大呼曰："贼入大内，我辈必受辱，有志者早为计。"奋身跃入御河。须臾，从之死者盈三百。费宫人目送其死而还，服公主服，匿眢井中。贼钩而出，见李自成，曰："我公主也，不得无礼！"自成以赐其爱将罗某。罗喜甚。宫人曰："我，帝子也。尔能祭先帝而祔王承恩于其侧，从容尽礼，则从子矣。"

罗悉从其请。诸贼张乐为贺。罗痛饮大醉。入内，宫人亦具酒饮之。罗曰："吾得子，欲草疏为谢，如不文何。"宫人曰："我能之。君盍先就寝？"又以巨觥强之饮。罗醉，陶然就卧，齁如雷。宫人屏去侍女，挑灯独坐，挟匕首，睨罗喉，力刺之。罗颈裂，负痛跃起，屡仆屡跃，久之始僵。众大惊，排闼救之，已无及。时华烛尚明，众见宫人盛妆，端坐不动。审视之，则已自刭矣。闻于自成，自成骇叹葬之，以为公主已死，遂不复索。

目的
本课记费宫人杀贼而自刭，得达其不徒死之目的。

教授事项
（甲）时间分配　本课分三时。
第一时　"费宫人"至"何新负之而走"。
第二时　"李自成射承天门"至"遂不复索"。
第三时　复习全课。
（乙）内容提示
一、欲预为计而屡问寇情，非畏死也，知大局已危，不敢偷安旦夕也。
二、知承恩忠诚而问之，不特见其关怀大局，并足见其有知人之明。
三、魏宫人等之死，不可谓其无志也，惟徒死而不能有为，不免为妇人女子之本色耳。

四、目送其死而还，何等从容镇定，非胸有成竹不能，是为巾帼而有丈夫气者。

五、自成以宫人赐罗某，故罗某引刃而死。若自成自纳之，则一举手而元凶除，明社或不至遂墟。然则自成之不纳宫人，宫人之不幸，亦明室之不幸也。

（丙）文字应用

课文为传记体，分四段。第一段首五句，记费宫人之容貌，及为公主所爱；次二句，记宫人以寇事问王承恩；次三句，记承恩言其无庸知此；次五句，记宫人言不可不知之理由而承恩奇之，次三句，记寇炽而宫人问愈数；次二句，记承恩言何以不询他人；次五句，记宫人言所以问承恩之故；次二句，记承恩奇之而问其计；次四句，记宫人自言不徒死。第二段首七句，记都城破而宫中人环泣，后乃自缢；次九句，记帝断公主右臂而自缢，承恩缢以从；次五句，记公主仆而宫人与何新救之苏；次五句，记公主自言不得生；次五句，记宫人画策而脱公主。第三段首九句，记贼入宫而魏宫人跃入御河，从之死者甚众；次四句，记宫人胸有成见而不死；次三句，记宫人对自成之言；次二句，记自成以宫人赐罗某而罗某喜甚；次六句，记宫人要其尽礼。末段首五句，记罗某受贺而醉甚；次四句，记罗某欲草诏而不能；次七句，记宫人劝罗先寝而又强之饮；次五句，记宫人之刺罗；次四句，记罗之不易毙；次三句，记众人救之而已无及；次五句，记宫人虽自到而犹端坐如生，末四句，记自成不复索公主。

参考

【宫人】天子宫内妃嫔之总称。

【怀宗】名由检，光宗之子，熹宗之弟也。

【公主】天子之女，乃公侯主婚，故曰公主。

【流寇】言踪迹无定之贼寇也，指李自成等而言。

【王承恩】时为司礼秉笔太监。

【深禁】天子之居所以称禁者，因禁非侍御之臣不得妄入也。深禁，犹言深宫。

【炽】盛也。

【泄泄】怠缓悦从之貌。

【甲申】明怀宗崇祯十七年。

【李自成】明末流寇之首领，自号闯王，眇一目。

【万岁山】名景山，即煤山也。在禁城之北，势颇突兀。

【承天门】明宫城内之正南门也。

【大内】宫禁之内也。

【眢井】眢，音冤。眢井，无水之井也。

【祔】音附，祭名，义与"配飨"略同，谓祭承恩于先帝之侧也。

【陶然】乐貌。

【齁】音吼，平声，鼻息也。

【匕首】剑属，古时刺客用之，犹今之解手刀。

【睨】音逆，邪视也。

【排闼】闼，门也。排闼，言冲开其门也。

【刭】音景，以刀割颈也。

第三十七课　木兰诗

本文

唧唧复唧唧，木兰当户织。不闻机杼声，惟闻女叹息。问女何所思，问女何所忆。女亦无所思，女亦无所忆。昨夜见军帖，可汗大点兵。军书十二卷，卷卷有爷名。阿爷无大儿，木兰无长兄。愿为市鞍马，从此替爷征。东市买骏马，西市买鞍鞯，南市买辔头，北市买长鞭。朝辞爷娘去，暮宿黄河边。不闻爷娘唤女

423

声，但闻黄河流水鸣溅溅。旦辞黄河去，暮至黑水头。不闻爷娘唤女声，但闻燕山胡骑声啾啾。

万里赴戎机，关山度若飞。朔气传金柝，寒光照铁衣。将军百战死，壮士十年归。归来见天子，天子坐明堂。策勋十二转，赏赐百千强。可汗问所欲，木兰不用尚书郎。愿借明驼千里足，送儿归故乡。爷娘闻女来，出郭相扶将。阿姊闻妹来，当户理红妆。小弟闻姊来，磨刀霍霍向猪羊。开我东阁门，坐我西间床。脱我战时袍，著我旧时裳。当窗理云鬓，对镜帖花黄。出门看火伴，火伴皆惊忙。同行十二年，不知木兰是女郎。雄兔脚扑朔，雌兔眼迷离。双兔傍地走，安能辨我是雄雌？

目的

本课述木兰从军事，证明女子亦有军国民之资格。

教授事项

（甲）时间分配　本课分二时。

第一时　"唧唧复唧唧"至"但闻燕山胡骑声啾啾"。

第二时　"万里赴戎机"至"安能辨我是雄雌"。

（乙）内容提示

一、梁夫人之援桴助战，李侃妻之助夫守城，皆妇人之饶有胆略者。木兰以女子而从征十二年，智勇更在二人之上，足与明之秦良玉相抗。

二、木兰以父老弟幼，不能任军旅之事，愿代父从征，以纾边患，乃既有孝思而又能深明大义者。

三、描写织时之叹息，出发后之思乡，凯旋归来之欣欣有喜色，有如泣如诉之致。

（丙）文字应用

课文为诗歌体，分二段三十一韵。第一段首四韵，咏木兰家居情形；次四韵，咏木兰所以叹息及愿代父从征之故；次二韵，咏木兰之预备军需；次二韵，咏木兰至黄河边情形；次二韵，咏木兰离黄河边至黑水头情形。第二段首三韵，咏木兰遇敌后情况；次二韵，咏天子赏木兰之功；次二韵，咏木兰愿辞官归故乡；次三韵，咏爷娘姊弟之欢迎木兰；次三韵，咏木兰归妆阁而重易女装；次二韵，咏伙伴之惊怪；末二韵，借兔以为喻。

参考

【木兰诗】为梁时乐府，作者姓氏不可考，散见于各选本中。

【唧唧】唧，音即。唧唧，虫声也，即指促织声而言，故一作"促织何唧唧"。

【木兰】姓花，北魏时人，父名弧，病不能从军，为有司所苦。木兰改装而代父戎边十二年，人不知其为女子。

【机杼】机，织机也。杼，织时受经之具也。

【军帖】征兵之文书也。

【可汗】音克寒，北狄君主之称。北魏主系拓跋氏，故有是称。

【骏马】良马也。

【鞍鞯】鞍，加于马背之上以坐人者。鞯，所以藉鞍而垂于马腹之两旁者。

【辔头】即兜于马首，牵引拂戾以制马者。

【溅溅】溅，音笺。溅溅，水疾流貌。

【黑水】指甘肃安西州之黑水而言。

【燕山】即燕然山，今外蒙古之杭爱山也。

【啾啾】啾，音揪，啾啾，鸣声也。

【度】与"渡"同。

【朔气】朔，北也。朔气，北方之气，言其寒也。

【金柝】即刁斗也，番兵称刁斗曰金柝。以铜为之，似釜，有三足及柄，能容一升，军士昼用以炊饮食，夕击以守夜。

【铁衣】即铁甲也。

【壮士】指木兰而言。

【明堂】天子朝诸侯之所。

【策勋】策，竹简也。勋，功也。古者有功则书于简，故曰策勋。十二转者，谓书于竹简十二次也。

【强】有余之意。

【尚书郎】汉官名。

【明驼】骆驼之最善走者。

【扶将】扶持与偕也。

【霍霍】磨刀之声。

【云鬓】鬓发之多如云也。

【花黄】首饰之名，帖于鬓边者。

【火伴】同伴也。

【扑朔】跳跃之意。

【迷离】不明也。

新國文教授法

【第六册】

第一课　政党

本文

　　凡属立宪国，皆由人民选举议员，以组织国会。而政府地位之安否，恒视国会多数之从违。若夫民主立宪国，其总统亦由选举。故惟占选举之势力，而后能占政治之势力。组织政党者，特标其政治之主义，藉以结合多数人，而得选举之优胜也。

　　世界各国之政党，有分为两大党者，英美等国是也。英美两政党，势力相埒①，此党握政权，则彼党从而监督之，辄相消长，故政治上无专横之弊。其他各国党派较多，政党之势力与作用，不及英美之完备。

　　政党之利有四：人民争奋于政治，一也；协谋共济，使各种智德发达，二也；拥护宪政，而抗当局者少数之专制，三也；国家政策，得以持久，四也。若夫重党派而不顾正义，因运动而堕其品性，恃多数而流于专横，流弊所极，皆足以祸国而殃民。

　　民国成立，选举之关系日重，自不能无政党之发生。取其利，去其弊，是在国民之道德心。

① 埒：liè，等同。

目的

本课言政党之关系甚大，组织政党者，当以化私利、顾正义为主。

教授事项

（甲）时间分配　本课分二时。

第一时　"凡属立宪国"至"不及英美之完备"。

第二时　"政党之利有四"至"是在国民之道德心"。

（乙）内容提示

一、君主立宪国与民主立宪国之分，特君位世袭与总统选举之不同耳，其应共守之宪法则一也。

二、急进与和平，政见不能一致，党纲亦不免少异，彼此不能强人相从者也。然协力共济双方并进则可，重党争而置大局于不顾则不可。

三、党派不论何种，只在以道德为范围，不存私利主义可矣。党员而能恪守道德，以国家为前提，则国民未有不蒙其福者。

四、各存党见而任意攻击，任意破坏，纯乎以意气用事，则不特祸国殃民，且足以亡国灭种也。

（丙）文字应用

课文为论说体，分四段。第一段首三句，言立宪国之国会议员，由人民选举；次二句，言国会与政府之关系；次四句，言民主国总统亦由选举，故选举之关系甚重；次四句，言组织政党之本意。第二段首三句，言英美分两大政党；次六句，言两党之势力相埒而无弊；次四句，言各国政党之不及英美。第三段首十二句，言政党有四利；次五句，言植党营私者之足以祸国殃民。末段首三句，言民国不可无政党；末三句，言取利去弊之在国民有道德心。

参考

【从违】从，听从也。违，背也。

【政党】联合同志，研究宪政者也。凡一政党，必抱一种政见，与他政党对立。势力雄厚，可以左右政府。

【英美两政党】英两大政党，一为保守党，一为自由党，外此则爱尔兰党亦颇占势力。美两大政党，一为共和党，一为民主党，近日共和党中又分而为进步党，大有驾两党而上之之势。

第二课　原才　曾国藩

本文

风俗之厚薄奚自乎？自乎一二人之心之所向而已。

民之生，庸弱者戢戢皆是也。有一二贤且智者，则众人受命焉。此一二人者之心向义，则众人与之赴义；一二人者之心向利，则众人与之赴利。众之所趋，势之所归，虽有大力，莫之敢逆。故曰："挠万物者莫疾乎风。"风俗之于人心，始乎微，而终乎不可御者也。

所谓一二人者，使当路在势，则道一而俗同，即不尽在位，彼其心之所向，势不能不腾为口说，而播为声气。而众人者，势不能不听命，而蒸为习尚。于是乎徒党蔚起，而一时之人才出焉。有以仁义倡者，其徒党亦死仁义而不顾；有以功利倡者，其徒党亦死功利而不返。水流湿，火就燥，无往不雠，所从来矣。

今之君子之在势者，辄曰："天下无才"。彼自尸于高明之地，不克以己之所向转移习俗，而陶铸一世之人，而翻谢曰"无才"，谓之不诬，可乎？否也。十室之邑，有好义之士。其智足以移十人者，必能拔十人中之尤者而材之；其智足以移百人者，必能拔百人中之尤者而材之。然则转移习俗，而陶铸一世之人，非特处高明之地者然也，匹夫亦与有责焉者也。

世之君子，得吾说而存之，则将惴惴乎谨其心之所向，恐一不当，以坏风俗而贼人才。循是为之，数十年之后，万有一收其效者乎！非所逆睹已。

目的
本课言贤者负转移习俗，陶铸人才之责，趋向不可不慎。

教授事项
（甲）时间分配　本课分二时。
第一时　"风俗之厚薄奚自乎"至"所从来久矣"。
第二时　"今之君子之在势者"至"非所逆睹已"。
（乙）内容提示
一、众人之赴义赴利，以一二人为依归，非一二人之强其从己。所谓上行下效，捷于影响也。
二、贤者不在位而人亦听命，其为人信仰可知。凡稍负时望者，即不能稍卸陶铸人才之责。
三、首段不过二句，而全篇大意，已包括于是。以下即将此意发挥透澈耳。
（丙）文字应用
课文为论说体，分五段。第一段二句，言一二人足以转移风俗。第二段首四句，言庸弱者听命于一二贤智；次四句，言一二人之义利，即为众人之义利；次五句，言众人所趋之不可逆；次二句，言风俗由微而至不可御。第三段首三句，言一二人在位而一道同风；次四句，言一二人不在位而发为言论；次四句，言人才之所以出；次四句，言徒党之效法；次四句，喻事易而势顺。第四段首二句，言在位者谓天下无才；次七句，驳无才之说；次六句，言足以成人之材者，不限于一格；次四句，言匹夫亦与有其责。末段首六句，言君子得是说而当谨其所向；末四句，言循是为之而或可收效。

参考

【戢戢】收敛而无能之貌。

【挠】屈也。挠万物者莫疾乎风，语见《易·说卦传》。

【腾】传也。

【蒸】以热气熏蒸也。

【蔚】草木盛貌。

【雠】对答也。

【尸】拱默而无所事事也。

【陶铸】陶，制土为瓦器也。铸，销金以成物也。

【翻】通作"幡"，亦作"反"，覆转也。

【诬】欺罔也。

【尤】最也。

【惴惴】惴，音赘。惴惴，恐惧貌。

【贼】害也。

第三课　租税

本文

国家有公费，不能不取给于民，是为租税。其制各国不同。清廷旧制，曰田赋，取之于农者也；曰关税，曰厘金，取之于商者也；此外又有盐税、酒税、当税、牙税、契税等。虽取民未必过重，而行之要不能无弊也。迩者民国初立，一切暂仍旧制，不久必有整顿之策矣。

东西各国，国用浩繁，凡我国所有租税，殆无不有，其为我国所无者，名目尤多，今述其尤重要者：

一曰所得税。凡官吏之俸禄，人民之工佣利息，及营业之赢利，至若干以上者，皆税之。

二曰营业税。凡工商业以营利为目的者，皆税之。

三曰登录税。凡土地财产之授受，及商号商标等，须登记于官册者，皆税之。

四曰印纸税。凡契约、证书、帐簿、发单，苟以笔记为信用者，皆税之。其法由国家制造印纸，分为数等，各书其价。民间苟有契约等事，购印纸以黏之。其无印纸者，则契约为无效。

此外如糖、如酱、如药，皆特设专律以征其税。而烟酒等物，则由官专卖，故昂其值而取赢焉。至于途中之车马，家中之窗牖，亦莫不有税，其繁琐可知矣。

以上皆为国税，所以供国家之用也。又有所谓地方税者，则各依其地之情形，或设特别税法，或就国税而加征之，所入以供地方行政、教育、慈善之用。此外国租税之大略也。

我国迩年租税，岁入约三万万元。以人口四万万计之，一人所纳，平均七角而已。英法二国，人口不及我国之十一，而岁入反远过于我国，其每人所纳，盖数十倍于我国。他如俄、德、美、日诸邦，大抵皆然。然彼税重而民安，我税轻而民困，则又何也？

外国国用所费，若官吏之俸给、海陆之军备、教育之费用、实业之奖励，其所教养，皆本国之民也。夫取之民，仍用之民，于民无损，而农工商矿，日益发达。生业既裕，纳税自易。且立宪各国，皆有议院及地方议会。凡国税之变更，必求议院承诺；地方税之变更，必求地方议会承诺。故虽欲暴敛横征而不可得。其国用出纳，又有预算决算之表，以公布于众。而民亦得知所纳租税皆为自卫之计，故咸乐输而不倦。

夫以我国户口之多，苟政府知理财之要道，国民尽纳税之义务，百废俱举，岁入自丰，又何贫乏之足患耶？

目的

本课取中外租税之制而比较之，使学生知中国租税轻于外国。

433

教授事项

（甲）时间分配　本课分三时。

第一时　"国家有公费"至"则契约为无效"。

第二时　"此外如糖如酱如药"至"则又何也"。

第三时　"外国国用所费"至"又何贫乏之足患耶"。

（乙）内容提示

一、弊资一生，所取即漫无限制。公家不能获益，小民已隐受无穷之累，故整顿租税，为现今刻不容缓之事。

二、各国税率，重于我国。我国若仿其例而征收之，则负担骤增，必至怨声四起，此非国民不知纳税之义务也。盖不为之开其源，小民之生计将绝也。

三、英美等国，租税若是之重，而国民能负担者，因税则划一，国民无意外之耗费，且取之于民，仍用之于民也。

四、税则未经议院及议会承诺，固不得为正当之税则。国民不知纳税之义务，亦失国民之资格者也。

（丙）文字应用

课文为论说体，分十一段。第一段首三句，言国家不得不取租税于民；次一句，言税制各国不同；次九句，述清之税制；次三句，言民国必有整顿租税之策。第二段七句，言各国租税之名目，多于我国。第三段五句，述所得税之制。第四段三句，述营业税之制。第五段五句，述登录税之制。第六段首四句，述印纸税之制；次七句，述印纸之效力。第七段首五句，言糖酱纳税而烟酒等由官专卖；次四句，言车马窗牖等之有税。第八段首二句，言国税供国家之用；次五句，言地方税供地方之用；次一句，总结以上六段。第九段首五句，言我国每人平均之纳税数；次七句，言东西人之纳税数数十倍于我国；次三句，言彼之民反安而我之民反困。第十段首七句，言外国费国用以教养其民；次七句，言富源开而纳税自易；次七句，言立宪国之税法不得轻易变易；次六句，言民知出纳之数而乐输不倦。末段六句，言我国得理财之道而不患贫乏。

参考

【公费】公家行政所用之费也。

【田赋】计田之亩数以纳赋。征收银者曰"钱粮",征收米者曰"漕米"。

【关税】有常关、海关(即新关,一曰洋关)之别。常关为我国旧有之关,设于水陆冲要之地,征商贾往来之税者也。海关为通商后所设,设于江海各口,以征洋货进口、土货出口之税者也。

【厘金】清代洪杨之役,曾国藩权设以济军饷者。后以库帑支绌,局卡遍设,有增无减。民国成立,厘卡之名虽去,而紧要之区,仍设货物税总公所、分公所。

【盐税】凡沿海各省及有盐井之地,听民煮水为盐,由官出帑收盐而售诸商,是谓官盐。行盐之符信曰引,无引而私卖者曰私盐。凡盐商得引,必纳课税。

【酒税】或据酿酒之缸纳税,或据斤数纳税,各地方情形不同。

【当税】凡业典当者,前清时必于藩司衙门纳税领官帖,方许开设。

【牙税】牙,即"互"字,本作牙。古称主互市者曰牙郎,即云互市之郎也。今开行栈代客买卖者曰牙行,前清时,应向藩司纳税领官帖,方准开设,名曰牙税。如粮食行、木行、布行、绸行之类是也。

【契税】民间买卖房屋,例应由买主输税于官。官用印信,钤盖于契纸,以为执业。

【工佣利息】工佣,受役于人者,所得之佣值也。利息,借贷银钱债主所得之利息也。

【赢利】所营之业,于资本常利之外,更有赢余者,谓之赢利。

435

【营利】犹谋利也。凡营谋利之事业者，皆宜先纳税。

【商号商标】无论何行何店，必取二字或三四字为牌号，是为商号。凡店铺售卖之货物，欲防假冒，加一定之图形、文字、记号于货物之上者，是为商标。

【印纸】俗名印花，其式略如邮票。

【黏】音拈，以胶附着也。

【专律】专为此项营业所设之法律也。

【专卖】谓国家设专官以理其事，民间不得私行售卖也。

【实业之奖励】如筹集巨款，经营铁路、矿产及各种制造者，皆为实业。西国政府，对于此等实业，皆有奖励，或补助其资本。

【地方议会】如省议会、县议会、市议会、乡议会等皆是也。

【承诺】即允许也。

【预算】每一岁之末，预计来岁出入款项也。

【决算】一岁既毕，将出入款项，稽核而结算之，以比较预算之盈绌也。凡预算、决算，皆有表交议院以核其当否。

第四课　早婚

本文

有谓中国贫弱之一大原因者，早婚是也。

何以贫？间里富室，为子弟纳妇之后，不数年而儿女盈前矣。叩其年，未及三十。且不能自立，衣食皆仰给于父兄者也。如此数传，而一贫如洗矣。

何以弱？凡人生躯干之发达，皆有一定期限。古者男子三十而娶，女子二十而嫁。今之婚者，皆不及期。此男女所以多疾病，种类亦渐羸弱也。

且少壮之时，志气方锐，则消磨于闺阃之中，缠绵悱恻，而求学之志以衰，中年之后，谙练一切，可以有为，则疲敝于婚嫁之役，而进取之志以灰。故早婚之弊，将使一生役役于妻子，而无复心与力为社会谋公益，是非陷阱而何耶？

夫人之生也，为国也，非徒为家也；为公益也，非徒为私欲也。今我国多蹈此习，则国事公益之无人过问也，又何怪乎？

目的
本课言早婚为贫弱国家之原，其害甚大。

教授事项
（甲）时间分配　本课分二时。
第一时　讲解全课。
第二时　复习全课。
（乙）内容提示
一、年未及三十而儿女盈前，不特不能自立者难谋温饱，即谋生有术，亦将终身为儿女作马牛。
二、贫弱二字，关系于个人之事小，关系于国家之事大。积多数之弱种贫民，成一贫弱之国，害必至亡国灭种。
三、少壮而求学之志衰，中年而进取之志灰。则一生之事业，已尽于是，决无远大之希望。
（丙）文字应用
课文为论说体，分五段。第一段二句，点出早婚之害。第二段十句，言早婚足以致贫之故。第三段九句，言早婚足以致弱之故。第四段首五句，言早婚则求学之志衰；次五句，言早婚则进取之志灰；次五句，言妻子之累，无异于陷阱。末段首五句，言为人之责任；末三句，言我国多蹈早婚之习，致国事公益之无人过问。

参考

【闾里】闾，里门也。里，二十五家也。

【羸】音雷，瘦也。

【闺阃】闺，女子所居也。阃，门内也。

【谙练】犹言熟练也。

【疲弊】疲，劳也。弊，坏也。

【役役】有所求而不止也。

【陷阱】穿地为深坑以陷兽者。

第五课　别籍异财议　　李绂

本文

吾江西风俗淳厚，聚族而居，族必有祠，宗必有谱。尊祖敬宗收族之谊，海内未能或先。至于一家之中，累世同爨，所在多有。若江州陈氏、青田陆氏，并以十世同居，载在史册。今此风亦稍替矣。

观朱子晓谕兄弟争财产事，援据礼律，以敦教化。凡祖父母、父母在堂，子孙别籍异财者，并将关约呈首抹毁。不遵者，依法断罪。信乎儒者之政，异乎俗吏之为之也。

然细思之，尚有未尽者。孟子论王政，止称八口之家。是古者未尝禁人之分居也。惟是乡田同井，相友相助相扶持，则分而不分耳。

迨世既衰，渐失友助扶持之意。于是笃行之士，矫为累世同居之事。姑以劝亲睦而激薄俗耳。非比户所能行也。凡累世同居者，必立之家法，长幼有礼，职事有司，笔库勾稽，善败惩劝，各有定制。又必代有贤者，主持倡率，而后可行。否则财相竞，事相诿，俭者不复俭，而勤者不复勤，势不能以终日。反不如分居者，各惜其财，各勤其事，犹可以相持而不败也。

且其家既分析，必家法未立，又无可兼综之人，今必责已分者使复合，是强人以所不能，势不行矣。惟教之以亲睦之道，俾分犹不分焉，亦未害于治也。

目的
本课言同族之人，只在互相亲睦，不必泥累世同居之名。

教授事项
（甲）时间分配　本课分二时。
第一时　"吾江西风俗淳厚"至"则分而不分耳"。
第二时　"迨世既衰"至"亦未害于治也"。
（乙）内容提示
一、朱子之令人抹毁关约，其意欲人共敦亲亲之谊耳。然合居而非其本愿，情意不属，决无一堂相叙之乐。
二、相友、相助、相扶持，视乡里如一家，无彼此亲疏之分，是为至治之世。否则一家之中，痛痒不关，虽同居而奚益。
三、数世同居，族人日众，则智愚勤惰，不能一致。若强其享同等之权利，则智与勤者将灰其进取之心矣。
（丙）文字应用
课文为议论体，分五段。第一段首六句，言江西人之重其宗族；次三句，言江西人多累世同爨者；次四句，点出同居之家；次一句，言此风稍替。第二段首九句，引朱子判断别籍异财之事；次二句，言朱子之政见，异乎俗吏。第三段首二句，言朱子之意有未尽；次三句，言孟子未尝禁人分居；次三句，言尽友助扶持之谊，则分而不分。第四段首六句，言累世同居，笃行者欲以矫正敝俗；次十句，言同居必有家法，必有贤者主持；次九句，言否则不若分居。末段首三句，言分析者必系家法不立而兼综乏人；次三句，言已分者不能复合；末五句，言亲睦则分犹不分。

参考

【李绂】字巨来，清时人。

【淳】不浇也。

【收族】收，聚也。收族，即聚族而居也。

【江州】今江西九江。

【陈氏】九江德安人。唐时陈崇为江州刺史，广置田园，为家法戒子孙。至孙昉时，十三世同居，长幼七百口，人无间言，百犬亦共食一槽。

【青田】今浙江青田县。

【陆氏】待考。

【朱子】名熹，字元晦，一字仲晦，为南宋大儒。

【别籍】籍，户籍也。另立门户而别为一户也。

【异财】即分其财产也。

【相友相助相扶持】谓出入相友，守望相助，疾病相扶持也。

【筦库勾稽】筦，同"管"。言司库藏者曲为稽考也。

【综】总聚也。

第六课　赤壁赋　苏轼

本文

壬戌之秋，七月既望，苏子与客，泛舟游于赤壁之下。清风徐来，水波不兴。举酒属客，诵明月之诗，歌窈窕之章。少焉，月出于东山之上，徘徊于斗牛之间。白露横江，水光接天。纵一苇之所如，凌万顷之茫然。浩浩乎，如冯虚御风，而不知其所止；飘飘乎，如遗世独立，羽化而登仙。

于是饮酒乐甚，扣舷而歌之。歌曰："桂棹兮兰桨，击空明兮溯流光。渺渺兮予怀，望美人兮天一方。"客有吹洞箫者，倚歌而和之。其声呜呜然，如怨如慕，如泣如诉，余音袅袅，不绝如缕，舞幽壑之潜蛟，泣孤舟之嫠妇。

苏子愀然，正襟危坐而问客曰："何为其然也？"客曰："'月明星稀，乌鹊南飞。'此非曹孟德之诗乎？西望夏口，东望武昌，山川相缪，郁乎苍苍。此非孟德之困于周郎者乎？方其破荆州，下江陵，顺流而东也，舳舻千里，旌旗蔽空，酾酒临江，横槊赋诗。固一世之雄也，而今安在哉？况吾与子渔樵于江渚之上，侣鱼虾而友麋鹿，驾一叶之扁舟，举匏樽以相属。寄蜉蝣于天地，渺沧海之一粟。哀吾生之须臾，羡长江之无穷。挟飞仙以遨游，抱明月而长终。知不可乎骤得，托遗响于悲风。"

苏子曰："客亦知夫水与月乎？逝者如斯，而未尝往也。盈虚者如彼，而卒莫消长也。盖将自其变者而观之，则天地曾不能以一瞬；自其不变者而观之，则物与我皆无尽也。而又何羡乎？

且夫天地之间，物各有主。苟非吾之所有，虽一毫而莫取。惟江上之清风，与山间之明月，耳得之而为声，目遇之成色，取之无禁，用之不竭。是造物者之无尽藏也，而吾与子之所共适。"

客喜而笑，洗盏更酌。肴核既尽，杯盘狼藉。相与枕藉乎舟中，不知东方之既白。

目的

本课系东坡吊古之作，其意谓人事有变迁，惟风月则永久不变耳。

教授事项

（甲）时间分配　本课分三时。

第一时　"壬戌之秋"至"泣孤舟之嫠妇"。

第二时　"苏子愀然"至"而又何羡乎"。

第三时　"且夫天地之间"至"不知东方之既白"。

（乙）内容提示

一、赋虽云赋其事，然泥于目前之境，不能变化，便呆板而无甚生趣。是篇赋赤壁而不为题所囿，以若接若离之笔出之，飘逸非常，令读者有遗世独立之想。

二、始而乐，继而悲，入后又从悲感而转到乐境。文情回环曲折，不可捉摸。

三、因洞箫之声，发出无限感慨，是为文之善生法处。

四、风月二字，为一篇之主脑，故处处不脱风月。

（丙）文字应用

课文为赋体，分六段。第一段首四句，点清游之时及同游之人；次二句，赋风平浪静；次三句，赋饮酒咏诗；次三句，赋明月；次二句，赋秋景；次八句，写出乘轻舟之乐。第二段首七句，言乐极而放歌自适；次九句，写悲哀之洞箫声。第三段首四句，苏子有感而问客；次四句，客引孟德之诗；次五句，客指周瑜败曹兵之处；次九句，客述曹公之盛业而发感慨；次十二句，客自述其遐想。第四段十一句，苏子解客之悲，言其无庸生羡。第五段首四句，言不可生贪得心；次八句，言风月之可乐。末段六句，言尽兴而罢。

参考

【壬戌】宋神宗元丰五年[①]。

【既望】日月相对曰望。每月约在阴历十五日前后，故以十五日为望日。既望，即十六日也。

【属】注酒也。

【窈窕】幽静也。

【徘徊】不进貌。

【斗牛】二星名。

【一苇】苇，蒹葭之属。一苇，言舟之小如一苇也。

[①] 即1082年。

【冯虚】冯,音平。冯虚,谓驾于虚空之中也。

【御风】乘风而行也。

【羽化】道家飞升遐举,谓之羽化。

【舷】音闲,船边也。

【桂棹】棹,在舟后而推以进行者。桂棹,桂树所为之棹也。

【兰桨】桨,拨水而进船之具也。兰桨,木兰所为之桨也。

【空明】水中之明月也。

【溯】逆水而上也。

【流光】与波俱动之月光也。

【渺渺】水长也,极远而不可见也。

【洞箫】箫之单管而无底者。

【和】去声。

【呜呜】其声郁而不扬也。

【袅袅】悠扬也。

【幽壑】壑,山谷也,山水之所趋也。幽壑,幽深之山谷也。

【潜蛟】蛟,古以之为龙类。潜蛟,潜藏于壑中之蛟也。

【嫠妇】嫠,音离。嫠妇,无夫之妇也。

【愀然】愀,音巧。愀然,变色貌。

【危坐】挺身而兀坐也。

【乌鹊】乌,鸟名,俗称老鸦。鹊,俗称喜鹊。

【曹孟德之诗】文选《魏武帝短歌》曰:月明星稀,乌鹊南飞;绕树三匝,无枝可依。

【夏口】今湖北夏口县。

【武昌】见第五册第五课。

【缪】与"缭"同,缠绕也。

【周郎】即周瑜,曹操呼为周郎。

【荆州】治襄阳,即今之湖北襄阳县也。时刘表之子琮以荆州降。

443

【江陵】今湖北江陵县。

【舳舻】船尾曰舳，船首曰舻。舳舻千里，谓船首尾相接而排列千里也。

【酾酒】酌酒也。

【横槊赋诗】槊，矛也，矛长丈八曰槊。曹氏父子鞍马间为文，往往横槊赋诗。

【渚】小洲也。

【侣鱼虾】渔于水而与鱼虾为侣也。

【友麋鹿】樵于山而与麋鹿为友也。

【扁舟】小舟也。

【匏樽】匏，一名葫芦。匏樽，酒器之质者。

【蜉蝣】小虫名，数小时即死，故人谓其朝生暮死。

【逝者】指水而言。

【盈虚者】指月而言。

【一瞬】目一摇动也。

【肴核】鱼肉之类熟而可食者曰肴，果实曰核。

【狼藉】见第一册三十一课。

【枕藉】藉，音借，坐卧其上也。枕藉，言酒后失其知觉，互相枕藉而睡也。

第七课　后赤壁赋　苏轼

本文

是岁十月之望，步自雪堂，将归于临皋。二客从予过黄泥之坂。霜露既降，木叶尽脱，人影在地，仰见明月。顾而乐之，行歌相答。已而叹曰："有客无酒，有酒无肴。月白风清，如此良夜何？"客曰："今者薄暮，举网得鱼，巨口细鳞，状如松江之鲈。顾安所得酒乎？"归而谋诸妇。妇曰："我有斗酒，藏之久矣，以待子不时之需。"

于是携酒与鱼，复游于赤壁之下。江流有声，断岸千尺。山高月小，水落石出。曾日月之几何，而江山不可复识矣。

予乃摄衣而上。履巉岩，披蒙茸，踞虎豹，登虬龙，攀栖鹘之危巢，俯冯夷之幽宫。盖二客不能从焉。划然长啸，草木震动；山鸣谷应，风起水涌。予亦悄然而悲，肃然而恐，凛乎其不可留也。

反而登舟，放乎中流，听其所止而休焉。时夜将半，四顾寂寥。适有孤鹤，横江东来，翅如车轮，玄裳缟衣，戛然长鸣，掠予舟而西也。须臾客去，予亦就睡。梦一道士，羽衣蹁跹，过临皋之下，揖予而言曰："赤壁之游乐乎？"问其姓名，俯而不答。"呜呼噫嘻！我知之矣。畴昔之夜，飞鸣而过我者，非子也邪？"道士顾笑，予亦惊悟。开户视之，不见其处。

目的

本课系东坡无意中重游赤壁之作，故略状情景，即以幻想作结。

教授事项

（甲）时间分配　本课分二时。

第一时　"是岁十月之望"至"凛乎其不可留也"。

第二时　"反而登舟"至"不见其处"。

（乙）内容提示

一、本无意于游，因有月、有客、有酒，遂动游兴。此即坡公钟情风月及山水处也。

二、前段则信笔写来，在有意无意间；后段则纯从空中着想；惟中间两段，刻画情景，字字着力。

（丙）文字应用

课文为赋体，分四段。第一段首五句，记将归而二客相从；

次二句赋十月；次二句赋明月；次二句赋同行之乐；次五句，叹无酒、无肴之负此良夜；次六句，客言得鱼而需酒；次五句，记谋妇得酒。第二段首二句，记复游赤壁；次四句，状赤壁下之风景；次二句，慨江山之易变。第三段首八句，写尽崎岖险仄；次四句，写出萧瑟景况；次三句，坡公自言不可留。末段首三句，言反舟休息；次八句，言孤鹤之掠舟而西；次十四句，述就睡后之梦中问答；末四句，言醒悟时之一切皆空。

参考

【雪堂】见第二册三十一课。

【临皋】亭名，亦名临皋馆，在黄冈县南大江滨。时东坡自定惠院迁居于此。

【黄泥坂】雪堂至临皋之道也。

【状如松江之鲈】松江之鲈，名四鳃鲈，自魏晋以来，即称名产。

【巉岩】言山之高而且险。

【披蒙茸】披，开也。蒙茸，草卉丛生也。

【踞虎豹】言坐于虎豹状之石上也。

【登虬龙】虬，音求，龙子有角者。登虬龙，言草木有类虬龙者，登而援之。

【攀栖鹘之危巢】鹘，音骨，鸷鸟名，鹰属。言鹘宿于危巢之中，吾欲攀之而上也。

【冯夷】水神名。

【划然】啸声出于口而爽快也。

【啸】蹙口出声，以舒愤懑之气也。

【凛乎】寒意也。

【玄裳缟衣】言鹤之尾黑而身白也。

【戛然】鸣声清越也。

【蹁跹】音偏仙，旋行貌。

第八课　核舟　魏学洢

本文

明人王叔远，能以径寸之木，为宫室、器皿、人物，以至鸟兽、木石，罔不因势象形，各具情态。尝镌核舟一，盖大苏泛赤壁云。

舟首尾长八分有奇，高可二黍许。中轩敞者为舱，箬篷覆之。旁开小窗，左右各四。启窗以观，雕栏相望。闭之，则右刻"山高月小，水落石出"，左刻"清风徐来，水波不兴"，石青糁之。

船头坐三人，中峨冠而多髯者为东坡，佛印居右，鲁直居左。苏黄共阅一手卷，东坡右手执卷端，左手抚鲁直背。鲁直右手执卷末，左手指卷，如有所语。东坡现右足，鲁直现左足；身各微侧，其两膝相比者，隐卷底衣褶中。佛印绝类弥勒，袒胸露乳，矫首昂视，神情与苏黄不属。卧右膝，诎右臂，支船而竖其左膝，左臂挂念珠，珠可历历数也。

舟尾横卧一楫，楫左右舟子各一人。居右者椎髻仰面，左手依一横木，右手攀右趾，若啸呼状。居左者，右手执蒲葵扇，左手抚炉，炉上有壶，其人视端容寂，若听茶声然。

船背稍夷，题名其上，文曰"天启壬戌秋日，虞山王毅叔远甫刻"。细若蚊足，钩画了了，其色墨。又用篆章一，文曰"初平山人"，其色丹。

通计一舟，为人五，为窗八，为箬篷、为楫、为炉、为壶、为手卷、为念珠各一。对联、题名并篆文，为字共三十有四。而计其长，曾不盈寸。盖简核桃修狭者为之。嘻！技亦灵怪也哉！

目的

本课记王叔远有精巧之艺术，故能刻精细之核舟。

教授事项

（甲）时间分配　本课分二时。

第一时　"明人王叔远"至"珠可历历数也"。

第二时　"舟尾横卧一楫"至"技亦灵怪也哉"。

（乙）内容提示

一、叔远之刻工，精细绝伦。子敬亦以精细之笔述之，不稍遗漏，益见其技之精。

二、核舟乃游戏之具耳，无补于实用，见此记者犹莫不以为奇。若能运此巧思而为有用之机械，则更为人称赏可知。

三、手指卷而如有所语，手攀趾而若呼啸状，视端容寂而若听茶声。雕刻之精，竟将言语动作，曲曲传出，可为有绘影绘声之妙。

四、叔远有此绝技，无子敬为之作记，恐观者尚易略过。一经品题，则纤毫毕露，是谓传神直到秋毫巅。

（丙）文字应用

课文为状物体，分六段。第一段八句叙王叔远之巧而刻核舟。第二段十四句，记舟中之蓬窗等物。第三段首四句，点清船头三人；次六句，记苏黄二人共阅手卷之态度；次五句，记苏黄所现之肢体；次九句，记佛印之形状。第四段首二句，点清舟尾人数；次四句，记居楫右者之啸呼自得；次六句，记居楫左者之注意烹茶。第五段十一句，记船背上之字迹篆章。末段首六句，通计舟中之人物；次三句，记核舟之大小及其原质；末二句，叹其技之灵怪。

参考

【魏学洢】字子敬，明季人。

【径】直径也。

【镌】音娟，雕刻也。

【大苏】即苏轼也。

【黍】禾属而黏者也。今北人通呼为黄米子，其粒均齐无大小，故昔人用以定分寸。纵黍百，当营造尺十寸。横黍百，当营造尺八寸一分。

【箬蓬】蓬所以覆舟者，织竹夹箬为之，故曰箬蓬。

【糁】音深，用胶以黏物，使之相着也。

【峨冠】高冠也。

【髯】音冉。在颐曰须，在颊曰髯。

【东坡】子瞻别号。子瞻寓居临皋亭，就东坡作雪堂，自号东坡居士。

【佛印】禅师名佛印也。

【鲁直】姓黄，名庭坚，自号山谷道人。

【褶】音者，衣之褶皱也。

【弥勒】佛名。

【矫首】举首也。

【诎】音屈，曲也。

【楫】行舟具，俗谓之桨。

【椎髻】髻，音计。椎髻，结发为髻如椎形也。

【蒲葵扇】蒲葵，常绿乔木，产闽广热地，叶酷似棕榈，惟其基部连接，可以制扇，谓之葵扇。俗名芭蕉扇。

【天启】明熹宗年号。

【虞山】在今江苏常熟西，昔虞仲葬于此。常熟城依山而筑，亦呼常熟为虞山。

【初平山人】王远甫之别号也。

第九课　葬论　司马光

本文

葬者，藏也。孝子不忍其亲之暴露，故敛而藏之。赍送不必厚，厚者有损无益，古人论之详矣。今人葬不厚于古，而拘于阴阳禁忌则甚焉。古者虽卜宅卜日，必先谋人事之便，然无常地与常日也。

今之葬书，乃相山川冈亩之形势，考岁月日时之支干，以为子孙贵贱、贫富、寿夭、贤愚皆系焉，非此地非此时，不可葬也。举世惑而信之。于是丧亲者往往久而不葬，问之，曰："岁月未利也。"又曰："未有吉地也。"又曰："游宦远方，未得归也。"又曰："贫未能办葬具也。"至有终身累世而不葬，遂弃失尸柩，不知其处者。呜呼！可不令人深叹愍哉！人所贵于身后有子孙者，为能藏其形骸也，其所为乃如是，曷若无子孙，死于道路，犹有仁者见而瘗之耶？

先王制礼，葬期远不过七月。今世著令，自王公以下，皆三月而葬。又礼，未葬不变服，食粥，居倚庐，哀亲之未有所归也。既葬，然后渐有变除。今之人背礼违法，未葬而除丧，从官四方，食稻衣锦，饮酒作乐，其心安乎？人之贵贱、贫富、寿夭系于天，贤愚系于人，固无关预于葬，就使皆如葬师之言，为人子者方当哀穷之际，何忍不顾其亲之暴露，乃欲自营福利耶？

昔者吾诸祖之葬也，家甚贫，不能具棺椁。自太尉公而下，始有棺椁。然金银珠玉之物，未尝以锱铢入于圹中。将葬太尉公，族人皆曰："葬者，家之大事。奈何不询阴阳？此必不可。"吾兄伯康无如之何，乃曰："询于阴阳则可矣，安得良葬师而询之？"族人曰："近村有张生者，良师也。数县皆用之。"兄乃召张生，许以钱二万。张生，野夫也，世为葬师，为野人葬，所得不过千钱，闻之大喜。兄曰："女能用吾言，吾俾尔葬；不用吾言，将求它师。"张师曰："惟命是听。"于是兄自以己意处岁月日时，及圹之浅深广狭，道路所从出，皆取便于事者，使张生以葬书缘饰之，曰"大吉"以示族人，皆悦，无违异者。

今吾兄年七十九，以列卿致仕。吾年六十六，忝备侍从。宗族之从仕者，二十有三人。视他人之谨用葬书，未必胜吾家也。前年吾妻死，棺成而敛，装办而行，圹成而葬，未尝以一言询阴阳家，迄今亦无他故。吾尝疾阴阳家立邪说以惑众，为世患，于丧家尤甚。顷为谏官，尝奏乞禁天下葬书，当时执政莫以为意。今著兹论，庶俾后之子孙，葬必以时。欲知葬具之不必厚，视吾祖；欲知葬书之不足信，视吾家。

目的

本课辨明葬之本义，使学生知风水之说不足信。

教授事项

（甲）时间分配　本课分四时。

第一时　"葬者藏也"至"犹有仁者见而殣之耶"。

第二时　"先王制礼"至"此必不可"。

第三时　"吾兄伯康无知之何"至"视吾家"。

第四时　复习全课。

（乙）内容提示

一、不忍暴露而藏之，则葬之一事，亦送终之礼耳，与风水何涉？

二、亲死而孝子藏其形骸，为死者非为生者也。欲择吉地吉时以求富贵寿考，则以死者为徼福之具矣，于心何忍？

三、"曷若无子孙"三句，言之最为痛切。停柩不葬者，对之能无汗颜？

四、古者天子葬期，不过七月，未尝求葬日于七月之外者。今士庶之家，动逾数年，辄曰时日土地之不利，何不明理若是？

五、亲死一日不葬，则人子之心一日不安。彼食稻衣锦而安之若素者，爱亲之心已梏亡矣。

六、伯康用己意以葬，不特无祸，且获享富贵寿考之福。则惑于邪说而听命于葬师者，可以幡然自悟矣。

（丙）文字应用

课文为论说体，分五段。第一段首四句，点清葬之本意；次三句，言古人论厚葬之非；次二句，言今人之拘于阴阳禁忌；次三句，言古人之葬，无常地常日。第二段首六句，言葬书之大意；次二句，言人信葬书之说而不行葬礼；次十句，为不葬者历言不葬之故；次三句，言累世不葬而失其尸柩；次二句叹停柩不葬之人；次六句，言有子孙不葬其亲，则不如无子孙。第三段首五句，言古今葬礼有定期；次七句，言未葬既葬，丧礼不同；次六句，言今人之不合于礼；次三句，言人之穷通贤愚，与葬无涉；次四句，言人子不应暴露其亲以求福。第四段首三句，言其祖贫不能具棺椁；次四句，言棺椁具而未尝厚葬；次六句，言将葬太尉公时，族人谓宜询阴阳；次四句，言伯康谓不得良葬师；次四句，言族人之荐张生；次八句，言伯康许张生钱二万而张生大喜；次五句，言伯康之要挟张生；次二句，言张生之听命；次七句，言伯康用己意，使张生缘饰葬书以为吉；次三句，言族人信之而无异议。末段首八句，自言己与兄之贵显，胜于用葬书者；次六句，言葬妻而不询阴阳，亦无他故；次六句，言疾阴阳家而乞禁之，执政不以为意；末七句，言作论所以为子孙法。

参考

【司马光】字君实，宋时人。卒赠温国公，谥文正。

【暴露】暴，音瀑，晒也。露，在野也。言不葬则骸骨为日光所暴，雨露所侵也。

【赀】与资同。

【阴阳】即幽明之谓。俗称鬼域为阴，人世为阳。巫卜之流，以能知人鬼事自命，世谓之阴阳家。

【支干】支者，枝也。干者，干也。甲乙丙丁戊己庚辛壬癸为天干，子丑寅卯辰巳午未申酉戌亥为地支，取枝干相配之义。

【憨】悲也，怜也。

【殣】路冢也，埋也。

【葬期不过七月】古者天子七月而葬，诸侯五月而葬，大夫三月而葬，士逾月而葬。

【棺椁】棺，所以敛尸者。椁，外棺也。

【太尉公】即光之父池也。

【锱铢】见第一册十四课。

【伯康】名旦。

【缘饰】因而修饰之也。

【忝】辱也，自称谦辞。

【装】行装也。

第十课　讥堪舆　韩洽

本文

方术种种皆诞语，相地之说害尤巨。人世祸福本自求，岂有种麻翻得黍。诿之天命已不然，何况驾言地所与。著书欺众徒纷纭，智者诚宜付一炬。古人丧葬有定期，宅兆虽卜有常处。安有择地并俟时，停丧不葬历寒暑。悖礼非分觊福泽，致令死生胥失所。起争滋讼伤骨肉，平地无端成险阻。愿君悉屏非圣书，修道致福咸自子。

目的

本课藉诗歌以讥堪舆之诞妄。

教授事项

（甲）时间分配　本课教授一时。

（乙）内容提示

一、种麻而不能得黍，人尽知之矣。葬死而无系于生人之祸福，人多不能解其惑者，非忽明忽昧也，盖为物欲所蔽故耳。

二、不求诸人事而诿诸天命，是谓自甘暴弃。卜吉地以求富贵，是谓妄冀非分。

三、因不可知之祸福而启争端，则未来之希望，悉属幻影。眼前实祸，已身受之矣。

（丙）文字应用

课文为诗歌体，共九韵。首一韵，言相地之害最大。次二韵，言祸福本于人，与地无涉。次一韵，言堪舆之书可焚。次二韵，借古礼以明停丧之非。次二韵，言世人因争地而成讼。末一韵，言宜屏邪说而修道致福。

参考

【韩洎】唐时人，韩休子也。

【方术】卜者、星者、堪舆之类皆是也。

【翻】覆转也。

【诿】设辞以推却也。

【驾言】驾，腾也。驾言，谓腾其口说也。

【宅兆】宅，坟墓也。兆，坛域茔界也。

【觊】音冀，希望也。

【非圣书】言堪舆之书，非圣人所著也。

第十一课　　记与欧公语　苏轼

本文

欧阳文忠公尝言："有患疾者。"医问其得疾之由，曰："乘船遇风，惊而得之。"医取多年柂牙，为柂工手汗所渍处刮末，杂丹砂、伏神之流，饮之而愈。今《本草注·别药性论》云："止汗用麻黄根节，及故竹扇为末服之。"文忠因言："医以意用药多此比。初似儿戏，然或有验，殆未易致诘也。"

予因谓公："以笔墨烧灰饮学者，当治昏惰耶？推此而广之，则饮伯夷之盥水，可以疗贪；食比干之馂余，可以已佞；舐樊哙之盾，可以治怯；臭西子之珥，可以疗恶疾矣。"公遂大笑。

目的

本课记欧公之语，藉辟医者以意用药之谬。

教授事项

（甲）时间分配　本课教授一时。

（乙）内容提示

一、"医者意也"一语，为中医治病之诀。故以意附会，往往疾病迁延，难见速效。即云服之而痊，亦适逢其会而已，未必果系医治之力也。

二、西医治病，成效易见者，即研究生理，化验药性，求实验而无以意用药之习也。

三、柂牙而取其不畏风浪；竹扇而取其止汗。是诚纯乎以意为之，毫无物理药性之可言矣，安得有验？

四、庸医不知医理，拘文牵义，泥于成法，最足误事。东坡层层辩驳，若庄若谐，可发人猛省处不少。

（丙）文字应用

课文为记事体，分两段。第一段首十一句，记欧公言医者治愈乘船惊风之病；次三句，言《本草注》亦有用竹扇止汗之说；次四句，记欧公因其有验而难致诘责。第二段首十二句，皆东坡诘欧公之辞；末一句，记欧公之大笑而不能对。

参考

【欧阳文忠】宋时人，名修，字永叔。文忠，其谥也。

【柂牙】柂，同柂，又与舵通。设于船尾，所以正船使顺流不他戾也。柂牙，即柂上拔柂握手之处。

【丹砂】即朱砂。以产于湖南辰州者为最良，故又名辰砂。《本草》谓其能镇心定惊。

【伏神】即茯神；《本草》谓其能安魂养神。

【麻黄】本发汗之剂，用其根节，则又止汗。

【伯夷】孤竹君之子。欲让国于弟而逃去者，以清廉称。

【比干】殷纣之臣。纣无道，直谏而死，以忠直称。

【馂】音俊，食之余也。

【舐】音士，以舌掠取之也。

【樊哙】汉高帝将。鸿门之会，范增令项庄舞剑，欲击沛公。哙闻事急，持盾直撞入。

【臭】音嗅，以鼻臭物也。

【西子】见第一册第八课。

【珥】音尔，以珠玉为耳饰也。

第十二课　铁路之关系

本文

均是地也，均是人也，而贫富文野之程度迥然不同，其因甚多，惟交通之关系，实为至要。

自昔繁盛都会，大抵在江海之滨，大陆平原之通车者次之。若夫深山空谷，村舍错落，振古如斯。交通之关系于人群也，若是。

铁路兴，汽车行。陆运之便利，乃得与水运争衡。人为交通之机关日益发达，而世界文明亦与之俱进。

地方之贫富，关系于物产。自来穷乡僻壤，虽地甚膏腴，人甚智巧，而物产之品类，终不甚增加，盖转运不便，不能行远，虽多，无所用之，货弃于地，无可如何者也。铁路既兴，运费时闲，所省既多，货物流行因而益远，然后农工业乃有发达之可言。且市价低昂恒视需要与供给，涨落无定，为害甚烈，转运既便，百货以时麇集，不至骤然腾贵。偶值凶年，亦无绝粮之患。铁路之关系于经济，此其一也。

今日文明治法，日益进步，然使无便利交通之机关，无论组织如何完备，计划如何精密，欲以统治广土众民，终有鞭长莫及之势。国家议员，所以监督政府者也。交通不便，选举召集，仆仆道途，劳费实甚。若夫军事，所关尤大。铁路既兴，朝发夕至，一军可为数军之用，而运输辎重之便利无论焉。铁路之关系于国家，此又其一也。

人类为好群之动物，见闻广，交际多，则智识日新，德量日广。铁路发达，旅行便利，人类之精神，自进步于无形。且铁路功能，不特往来迅速，免光阴之虚掷也，而发着之时间有定，使人知守规律、重时刻，养成整齐划一之习惯。铁路之关系于社会，此又其一也。

铁路之关系，如此其巨，是以欧美各邦，无不竭力经营。其由私人建筑者，谓之私有铁路，英美等国行之。其由国家建筑者，谓之国有铁路，俄法德意等国行之。要各视其国家之政策，与国民之富力，而不能尽同也。

我国幅员广大，交通阻滞，凡百事业，莫由而兴。我国民苟深知铁路之关系，正宜急起直追，则国与民交受其利矣。

目的

本课言铁路为交通之利器，关系于社会国家者甚大。

教授事项

（甲）时间分配　本课分三时。

第一时　"均是地也"至"此其一也"。

第二时　"今日文明治法"至"则国与民交受其利矣"。

第三时　复习全课。

（乙）内容提示

一、滨江、滨海之区，转运便利，所谓天然之地利也。水运不通之处，风气闭塞，货物阻滞，非藉人力不可。

二、铁路之敷设，即以人力补助天然之不及，为促进文明之机关。交通时代，非此不足以竞争。

三、便行旅，便输运，平时已获益非浅。军兴时朝发夕至，成败利钝，悉系于此。则铁路为工战、商战之利器，更为兵战之利器。

（丙）文字应用

课文为论说体，分八段。第一段七句，言交通之事，关系于人之贫富文野。第二段首三句，言繁盛都会之所在；次五句，言深山空谷之不能兴盛。第三段首四句，言铁路兴而陆运足与水运争；次四句，言交通机关发达，文明亦俱进。第四段首二句，言贫富与物产有关系；次十一句，言转运不便，虽有膏腴之地而无益；次六句，言铁路兴而农工业有发达之望；次四句，言供给不时，市值涨落之足以为害；次五句，言转运便而物价均平，且无绝粮之患；次二句，断定铁路之关系于经济。第五段首七句，言交通不便，则行政者之统治难；次六句，言交通不便，则议员之来往难；次七句，言铁路之便于行军；次二句，断定铁路之关系于国家。第六段首五句，言人交际广则智识增；次四句，言旅行便利，则人类易进步；次七句，言铁路不仅免虚掷光阴，且可养成整齐划一之习惯；次二句，断定铁路之关系于社会。第七段首四句，言欧美各国竭力经营铁路之故；次六句，言欧美各国之铁路，有私有、国有之分；次三句，言私有、国有，因政策、财力不同之故。末段首四句，言我国交通滞而百业不兴；末三句，言我国民宜急起而谋铁路。

参考

【错落】错杂而不正齐之貌。

【振古】振，亦古也。振古，即太古之意。

【膏腴】肥沃也。

【麇集】见第一册十七课。

【组织】联合之意。

【仆仆】烦猥貌。

【发着】发，开行也。着，到也。

【幅员】见第一册三十三课。

第十三课　通商

本文

世界各国，以其位置及气候之不同，天产物因之而异；国民才技有所偏长，人工物又因之而异。故此国之所有，往往为彼国之所无，于是有国与国通商之事。

我国所开商埠，以与外人贸易者，谓之通商口岸。以我国之货，运出于外国，谓之出口货；以外国之货，运入于我国，谓之进口货。

凡进出口货之比例，有二大端。进口货少，出口货多者，国必渐富，反是则必渐贫。而其进口货中，生货多，熟货少，其出口货中，熟货多，生货少者，国亦必渐富，反是又必渐贫。

今本我国进出之货价而核之，每年出口货之价值，远逊于进口货。且出口多生货，进口多熟货。我国生计，日就困难，职此之由。

挽回斯弊，其行闭关之策乎？非特势所不能，抑亦理所不可。于是乎有仿制洋货之道，设工厂，聘技师，取本国之原料，自造而自用之。此减少进口货之术也。

虽然，洋货之原料，不尽为本国之所有也，有其原料矣，或未适于用，或为值较昂，则所成之物仍不足以敌洋货。于是乎有推广土货之道。土货者，其原料为吾土所固有，其制法为吾人民所素习。扩充之以增其产额，改良之以精其物品，考究世界人类之习尚与嗜好，以求合其需要之用途，此增加出口货之术也。

要之，无论仿制洋货，推广土货，但使吾国物产多而且精，则国民之生计舒，而国家之经济裕矣。

目的
本课言与各国通商，须求减少进口货，增加出口货之术。

准备
将书中出口货、入口货之表，两两比较。使学生知入口货几倍于出口货之数。

教授事项
（甲）时间分配　本课分二时。
第一时　"世界各国"至"此减少进口货之术也"。
第二时　"虽然洋货之原料"至"而国家之经济裕矣"。
（乙）内容提示
一、通商而不知整顿土货，则漏卮不可塞。因利权外溢而欲行闭关主义，则无异因噎废食。皆非正当之办法。

二、进口货多而出口或少，已为国家贫弱之由。出口货多为生货，外人仍制成熟货以输入，则出口与不出口无甚区别，国中必至日贫一日。

三、仿制洋货，改良土货，二者必双方并进，方能有效。否则或仅与进口货抵制，不能推广土产；或仅增加出口货，不能媲美洋货；尚非商战之道也。

（丙）文字应用

课文为论说体，分七段。第一段首六句，言世界各国物产之相异；次三句，言有无交易而通商事起。第二段首三句，点清通商口岸之性质；次三句，辨明出口货；次三句，辨明进口货。第三段首二句，言进出口货比例之端有二；次四句，言进出口货之多少，关系于国之贫富；次八句，言进出口货生熟货之多少，亦系国之贫富。第四段首三句，言我国出口货之价值，逊于进口货；次二句，言我国出口多生货，进口多熟货；次三句，言生计困难之故。第五段首四句，言行闭关之策，则势不能而理不可；次六句，言仿制洋货以减少进口税。第六段首三句，言洋货原料非本国所尽有；次六句，言成本昂而不足敌洋货，宜推广土货；次三句，言土货之长处；次五句，言改良土货以增加出口货。末段七句，言物产多而精，则生计舒而经济裕。

参考

【生货】未经制造之货，即所谓原料也。

【熟货】已经造成之货物。

【闭关】言不与外人通商，禁外国之商船进口也。

【产额】出产之额数也。

第十四课　博览会及商品陈列所

本文

凡一切天然物、人工物，可以相买卖者，皆谓之商品。其种类之繁赜，不可胜数。即同为一物，而质之高下，制之精粗，用之适否，价之贵贱，又万有不齐。于此有术焉。类聚之，比较之，品评之，使供者得以广其销场，求者得以便其选择。优劣既分，各自竞奋，凡百事业，自日进而不已。其术惟何？则建设博览会是也。

博览会之举，创自拿破仑，文明各国皆仿行之。曰内国博览会，聚集本国之物品也；曰万国博览会，聚集世界之物品也。其制，由建设者择会场，定会期。凡以物品赴会者，备载其物之名称、产地、价值及应用之方法，分门别类，陈列于指定之所。专门学者，品评其优劣。优者给赏牌以奖励之。来会观览者，各就所业，考求其所以进步改良之道。其欲购陈列物者，则付价指定，俟闭会而后取之。

会中备设酒楼、茶馆、剧场，及高塔、喷水池，以助游兴。故四方之人，争来赴会。舟车旅馆，获利倍蓰，而地方亦因之骤增繁盛。昔美国圣路易，建设万国博览会。会场之广，纵横各三四里，费用至一万万元，以物品与会者计六十国，可谓盛矣。

商品陈列所者，其用意与博览会相似，亦所以奖励实业，开发商智者也。特博览会为临时建设，规模宏敞，而商品陈列所则系常设，其所陈列亦不如博览会之丰富。此其所以异耳。

我邦各省近亦仿设商品陈列所。民国纪元前二年，创南洋劝业会于南京，征集各省物品，第其高下，以资观感。中外士女，纷纷往观，舟车杂沓，颇极一时之盛云。

目的

本课述博览会及商品陈列所之布置，谓其均有提倡实业之功。

准备

书中之图,为南洋劝业会正门之牌楼。正门内之房屋,东为教育馆,西为工艺馆。

教授事项

(甲)时间分配　本课分三时。

第一时　"凡一切天然物人工物"至"俟闭会而后取之"。

第二时　"会中备设酒楼茶馆剧场"至"颇极一时之盛云"。

第三时　复习全课。

(乙)内容提示

一、物品非比较不知优劣,非陈列不得比较。故博览会及陈列所,为物品荟萃之区,亦即物品优劣之试验场也。

二、优者仿效,劣者改良,则开会一次,可获一次之进步。名曰博览,实即工商之促进会也。

三、南京之开劝业会,为中国赛会之创举,并为中国注重实业之动机也。

(丙)文字应用

课文为论说体,分五段。第一段首三句,点名商品;次八句,言商品之种类不同;次十二句,言设博览会之种种益处。第二段首三句,述博览会创举之人,及仿行之国;次四句,分析博览会之性质;次八句,述物品陈列之法;次三句,述奖励之法;次三句,言观览者之获益;次三句,述购物之法。第三段首八句,言会场之点缀佳而赴会者众;次八句,述美国博览会之盛况。第四段首四句,言陈列所以奖实业、开商智为主;次七句,言陈列所与博览会相异之点。末段首二句,言我国近年之设陈列所;末九句,述南洋劝业会之盛况。

参考

【喷水池】用铁管通泉,激之上喷也。

【蓰】音徙，五倍也。

【圣路易】美国地名，亦名散鲁伊斯。在美国中央密苏尔厘省①东境，为美国十八道铁路之中心点。

【宏敞】宏，大也。敞，高爽也。

第十五课　六国论　苏洵

本文

六国破灭，非兵不利，战不善，弊在赂秦。赂秦而力亏，破灭之道也。或曰：六国互丧，率赂秦耶？曰：不赂者以赂者丧。盖失强援，不能独完。故曰：弊在赂秦也。秦以攻取之外，小则获邑，大则得城。较秦之所得，与战胜而得者，其实百倍。诸侯之所亡，与战败而亡者，其实亦百倍。则秦之所大欲，诸侯所大患，固不在战矣。

思厥先祖父暴霜露，斩荆棘，以有尺寸之地。子孙视之不甚惜，举以与人，如弃草芥。今日割五城，明日割十城，然后得一夕安寝。起视四境，而秦兵又至矣。然则诸侯之地有限，暴秦之欲无厌，奉之弥繁，侵之愈急。故不战而强弱胜负已判矣。至于颠覆，理固宜然。古人云："以地事秦，犹抱薪救火，薪不尽，火不灭。"此言得之。

齐人未尝赂秦，终继五国而灭。何哉？与嬴而不助五国也。五国既丧，齐亦不免矣。燕、赵之君，始有远略，能守其土，义不赂秦。是故燕虽小国而后亡，斯用兵之效也。至丹以荆卿为计，始速祸焉。赵尝五战于秦，二败而三胜。后秦击赵者再，李牧连却之。洎牧以谗诛，邯郸为郡，惜其用武而不终也。

且燕、赵处秦革灭殆尽之际，可谓智力孤危，战败而亡，诚

① 现译密苏里州。

不得已。向使三国各爱其地，齐人勿附于秦，刺客不行，良将犹在，则胜负之数，存亡之理，当与秦相较，或未易量。

呜呼！彼六国者，以赂秦之地封天下之谋臣，以事秦之心礼天下之奇才，并力西向，则吾恐秦人食之不得下咽也。悲夫！有如此之势，而为秦人积威之所劫，日削月割，以趋于亡。为国者无使为积威之所劫哉！夫六国与秦皆诸侯，其势弱于秦，而犹有可以不赂而胜之之势。苟以天下之大，而从六国破亡之故事，是又在六国下矣。

目的

本课论六国灭亡之道，以"赂秦"二字断定之。

教授事项

（甲）时间分配　本课分三时。

第一时　"六国破灭"至"此言得之"。

第二时　"齐人未尝赂秦"至"是又在六国下矣"。

第三时　复习全课。

（乙）内容提示

一、不赂者以赂者丧，则不赂者本无亡国之道，特为赂者破坏大局，致势孤力弱，不能图存耳。

二、秦人虎视狼吞，得步进步，有难填之欲壑在也。赂秦以缓兵，无异剜肉医疮，焉能救亡国之祸？

三、齐人虽不助五国，其罪较赂秦者尤甚。因事秦而破坏合纵之局，足为灭亡六国之导火线也。

四、韩、魏之割地与秦，固韩、魏之失计。然燕、赵不知合力以守韩、魏，扼秦兵东下之路，任韩、魏独当其冲。燕、赵亦未免失计。

五、以赂秦地封谋臣；以事秦心礼奇才。六国未尝失利而亡国之祸可免。为六国画策，未有善于此者。

六、赂秦二字，为全篇主脑。中间无数波澜，不外本此而发挥之耳。

（丙）文字应用

课文为论说体，分五段。第一段首四句，言六国破灭在赂秦；次二句，言赂秦为破灭之道；次三句，诘赂秦之说；次五句，言赂秦而不赂者亦因之而丧；次六句，言秦之所得，百倍于战胜而得；次三句，言诸侯之所亡，百倍于战胜而亡；次三句，言得丧不在于战。第二段首三句，言祖宗得地之艰难；次三句，言子孙视地之轻忽；次五句，言割地而不足止秦兵；次七句，言赂秦而胜负之势已判，故必颠覆；次六句，引古人之言而称其得战国时之大势。第三段首六句，言齐虽不赂秦而不助五国，故致灭亡；次四句，言燕、赵之不赂秦；次二句，言燕用兵而后亡；次二句，言燕丹之速祸；次七句，言赵之用武不终。第四段首四句，言燕、赵之亡为不得已；次八句，言六国各尽其道以抗秦，则事未可知。末段首八句，为六国画策；次六句，慨六国之亡，为秦人积威所劫；末六句，言势胜于六国而效六国破亡之事者，犹在六国下。

参考

【苏洵】见第四册十七课。

【六国】齐、楚、燕、赵、韩、魏也。

【秦】国名，嬴姓，非子之后。周孝王以非子善养马，封之于秦（在今陕西秦州）。平王东迁，举丰歧之地与之，秦于是渐强。

【暴霜露】暴，音瀑，露也。暴霜露，言朝夕不安处，显露于霜露之中也。

【斩荆棘】荆，灌木名。棘，小枣丛生者。斩荆棘，谓斩除荆棘而开辟土地也。

【齐】姜姓，太公之后。其封地在今山东东境。

【燕】姬姓，召公之后。今直隶、奉天，在战国时俱为燕地。

【赵】造父之后,封于赵(今直隶赵城县)遂为赵氏。与韩氏、魏氏,俱仕于晋,至赵籍而始为诸侯。

【丹】燕太子丹也。

【荆卿】即荆轲,卫人,好击剑。之燕,太子丹卑辞厚礼而要其报秦,轲乃入秦,刺秦王不中而死。

【李牧】赵之良将。数败秦军,赵封之为武安君,与廉颇齐名。后人言良将必言颇、牧。

【邯郸】赵都。故城在今直隶邯郸县西南。

第十六课 留侯论 苏轼

本文

古之所谓豪杰之士者,必有过人之节。人情有所不能忍者,匹夫见辱,拔剑而起,挺身而斗,此不足为勇也。天下有大勇者,卒然临之而不惊,无故加之而不怒,此其所挟持者甚大,而其志甚远也。

夫子房授书于圯上之老人也,其事甚怪,然安知其非秦之世有隐君子者,出而试之?观其所以微见其意者,皆圣贤相与警戒之义。而世不察,以为鬼物,亦已过矣。且其意不在书。当韩之亡,秦之方盛也,以刀锯鼎镬待天下之士,其平居无罪夷灭者不可胜数,虽有贲育,无所复施。夫持法太急者,其锋不可犯,而其势未可乘。子房不忍忿忿之心,以匹夫之力而逞于一击之间,当此之时,子房之不死者,其间不能容发,盖亦已危矣。千金之子,不死于盗贼,何者?其身之可爱,而盗贼之不足以死也。子房以盖世之才,不为伊尹太公之谋,而特出于荆轲聂政之计,以侥幸于不死。此圯上老人之所为深惜者也。是故倨傲鲜腆而深折之,彼其能有所忍也,然后可以就大事。故曰:"孺子可教也。"

楚庄王伐郑，郑伯肉袒牵羊以迎。庄王曰："其君能下人，必能信用其民矣。"遂舍之。句践之困于会稽而归，臣仆于吴者，三年而不倦。且夫有报人之志，而不能下人者，是匹夫之刚也。夫老人者，以为子房才有余，而忧其度量之不足，故深折其少年刚锐之气，使之忍小忿而就大谋。何则？非有平生之素，卒然相遇于草野之间，而命以仆妾之役，油然而不怪者，此固秦皇之所不能惊，而项籍之所不能怒也。观夫高祖之所以胜，而项籍之所以败者，在能忍与不能忍之间而已矣。项籍唯不能忍，是以百战百胜而轻用其锋；高祖忍之，养其全锋而待其弊，此子房教之也。当淮阴破齐而欲自王，高祖发怒，见于词色。由此观之，犹有刚强不忍之气，非子房其谁全之？

太史公疑子房以为魁梧奇伟，而其状貌乃如妇人女子，不称其志气。呜呼！此其所以为子房欤！

目的
本课言张子房一生得力处，皆在一"忍"字。

教授事项
（甲）时间分配　本课分三时。
第一时　"古之所谓豪杰之士者"至"故曰孺子可教也"。
第二时　"楚庄王伐郑"至"此其所以为子房欤"。
第三时　复习全课。
（乙）内容提示
一、稍不快意，即怒不可遏，悻悻然见于面，此孟子所谓小丈夫也。乌足与言远大之计划？
二、以圯上老人为隐君子，既可辟神怪之说，又可显留侯之见道处，必如是作法，忍字方有着落。
三、贲育无所施，则恃其血气。拔剑而起者，徒取杀身之祸耳，于大局奚补？

四、荆轲秦廷之刺，与留侯博浪之击，同一匹夫之勇也。然荆轲为燕丹泄愤，私交也；留侯为韩国报仇，公义也。不可一例而论。

五、写尽留侯之能忍，忽将高祖能忍，亦加在留侯身上，且举事以证实之。是为文之善于搜括处。

（丙）文字应用

课文为论说体，分四段。第一段首二句，言豪杰有过人之节；次五句，言不能忍者不足为勇；次五句，言能忍者挟持甚大而志甚远。第二段首二句，点出子房受书于老人之事；次七句，言老人为隐君子而非鬼物；次一句，言其意不在书而另有用意，为下文拿定"忍"字发议之关键；次七句，极言秦之威力；次三句，言不可轻犯其锋；次七句，言子房不忍忿心而一击，蹈于危机；次五句，言爱其身者不死于盗贼之手；次五句，言子房与荆轲、聂政为伍，乃圯上老人所深惜；次五句，言老人深折之以养成其量。第三段首六句，引郑伯迎楚庄之事作证；次三句，引句践臣仆于吴之事作证；次三句，言不能下人者是匹夫之刚；次五句，表明老人之用意；次七句，言命以仆妾之役而不怪，则秦皇、项籍所不能动；次三句，言刘、项之成败，在能忍与不能忍；次五句，言项籍轻用其锋而高祖待其弊，子房教之；次六句，指出子房教高祖之证。末段五句，引太史公之言而赞叹子房之品格。

参考

【节】志操也。

【卒然】卒，音猝。卒然，急遽之貌。

【子房】姓张，名良，子房其字也。以大父、父俱相韩，韩亡，故欲为韩报仇。乘秦始皇东游至阳武（今河南阳武县）博浪沙中，使力士狙击之。误中副车，亡匿下邳（今江苏邳县）。后从高祖定天下，有功，封为留侯。

【圯上】圯，音贻，桥也。圯上，桥上也（即下邳圯上）。

【鬼物】即疑其为鬼怪也。

【刀锯】见第四册二十三课。

【鼎镬】烹饪之器。古之酷刑，即用以烹人者。

【夷】诛灭也。

【贲育】孟贲、夏育也。二人皆为古之勇士。

【逞】快也。

【不容发】言相差在些微之间也。

【伊尹】名挚，力牧之后。相汤以取天下。

【太公】四岳之后，姜姓，名尚。佐武王定天下。

【荆轲】见前课。

【聂政】战国时勇士。为严仲子刺杀韩相侠累。

【鲜腆】言不为礼也。

【楚庄王】名侣，熊绎十世孙。为春秋五霸之一。

【郑伯】即郑襄公。

【肉袒】去上衣露肢体以谢罪也。

【句践】越王名，现称勾践。败于吴，退保会稽（在今浙江会稽县东南）称臣以求和。

【吴】国名。泰伯之后，时吴王为夫差。

【油然】和悦貌。

【秦皇】即秦始皇，名政。

【项籍】项梁兄子，字羽。

【高祖】即汉高祖。姓刘，名邦，字季。

【淮阴】即淮阴侯韩信也。信破齐，欲立为齐王。高祖怒，詈信，张子房蹑足附耳而说之，高祖悟，乃封信为齐王。

【太史公】即司马迁也，曾作史记。其《留侯世家》赞曰：余以为其人魁梧奇伟，至见其图，状貌如妇人好女。

【魁梧】壮大之意。

第十七课　日之远近

本文

某君携两儿观日，问曰："日之于人，何时最近，汝等知之乎？"甲儿曰："知之，朝夕近。吾尝放纸鸢，线愈长，则纸鸢愈小。是目之视物，近大而远小也。今吾望日于午，才如盘耳，朝夕望之，则大如车轮。故曰朝夕近。"乙儿曰："否。曝日之热，犹围炉也。吾尝围炉，觉甚热；渐远之，则热渐减。晨曝于日，非不热也，然渐近午，则热渐甚，至午而极，逾午则又渐减，以至于夕，乃与朝同。是午近而朝夕远也。"

某君曰："午近而朝夕远，乙儿之言是也，其证则非也。地球距日凡三万万余里，而地球东西之径凡二万六千余里。午时人之距日犹地耳，朝夕则又加以地之半径一万三千余里，故午近。然地之半径，较诸日地相距之远，居二万余分之一，此其热度之差异，尚为吾体所能觉乎？故曝日而热有增损，非远近之故也。"

乙儿曰："其故安在？"某君曰："有炉于此，以手覆炉上，去炉一尺，然何如？俄而以手置炉旁，相去亦一尺，则热不如炉上远矣。盖热之增损，又有直射旁射之别，而不必尽关乎远近也。"

甲儿曰："朝夕远而午近，则朝夕望日，何以大于午？"某君曰："汝不观纸鸢乎？使一人执之远行，离吾目五丈许，其大若干。乃又以五丈之线，放之空中，则其形顿小，非复前者离目五丈许之状矣。盖平视仰视，目力不同。且平视之物，有他物以为比较，故每觉其大。仰视则空中无与比较者，故觉其小耳。以不同地位之物，而论远近，不能恃目力之所见，遽定其大小也。"

目的

本课言吾人觉日之大小冷热，关系于人之平视仰视、日之直

471

射旁射，非关系于距离地面之远近。

准备

将书中之图，放大而画于黑板。告以朝夕（指甲丙线而与之言）午时（指甲乙线而与之言）日与地相距之远近。若讲冷热大小之理，即取书中火炉、纸鸢之说而譬喻之。

教授事项

（甲）时间分配 本课分三时。

第一时 "某君携两儿观日"至"非远近之故也"。

第二时 "乙儿曰"至"遽定其大小也"。

第三时 复习全课。

（乙）内容提示

一、朝夕之日大于车轮，非由与地相近之故，更非日体放大之故，纯乎光学作用。欲知此理而了无疑义，非研究光学不可。

二、恃目力所见，不特不能定其大小，并不能定其色彩。譬如日光本属七色，因运行之速而只见其一色，不能据眼前之一色而与人强辩也。

（丙）文字应用

课文为论说体，分四段。第一段首五句，记某君向儿问日之远近；次八句，甲儿以放纸鸢喻见物之大小；次五句，言甲儿因日之大小而断定朝夕近；次八句，乙儿以围炉喻热之增减；次九句，言乙儿因日之热度而断定朝夕远。第二段首四句，某君评乙儿言是而证非；次四句，某君言地球距日之里数，及地球东西径之里数；次四句，言午时近于朝夕之故；次七句，言距离之相差甚微，不能增损热度。第三段首二句，乙儿之请问其故；次八句，某君言炉旁之热不若炉上；次三句，说明直射、旁射之理。末段首四句，甲儿言朝夕之日何以大于午；次九句，某君言纸鸢升高则小；次七句，言仰视平视，见物之大小不同；末四句，言不同地位之物，不能恃目力而定其大小。

参考

【纸鸢】见第三册第一课。

【曝】音瀑，晒也。

【围炉】贮炭火于炉，坐其旁而取暖也。

【距】音巨，两物相隔之地位也。

【东西径】径，直径也。东西径，谓自东至西，过地心之直线也。

【半径】东西直径线之半也。

【二万余分之一】日地相距之远，本三万万余里[①]。而地球之半径，只一万三千余里[②]，故云二万余分之一。

第十八课　择业

本文

孟子曰："人皆可以为尧舜。"拿破仑曰："不能二字，非吾法人所当用也。"然则天下之人，苟致力于一业，持之以恒久，不畏难，不苟安，未有终无所就者也。

虽然，人性之不同，如其面焉。禀赋有钝慧，干力有强弱，斯固然矣。即使天才果高，又有宜有不宜，非一能即无所不能也。

自古之言善战者，无如项羽。羽虽不终，然以平民起兵，七十余战未尝败北，固古今所罕觏者。则信乎羽之天才，有以大过人，宜其无所学而不能矣。然羽尝学书，又尝学剑，皆无所成。则正所谓有宜有不宜也。使羽果致力于书与剑，未必遂后于

---

① 地球距太阳的距离约为1.521亿千米。
② 地球半径约为6378.1千米。

人，特望其如战功之高，足以照耀千古，则必不可得者耳。

是故凡人择业，必先审吾性之所近而后为之，毋趋时尚，毋慕虚荣，则才大者可以成卓绝之业，才小者亦不至无所就。否则用违其才，幸而有成，其用力之难易，所就之大小，必非用其所长者比也。

目的
本课言人当各就其性质而择业，不可强为不相宜之事。

教授事项
（甲）时间分配　本课分二时。
第一时　"孟子曰"至"则必不可得者耳"。
第二时　"是故凡人择业"至"必非用其所长者比也"。
（乙）内容提示
一、择业非择易为之事为之，乃择性相近之事为之也。设藉择业未定而作事因循，畏难苟安，则必至一事不可为矣。

二、就一往之气而强为其难，有志者事必成。然性质不相近，恐难立于不败之地位。

三、人各有能有不能，断无万能之才干。若责尧、舜以武功，责项羽以文治，未有能胜任者。

四、迟缓躁急，各有其性。能言能行，各见其长。就所长而专心致志，注全力以赴之，则事半功倍。否则事倍功半。

（丙）文字应用
课文为论说体，分四段。第一段首五句，引孟子及拿破仑之言；次六句，言致力一业而终有所就。第二段首六句，言人性之不同；次三句，言天才高者亦非万能。第三段首七句，言项羽之战功，为古今罕觏；次三句，言羽之才宜学无不成；次四句，言羽不宜于学书学剑；次五句，言羽果致力于书与剑，恐不能垂名。末段首六句，言择业当则不至无所就；末五句，言用违其才者,不能与用其所长者比。

参考

【拿破仑】见本册第十四课。

【禀赋】禀,受也。赋,与也。谓禀受天所赋与之性质也。

【干力】才干力量也。

【项羽】见本册十六课。

【时尚】尚,贵也。时尚,时俗所贵也。

【卓绝】卓,高也。绝,有一无二也。卓绝,言高极而莫可比拟也。

第十九课　专利

本文

田地房屋器物,为主者之所有,非他人可得而攘夺之。此人人所共知也。至于学者所著之图书,工人所创造之新器,在恒人视之,似与田地房屋器物有别,然要不能不谓之产业。何也?盖是数者,必劳心力、费资本而后得之,与置田地房屋器物,固无以异也。若不许专利,任人仿效,则所耗之心力资本,皆枉费而无所取偿。智士心灰,而新法绝矣。他若商号商标,为商家取信于人之具。如其交易公平,物品精美,则他人一见其商号商标,即乐与之交易。故其所以得此者,亦非一朝一夕之故,其用力正与置产业等也。

今文明各国,凡著新书,创新器,以及商号商标,皆由所司登录,许其专利。有假冒者,禁锢罚锾,按律科断。故百余年来才士竞奋,学术工艺日新月异。今我国亦有专利之律,凡我国民宜各自奋以创制新巧。若藉假冒以攘利,既背国法,且为社会进步之蠹,其罪大矣。

目的

本课言专利之法，足以奋发人之智力，改良学术工艺。

教授事项

（甲）时间分配　本课分二时。

第一时　"田地房屋器物"至"其用力正与置产业等也"。

第二时　"今文明各国"至"其罪大矣"。

（乙）内容提示

一、同一劳心力，费资本，而田地房屋，视为产业；新书新器，不视为产业者，辜负创造者之苦心，非奖励新法之道也。

二、费可宝贵之心思，可宝贵之时间，发明工艺学术。则心思时间，即为无形之资本，焉可听人仿效而夺其权利。

三、仿造人新发明之事物，侵犯个人权利，其害犹小。使志士灰进取之志，社会无进化之望，其罪尤大。

（丙）文字应用

课文为论说体，分二段。第一段首四句，言田地房屋之为产业，人所共知；次五句，言新著之图书，新造之器物，皆为产业；次五句，言新书新器之与田地房屋无异；次六句，言不许专利足以绝新法；次九句，言商号商标之价值。第二段首六句，述文明各国应享专利权之物品；次三句，言假冒者须治罪；次四句，言学术工艺发达之故；次三句，言我国亦设专利之律，国民宜创制新巧；末四句，言假冒者之罪甚大。

参考

【攘】窃也。

【耗】亏损也。

【商号商标】见本册第三课。

【登录】注之于册也。

【禁锢】即监禁其身也。

【罚锾】锾，音还，古衡法以六两为锾。纳金赎罪，皆以锾计，谓之罚锾。

【按律科断】按，据也。科，断也。按律科断，言据律而决断其罪也。

【蠹】音妒，木中虫也。木生蠹则朽，人妨害社会，无异蠹之妨害树木，故以蠹名。

【我国亦有专利之律】清光绪二十九年①，《商部奏定商会章程》第二十六条："凡商人有能独出心裁，制造新器，或编辑新书，确系有用；或将中外原有货品，改制精良者，均准报明商会考核后，由总理具禀本部，酌量给予专利年限，以杜作伪仿效，而示鼓励。"此即专利之律。

第二十课　制铁大王

本文

距今五十年，北美合众国东部之毕次保②市某工场中，有破帽笼头，敝衣覆体，手巨钳，面火而立之一童厮。乌知即为异日享数万万之富，称世界制铁大王之卡南琦③氏耶？卡于西历一千八百三十七年，生于英国苏格兰。十岁，从父母流徙美国，居毕次保。赤贫不能自活，去为工场中司火。三年，改业为赍电之役夫，因渐通晓电学。复以神悟过人，入司电机。众咸称善。

卡恒语人曰："方余年十三，为人司火。而世父忽至，语余翁，使舍故业，入电局，供奔走。翁不可，曰：'孺子每一星期得一元，奈何舍之？'世父曰：'役于电局，一星期得二元余也。'父可其议。余亦自念，与其日处炽烈之冶，不如电邮适也，遂应募。既入局，余乃大悦。书籍既伙，纸笔亦具，且可乘

---

① 即1903年。
② 现译匹兹堡。
③ 现译安德鲁·卡内基。

暇读书。余遂进习电机术，久乃擢为司电员。静中自诘，以奇秘之小机，乃能宣布所怀于千万里以外，余非去冶而业此，又乌能窥其秘哉？乃大悦其改业之得也。"

卡才识既敏，复勤勉倍常人。局长雅重之，遂举为某州铁路公司之电信技师。

卡十四岁而孤，备极辛楚，养母而育弟，虽劳勿息。公司嘉之乃大加委任，擢为部长。

时美国乱，遂应陆军省征，为军用铁路输送官。以病旋罢。

然以居积之善，颇拥赀，创制铁工场，部署得当，业大昌。英美二国铁政，咸操于卡之掌握。又立卡南琦制铁公司，自董之。于是人人加以尊号，曰"世界制铁大王"。积赀至美金四万万元，号美洲首富。

卡曰："财多以遗其子姓，徒增愚而长骄。财自我聚，当自我散。"乃力为义举，广购书籍，分赠各学校，糜金钱六百万。

卡少贫贱，未尝学问，迨少壮，始奋勉修学，如社会、政治、哲学，皆窥其樊。亦雅有述著，为世所称。

目的

本课述卡南琦之历史，使不善聚财、不善散财者奉为模范。

准备

将书中卡南琦之像指示学生，告以卡艰苦备尝，故一望而知其为劳瘁之面目。

教授事项

（甲）时间分配　本课分三时。

第一时　"距今五十年"至"乃大悦其改业之得也"。

第二时　"卡才识既敏"至"为世所称"。

第三时　复习全课。

（乙）内容提示

一、以破帽敝衣之童厮，一变而为美国第一富豪。其得力之处，即在"勤勉"二字。

二、卡之出身寒微，幼时未受相当之教育，而能以才识见赏于局长者，乘暇读书之功也。故卡氏既拥厚资，以图书馆为第一慈善事业，倾全力以助之。

三、卡氏不遗子孙以财，非不爱其子孙，特恐增愚长骄，子孙中金钱之毒而不能有为耳。故为子孙谋者莫若卡氏。

四、仅知居积而不善散布，特一守钱虏耳，社会不能获益。卡氏捐巨款于学校及图书馆，开通国民智识，是能实行社会主义者。

（丙）文字应用

课文为传记体，分九段。第一段首九句，言制铁大王幼时为苦工；次二句，点出制铁大王之名。第二段首五句，记卡氏生长之时与地，及流徙之地；次八句，记卡氏执业尽职，众咸称善。第三段首八句，卡自言为人司火时，其父友劝其入电局；次七句，卡述父言及父友之言；次五句，卡言应电局之募；次七句，卡言入局而习电学，得擢为司机员；次六句，卡言改业之得。第四段四句，记卡之得举为某铁路之电信技师。第五段七句，记卡因勤劳而得擢为部长。第六段四句，记卡之为军用铁路输送官。第七段十四句，记卡氏因经营实业而得巨资。第八段首五句，记卡自言散财之故；次三句，记卡之助图书馆及各学校。末段八句，述卡之学问。

参考

【毕次保】在美国宾夕尔法尼亚西境。满市皆机器厂，烟囱如林，煤气成雾，有烟市之目。

【笼头】覆于头上也。

【钳】锻者持铁之具也，俗曰夹钳。手巨钳者，言执巨大之

479

钳而夹铁也。

【童厮】执役者之称。

【苏格兰】为英吉利本部三岛之一，与英格兰相连而成一大不列颠岛。

【赍电】赍，音基，送也。赍电，即送电报之人也。

【擢】音浊，拔也。

【冶】熔铸铁器之名。

【雅重】雅，平素也。雅重，即平素尊重其为人也。

【自董】董，督也。自董，谓亲自管理其事也。

【窥其樊】樊，篱也。窥其樊，犹言入门也。

第二十一课　托辣斯[①]

本文

人类之竞争也，其始各以一手一足之烈，个个独立，以营生活。及其进化也，悟各个人之不能独存。于是联合多数之人民，多数之家族，而成部落。及其再进化也，悟小群之不能独存，则又联合各部落，而建为大国焉。此其阶级，地球各国，罔勿同也。

商业之竞争也亦然。日中为市，交易而退，各得其所。是犹初民时代，个个独立也。及生活程度日进，供求日繁，非大资本不克举大商业，于是有联合多数人之资本，以成公司者焉。是犹联合家族以成部落也。此其阶级，地球各国，亦莫不然。至于联合全国之大公司，以并为极大公司，如合各部落为一大国者，则所谓托辣斯是也。

托辣斯者，以数公司乃至数十公司之股分，委托于一人或数

---

① 现作托拉斯。

人之手，使经理之，而以所得之利益，分配于各股东也。民国纪元前十九年，美国之煤油托辣斯，实首倡之，耸动一世耳目，于是各业起而踵之，势力之雄，披靡全美。国中小资本及劳力者，骤蒙损害，群起訾议。政府虑其垄断也，下令禁止。然非惟不能遏绝，反益发达。迄于今日，美国全土之资本，其隶于各托辣斯下者，殆十而八。此后之合并者，日甚一日而未有已。宜乎美国人之视托辣斯，如一怪物，嚣嚣然环视而起也。

美国新成立之大托辣斯，足以震骇全世界者有三：曰铁路大托辣斯，民国纪元前十二年成立，凡合并十一大公司，全国最大干线悉被网罗，其线路足以绕地球四周而有余；越明年而钢铁大托辣斯成立，合并八大公司，全美之业钢铁者皆归之，所部职员凡二十五万有奇；又明年而汽船大托辣斯成立，合并八大公司，有船百十八艘，英德二国大西洋航路之权一网而尽。

摩尔根者，美国人，世所称托辣斯大王者也。计美国之托辣斯，为摩氏所创办及与有关系者凡三百六十余，而铁路、钢铁、轮船三大托辣斯亦成于摩氏之手焉。方摩氏之谋设钢铁大托辣斯也，制铁大王卡南琦不欲，摩氏以一席话，而卡氏遂帖然效奔走，三月而事定。黎伦轮船公司者，英国之最大公司，握大西洋航路之权百余年。方摩氏谋创轮船大托辣斯，先至英，与之商议，英人多笑之。乃不数月，事竟成。欧人始骇愕，皆曰："美祸！美祸！"举世号摩氏为商界之拿破仑。

托辣斯者，厚集全国之资财，泯国内之竞争，以为国外之竞争也。彼摩氏既已攫大西洋航路之全权，而煤油托辣斯亦且西吞俄罗斯，东袭日本。异日太平洋之商业，几何不尽折而入于美耶？其可畏也已。

目的

本课言托辣斯之势力，足以操纵本国及外国之商业，其影响甚大。

教授事项

（甲）时间分配　本课分四时。

第一时　"人类之竞争也"至"则所谓托辣斯是也"。

第二时　"托辣斯者"至"一网而尽"。

第三时　"摩尔根者"至"其可畏也已"。

第四时　复习全课。

（乙）内容提示

一、资本愈厚，则魄力愈大，所需之各种原料，可预为购办，人不得居奇而把持之。所谓多财善贾者此欤。

二、独占一业而人不能与之竞争，垄断之弊，固不可不防。然因此而欲遏绝之、扫除之，则未免因噎而废食。

三、以无数资本而委诸一人或数人之手，少一不当，则全局失败，此着固不可不虑。然委任之而多方牵掣，致令其一事不可为，亦足以破坏全局。

四、摩氏之主义，为合群主义，绝非专制主义。不然，以大名鼎鼎之制铁大王，决不甘帖然效奔走；巨大之黎伦公司，决不愿就其范围也。

五、欲以商业与列强争，非托辣斯不为功。否则团体不固，同业互相倾轧，置商业前途于不顾。对内不足，尚何对外之足云？

（丙）文字应用

课文为论说兼记事体，分六段。第一段首四句，言初民时代之个个独立；次五句，言联合家族而成部落；次四句，言由部落而建为大国；次三句，言此阶级为地球各国所同。第二段首六句，言商业初兴时之无异于初民时代；次八句，言合资本以成公司，无异合家族以成部落；次三句，言此阶级亦为地球各国所同；次四句，言联合公司而成托辣斯。第三段首六句，点清托辣斯之性质；次四句，言初倡者为煤油托辣斯；次十句，言托辣斯之势力，不可遏绝；次九句，言美国资本十有八在托辣斯之下，故美人视托辣斯为怪物。第四段首三句，言美国之大托辣斯有三；次六句，述铁路托辣斯之盛况；次五句，述钢铁托辣斯之盛况；次五句，述汽船托辣斯之盛况。第五段首三句，点出托辣斯大王；次五句，述摩氏手创之事业；次五句，述摩氏设钢铁托辣斯之手段；次三句，述黎伦轮船公司之势力；次六句，述摩氏设轮船托辣斯之能力；次四句，述欧人之惊服。末段首四句，述托辣斯之力量；末七句，言摩氏之势力可畏。

参考

【部落】落，人所聚居之处。部落，即一部人所聚居之处也。

【托辣斯】其意为信。以数公司乃至数十公司之股份，全数或过半数，委托之于所谓托辣斯梯者（即可信之人之意）；而此托辣斯梯（或一人或数人），发回一证券于股东。自此以后，此托辣斯梯有全权管理各公司之营业，或分析，或合并，或扩充，悉听其指挥，而以所得利益分配于各股东。此即托辣斯之性质也。

【煤油托辣斯】为煤油大王洛奇佛儿[①]所手创，其时在一千八百八十二年。

【披靡】言当之者分散而随顺也。

【訾】诋毁也。

【垄断】冈垄之断而高者，登之而望，以罔市利也。

【嚣嚣】喧哗声也。

【摩尔根】美国康内克的告特（在沿大西洋北部）人。累代皆为美名族，父拥大资本，在波士顿创一摩尔根银行，握大西洋两岸金融之权数十年。摩氏虽藉父业起家，然自少年即富自立性，二十一岁，即入纽约之丹康查门银行，从事实务之练习。及托辣斯渐兴，野心家从事此业者踵相接，屡起屡仆。惟摩氏则大展其伟图，有蒸蒸日上之势。其现在营业之资本，已达

---

① 现译洛克菲勒（1839-1937）。

二万六千兆之数。以世界号称富强之英、美、德、法、意五国政府一年岁入之数较之，尚不及远甚云。

【黎伦轮船公司】为英国最大最久之公司。英国百余年来所以左右海权者，实惟此公司是赖。

【大西洋】在欧洲之西，美洲之东。赤道以北为北大西洋，南为南大西洋。五大洋之中，灌域以此洋为最大。

【美祸】言美国之祸患，将及于欧洲也。

【商界之拿破仑】欧人凡遇才智杰出者，多以拿破仑目之。摩尔根为商界之大王，故以商界拿破仑名之。近人又名摩氏为财政界之专制魔王。

【俄罗斯】为欧洲大国，及并亚洲之西伯利亚，地跨欧亚，疆域益广。

【日本】在亚洲东北，以四大岛（本州、四国、九州、十州合台湾①而成五岛）及二千小岛组合而成，为亚洲最兴盛之立宪帝国。

【太平洋】在亚洲之东，美洲之西。赤道以北为北太平洋，南为南太平洋。五大洋之中，面积以此洋为最大。

第二十二课　赠王仲缙序　方孝孺

本文

饥而食，饱而嬉，营私而骛利，生无闻而死无述者，众人也。食焉而思，思焉而行，不忧其身之穷而忧道之不修，不惧其家之无财而惧乎名之弗扬者，君子也。众人之所为，切于身而见效近，故人之趋事者伙；君子之所务，事既缓而功亦迟，故众人多笑之。而不知众人之所为，又君子之所悲也。

吾昔年舟还自金陵，泊姑苏城下。舟人指城中大第，谓予

① 台湾自古为中国领土。

曰："此元伪吴张氏宫也。"予问今其家安在，则已无噍类矣。问其人名字，则已莫有知者矣。及至钱塘，道西湖，舟人数为予言林处士事，曰："此处士故宅也。此处士坟墓也。此处士曾游之地也。"予未尝不为之太息。方张氏盛时，据数州之富，擅王侯之贵，驱百万之人，以给其所欲。其车服、官室、妾媵、珍宝、驺从、师徒、僭拟乘舆，亦自谓一时之雄矣。而今未下十年，乃若此。处士在时，破庐敝褐，羸童野鹤，出入于烟霞水石间，其穷困莫比。今越二三百载，姓名犹灼然在人耳目，则区区之富贵者何足道，而士之贫贱又何足憾哉？且处士特一诗人，其自立者，非能如圣贤之宏大深远，足以明斯道而淑来世，犹能如是，况夫君子之希圣贤者乎？吾友王仲缙，年少好学，其所志甚美。而其乡人窃笑之，以为迂。仲缙告予。予恐其沮于众人之笑也，故告以斯说，使仲缙知为学之足恃，而益思自勉；使众人知所有者之不足道，不暇笑人而自悲也。

目的

本课系正学慰友之作，勉其坚求学之志，无为众人之笑所沮。

教授事项

（甲）时间分配　本课分二时。

第一时　"饥而食"至"予未尝不为之太息"。

第二时　"方张氏盛时"至"不暇笑人而自悲也"。

（乙）内容提示

一、道之高者，非庸耳俗目所知。其不合时宜，不为众人所喜者，意中事也。故有道之士，不以人之非笑为怪。

二、不忧穷而忧道之不修，即孔子所谓"君子忧道不忧贫"也。不惧家无财而惧名弗扬，即孔子所谓"君子疾没世而名不称"也。

三、称雄一时，身没而阒绝无闻，反不若一介之士为人称道者。因其道德、事业、文章，均不足流传后世故也。

四、乡人之所谓迂，乃乡人之不知道也，于我之道何损？若窃窃然忧而降志以媚世，则乡人之笑可免，有识者之笑不可免矣。

五、林处士特一诗人，为人不能忘犹如此。彼希圣希贤者，有功于世道人心，十百倍于处士。其为后人崇拜，更可知矣，何惧众人之笑？

六、文之赞美处士处，即正学之勉人求学处。不引有道士之作证，必引处士者，非重处士也，欲藉以显出有道者之价值也。是为作文之烘托法。

（丙）文字应用

课文为赠序体，分二段。第一段首五句，言众人之举动；次七句，言君子之思想；次三句，言众人所为，趋事者伙；次三句，言君子所务，人多笑之；次二句，言众人为君子所悲。第二段首八句，叙在姑苏时与舟人问答；次八句，叙在西湖时闻舟人之语；次十句，慨张氏之昔盛而今非；次九句，慕林处士之以高隐得名；次六句，言诗人不如希圣贤者有实用；次四句，言王仲缙以好学而见笑于人；末七句，述所以作序之故。

参考

【方孝孺】字希直，一字希古，别号逊志，明时人。蜀王椿（太祖子）额其读书之庐曰"正学"，故人称正学先生。

【骛】奔驰也。

【伙】音火，多也。

【金陵】见第一册三十六课。

【姑苏】即今江苏省之吴县。

【张氏】即张士诚也。元末起兵，始据高邮，称诚王。后陷平江而据之，自称吴王。即于平江治宫室。

【无噍类】噍，音醮，嚼也。无噍类，谓人畜尽死，无复而噍食者也。

【钱塘】即今浙江杭县。

【林处士】即林逋（字君复）也，宋时人。恬淡好古，弗趋荣利，结庐西湖之孤山，二十年足不及城市。仁宗赐谥和靖先生。

【数州】士诚始据高邮，继由通州渡江，取常熟、平江、湖州、松江、常州、杭州。

【媵】以侄娣送女曰媵，犹今言陪嫁也。妾亦谓之媵者，因古以侄娣为妾故也。

【驺从】驺，音邹，主驾车马之吏也。驺从，乘以相从者也。

【乘舆】天子所御车马、衣服、器械等之名也。

【敝褐】褐，毛布，贱者之服也。敝褐，即敝坏之毛布服也。

【羸】音雷，瘠也。

【灼然】明也。

【王仲缙】名绅，袆之子，曾受业于宋濂。

第二十三课　戒兄子严敦书　马援

本文

吾欲汝曹闻人过失，如闻父母之名：耳可得闻，口不可得言也。好论议人长短，妄是非正法，此吾所大恶也。宁死，不愿闻子孙有此行也。龙伯高敦厚周慎，口无择言，谦约节俭，廉公有威。吾爱之重之，愿汝曹效之。杜季良豪侠好义，忧人之忧，乐人之乐，清浊无所失，父丧致客，数郡毕至。吾爱之重之，不愿汝曹效也。效伯高不得，犹为谨敕之士，所谓"刻鹄不成尚类鹜"者也。效季良不得，陷为天下轻薄子，所谓"画虎不成反类狗"者也。

目的

本课系马伏波诫兄子书，其意以黜浮华、返淳朴为主。

教授事项

（甲）时间分配　本课教授一时。

（乙）内容提示

一、"如闻父母之名"三句，说得非常婉转，非常切实，文笔又非常凝练而有力量。未经人道破之名论也。

二、少年意气用事，最易流于浮躁轻率之恶习。伏波不愿子弟之轻发议论，亦防微杜渐之意也。

三、豪侠好义，固不可谓之非。然清浊无所失，则豪放而不免有荡检逾闲之事矣。不足效法即在此。

四、伯高之所以可效，即因其诚笃而不妄言妄行，无流弊之可言也。若季良之为人，有才者效之，尚恐其陷于法网；无才者效之，后患更不堪设想矣。

（丙）文字应用

课文为家书体。首四句，言人之过失，闻诸耳而可不宣诸口；次五句，言宁死而不愿子孙妄为议论；次六句，言龙伯高之为人，吾爱重之而愿汝曹效之；次八句，言杜季良之为人，吾爱重之而不愿汝曹效之；次四句，表出所以愿效伯高之故；末四句，表出所以不愿效季良之故。

参考

【严、敦】严，字威卿。敦，字儒卿。皆援兄余之子。是时并喜交通侠客，故援在交址，还书戒之。

【马援】字文渊，东汉人。其征交址时，光武拜为伏波将军。

【正法】正，与政通。正法，即当时之政事法制也。

【龙伯高】名述。时为山都长，由此擢拜零陵太守。

【周慎】周密而谨慎也。

【谦约】谦退而守约束也。

【廉公】廉洁而公正也。

【杜季良】名保。时为越骑司马，由此免官。

【清浊无所失】谓贤否皆与之交接也。

【谨敕】谨慎而守正也。

【鹄】音斛，似雁而大，全体色白，故或称为白鸟。飞翔甚高，俗名天鹅。

【鹜】音务，鸭也。

第二十四课　原毁　韩愈

本文

古之君子，其责己也重以周，其待人也轻以约。重以周，故不怠；轻以约，故人乐为善。

闻古之人有舜者，其为人也，仁义人也。求其所以为舜者，责于己曰："彼，人也；予，人也。彼能是，而我乃不能是？"早夜以思，去其不如舜者，就其如舜者。闻古之人有周公者，其为人也，多才与艺人也。求其所以为周公者，责于己曰："彼，人也；予，人也。彼能是，而我乃不能是？"早夜以思，去其不如周公者，就其如周公者。舜，大圣人也，后世无及焉。周公，大圣人也，后世无及焉。是人也，乃曰："不如舜，不如周公，吾之病也。"是不亦责于身者重以周乎！

其于人也，曰："彼，人也，能有是，是足为良人矣；能善是，是足为艺人矣。"取其一，不责其二；即其新，不究其旧。恐恐然惟惧其人之不得为善之利。一善易修也，一艺易能也，其于人也，乃曰："能有是，是亦足矣。"曰："能善是，是亦足矣。"不亦待于人者轻以约乎？

今之君子则不然。其责人也详，其待己也廉。详，故人难于为善，廉，故自取也少。己未有善，曰："我善是，是亦足矣。"己未有能，曰："我能是，是亦足矣。"外以欺于人，内以欺于心，未少有得而止矣，不亦待其身者已廉乎？其于人也，曰："彼虽能是，其人不足称也，彼虽善是，其用不足称也。"举其一，不计其十，究其旧，不图其新。恐恐然惟惧其人之有闻也。是不亦责于人者已详乎？夫是之谓不以众人待其身，而以圣人望于人，吾未见其尊也。

虽然，为是者有本有原，怠与忌之谓也。怠者不能修，而忌者畏人修。吾尝试之矣。尝试语于众曰："某良士，某良士。"其应者，必其人之与也。不然，则其所疏远，不与同其利者也。不然，则其畏也。不若是，强者必怒于言，懦者必怒于色矣。又尝语于众曰："某非良士，某非良士。"其不应者，必其人之与也。不然，则其所疏远不与同其利者也。不然，则其畏也。不若是，强者必悦于言，懦者必悦于色矣。是故事修而谤兴，德高而毁来。呜呼！士之处此世，而望名誉之光、道德之行难已！将有作于上者，得吾说而存之，其国家可几而理欤！

目的

本课推毁之本原，不外"怠"与"忌"二字。

教授事项

（甲）时间分配　本课分三时。

第一时　"古之君子"至"不亦待于人者轻以约乎"。

第二时　"今之君子则不然"至"其国家可几而理欤"。

第三时　复习全课。

（乙）内容提示

一、"重周轻约详廉怠忌"八字，为全篇之纲领。"详廉怠忌"四字，又为毁谤之由来。特详廉为毁之枝叶，怠忌为毁之根本，则有异耳。

二、躬自厚而薄责于人，则谤毁不生。反之则存怠忌之心而谤毁起。

三、见人善而思几及之，则有志进取，可进步于无形。若见人之善，不思效法而谤毁之，则人之名誉有损，我之心术日坏，永无进步之望矣。

（丙）文字应用

课文为论说体，分五段。第一段七句，言古人重以责己而轻以待人，人与己均获益。第二段首十五句，言闻舜之仁义而效之；次十五句，言闻周公之才艺而效之；次十一句，言以不如舜与周公为病，即责己之重以周。第三段首十二句，言见人有善而亟称之，惟恐其不得为善之利；次十句，言称人一善一艺，即待人之轻以约。第四段首七句，言今人责人详而责己廉，人与己均有损；次十二句，言未有善而自以为能，乃待其身廉；次十二句，言人有能而以为不足称，乃责于人已详；次三句，言待己轻而待人重，不得尊己。末段首五句，言怠与忌为毁之本原；次十三句，言闻称人之善而必怒；次十三句，言闻称人之不善而必悦；次二句，言谤毁之所由来；次五句，言士之不易有名；末三句，言吾说行而国家可治。

参考

【韩愈】见第一册十八课。

【舜】虞帝，名重华。以位禅于禹者。

【周公】名旦，武王弟。正百官，兴礼乐，以多才多艺称。

【详】语备也。

【廉】俭也。

【不以众人待其身】谓以庸流自待也。是乃进一层说，不字非衍文。

【怒于言】谓言语间已有愤怒之辞也。

【怒于色】谓口虽不言，眉目间已含怒意也。

491

第二十五课　军备

本文

国家之设军备，战争而已。然以实言之，军备非为战争，而为和平。夫既为和平，则军备似可以已。不知无军备，则和平终不可得而保。

家人之备盗也，高垣墉，严扃钥，备枪械，岂真欲与盗斗欤？亦示以防御之周，使盗贼闻风窜迹，相戒不来。即来，亦有以御之耳。国家之设军备以防外寇，何以异是？故曰：军备者，和平之保障也。

国家当无事之时，糜无数之金钱，废多人之职业，日夜兢兢，修军备以保和平，毋乃多事。不知军备不振，则为外人所侮，甚或以非理相迫，乃至不得已而出于战。战端既开，其资财之耗费，国民之失业，较之平时军备，殆十百倍而未已。且素无守备之国，交战必难制胜，而割地赔款之事，又将踵于其后。则何如早筹守御，以保和平之为得也？

目的

本课言欲保和平之局，必设军备。

教授事项

（甲）时间分配　本课分二时。

第一时　讲解全课。

第二时　复习全课。

（乙）内容提示

一、管子曰："至善不战。"孙子曰："不战而屈人之兵，善之善者也。"二子之所谓不战，非不设军备之谓，乃兵精而敌人不敢对垒，战胜于无形之谓。

二、军而曰备，即防卫之意，非穷兵黩武之意。彼恃其兵力而摧残同类者,人道主义之蟊贼也。

三、兵端不可开,军备不可不设,非欲以力服人也。盖先为不可胜,以待敌之可胜,所谓有备无患也。

(丙)文字应用

课文为论说体,分三段。第一段首四句,言国家设军备,非为战争而实为和平;次二句,言和平似无需军备;次二句,言无军备则和平不可保。第二段首十句,言家人备盗,非欲与盗斗,欲使盗不得逞;次五句,言设军备以防敌,无异于备盗,故曰为和平之保障。第三段首六句,言国家当无事时而修军备,无乃多事;次九句,言军备不振,战事起而损失更甚于养兵之费;次四句,言素无守备之国,必至兵败而割地赔款;末二句,言不如筹守御以保和平。

参考

【垣墉】墙也。墙之卑者曰垣,高者曰墉。
【扃钥】扃,外闭之关也。钥,所以启闭锁者。
【窜迹】逃匿而不见其踪迹也。
【糜无数金钱废多人职业】养兵之费,为国家岁出之大宗,故曰"糜无数金钱"。入营当兵,则不能营农工商业,故曰"废多人职业"。

第二十六课　鱼雷水雷

本文

战船之制愈精,而巨炮及炮台之构造亦愈巧,一攻一防,利害埒也。乃别以新机器助之,则有鱼雷,有水雷。

鱼雷者,所以攻袭敌舰也。形圆而长,制以黄铜,修一丈二三尺。洞其腹,实以至烈之棉花药,置雷于管而射之。雷身既出管，其尾端车轴能自旋转，激水而行，疾如飞矢。其前端一触坚物，棉花药轰然爆发。虽极巨之舰，当之无不洞穿。

近来各兵舰多置鱼雷。而所谓鱼雷艇者，则专为载雷之用。艇小而行疾，乘雨雪雾霾及昏夜，潜行而袭敌。

雷艇既前，敌舰必大怖，急发炮击沉之，或用猎舰追捕。猎舰较大，而速率与雷艇相等，舰中备炮至伙，故能制雷艇之死命。

水雷者，所以防御敌舰也。雷腹亦实棉花药，密布敌舰所趋之路，舰触雷而药炸。又或自陆通电与雷身，候敌犯此线上，即按电令其爆发。

敌舰近港畏雷，辄徘徊不即进，则由陆台纵炮远击，令其退却。此亦通常之兵法也。

目的

本课述鱼雷、水雷，有攻敌、防敌之作用。

准备

书中之图，前图为鱼雷，形圆而长。右为尾，其端有旋转之机轴；左为前端，能触坚物而爆发。后图为防御水雷。分两种：甲为圆形雷，雷下有绳，系于碇；碇沉于海中，有电池，其中电线，一端通于雷身，一端通于陆地，按电即可令其爆发。一为长形雷，顶有三尖，敌舰触之，即能爆发。

教授事项

（甲）时间分配　本课分二时。

第一时　"战船之制愈精"至"潜行而袭敌"。

第二时　"雷艇既前"至"此亦通常之兵法也"。

（乙）内容提示

一、攻敌以巨炮，似已无坚不摧矣。而又用鱼雷以暗行袭击,用兵者几至防不胜防。

二、帅师以攻敌,欲灭此而朝食也。今则沿海有炮台,海中有水雷,一触其机,巨舰立成齑粉。兵凶战危,在今日尤宜引以为戒。

(丙)文字应用

课文为状物体,分六段。第一段首四句,言攻守之器皆精而利害埒;次三句,点出鱼雷、水雷。第二段首二句,点清鱼雷之作用;次六句,记鱼雷之形状;次五句,记鱼雷射出之疾;次四句,记鱼雷爆发之猛。第三段首三句,言有鱼雷艇以载鱼雷;次三句,记鱼雷艇之作用。第四段首四句,述抵御雷艇之法;次四句,言猎舰足以制雷艇之死命。第五段首二句,点清水雷之作用;次六句,记水雷炸爆之道。末段五句,述处置近港敌舰之法。

参考

【鱼雷】称之曰鱼者,因其形狭长而似鱼也。其炸裂之声甚厉,故名曰雷。

【水雷】因藏匿于水中之故。

【修】长也。

【洞】犹空也。

【棉花药】其制造之法,系混合浓硝强水及浓硫强水,以棉花浸入之。一昼夜后,即成极易爆发之火药[①]。

【置雷于管而射之】鱼雷船腹之旁有管,置雷于中,以射于外。盖管犹炮身,雷犹炮弹也。

【霾】见第四册三十课。

【猎舰】亦名捉水雷艇,见第三册三十七课。

【陆台】海口陆地之炮台也。

---

① **此法陈旧落后且危险**。

第二十七课　祭田横墓文　韩愈

本文

贞元十一年九月，愈如东京，道出田横墓下，感横义高能得士，因取酒以祭，为文而吊之。其辞曰：事有旷百世而相感者，余不自知其何心。非今世之所稀，孰为使余嘘唏而不可禁？余既博观乎天下，曷有庶几乎夫子之所为？死者不复生，嗟予去此其从谁？当秦氏之败乱，得一士而可王，何五百人之扰扰，而不能脱夫子于剑铓？抑所宝之非贤，亦天命之有常。昔阙里之多士，孔子亦云其遑遑。苟余行之不迷，虽颠沛其何伤？自古死者非一，夫子至今有耿光。跽陈辞而荐酒，魂仿佛而来享。

目的

本课系推之感田横高义而作，故文中处处悲其得士而不能兴。

教授事项

（甲）时间分配　本课教授一时。

（乙）内容提示

一、作祭文之法，既不可徒将悲哀之辞堆砌，又不可一味颂扬其美德。必淡淡着笔，若悲之而又若有慰之之意，方见佳妙。

二、无可解而归诸天命，有无限抱屈，无限不平意。足见哀横之深。

三、以阙里之多士作比较，重横而并重横之徒也。有此一层，便将横之身份，抬高不少。

（丙）文字应用

课文为祭文体。首六句，叙出祭横之原由；次七句，言为后世所悲者，必为世所稀；次四句，言横死而无可从；次六句，言横得士多而不能脱难，系乎天命；次二句，引孔子事以为证；次四句，言守正道而虽死犹生；末二句，述祭时情景。

参考

【贞元】唐德宗年号。

【东京】唐以洛阳为东京，即今河南洛阳县也。

【田横】齐田氏族。楚汉之际，田荣、田广相继为齐王，横相之。及齐亡，横与其徒遁入海岛。高帝赦其罪而招之。横自刎，其徒五百人，亦皆自杀。

【嘘唏】音虚希，悲泣气咽而抽息也。

【扰扰】扰乱而不安也。

【铓】刀端也。

【阙里】为孔子之故里。在山东曲阜县城内西隅。

【徨徨】徨，与"皇"通。徨徨，如有求而勿得之意。

【颠沛】偃仆也。

【耿】明也。

【跽】跪也。

【荐酒】进酒也。

【仿佛】见不真切而相似也。

第二十八课　连处士墓表　欧阳修

本文

连处士，应山人也。以一布衣终于家，而应山之人至今思之。其长老教其子弟，所以孝友、恭谨、礼让而温仁，必以处士为法，曰："为人如连公足矣。"其矜寡、孤独、凶荒、饥馑之人皆曰："自连公亡，使吾无所告依而生，以为恨。"呜呼！处士居应山，非有政令恩威以亲其人，而能使人如此。其所谓行之以躬，不言而信者欤？

497

处士讳舜宾，字辅之，其先闽人。自其祖光裕尝为应山令，后为磁、郢二州推官，卒而返葬应山，遂家焉。处士少举毛诗，一不中，而其父正以疾废于家。处士供养左右十余年，因不复仕进。父卒，家故多赀，悉散以赒乡里，而教其二子以学，曰："此吾赀也。"岁饥，出谷万斛以粜，而市谷之价卒不能增，及旁近县之民皆赖之。盗有窃其牛者，官为捕之甚急，盗穷，以牛自归。处士为之愧谢，曰："烦尔送牛，厚遗以遣之。"尝以事之信阳，遇盗于西关。左右告以处士，盗曰："此长者，不可犯也。"舍之而去。

处士有弟居云梦，往省之，得疾而卒，以其柩归应山。应山之人去县数十里迎哭，争负其柩以还。过县市，市人皆哭，为之罢市三日，曰："当为连公行丧。"

处士生四子，曰庶、庠、庸、膺。其二子教以学者，后皆举进士及第，今庶为寿春令，庠为宜城令。处士以天圣八年十二月某日卒，庆历二年某月日葬于安陆蔽山之阳。自卒至今二十年，应山之长老识处士者，与其县人尝赖以为生者，往往尚皆在。其子弟后生闻处士之风者尚未远，使更三四世至于孙曾，其所传闻有时而失，则惧应山之人不复能知处士之详也。乃表其墓，以告于后人。

目的

本课述连处士为人敬仰之情，以为处士墓表。

教授事项

（甲）时间分配　本课分二时。

第一时　"连处士"至"舍之而去"。

第二时　"处士有弟居云梦"至"以告于后人"。

（乙）内容提示

一、碑志类皆为谀墓之文，最易失之表扬太过。此文不为铺排之辞，仅就连氏之道德度量着笔。因文体之高，更见处士立品之高。

二、处士之为人尊敬如此，即因修己而不责人，使人感愧交集故也。不特可为当时之子弟法，并可为后人立身处世之法。

三、务以德化人，不绝人悔过之路，是连氏之特长。西关之盗，虽未革心向善，而能知长者不可犯，未使非为善之动机也。

四、以一处士之丧，能令市人皆哭，为之罢市三日。非恩德之深入人心，不足致此。

（丙）文字应用

课文为碑志体，分四段。第一段首五句，言连处士以一布衣而为乡人所思；次五句，言乡人之奉以为法；次五句，言穷苦者恨连公亡而无人施与；次七句，叹连公之感人，由其整躬率物故。第二段首七句，点清处士之家世；次五句，述处士之淡于荣利而孝以事亲；次六句，述处士之轻财而重学；次五句，述处士之惠及乡里；次七句，述处士之宽待盗牛者；次七句，述处士之长厚而盗不敢犯。第三段首三句，述处士以省弟而卒于他乡；次九句，述柩归应山时之乡人尽哀。末段首九句，述处士之子；次三句，述处士之卒葬年月及葬所；次五句，言年未远而处士之风可闻；次七句，言更三四世而惧不能知处士之详，故表其墓。

参考

【欧阳修】见第五册十七课。

【应山】今湖北应山县。

【矜寡孤独】矜，与鳏通，老而无妇之称。寡，老而无夫之称。孤，幼而无父之称。独，老而无子之称。

【闽】即今之福建省。

【磁郢】磁，今直隶磁州。郢，今湖北钟祥县。

【推官】司法之官也。主审断狱讼。

【毛诗】即《诗经》，汉毛亨作《诗经训诂传》，以授赵国

499

毛苌。时人谓亨为大毛公，苌为小毛公，因称《诗经》谓毛诗。

【賙】音周，给也。

【曍】音眺，出谷也。

【信阳】今河南信阳州。

【西关】即平靖关，在信阳州西南。于三关（九里、武胜、平靖）中为最西，故称西关。

【云梦】今湖北云梦县。

【庶庠庸膺】庶，字君锡，居官清，人号为"连底清"。庠，字元礼，更加以肃，人号为"连底冻"。庸、膺事不可考。

【寿春】今安徽寿县（即清寿州）。

【宜城】今湖北宜城县。

【天圣】宋仁宗年号。

【庆历】亦仁宗年号。

【蔽山】在湖北安陆县北四十里，接应山县界。一名障山。

第二十九课　格白的

本文

格白的以政学家名于时，著述甚富。尝语其徒曰："吾昔为民兵，日仅得资六辨士。吾于是时为学，以船房之床端为书斋，以衣粮袋为书橱，置小木板于膝上为书案。吾又无力购灯烛，故偶遇冬夜焚火，必就火光读书。吾贫困若此，又无父母朋友之劝勉，然能竭一己之力，卒以成学。故窃以为世之少年，或家贫事冗，无居室，无日用资生之具，辄自托为不能求学者，皆妄言也。吾当是时，虽一纸一笔，非忍饥缩食不能得之，虽一瞬之时，亦不能为吾身所有。又常与庸人杂居，此辈或笑或语，或歌或啸，或相争斗，而予溷处其中，读书习字，不以为苦。吾必周七日，始能蓄余资二辨士。故虽一小钱，亦重视之，盖将以备纸笔之需也。吾阅如许苦境,而终成吾业。则凡学问之不能成就者,讵得归咎于境遇乎?"

目的
本课述格白的之言,坚人刻苦求学之志。

教授事项
(甲)时间分配　本课分二时。
第一时　讲解全课。
第二时　复习全课。
(乙)内容提示
一、无志向学,以无力读书为言,乃贪逸豫者之口头禅。读格白的之说,可知求学不患无力,特患无志耳。

二、格氏既为民兵,则当兵即其职业,似不必过事营求,以蹈博而不精之弊矣。然学问为人人不可缺,行有余力,即当从事于此。不可忽至宝贵之光阴而自懈其志也。

三、处众人嘈杂之处,而能不乱其求学之志,此非格氏之有养心术也。盖心思专一,耳目非外物所能扰也。

(丙)文字应用
课文为叙事体。首二句,述格白的之学问;次三句,格氏自言所入之微;次四句,述读书处之简陋;次三句,述就火以读书;次四句,自言困苦以成学;次六句,斥以无力求学自诿者之妄;次六句,述资用之困而闲时之少;次七句,言不以同伴之烦扰为苦;次五句,言因得资之难,故一小钱亦省之以备纸笔;末四句,因己之成业,断定学业不成,不能归咎境遇。

参考
【格白的】英人。
【辨士】英国钱币之名,即便士。一便士,约合中国银元四分。

501

【衣粮袋】兵士所携以贮衣服粮食者。

【冗】音戎，忙也。

【缩食】缩少所食之物也。

【一瞬】瞬，音舜，目动也。一瞬，谓目一动之顷，时之至速者。

【溷】乱也。

【阅】经历也。

第三十课　道路

本文

　　古者道路，男子由右，妇人由左，车从中央。盖不仅礼教修明然也，意必一国之内，道途广洁，故能行列井然，不相侵犯。若如今日之泥潦不除，污秽累积，即绕越而行，犹恐不达，何暇为此从容整肃之观乎？今文明诸国，道途宽广，大都中为车马道，左右为人道，境界画然，则固与吾古者无以异也。

　　中国之道路，所以不能然者，不得专归咎于有司治理之不善，亦由于人民之无公德心。城市之中，列屋而居。十步之外，视同秦越。抛弃粪土，惟意所便。今日去之，明日复然。西人则以污秽公共物为莫大之耻辱，人人皆知保护道路，故能清洁如此。

　　西人便溺之处，皆有定所。其有不之定所者，则巡警加罚焉。有肺病之人，常以痰涎为累，则必携小巾自随，恐其吐于地上传染他人也。

　　通衢大道之中，行人如织，往来不绝。偶值车马拥挤，巡警举手指挥，虽将相大臣亦奉令惟谨，无敢挽越者。道旁多种树木，以庇行人，春夏之交，果实累累，既熟则取而输诸市场，以其值为公共之费用，从未闻有折一枝、摘一果者。昔德国有童子自塾归，误拾路上遗果，人讥其妄取公物，童子以为大辱，哭不可止。视此一端，亦可以知其风尚矣。

目的
本课言人人有保护道路之责，宜共守公德而不损污之。

教授事项
（甲）时间分配　本课分二时。
第一时　"古者道路"至"传染他人也"。
第二时　"通衢大道之中"至"亦可以知其风尚矣"。
（乙）内容提示
一、道路之宽广与否，固有司之责；清洁与否，即道旁居户之责。若不严以自律，任意倾积污秽之物，虽巡警多方查察，清道夫按时打扫，仍无清洁之望。

二、西人之不污损公物，非强制其心也，乃己所不欲，勿施于人也。是谓有公德心。

三、将相于道路听巡警之指挥，乃恪守警章，不敢挟势以凌人也。我国肥马轻裘之少年，往往任意而行，出乎法律范围之外，对之能无自愧？

四、童子因拾遗果而引为大辱，即能知取公物为莫大之耻也。人于公共之地，视折枝摘果为寻常事者，非无羞恶之心而何？非不如童子而何？

五、我国人之污秽公共地，毁坏公共物，为最坏之风俗。教员于此，宜再三致意以矫正之。

（丙）文字应用
课文为论说体，分四段。第一段首四句，述古时行路之秩序；次十句，言古时道路必广洁，必不若今之泥潦难行；次六句，言文明国之道路，井然有序。第二段首四句，言中国之道路不整洁，由于人民无公德心；次八句，言中国人之任意污秽街

503

道；次四句，言西人共保护道路之清洁。第三段首四句，述西人便溺之规律；次五句，言西人防以己疾传染于人。末段首八句，言行人之往来，无敢挽越；次七句，言道旁之树木，行人无有折枝摘果者；次六句，言德国童子以误拾遗果为大辱；末二句，言即童子而可知其风尚。

参考

【道路男子由右四句】语见《礼记·王制篇》。
【井然】经画端整貌。
【潦】道旁积水也。
【画】分画界限也。
【视同秦越】秦越，皆春秋时国名。二国相去极远（秦，今之陕西省；越，今之浙江省），故漠不相关。视同秦越，言其各不相顾，如秦人之视越人也。
【巡警】职司巡行警备，保护地方之治安者。
【痰涎为累】染肺病之人，其痰涎中有微生物，能为他人之累。
【衢】四达之道也。
【挽越】挽，音掺，杂也。越，逾也。
【累累】各个相缀也。

第三十一课　恻隐之心

本文

孟子曰："无恻隐之心，非人也。"然则苟名为人，其必不可无是心也明甚。

吾尝游于市矣，见夫途人之或倾跌也，则市人鼓掌而笑之，苟非其所识，鲜有援之以手者。又尝观夫巨室之送葬矣，所过环而观之，聚而品评之，笑语欢腾，若有所甚乐焉。又尝观夫失火者矣，比屋延烧，灾民扶老携幼号哭于路，极生人之至惨。宜其目不忍睹，耳不忍闻，当被发跣而往救之。彼盗贼乘机劫掠者，吾无责焉。乃至远道之人，奔走往视，或登高眺远，若以为天下之奇观，足以怡悦心目也者。呜呼！幸灾乐祸，吾始疑人性之果恶矣。

乃者游日本，乘人力车登坂。车夫竭蹶上道，路人或从而推挽之。视之，则固衣服雅洁，中流社会之人也。居久之，旅寓失火，官役专意救火，乡邻则奔走相助，移取财物，不问谁属。或远道驰援，送饮食者，相属不绝。既熄，尽出所得陈之，以待被灾者之认取。酬之以金，则骇愕固辞。吾又游英国，遇丧车过市，虽简朴无仪，市人皆脱帽致敬，肃然无敢笑语者。呜呼！此真文明之国民，所谓有恻隐之心者非欤。吾中国素以崇道德、重仁义闻，乃所为反若彼。吾耻之，吾不忍对彼英、日人也。

虽然，吾国风俗之腐败，人心之浇薄，非自古然也。史称朱家趋人之急，甚于己私，郭解拯人之命，不矜其功。使二人者，遇此等事，则必不袖手旁观，可决言也。礼曰："邻有丧，舂不相。里有殡，不巷歌。"盖仁人君子，固无所往而不寓恻隐之心者也。吾少年其亦善养此心，勿蹈恶俗，而为外人所笑，以贻吾先哲羞也。

目的
本课言人不可无恻隐心。

教授事项
（甲）时间分配　本课分三时。
第一时　"孟子曰"至"吾始疑人性之果恶矣"。
第二时　"乃者游日本"至"以贻吾先哲羞也"。
第三时　复习全课。

505

（乙）内容提示

一、恻隐之心，人人固有之性也。若为浇薄之风所习染，不能保守此性，即为失其本真。

二、见人有患难而矜怜之，资助之，非与有亲故之谊也，所谓抱人道主义而爱护同类也。如是者谓之有恻隐心。

三、以劫掠为生之盗贼，固无恻隐心矣。然盗贼之为恶，非生而即如是，亦为恶俗所染，渐丧其恻隐心耳。故少年宜善养此心而勿失。

四、人人有恻隐心，则人己之见渐泯，国民之团结力自固。能化私为公而消除人意见者，莫此心若也。

（丙）文字应用

课文为论说体，分四段。第一段五句，引孟子之言而证明人不可无恻隐心。第二段首五句，言见途人倾跌而鲜有援以手者；次五句，言见巨室之送葬而有品评以为乐者；次八句，言见失火之惨，当急往救之；次七句，言盗贼不足责，人何忍观火灾以怡悦心目；次三句，叹幸灾乐祸之人心。第三段首七句，述日本中流社会人之助车夫挽车；次九句，述日本遇火时救助之情形；次五句，述救助者之不受酬；次五句，述英人之致敬丧车；次三句，叹文明国民之有恻隐心；次四句，言我国人之耻对英、日人。末段首四句，言薄俗非自古已然；次八句，言朱家、郭解之决不如是；次七句，引《礼记》之言，谓仁人君子无往不寓恻隐心；末四句，勉人善养此心而无贻笑于外人。

参考

【"孟子曰"三句】见《孟子·公孙丑章》。

【恻隐】恻，伤之切也。隐，痛之深也。恻隐，言见人困苦，则自生伤痛之心也。

【比屋延烧】比，音彼，次也。比屋延烧，言比邻之屋，以次而延烧也。

【被】与"披"通。

【徒跣】赤足徒行也。

【人性果恶】指荀子之说而言。荀子谓人性本恶,与孟子性善之说,适相反对。

【坂】坡坂也,俗名斜坡。

【雅洁】文雅而清洁也。

【浇】薄也。

【朱家】汉初关东大侠也。汉高祖深恨季布,欲杀之,家阴脱其厄。及季布贵,终身不见。

【郭解】汉武帝时人,字伯翁。喜任侠,睚眦杀人。后折节改行,以德报怨,救人之命,不矜其功。

【"邻有丧"四句】见《礼记·曲礼篇》。舂,捣米也;相,去声,歌以助舂之名;殡,人死而殡殓也。言邻里有死丧之事,则不忍歌唱,所以示哀也。

第三十二课　学生之爱国

本文

日俄战争之初起也,日本人心愤激,争效命于疆场。在校学生,遇将士出征,必列队远送,或投私财以助军费。七八龄之童子亦然。文部省惧其以此废业也,乃发令告谕之。其辞曰:"国民奋其忠勇之精神,捧其满腔之热血,为海陆军之后援,固属当然之事。至于悬念战事而废本业,虽曰爱国之至情,决非策之得者也。吾愿从事教育者,当无变其平日沉着之度,热心诚意,尽力厥职。盖此次事变,所关甚大。教育者当使青年男女,共知将来国家所负之责任,必更重大。我国民欲尽此重大责任,全恃在学时代专心一意,修养其身心而已。

我忠勇之海陆军人,为国家誓死赴战。生徒欲表其同情,相率欢迎欢送，虽无不可，若因此辍学，费其贵重之时光，则非忠勇军人所期望于在学之男女者也。

学生所助军费，果皆出于自己节省之资财，忠爱之情，既属可嘉，且以此养成节俭美风，尤为有益。若以捐助为名高，而要求于父兄，则大不可，即国家亦不愿受之矣。

今日所以与俄交兵者，为后来永远和平之计也。凡我学生，不可客气用事。若对俄人而肆口嘲骂，或并及于他外国人，此尤宜切戒者也。

要之在教育之任者，于此之时，当视平时尤为奋励。国家所期望于教育者在此。教育者所以报国家之道亦在此。"

呜呼！观于日本学生之所为，我少年其亦动爱国之心乎？观于日本文部省之所言，我少年其亦知所以爱国之道乎？今者强邻逼处，国步之艰难，百倍日本。我爱国少年，其亦知自奋于学问，以为他日担任国事之预备，则国家之幸矣。

目的
本课言学生爱国，当以不荒废学业为主。

教授事项
（甲）时间分配　本课分三时。
第一时　"日俄战争之初起也"至"所期望于在学之男女者也"。
第二时　"学生所助军费"至"则国家之幸矣"。
第三时　复习全课。
（乙）内容提示
一、日俄之战，日人人心愤激，盖由俄人恃其强大，不守公理故耳。由是以观，则外人迫胁过甚，激起吾民反抗心者，未始非国家之福也。
二、目前求学之学生，即后日效力国家之志士。苟失学一时，即少一分学识，影响甚大，不可不知。

三、青年学生，能视国事如己事，已见教育之功。若因此而益加奋勉，引未来之缔造经营为己任，则国家基础，已巩固于无形。

四、止欢送而极言时光宝贵；助军饷而望其躬自节省。此等言语，学生不得不心折；学生之父兄，亦不得不心折。

五、用兵而为永远和平计，大有兵凶战危必不得已而用之之意。

六、与外人争胜，以实力争而非以口舌争也。若恃其血气之勇，痛詈毒骂，于人无损，徒见我之轻躁狭隘而已，非有识者所当为。

七、告谕之词，语语从根本上着想，恳切周至。使爱国者有所依据，洵至理名言也。

八、我国学生爱国思想，近颇发达。惟奋力学问，即为爱国。此理或未尽知，教员宜将此意为学生言之，使知所以爱国之道。

（丙）文字应用

课文为叙述体，分六段。第一段首八句，叙日俄战争时日人之愤激；次二句，言文部省惧其废业而告谕之；次九句，先赞其热诚，而后断定废本业之非策；次四句，言从事教育者之宜尽力厥职；次五句，言教育者当使青年知负重大责任；次四句，言能负责任者，在求学时专一心志。第二段首五句，言军人固当欢送；次四句，言因欢送而辍学，则非军人所望。第三段首六句，言学生节用以助饷，至可嘉美；次四句，言藉捐助以要求父兄，则国家不愿受。第四段首四句，表明与俄战争之宗旨，戒学生不可客气用事；次三句，言辱骂敌人及外人之非道。第五段五句，言任教育者加意奋励，即为报国之道。末段首三句，言少年观日本学生而当动爱国心；次二句，言少年观文部省之言而当知爱国之道；末七句，言我国艰难，百倍于日本，我少年当力学以备担任国事。

参考

【日俄战争①】其远因在甲午中日之役。是役之结果，俄人迫日本以旅顺、大连退还中国，固非日人所愿也。及德人强占胶州，俄人乃援例租借旅大，日人大愤。义和团起，俄人乘机遣兵入满洲，设官行政。和议成，各国撤兵，俄独恃强不撤，日人遂与宣战。

【文部省】犹我国之教育部。

【沉着】深沉而著实，不轻举妄动也。

【客气】凡自外而至者皆曰客。客气，谓为人鼓动，乘一时之意气用事也。

【国步】步，运也。国步，即国运也。

第三十三课　人类一源说②

本文

世界人类之种族，大别之有五：曰黄种，曰白种，曰黑种，曰红种，曰棕种。肤色同矣，而以风俗、语言之歧异，又各别为无数种族。如黄种之有汉族、蒙古族，白种之有条顿族、腊丁族是也。

虽然，世界人类，其初皆出一源，特因气候、婚姻等事之关系，以致渐分为多种。此治人类学者所公言也。

人类种族之分别，以肤色为最著。肤色之差异，以黑白为最著。虽然，黑白之分，非由其初祖之遗传，实受外界之影响也。非洲人种，以居热带之下，日光直射，皮肤久受熏炙，故成黑

---

① 日俄战争发生于1904年，是指日本与沙皇俄国为了争夺侵占中国东北和朝鲜的权利，在中国土地上进行的一场帝国主义战争，是对中国主权的残忍践踏。当时的清政府置国家主权和人民生命财产于不顾，宣布"局外中立"，划辽河以东地区为日俄两军"交战区"。

② 本课所涉种族知识有错误和局限性。

色。欧洲人种，居凉爽之地，故其肤色特白皙。肤色之关系于气候，此其一也。非洲旧俗，选择配偶，以黑为贵。故肤色黑者，结婚独易，其种日蕃，而黑者因以愈黑。肤色之关系于婚姻，此又其一也。

地质学家研究地层之遗迹，知人类之生，实在二十万年以前。然则此二十万年中，不知几经变迁沿革，而后分为无数之种族。然则人类一源之说，殆无可疑也。

目的
本课推究五种同源之理，以泯种族之见。

准备
用人种图一幅，指示黄、白、棕、红、黑五色之种类。

教授事项
（甲）时间分配　本课分二时。
第一时　"世界人类之种族"至"此又其一也"。
第二时　"地质学家"至"殆无可疑也"。
（乙）内容提示

一、五大族同为黄帝之子孙，前已言之矣（见教科书第五册九课）。然仅据黄色种一种而言，范围尚狭。必更推人类之初而言五种一源，方可谓全球一家。

二、人类既为一源，则种无论其白色棕色，均当一律待遇，不可复存非我族类之念。若犹尊视同色人种，而贱视他人种，即背大同主义。

三、五种而互相亲爱，固不失为睦邻修好之谊。若藉亲爱之名，而曲意媚外，丧失主权，是又全国之罪人。

四、人之资质，本无智愚之分，只有进化与不进化之别。彼红种黑种，智识不如人者，亦由安于陋劣，无进取之心故耳。

五、因其不通文化而奴隶视之，牛马视之，摈之于人类外者，是为残忍不道之行。稍有人心者不忍出此。

（丙）文字应用

课文为论说体，分四段。第一段首七句，言世界人种分五色；次五句，言因风俗语言之异，黄种白种又分为数族。第二段七句，言人类初出于一源而后分为多种，治人类学者所公言。第三段首四句，言种族以肤色而分；次四句，言人种之有黑白，实受外界之影响；次五句，言非洲人肤色所以黑之故；次三句，言欧洲人肤色所以白之故；次二句，言肤色关系气候者一；次七句，言非人择肤色黑者为配偶，故人种愈黑；次二句言肤色之关系婚姻者一。末段首四句，言地质学家谓人类生于二十万年前；次三句，言几经变迁而分为无数种族；末二句，言一源之说可无疑。

参考

【黄种】一名蒙古利亚种，又名金色人种。分两大派，曰昆仑派，汉族、回族、藏族等皆是；曰阿尔泰派，通古斯族，鞑靼族等皆是。

【白种】一名高加索种，以其始居于高加索故也。分为高加索（居高加索）、色密忒（居亚洲之西）、阿利安（居欧洲者即塞尔达、拉丁、斯拉夫、条顿；处亚洲西部者即印度人、伊兰人）三族。

【黑种】一名内革罗种，自非洲中央，分布于撒哈拉以南之地。

【红种】一名印第安种，又名铜色人种。本为美洲土人，自白种入美洲，其种已渐渐灭。

【棕种】一名马来人种，又名鸢色人种，为海洋洲之土人。

【汉族】见第二册第一课。

【蒙古族】见第一册三十三课。

【条顿族】即日尔曼族。蔓延于欧洲之中部、西部及西北部。凡德意志、挪威、瑞典、丹麦、荷兰、比利时、英吉利等国，皆属此种。

【腊丁族】即罗马族，一名希腊拉丁族。此族非纯粹血统，古代由罗马及日尔曼侵入，与土著之塞尔达族相混而成。今分布于西班牙、葡萄牙、法兰西、意大利、罗马尼亚、希腊诸国。

【热带】距赤道各二十三度半之间。

第三十四课　大国民

本文

东哲之言曰："民惟邦本，本固邦宁。"西哲之言曰："人民者，政事之实体也；政事者，人民之虚影也。民德腐败，虽藉一时之善政以致富强，而终亦必乱；民风良善，虽因一时之乱政以致失败，而久必复兴。"由斯言之，国之强弱治乱，惟吾民实任其责。吾民而为大国民，则吾国无不昌矣。

所谓大国民者，非在领土之广大也，非在人数之众多也，非在服食居处之豪侈也。所谓大国民者，人人各守其职，对于一己，对于家族，对于社会，对于国家，对于世界万国，无不各尽其道。斯之谓大国民。凡我少年，苟有意为大国民乎？则吾请言其方：

一曰德育。崇信义，谨礼仪，守节俭，勤职业。事亲则孝，交友则信，待人则宽厚而笃敬。公益慈善之事，则不问国界，不问种界，恒尽力以图之。此大国民所有事也。

一曰智育。饥而食，渴而饮，蠢蠢而动，昏昏而睡，其所以异于禽兽也几希？故必讲求各科学术，穷其原理，究其应用，使政治日益修明，实业日益发达，且以学问发明新理，而图世界文明之进步。此亦大国民所有事也。

一曰体育。卫生得其道，运动得其宜。体力既强，自少疾病夭折之患。一旦有事，内之可以保国家之权利，外之可以持列邦之和平。此亦大国民所有事也。

凡我少年，苟有意为大国民乎？则亦无恃空言，躬行而实践之耳。不然者，任人蹂躏，任人宰割，则奴隶之民也；不守法律，不尽义务，则狂暴之民也。奴隶之民多，国必弱；狂暴之民多，国必乱。强弱治乱之原，皆吾民所自取也。呜呼！可不惧哉？呜呼！可不勉哉？

目的

本课言人民为一国之主体，人民之守职与否，关系于一国之强弱。

教授事项

（甲）时间分配　本课分三时。

第一时　"东哲之言曰"至"则吾请言其方"。

第二时　"一曰德育"至"可不勉哉"。

第三时　复习全课。

（乙）内容提示

一、民德腐败，则根本已坏，终有倾覆之一日。所谓本先颠而后枝叶从之也。

二、德育、智育、体育，为修己之端，似与社会国家无益。然三者具备，即后日为社会国家任事之本。立功立业，不过本此而发挥之耳。

三、国家而交涉失败，内政紊乱，固政府诸公之责。然我国民不宽筹练兵行政之费，以为后盾，徒责备政府之万能，亦我国民不尽应尽之义务也。

（丙）文字应用

课文为论说体，分六段。第一段首三句，引东哲之言；次十三句，引西哲之言；次五句，因东西哲之言，言国民与国之关系。第二段首四句，言大国民不在领土广、人数众、日用侈；次九句，言大国民在对于各种方面均能尽职；次三句，言请为少年之有意于大国民者言其方。第三段十三句，言德育为大国民所有事。第四段十四句，言智育为大国民所有事。第五段九句，言体育为大国民所有事。末段首四句，言我少年无空言而宜实践；次七句，言不实践者将为奴隶之民，及狂暴之民；次六句，言国民为强弱治乱之原；末四句，慨国民不可不惧而不可不勉。

参考

【民惟邦本本固邦宁】语出《尚书·五子之歌》。五子，启之五子。太康失德，其弟仲康等五人，述大禹之戒以作歌。

【"人民者政事之实体也"十二句】英人斯迈尔之言。

【蠢蠢】无知而不辨事理也。

【夭折】夭，不尽天年也。折，未婚而死。夭折，皆短寿者之称。

【蹂躏】音揉蔺。践踏而伤害之也。

编辑后记

读库编辑团队对《共和国教科书》的整理再版工作，主要分为两项：一是对教科书部分的还原与修复，二是对教授法部分的校订与编注，力图以"全貌"、"原貌"来再现这些百年前的教育经典与出版硕果。

教科书部分，我们将原属初小、高小的《新国文》《新修身》共计二十八册，及《公民须知》一册，合并为初小部分六册、高小部分五册，仍以繁体线装方式出版，原书的封面及内文所有内容均在各分册中予以保留。由于这套书年代久远，搜集自民间多方，故页面污损严重，往往需要通过多册旧书才能拼凑出扫描效果较为理想的整套内容。

整理扫描之后，我们又对这些页面进行了力所能及的细致修复。拜现代技术条件所赐，使得我们的修复工程得以超越传统影印书的概念。在这一过程中，我们也对原书中的文字不规范统一、标点错漏之处，做了有节制的改动。

教授法部分，我们将与教科书相对应的二十八册教授法，合并为六册，凡百万余言，以简体横排方式再版，以利当代读者理解，并方便与教科书对照阅读。

由于这套老课本风行若干年，版次众多，不同版本间有诸多内容变动，往往出现不同版本的教科书之间、教科书与教授法之间内容不尽一致的情况。有的只是简单的字词或句读差异，有的则是内容有较大增减（如《新国文》高小第一册第二课《民国成立始末》）；有的是内容相同而标题不同（如《新国文》初小第四册第二课，标题或为《共和国》，或为《大总统》），有的则是标题相同而内容不同（如《新修身》高小第二册第十四课，标题同为《义勇》，内容则大相径庭）；有的是不同版本之间某课内容全换（如《新国文》初小第七册第二十四课，有的版本为

《鲸鱼》，有的版本为《鲍氏子》），有的则是不同版本之间连续几课内容全换（如《新国文》高小第二册第十九课至第二十二课，我们见到的两版内容完全不同）。凡遇这种情况，简单的字词或句读差异，我们遵循教授法服从教科书的原则（除非教科书有明显错误）；内容不同之处，有的依从现代社会的观念（如《新国文》初小第七册第二十四课选了《鲍氏子》而非有捕鲸说法的《鲸鱼》），有的资料搜集困难，则视版本保存情况，以教授法能与教科书相配为宜，同时兼顾页面质量。经多次努力，至少我们目前整理的这一整套《新国文》与《新修身》，其教科书与教授法的内容是对应一致的。

在校注过程中，我们对教授法原书中明显的错讹之处，以及与现代不同的注音，进行了直接修改，不再另作说明。全书标点则依从现代语法规范。所涉较为生僻的字词、常识、通识及目前已有定论的知识部分，我们未改动原文，而是以脚注方式做了必要的注释，注释力求简洁明了，不考据，不引申，不评论。而原书中涉及时代局限、社会观念、知识更新、学术争议、民俗、文法等部分，则保持原样，亦不加注。凡存疑部分，均保留原样，以期同业与广大读者共同参与订正。

整个编辑工作历时近两年，就其工作量而言，这个时间仍显紧张仓促，兼之我们学识有限，错谬难免，恳请诸位读者予以理解并指正。

工作过程中，邓康延、傅国涌、吴小鸥、谢刚、王星、王曦、汪家明、宁成春、盖宏睿等诸位师友给予诸多指导与帮助，一并致谢。

张立宪
二〇一一年八月

图书在版编目(CIP)数据

共和国教科书教授法. 高小部分. 新国文：全2册 / 谭廉编撰. -- 北京：新星出版社, 2011.9
ISBN 978-7-5133-0378-1
Ⅰ. ①共… Ⅱ. ①谭… Ⅲ. ①小学语文课－教学参考资料 Ⅳ. ①G623

中国版本图书馆CIP数据核字(2011)第173139号

新国文教授法（高小部分·下）

出版发行：新星出版社
出 版 人：谢　刚
社　　址：北京市西城区车公庄大街丙3号楼　　100044
网　　址：www.newstarpress.com
电　　话：010-88310888
传　　真：010-65270449
法律顾问：北京市大成律师事务所

经销电话：010-83398809
官方网站：www.duku.cn
邮购地址：北京市海淀区万寿路邮局67号信箱　　100036

印　　刷：北京尚唐印刷包装有限公司
开　　本：645mm×925mm　　1/16
印　　张：16.5
版　　次：2011年9月第一版　　2012年5月第二次印刷
书　　号：ISBN 978-7-5133-0378-1
定　　价：82.00元（共三册）

版权专有，侵权必究。如有质量问题，请与出版社联系调换。

再版整理修订　读库

校　　　注	朱朝晖
	朱秀亮
	田　巍
校注统筹	朱朝晖
复　　　审	杨运洋
特约审校	马国兴
	黄　英
	潘　艳
编务统筹	张立宪
资料提供	石　鸥
美术编辑	艾　莉
文字录入	李京威
助理编辑	杨　雪
责任编辑	罗　晨

读库·老课本丛书

共和国教科书·高小部分

新修身教授法

编纂　庄庆祥
校订　庄俞

新星出版社
NEW STAR PRESS

目录

共和国教科书·高小部分·《新修身》编辑大意　　1
共和国教科书·高小部分·《新修身教授法》编辑大意　　2

《新修身教授法》第一册　　3
《新修身教授法》第二册　　37
《新修身教授法》第三册　　77
《新修身教授法》第四册　　117
《新修身教授法》第五册　　155
《新修身教授法》第六册　　187

编辑后记　　229

共和国教科书·高小部分
《新修身》编辑大意

自共和民国成立以来，今日之所首宜注重者，尤汲汲[①]于民德之增进。盖国者，集人民而成者也，人人品行正，风俗美，道德智识日益进步，则国之强盛又奚待言。本编所述，务取国民教育之本旨，为养成伟大国民之基。

修身之学，以躬行实践为主。故所取教材，不尚高远，期于道德上之普通常识，完全养成，即为教育家应尽之责。

本编材料，大率训辞与故事参半，而尤以不损学生之兴味为主。有时足资省察，有时可为模范，是在教师之善为讲解。

本编文字，务尚简明，无取晦涩深奥，以便学生易于领悟。

本编六册，以两册为一循环，供一学年之用。所采材料，循序渐进，绝无重复枯燥之弊。

高等小学修身科，每星期授课二时，全年约八十时。本编采辑材料分配时间，即据此为标准。

分配时间之法，以文字之长短及讲解之难易为准。其文字长而讲解难者，则时间酌增；文字短而讲解易者，则时间酌减。至某课应授几时，俱注于目次之下。

本编文字，遇句用圈，遇读用尖点，凡遇先民成言，用括弧如""。每课中主要之处，则用套圈；应醒目处，则用圆点。

本编按册另编教授法，以供教员之用。修身应兼重作法，亦俱详教授法中。

[①] 汲汲：形容急切的样子，急于得到。

共和国教科书·高小部分

《新修身教授法》编辑大意

　　本编供高等小学教员教授修身之用，与共和国教科书《新修身》相辅而行。

　　本编共六册，每学年两册，足供高等小学三年之用。

　　本编体裁，略分三项：（一）目的。融合全课意义，举其要领，出语务求简括，俾便记忆。（二）教授事项。内分甲乙二条。甲为时间分配，起讫分明，可以按时教授；乙为内容提示，凡本文意义之有含蓄者，逐段逐句，以次发明；有格言者，末条必解释格言之意义。（三）参考。将课中名物训诂，及引用古今中外书籍，一一详列，以便教员临时采用。

　　教授修身，演讲之时，亦处处注重道德，并宜相机发问，以促起学生实践之心。

　　按时教授之后，或有余暇，当使学生诵读之。

　　本编皆系文言。教授之时，务宜循用方言，详细演讲，切勿呆诵文中字句，使学生无从领悟。

新修身教授法

【第一册】

第一课　道德

本文

　　人为万物之灵，非徒恃智力之卓绝也，又必恃道德为维系焉。世界日益进化，物质之文明愈发达，则道德之关系愈重大。故人生世界中，对于己，对于人，对于家，对于国，对于世界，对于万物，均有应尽之职务。子思曰："道也者，不可须臾离也。可离，非道也。"盖世界者，为道德所维系之世界也。为学者首宜注意于此。

目的

　　本课启发学生道德思想，使于立身行事时，无论对内对外，常以道德为主旨。

教授事项

　　（甲）时间分配　本课分三时。

第一时　"人为万物之灵"至"均有应尽之职务"。
第二时　"子思曰"至"为学者首宜注意于此"。
第三时　复习全课。

（乙）内容提示

一、人为万物之一，鸟兽亦万物之一。鸟能飞，兽能走，触类而鸣，见人即避，鸟兽未尝无智力。人之所以异于万物者，以其于智力之外，更有道德。有道德，故能合人群而成社会，合社会而成国家，使世界万物靡不受制于人。若无道德，则虽忝为人类，实与鸟兽无异。

二、世界强盛之国，其种种进步，皆由人群之发达。人群之发达，靡不根据于道德。我国改革伊始，当谨守道德主义，同心协力，急起直追，不可甘居人后。

三、求学问，讲卫生，是为对己之道德；兴公益，重信约，是为对人之道德；顺亲敬长，是为对家之道德；当兵纳税，是为对国之道德。他如对于世界之道德，虽殊邦异种，不忍欺凌；对于万物之道德，即小草微虫，常加爱惜。

四、世有守道而竞存者，未有离道而独立者。人生世上，无一非为人之时，无一非处世之时，即无一非守道之时，故曰"不可须臾离也"。

五、有道德者，人必亲之，可免孤危之患。

六、无道德，则世界人类，纷争残杀，永无宁静之秩序。故道德为维系世界之要素。

七、道德为凡百[1]学问之基。求学而不知道德，微论[2]所学之不成，即或学问有得，对内对外皆不可行。故为学之人，首宜注意道德。民国元年，教育部公布教育宗旨，注重道德主义。故本书开始，即为诸生言道德。

参考

【卓绝】卓然异于常人也。

【职务】职任与事务也。

[1] 凡百：一切。
[2] 微论：不用说，不要说。

【子思】名伋，孔子之孙。
【"道也者"四句】见《中庸》第一章。
【须臾】顷刻之间也。

第二课　求己

本文
魏文侯问狐卷子曰："父贤足恃乎？"对曰："不足。""子贤足恃乎？"对曰："不足。""兄贤足恃乎？"对曰："不足。""弟贤足恃乎？"对曰："不足。""臣贤足恃乎？"对曰："不足。"文侯勃然作色曰："寡人问此五者于子，子一一以为不足者，何也？"对曰："父贤不过尧，而丹朱放；子贤不过舜，而瞽瞍顽；兄贤不过舜，而象傲。弟贤不过周公，而管叔诛；臣贤不过汤武，而桀纣伐。望人者不至，恃人者不久，君欲治，从身始，人何可恃乎？"（《韩诗外传》）
格言　君子求其在我者。

目的
本课以治己为宗旨，使学生奋勉求己，不专恃父兄。

教授事项
（甲）时间分配　本课分三时。
第一时　"魏文侯问狐卷子曰"至"子一一以为不足者何也"。
第二时　"对曰父贤不过尧"至"人何可恃乎"。
第三时　复习全课。
（乙）内容提示
一、父能教子，子能孝父；兄能爱弟，弟能敬兄；臣能忠君，然不能禁其失德。人若不知求己，至于失德，虽曰教之孝之爱之敬之忠之，亦终无能为力矣，故曰不可恃。

二、文侯私意，以臣贤为可恃，先借父子兄弟，徐徐引问，追至臣贤一层，狐卷子仍以为不可，不觉大失所望，故勃然作色也。

三、尧，丹朱之父也。父贤果足恃，丹朱何至于放？舜，瞽瞍之子，象之兄也。子贤果足恃，兄贤果足恃，瞽瞍何至于顽？象何至于傲？周公，管叔之弟也。汤武，桀纣之臣也。弟贤果足自恃，臣贤果足恃，管叔何至于受诛？桀纣何至于被伐？

四、我有所望于人，人亦各有其身也，安能舍己而谋我；我有所恃于人，人或有时而穷也，安能终身以慰我。故曰"望人者不至，恃人者不久"。

五、人可群而不可恃。人人有求己之功，合群以言治则可，不能返求诸己，恃人以图治则不可。故曰"君欲治，从身始"。

六、本课格言，谓君子但求克己之学，以谋自立，决不舍己而求人。

参考

【魏文侯】魏国之君，名斯。

【狐卷子】魏人。

【恃】倚赖也。

【勃然】忽然变色之貌。

【寡人】寡，少也。古之人君，常自称曰寡人，言寡德之人也。

【子】指狐卷子也。

【尧】陶唐氏，姬姓，高辛氏次子，年十六，诸侯尊为天子。

【丹朱】名朱，出封于丹，故曰丹朱。

【放】谓以其不肖而驱逐之也。

【舜】有虞氏，姚姓，继尧而治天下。

【瞽瞍】音鼓叟，舜之父名。

【顽】谓冥顽不知事理。

【象】舜之异母弟也。

【傲】谓傲慢无礼。

【周公】名旦，周武王之弟，封于鲁。武王没，成王即位，周公相之，天下大治。

【管叔】名鲜，周公之兄，封于管，以殷叛周。

【诛】谓诛戮之。

【汤】商之天子，子姓，名履。初为夏桀诸侯。夏桀无道。汤伐之而治天下，改国号曰商。

【武】即周武王，名发，嗣文王为西伯，为商纣之臣。纣暴虐，武王伐之，即天子位，改国号曰周。

【桀】夏之天子。

【纣】商之天子。

【伐】谓受人征伐。

【不至】不能如己意之所至也。

【不久】不能持久也。

【从身始】谓先自治其身也。

第三课　自助

本文

西谚云："天助自助者。"此实经验之良言也。自助云者，能自主自立，而不倚赖他人者也。凡人倚赖他人而成就者，必无恒久之理。盖借助于他人者多，且减灭其自励之心。以一国而言，多自助之人民，则其国必强盛。可断言也。

英国人民，最富自助之精神。人人具勤勉奋励之心，而国家亦食其福。专制国之所以腐败者，以人民受其压制，失自助之精神耳。今日国体共和，无复有恶政府之压制，凡吾国民，尤当知自助之必要也。

目的

本课言共和国民，当革除倚赖性质，而知自主自立，使学生各自奋勉，以求有益于国家。

教授事项

（甲）时间分配　本课分二时。

第一时　"西谚云"至"可断言也"。

第二时　"英国人民"至"尤当知自助之必要也"。

（乙）内容提示

一、我国旧时学说，往往以成败兴衰为天数，实则人定足以胜天。人为所至，天即随之，故曰"天助自助者"。

二、人生世上，有离合，有死生，可以依赖之人，不能长合而不离，亦不能长生而不死。合者忽离，生者忽死，倚赖他人之人，终必归于失败，故曰"必无恒久之理"。

三、好逸恶劳，人之常情，既开借助之端，始则一事依人，迨至习惯自然。一若已有所欲，事事可以依人，无庸再劳自谋者，故曰"减灭其自励之心"。

四、国家积人民而成。人民之自助，即人民之强盛。人民既强盛，而国家不强盛，必无是理，故曰"可断言也"。

五、人但知英国之强盛，而不知强盛之源，由于人民之自助。人但知自助之福属于人民，而不知人民之福普及于国家，故曰"国家亦食其福"。

六、在昔专制时代，政府竭力压制，人民不能自助，犹可云政体未更，束缚未除，无可如何也。今则改革告成，共和宣布，无所推诿矣。故曰"凡吾国民，尤当知自助之必要也"。

参考

【西】泰西，指欧美各国而言。

【谚】俗语也。

【恒久】长也。

【减灭】即消灭之谓。

【断】决然无疑。

【食】受也，与饮食之食有别。

第四课　不畏难

本文

人之所以成功者，不在安逸而在奋勉，不在容易而在艰难。无论何人，苟非奋其勇力，以与困难相搏战，决不能成就大事。故难之一字，实人生最好之教师也。西哲培尼士[①]之言曰："横逆拂戾者，譬诸严厉之教科。虽一时甚觉其苦，而才智即出于是。"又曰："人处患难之境，如香草之受压榨，愈压榨而芬芳愈烈。"故艰难者，非困我者，实助我者也。（《西国立志编》）

格言　难之一字，惟愚人所用之字典有之。

目的

本课诫人之畏难，使学生知勉为其难，不可避难而就易。

教授事项

（甲）时间分配　本课分二时。

第一时　"人之所以成功者"至"实人生最好之教师也"。

第二时　"西哲培尼士之言曰"至"实助我者也"。

（乙）内容提示

一、英雄豪杰，无一非奋勉之人；事业功名，无在非艰难之

---

① 培尼士，现译为彭斯。

事。人而不欲有成则已，如欲有成，未闻有安逸者，亦未闻有容易者。故曰"不在安逸而在奋勉，不在容易而在艰难"。

二、庸常之人，不知有困难也；庸常之事，无须乎勇力也。以庸常之人，行庸常之事，不得谓之有成。故曰"无论何人，苟非奋其勇力，以与困难相搏战，决不能成就大事"。

三、事之难与不难，我无权也，而不畏之权在我。今日觉其难，我自为之，明日觉其难，我仍为之。志气愈折而愈厉，精神愈用而愈出，迨至事定功成，一若吾心之果决，吾身之勇往，胜于师长之教导。故曰"难之一字，实人生最好之教师也"。

四、同一教科也，寻常之教科，我亦不觉其乐，而所得不过如是。严厉之教科，一时虽以为苦，而所得数倍于是。横逆拂戾，亦只一时之苦耳，我能不畏其苦，而才智即超出于寻常，终必大有成就。故曰"横逆拂戾者，譬诸严厉之教科，虽一时甚觉其苦，而才智即出于是"。

五、香草非压榨之时，未尝无香也；人生无患难之境，未必无能也。香草受压榨，而其香愈烈；人生经患难，而能力愈大。故曰"人处患难之境，如香草之受压榨"。

六、由难而易，事理之常，我能不畏，非特不受艰难之困，而且强我筋骨，扩我材力，增我学识，此后决无畏事之心。故曰"艰难者，非困我者，实助我者也"。

七、本课格言为法国拿破仑语，拿破仑以为天下无难事，故发为是说以劝人之不畏难。

参考

【相搏战】谓竭力为之，毫不畏难，其勇敢之气，一如两军交战。

【西哲】谓泰西明哲之士。

【培尼士】苏格兰之大诗人，生于西历一千七百五十九年，卒于一千七百九十六年。

【横逆】横,读去声。横逆,谓事势艰阻,不能顺序而行。

【拂戾】亦不顺之谓,不能顺吾心志也。

【才智】谓才能与智识。

【严厉】谓严密猛厉,不可一毫松懈。

【压榨】谓以器械之重力,压出其香气。

第五课　循序

本文

　　司马光博学,无所不通。虽已贵显,而刻苦记览,甚于韦布。尝谓程颢曰:"学者读书,少能自第一卷读至卷末者。往往或从中、或从末随意读起,又多不能终篇。光性最专,犹尝患如此。从来惟见何涉学士,案上惟置一书读之。自首至尾,循求意义。未终卷,誓不读他书。此学者所难也。"(《人谱》)

　　格言　通一书而后及一书。首尾次第,各有序而不可乱。

目的

本课言学者读书,不可紊乱,使学生得循序渐进之益。

教授事项

(甲)时间分配　本课分二时。

第一时　"司马光博学"至"犹尝患如此"。

第二时　"从来惟见何涉学士"至"此学者所难也"。

(乙)内容提示

一、学者处韦布之时,或能刻苦记览,及已贵显,往往不复读书,即能读书,未必刻苦记览。司马光不然,贵显而能刻苦,不特如韦布之时,且甚于韦布之时,宜其为宋代大儒也。吾侪当效法之。

二、大凡一书之成，必有当然之次序。循其序而读之，乃能穷源竟委，有益于我。读书而不知循序，故往往从中从末随意读起，又多不能终篇，虽读其书，不得益也，学者宜切戒之。

三、一书到手，随意翻阅，不知顺其次序，乃读书人之恒事。故光性最专，犹尝患如此。

四、何涉学士，案上惟置一书，非何之所有止此一书也，恐他书杂陈案上，乱其心目耳。学者皆当如是，切勿以不读之书陈列案上。

五、一书尚未读毕，又读他书，纷乱心思，阻碍进步，其害实非浅鲜①。故何涉一书未终卷，誓不读他书。

六、一书未毕，遂易他书，其有损无益。学者既受教育，非不知之，然而厌故喜新，人之常性，往往明知而故犯。今日得一新书，昨日所读之书，置之不问矣。故曰"此学者所难也"。

七、以司马光之秉性专一，犹有不能循序之患，而以何涉为难，何况不如光者乎？学者当勉为其难，以求循序渐进也。

八、本课格言，谓书有首尾次第，第一书未通，又及一书，则耳目混淆，心思纷杂，非徒无益而又害之。故曰"各有序而不可乱"。

参考

【司马光】字君实，陕州夏县人，为宋朝大儒，封温国公。
【贵显】谓司马光既为宰相后也。
【记览】谓以所读之书，汇记而浏览之。
【韦布】大布之衣，言未贵显时也。
【程颢】字伯淳，河南洛阳人，世称明道先生，亦宋代大儒。
【专】谓专一不杂。
【何涉】宋南充人，读书昼夜刻苦，后举进士。

① 浅鲜：轻微。

第六课　专一

本文

耳目为启发智识之具，然耳不能同时兼听，目不能同时并观。是以为学之要，贵乎专一。

昔者弈秋诲二人弈。其一人专心致志，惟弈秋之为听。一人虽听之，一心以为有鸿鹄将至，思援弓缴而射之。虽与之俱学，弗若之矣。

夫弈，小数也。一人能专心致志，一人不能，而其效遂异。况学问之大者乎？《大学》曰："心不在焉，视而不见，听而不闻，食而不知其味。"学者宜三复斯言。

目的

本课言专心之效，与不专心之害，使学生于受课之时，知专心之益。

教授事项

（甲）时间分配　本课分二时。

第一时　"耳目为启发智识之具"至"弗若之矣"。

第二时　"夫弈小数也"至"学者宜三复斯言"。

（乙）内容提示

一、智识出于脑筋，耳之所听，目之所观，皆所以印入脑筋而为智识者也。同时兼听并观，则脑筋纷乱，失其印受之力。故曰"耳不能同时兼听，目不能同时并观"。

二、为学而不专一，身虽为学，心无所得，与不学者无异。故曰"为学之要，贵乎专一"。

三、弈为一物，鸿鹄又为一物。彼专心致志者，耳之所听惟弈，心之所志惟弈，弈秋之所诲，即彼学问之所得。其以为有鸿鹄者，耳若听弈，心中不复有弈，弈秋虽循循善诱，彼固未之闻也。故曰"虽与之俱学，弗若之矣"。

四、弈为游戏之一，其法虽善，其术难精，毫无实用，故曰"小数也"。

五、学问之道，别类分科，浩如渊海，竭毕生之精力，或不能穷其究竟，决非学弈之易所能比拟。故曰"况学问之大者乎"。

六、《大学》言不见不闻不知其味，非不视不听不食也。心不在视，心不在听，心不在食，故不见不闻不知其味也。由此观之，求学不可不专心，故曰"学者宜三复斯言"。

参考

【弈】围棋也。
【弈秋】古之善弈者，名秋。
【鸿】水禽名，较雁为大，背与颈灰色，翅黑腹白。
【鹄】似雁而大，全体色白，飞翔甚高，俗名天鹅。
【援】举手而持之也。
【缴】以绳系矢而射也。
【数】事也。
【"心不在焉"四句】见《大学》第七章。
【三复】复，返也。三复，谓一再诵读而不忘也。

第七课　励志

本文

同是人类，而智愚不齐，贤不肖异等[①]者，以其初立志之殊也。然或高尚其志，而言行不足副之，则日久生厌，见异思迁，

① 异等：不同等级。

畏难苟安，惰媮①成习矣。

　　干将莫耶②，非古之良剑乎？不加砥砺，则不成利器。松柏桐梓，非世之良材乎？不用斧斤，则不任栋梁。励志之道，亦犹是也。抑情制欲，敦品修名，具坚忍卓绝之操，存戒慎恐惧之心，庶不为外物所诱。不然，声色玩好，喜怒哀乐，皆伐性之斧也。

　　格言　成效之秘诀，在始终不变其目的。

目的

本课言励志之道，使学生严谨自持，各自立志以求有成。

教授事项

（甲）时间分配　本课分三时。

第一时　"同是人类"至"惰媮成习矣"。

第二时　"干将莫耶"至"亦犹是也"。

第三时　"抑情制欲"至"皆伐性之斧也"。

（乙）内容提示

一、立志坚，则知识日多，道德日进，学问日增，愚者可变为智，不肖者可变为贤。立志不坚，则聪明误用，智者终堕于愚，贤者卒至于不肖。故曰"同是人类，而智愚不齐，贤不肖异等者，以其初立志之殊也"。

二、品非不端也，心非不正也，操守非不廉洁也，而于人世应为之事业，与人生应尽之职务，无一能实践之者，是为高尚其志，而言行不足以副之。

三、言行无以副其志，其人已邻于虚矫，循是以往，日久生厌诸弊，相因而至矣。

四、利器必受砥砺，栋梁必经斧斤，一定之理。不则干将莫邪，终于顽钝；松柏桐梓，终归朽腐。

① 惰媮：懈怠苟且，懒惰。
② 莫耶：亦作"莫邪"。

五、志趣安逸而以为毋庸奋勉者，非真学问；志向平易而以为不必修省者，无大事功。故曰"励志之道，亦犹是也"。

六、耳目之所接，心思之所触，凡非有益于我者，绝之惟恐不净，去之惟恐不速。是为抑情制欲。

七、世道所关，无事不可以应世；人言可畏，无事不可以对人。是为敦品修名。

八、一定不易，百折不回，困苦不足以挠我，流俗不足以混我。是为具坚忍卓绝之操。

九、本无败行也，时时防其致败；本无失德也，常常若有所失。是为存戒慎恐惧之心。

十、盈天地皆物也，足以动我之嗜好，而隳我之志气者，即在此物。我能抑情制欲，敦品修名，具坚忍卓绝之操，存戒慎恐惧之心，则物自为物，我自为我。故曰"庶不为外物所诱"。

十一、人欲足以蔽天理。性，天理也。声色玩好，喜怒哀乐，皆人欲也。不有以制之，天理为人欲所蔽，无复励志之日矣。故曰"声色玩好，喜怒哀乐，皆伐性之斧也"。

十二、本课格言，谓目的所在即志愿所在，目的不变即志愿不变，其事无不成功，故称为成效之秘诀。

参考

【干将莫耶】《吕氏春秋》曰：干将作剑不成，其妻莫耶断发剪爪投于炉中，遂成剑。阳曰干将，阴曰莫耶。

【砥砺】磨石也，细者为砥，粗者为砺。砥砺，谓置之石上而磨厉之。

【梓】木名，芽色甚红，为用甚广。

【栋梁】屋顶最大之横木曰栋，其次曰梁。

【抑情】谓遏抑物情。

【制欲】谓克制私欲。

【敦品】谓端其品行。

【修名】谓修其名誉。

【坚忍】谓坚持而忍耐。

【卓绝】谓高出庸众之上。

【诱】引也。

【伐】戕害也。

第八课　自省

本文

杨庭显少时，尝自视无过，视人有过。一日，忽自念曰："岂人则有过，而吾独无过乎？"于是自省，见过纷然。乃痛惩力改，刻意为学。每见过，辄内讼不置①，及于梦寐，怨艾深切。自省既久，其功益密。尝曰："如樵童牧子，有以诲我，亦当敬听之。"以是旧习日远，新功日著。（《象山文集》）

目的

本课言自省之功可以免过，使学生时时省察，有过即改，长立于无过之地。

教授事项

（甲）时间分配　本课分二时。

第一时　"杨庭显少时"至"怨艾深切"。

第二时　"自省既久"至"新功日著"。

（乙）内容提示

一、人当年少之时，心粗气浮，不知自省，无论学说事理，往往以己为是，以人为非。杨庭显少时，自视无过，视人有过，

---

① 不置：不舍，不止。

未知自省故也。学者当切戒之。

二、均是人也，耳目之所接，不能无见闻之误；心思之所发，不能无计议之差。特于未经自念之时，不自知耳。故曰"岂人则有过，而吾独无过乎"。

三、人有过而我见之，人固确有其过也，然而我能见人之有过，人亦定能见我之有过。我有过而人见之，我独不能自见乎？非不能自见，实不知自省耳。故一经自省，见过纷然。

四、有过而不自知，人之恒情；知过而不能改，亦人之通病。杨庭显于见过之后，痛惩力改，刻意为学，每见过，辄内讼不置，及于梦寐，怨艾深切，皆圣贤克己之功也。学者当一一效法之。

五、始而自知其有过，继而自求其无过；始而一时自省，继而时时自省；始而一事自省，继而事事自省。故自省既久，其功益密。

六、学业智识，无论富贵贫贱也。人果有以诲我，即其所处之分位远不如我，其诲我之时，必能视我之所失，而欲使我有所得也。故曰"如樵童牧子，有以诲我，亦当敬听之"。

七、今日改一过，即明日少一过；今日图一功，即明日多一功。故曰"旧习日远，新功日著"。

参考

【杨庭显】字时发，宁波人。

【自省】自行省察，不待他人提示也。

【内讼】讼，责也。谓内省其身而自责也。

【艾】治也。

【密】严密而不敢疏懈也。

第九课　慎言

本文

袁采曰："言语简寡，在我可以少悔，在人可以少怨。亲戚故旧，因言语而失欢者，未必其言语之伤人。多是颜色辞气暴厉，能激人之怒。且如谏人之短，语虽切直，而能温颜下气，纵不见听，亦未必怒。若平常言语无伤人处，而词色俱厉，纵不见怒，亦须怀疑。古人谓，怒于室者色于市。方其有怒，与他人言，必不卑逊。他人不知所自，安得不怪？故盛怒之际，与人言语，尤当自警。"（《世范》）

格言　言人之善，泽于膏沐；言人之恶，痛于矛戟。

目的

本课言语言辞气之间，偶一不慎，往往招怨。使学生知出言之际，随地随时皆宜谨慎。

教授事项

（甲）时间分配　本课分二时。

第一时　"袁采曰"至"亦须怀疑"。

第二时　"古人谓怒于室者色于市"至"尤当自警"。

（乙）内容提示

一、人于言语之时，原不欲有所后悔也，亦非故使人怨也。然而偶一繁琐，不无失词。怨者已怨，悔之何及？反不如寡简之为愈也。故曰"言语简寡，在我可以少悔，在人可以少怨"。

二、亲戚故旧，感情最密，交接最多，言语亦最易忽略，故往往因言语而失欢。

三、我于言语之时，心有所蓄急欲表现，不暇计及辞色。我心本无他也，然而听我言语者，虽系亲戚故旧，往往观我颜色，察我辞气，稍有不悦，积怨于心而不忘，并我言语之本意而不顾矣。故曰"未必其言语之伤人，多是颜色辞气暴厉，能激人之怒"。

四、喜道其长，恶言其短，人之恒情。我欲谏人之短，温颜下气，似商量而非责备，听之者虽非所愿，于心犹可自安。故曰"纵不见听，亦未必怒"。

五、词色俱厉，言之者不自觉也。听之者，不以为辱我，即以为慢我；不以为厌我，即以为恨我。故曰"纵不见怒，亦须怀疑"。

六、怒虽息而色犹未霁，往往有自蚤①至暮，犹若怒形于色者。故曰"怒于室者色于市"。

七、卑逊之时为平心静气之人，含怒之时有好勇斗狠之状，其境各殊，其情迥异。故曰"方其有怒，与他人言，必不卑逊"。

八、我与人言，但言当前之事，未必告以先时之怒也。而人之怪我，即据我当前之怒。故曰"他人不知所自，安得不怪"。

九、盛怒之气，凭言语而发泄，于彼于此，所向靡定，往往有所怒在此，忽又迁怒于彼者。即或未必迁怒，而其盛气凌人之概，往往不足以成事，而适足以偾事②。故曰"盛怒之际，与人言语，尤当自警"。

十、本课格言，谓人皆喜言其善，恶言其恶。泽于膏沐，喻其喜悦之心也；痛于矛戟，状其厌恶之意也。故言语之时，不可以不慎。

参考

【暴厉】不和悦也。

【激】发也。

【纵】虽字之意。

【警】警戒也。

① 蚤：文言通"早"。
② 偾：fèn，败坏，破坏。偾事，搞坏事情。

第十课　韬晦

本文

陈同甫天资异常，俯视一世。尝与朱晦庵书，词气激烈。晦庵答曰："以兄之高明俊杰，世间荣悴①得失，本无足动心者。而细读来书，似未免有不平之气。窃意此殆平日才太高、气太锐、论太险、迹太露之过。是以困于所长，忽于所短。虽复更历变故，颠沛至此，犹未知所以反求之端也。鄙意欲贤者，百尺竿头，更进一步。"（《弟子箴言》）

目的

本课借陈同甫言韬晦之道。使学生之聪敏而有程度者，务知深自敛抑，勿蹈恃才之病。

教授事项

（甲）时间分配　本课分二时。

第一时　"陈同甫天资异常"至"似未免有不平之气"。

第二时　"窃意此殆平日才太高"至"更进一步"。

（乙）内容提示

一、天资异常之人，领悟易而进步速，一切学问毫无困难。及其成功，以为天下之大，舍我其谁。恨未能独揽大权，一跃而几于显贵。积之既久，凡亲朋晤叙，函牍往还，遂本其躁厉之气，发为急切矫变之词，而不知此即学人之大病也。陈同甫与朱晦庵书，词气激烈，正坐此病。

二、激烈之词，不出于谋利之未成，即出于求名之未遂。然其词句之间，决不以谋利自居，亦决不以求名自任，甚至肆意诋毁，谓世界当道之人，无一非为名为利者。故晦庵答陈同甫曰：

---

① 荣悴：荣枯，引申为人世的盛衰。

"以兄之高明俊杰，世间荣悴得失，本无足动心者。"

三、晦庵答陈同甫，绝不言其隐情，并能顺其词而推重之。但谓细读来书，似未免有不平之气，其意深，其言婉，此宽恕待人之道，而亦善于规谏之法也。

四、才太高，气太锐，论太险，迹太露，俱就本源上言，是为发其病而药之。

五、天资与人功并重。颖异，天资也；韬晦，人功也。长于天资而短于人功，则虽天资异常，反觉有损而无益。是谓"困于所长，忽于所短"。

六、"虽复更厉变故，颠沛至此，犹未知所以反求之端也。"观此数语，陈同甫之激烈，有由来矣，而其所以不能反求者，则在不知韬晦之道。

七、未尝无智识也，未尝无学问也，如陈同甫者，虽有学问，虽有智识，其如不宜处世何。故朱晦庵曰："鄙意欲贤者，百尺竿头，更进一步。"

八、更进一步，非指学问智识，指深自韬晦，而所以保养此学问智识者。

参考

【陈同甫】宋时人。

【朱晦庵】宋时人，名熹，字元晦，晦庵其别号也。尝筑草堂，自题曰"晦庵"，故以此称之。

【激烈】谓不和平也。

【锐】谓锐厉无前。

【露】不知敛抑之谓。

【颠沛】谓倾覆流离。

【贤者】指陈同甫。

【百尺竿头】以喻高尚之学程也。

第十一课　戒贪

本文

　　昔有人作《蚊说》者曰："己亥夏五，余移榻于容膝轩。不数夕，有蚊自帐隙入，驱之不去。明日复然。余甚苦之。乃搴帐起，任其大集，声隆隆，若雷之起于枕上也。及晓，则腹膨脝，不能动，尽杀之，约百有五。噫！计一室之蚊，不下千万。彼入吾帐而饱其欲者，其始固以为得计也，然卒以此丧其生，至死不悟。"呜呼！蚊，么麽①小虫耳，一念之贪，遂致杀身之祸。世间贪得之夫，读此《蚊说》，安有不动心者乎？

目的

　　本课借蚊虫之饱欲丧生，以言贪得之祸，使学生会悟物理，化其贪心。

教授事项

　　（甲）时间分配　　本课分二时。

　　第一时　"昔有人作《蚊说》者曰"至"至死不悟"。

　　第二时　"呜呼"至"安有不动心者乎"。

　　（乙）内容提示

　　一、借物理以喻人情，习见习闻，易于明了。此《蚊说》之所由作也。

　　二、吾人日有所作，夕间必安睡以休息之。蚊入帐中，纷扰不已，将害吾休息而致病矣。故曰"余甚苦之"。

　　三、搴帐而起，任其大集，非爱蚊也，将欲杀之，故纵之也。

　　四、饱其欲者已死。彼未肆其欲，而未入吾帐者，生命自若

---

① 麽：么之旧时写法。么麽：yāo mó，亦作幺麽。

也。然而死者当吮血之时，腹未膨脝，自由行动，不知死期之将至，方且笑饥者之失计。故曰"其始固以为得计也"。

五、人亦各有其身也，我无扰害于人，人亦何必杀我？贪心既起，聪明为利欲所蔽，损人益己，但求目前之利，虽后患无穷，亦不之顾。然而欲壑方满，祸患即随之而至。故曰"一念之贪，遂致杀身之祸"。

六、蚊以饱欲而丧生，蚊之贪也。世间贪得之夫，虽惟利是图，莫不自爱其生命。故曰"读此《蚊说》，安有不动心者乎"。

参考

【夏五】夏季五月也。
【搴】以手引而开之。
【膨脝】脝，音亨。膨脝，腹中饱满之状。
【得计】即得意之谓。
【么麽】微细之谓。

第十二课　贮蓄

本文

贮蓄者，所以养成俭美之风俗，法至良也。日省其无用之费，以其所余，即为贮藏，积年累月，自成一相当之数。或可以购必要之品。或可以为资本之助。或可以救天灾疾病之急。或可以供婚嫁养老之资。故凡人欲为缓急之需，所贵乎有贮蓄也。

不惟此也，扩而为公心，且足为国家之助。在昔美国童子，群立一会，日省其饼饵之费，积之既久，以造成一巨舰。即名其舰曰"爱国少年"。呜呼！此非世界至大之荣誉乎？

目的

本课言贮蓄之道，使学生于寻常之时，务崇俭朴，省无益之费，以备必需之资。

教授事项

（甲）时间分配　本课分三时。

第一时　"贮蓄者所以养成俭美之风俗"至"所贵乎有贮蓄也"。

第二时　"不惟此也"至"此非世界至大之荣誉乎"。

第三时　复习全课。

（乙）内容提示

一、贮蓄非聚敛之谓，贮蓄之法非聚敛之法。聚敛者，当用而不用；贮蓄者，化无用为有用。故曰"所以养成俭美之风俗，法至良也"。

二、一饮食需若干金，一衣履需若干金，一投报需若干金，一游览需若干金。其间当用者固多，而其可省者实亦不少，预计则力戒奢华，临时又相机撙节①。是谓"日省其无用之费"。

三、或省十分之一，或省百分之一，以一日计之，所得固甚少也，然累日而成月，积月而成年，少数即变为多数矣。故曰"积年累月，自成一相当之数"。

四、必要之品，资本之助，婚嫁养老之资，虽不能少，犹可以预计者也。至于水旱之灾，疾病之患，往往出于意外，若无贮蓄，则缓急之需无从应手，必大受其困难。故曰"凡人欲为缓急之需，所贵乎有贮蓄也"。

五、人各有生命财产，所以保护此生命财产者，国家也。享受国家保护之权利，即有报效国家之义务。省无用之费，以为个人之贮蓄，复集公众之贮蓄以助国家。国家得其助，由富庶而臻

---

① 撙：zǔn。撙节：节省，节约。

26

强盛，有断然者。可见贮蓄之效用，不止于个人之私益也。故曰"扩而为公心，且足为国家之助"。

六、人生自爱之荣誉，小体之荣誉也。由自爱而爱群，由爱群而爱国，其荣誉乃足以言大。故曰"此非世界至大之荣誉乎"。

参考

【贮蓄】收藏而不散失也。

【天灾】指水旱凶荒而言。

【需】必用之品。

【荣誉】谓优美之名誉。

第十三课　节用

本文

一缕之帛，出女工之勤；一粒之粟，出农夫之劳。致之不易，故用之不可不节。若暴殄天物，无所顾惜，非惟物力有限，即家财亦无以济之。

且锦绣罗绮，未必胜布帛之温；奇馐珍味，未必如稻粱之饱。贤者敦廉俭之风，绝侈丽之质，恒留有余，而抑其过情之嗜欲。是以家有殷富之实，而身无冻馁之虞。

孔子曰："礼，与其奢也，宁俭。"知俭而奢风自泯矣。

目的

本课言节用之道。使学生知物力艰难，一切衣服饮食务崇节俭。

教授事项

（甲）时间分配　本课分二时。

第一时　教授。
第二时　复习。

（乙）内容提示

一、缕帛非组织不成，粒粟非耕耘不得，任意滥用，非爱物之道也。故曰"致之不易，故用之不可不节"。

二、布帛亦可卫体温，其费省；稻粱亦可供滋养，其价廉。故曰"锦绣罗绮，未必胜布帛之温；奇馐珍味，未必如稻粱之饱"。

三、锦绣罗绮，奇馐珍味，当夫任情挥霍，原不自觉其过情，迨至习以为常，殷富者变为贫穷，饱暖者几于冻馁，向之恃为有余者，未几而自叹其不足矣。故贤者恒留有余，而抑其过情之嗜欲。

四、礼不可废也。然而费用所关，有伤生计，与其奢而过礼，不如俭而不及礼，慎毋以礼为词，徒使财力不继也。故曰"礼，与其奢也，宁俭"。

五、穷奢极欲，相习成风，不知节俭故也。故曰"知俭而奢风自泯矣"。

参考

【缕】丝也。

【殄】绝之也。

【济】谓应其用也。

【锦绣】丝质而备五彩之纹，谓之锦绣。

【罗绮】丝纹稀疏而轻软者为罗，丝纹欹斜而可观者为绮。

【奇馐】食物有滋味者，曰馐。奇馐，奇异之滋味也。

【珍味】珍贵之食品也。

【敦】谨守之意。

【礼，与其奢也，宁俭】见《论语·八佾篇》第四章。

【泯】尽也。

第十四课　清洁

本文

　　致疾之道，每由于不洁。故卫生以清洁为贵。发宜常梳，面宜常洗，体宜常浴，此清洁之本也。

　　衣食住三者，为人生所不可缺。然饮食不洁，则害肠胃；衣服不洁，则害体肤；居室不洁，则空气污浊，既妨呼吸，其衣食亦无自而洁也。

　　清洁始于一身，又宜本斯意以及于公众。道旁积秽，沟渠潴污，勿以为与己无与也。毒气熏蒸，易成疠疫。是在相与涤除，庶共跻寿康之域耳。

目的

　　本课言个人之清洁，与公众之清洁。使学生知防御疾病之法。

教授事项

　　（甲）时间分配　　本课分二时。

　　第一时　"致疾之道"至"其衣食亦无自而洁也"。

　　第二时　"清洁始于一身"至"庶共跻寿康之域耳"。

　　（乙）内容提示

　　一、不洁之物，常含有微细之毒菌，使身体得传染之症。故曰"致疾之道，每由于不洁"。

　　二、发部、面部、体部，常因汗液之黏腻，以致尘垢之容积。故发宜常梳，面宜常洗，体宜常浴。

　　三、衣食住三者，为人生所不可缺。然因不洁而致病，多在此三者之中，当一一注意之。

　　四、大凡清洁之人，往往专务私益，秽物则倾于道路，秽水则引入沟渠，虽贻害公众，亦所不顾，意谓于我无害，可不问也。不知公众以不洁而致病，我处众病之中，势亦不能无病。故曰"清洁始于一身，又宜本斯意以及于公众"。

参考
【积秽】谓垃圾及一切废料。
【沟渠】通水者曰沟，聚水者曰渠。
【潴污】潴，水之停也。潴污，谓停积污秽之水。
【熏蒸】谓受日光之蒸晒，其毒气传布于外也。
【跻】登也。

第十五课　节饮食

本文
洪文科曰："古人谓节饮食以养其身。彼耽曲蘖者，韬精沉饮，为长夜之欢。既醉之后，乃服葛根汤以解酲；嗜滋味者，恣意烹调，罗肥甘于几席，不厌饫不休。既饱之后，乃啜苦茗以消闷。夫任情醉饱，又凭茶葛二物以消磨，是何异揖盗入门，伏兵剿杀？真以吾腹为战场，损伤肠胃多矣。与其消解于后，孰若适可于前乎？"（《继说郛·语窥今古篇》）

目的
本课引洪文科言，以明饮食不节之害，使学生知节饮食以养身。

教授事项
（甲）时间分配　本课分二时。
第一时　教授。
第二时　复习。

（乙）内容提示

一、人生有用之精神，所以研究学识，发明事理，以求有益于世界者也。乃置精神而不用，惟以饮酒为乐，是为韬精沉饮。

二、明明可口之物也，而以为不适口，明明有味之物也，而嫌其非美味，或废弃之，或更制之，是为恣意烹调。

三、饮所以解渴，食所以充饥。不渴不饥，而心犹未足，必肆意以饮食之，是为不厌饫不休。

四、茶葛苦烈诸物，凡足以消化肥甘而能解释醉饱者，其性质必近于克伐。吾人一饮一食，欲以滋养身体也，既欲其滋养，而又施之以克伐，故曰"是何异揖盗入门，伏兵剿杀"。

五、醉饱之味，腻滞之质也；消磨之品，燥烈之性也。以燥烈与腻滞遇，性质各不相投，气血必生冲突，肠胃即因之受伤，其害非浅鲜也。

六、适可之饮食，本无所用其消解。恣意醉饱之饮食，若不消解，必生疾病，原不可谓消解之非也。然消解纵云有效，而肠胃已大受损伤矣，不亦慎乎。

参考

【洪文科】明山西清源人。

【耽】中心好之而不忘也。

【曲蘖】蘖，音聂。曲蘖，酒也。酿酒必用曲蘖，故常称酒曰曲蘖。制造曲蘖之法，蒸麦置暖室，霉则捣之成块，曝干用之。

【葛根】葛草名。其根入药，可以解酒。

【醒】醉也。

【烹调】谓煮熟食物，而以五味调和之。

【厌饫】饫，食也。厌饫，任意多食也。

【任情】任凭一时之情欲，不加节制也。

【揖】引进也。

第十六课　职业

本文

　　人生于世，当有职业。马挽车，牛耕田，犹能不荒厥①职。人之知能，高出万类。设竟长日逸游，忽忽无事，何以谋生？何以自立？

　　且一国之中，人民至众。如人人游手好闲，则百业俱废，可立致其国于贫弱。是以吾人就业，不独有益于己，亦有益于国。

　　世间职业，种类至众。吾人就业，当择其性所近者，而以勤勉勇敢处之，始易于图功也。

　　格言　无财非贫，无业为贫。

目的

本课言职业之益与失业之害，使学生知人生世上务宜就业。

教授事项

（甲）时间分配　本课分三时。

第一时　"人生于世"至"亦有益于国"。

第二时　"世间职业"至"始易于图功也"。

第三时　复习全课。

（乙）内容提示

一、马牛之所以谋生活而能存立于世界者，以其尽挽车耕田之职也。人无论士农工商，必有职业，若无职业，是马牛之不如矣。故曰"何以谋生，何以自立"。

二、国家之强，强于富也。国家之富，富于人民也。人民之富，富于各有职业以生财也。故曰"百业俱废，可立致其国于贫弱"。

三、我有职业以生财，一身之衣食用度，固不至于缺乏，即

---

① 厥：其，他的。

国家应征之租税，亦可以如数输将，恪尽人民之责任。故曰"不独有益于己，亦有益于国"。

四、士农工商，职业之通名也，若必一一详举之，其种类何堪悉数？故曰"世间职业，种类至众"。

五、同一职业，无所谓高下，无所谓贵贱，但能竭力以为之，所业虽殊，成功则一。然性所不近，即力所不能，慎毋囿于世俗之见，妄为高下贵贱之说，勉强以就之，致使虚掷光阴而徒耗精力也。故曰"当择其性所近者，而以勤勉勇敢处之，始易于图功也"。

六、本课格言，谓无财者可勤职业以致财，故曰非贫。无业则财无由生，终于贫矣，故曰无业为贫。

参考

【职业】谓尽其职任而立事业，俗称曰行业。

【游手好闲】谓冶游闲荡，不就职业。

【择】分别也。

【易】读去声。

第十七课　习勤

本文

人有常言："自食其力。"惟力，然后得食，未有坐而得食者。故勤为治生之本务也。

勤有三益。民生在勤，勤则不匮，是勤可以免饥寒，一益也；昼则力作，夜则甘寝，非僻之念，无自而生，是勤可以远邪僻[1]，二益也；户枢不蠹，流水不腐，周公称文王永年，而归

[1] 邪僻：亦作邪辟，乖谬不正。

美①无逸，是勤可以致寿考②，三益也。

由此观之，勤之为效，不第③在治生而已。在生计宽裕者，虽不必亟亟治生，然择业以习勤，抑亦远邪僻致寿考之道矣。

格言　业精于勤，荒于嬉。

目的
本课言勤之利益。使学生知无论生计盈绌④，均宜习勤。

教授事项
（甲）时间分配　本课分三时。
第一时　"人有常言"至"二益也"
第二时　"户枢不蠹"至"抑亦远邪僻致寿考之道矣"。
第三时　复习全课。
（乙）内容提示
一、我得所食，我以力作致之，未尝倚赖他人。是谓自食其力。

二、坐而得食，则农不需耕，女不需织，可以安坐而待矣，有是理乎？故曰"惟力，然后得食，未有坐而得食者"。

三、士农工商，各职一业，皆治生之事也。但知治事以治生，而不知勤以治事，则职业荒废，治生无术。故曰"勤治生之本务也"。

四、语曰坐食山空，盖谓坐食而无所增益，虽有如山之粮，终必至于穷乏也。吾人或有家财，为一时计，衣食有余，固无需乎勤动。然非以勤守之，则惰气所积，其家财日见消磨，向之恃为有余者，终必至于不足。能勤则财有所出，亦有所入矣。故曰

① 归美：称许，赞美。
② 寿考：年高，长寿。
③ 不第：不但。
④ 盈绌：有余或不足。

"勤则不匮"。

五、世有邪僻而不勤动者，未有勤动而兼邪僻者，盖勤则志有所专，心无二用，入乎此即出乎彼也。故曰"非僻之念，无自而生"。

六、蠹与腐，均出于不动。户枢流水，长动之物也，故不蠹不腐。

七、"无逸"，言其勤也。人身之精神，愈用而愈出，置而不用，反足致病而夭寿。故周公称文王永年，而归美无逸。

八、喜富厌贫，人之常情，即或处境泰然，不计贫富，崇正道以远邪僻，保生命而致寿考，人人应尽之天职也。故曰"择业以习勤，抑亦远邪僻致寿考之道矣"。

九、本课格言，谓吾人凡百事业，欲求精进，非勤不可，专事嬉游，必致荒废。

参考

【本务】谓根本上之事务。

【匮】穷也。

【甘寝】谓正当休息之时，不易惊扰也。

【流水】谓流动之水，非停滞之水。

【周公】见前第二课详解。

【文王】名昌，周武王之父。

【永年】永，长也。谓永享其年龄也。文王九十七而崩，故曰"永年"。

【无逸】《周书》篇名，周公所作，用以戒成王之安逸者，故名其篇曰"无逸"。

新修身教授法

【第二册】

第一课　孝道

本文
　　父母爱子，无所不至。寒为之衣，饥为之食，提携教诲，至于成人，其恩大矣。故为子女者，不可以不孝。
　　孝道始于奉养，而尤贵能安父母之心。子女幼时，识短力微。虽知爱其父母，而未能奉养，则以能安亲心为贵。谨听其语言，服从其命令，有事则代操作，入学则勤读书。父母见之，自不胜喜悦矣。
　　格言　父母之恩，水不能溺，火不能灭。

目的
本课叙述父母之恩，引起学生之孝心。

教授事项
　　（甲）时间分配　本课分二时。
　　第一时　教授。
　　第二时　复习。
　　（乙）内容提示
　　一、成人基于幼稚。幼稚之时，寒则衣之，饥则食之，皆为父母之恩。若无人为之提撕①警觉，往往受恩而不知报，甚且妄言妄动，伤亲心而不顾矣。而提撕警觉之责，则在教师，故本课首言孝道。

二、语曰："百善孝为先。"非谓孝行之外，即不善也。人生世上，谁非子女？谁无父母？苟欲为善，当以道德为根本。受父母之恩而不能孝，是忘恩也。忘恩者绝无道德思想，决非善类，决不可以为善。故人为子女，无论如何，以能孝为第一义。

三、受施必报，人道之常。寻常酬酢②往来，犹必汲汲图报，何况父母之恩乎？父母尽心力于子女，自孩提以至成人，其恩不可以一事一物计，古人所谓深恩罔极③也。子女之竭力图报，犹恐不及其万一，然苟能以亲恩为念，或可稍安其心。且幼时而知此，及其成长，必能服劳奉养，不待言矣。故报施之义，必使熟闻于先。

四、子女年幼之时，父母固不能望其奉养。子女正当求学，不暇奉养父母，本不足为子女咎。然不能奉养父母之身，而可以安慰父母之心者，其事正多，此则为子女者所不可不知也。

五、不听父母之语言，不从父母之命令，放学时则终日嬉游，不肯代父母之劳，入学时则读书怠惰，不能慰父母之望，此学生常有之事，实子女之大罪也。然其所以甘心若是者，皆由于不知亲恩之故。今欲救其弊，非先说明亲恩不可。

六、本课格言，极言父母之恩永不可忘，故水不能溺，火不能灭。

参考

【提携】恐其倾跌也。

【教诲】欲其读书明理也。

① 提撕：教导，提醒。
② 酬酢：宾主互相敬酒，泛指交际应酬。
③ 罔极：无穷尽。

【识短】谓知识不多。

【力微】所力量不足。

【操作】谓干一切事。

【胜】读平声。不胜，无尽也。

第二课　友爱

本文

张履祥曰："古人有言，难得者兄弟，易得者财产。人家每因财产，伤败彝伦，疏薄骨肉。子孙当学克让，永保家世。"又曰："骨肉构难，同室操戈，从无独全之理。盖天之生物，使之一本。本立则道生，根伤则枝槁，未有根本既伤，而枝叶如故者。其有或全，必其弱弗克[①]竞，而深受侮虐者也。"（《杨园集》）

目的

本课述兄弟相争之害，使学生崇友爱以保家世。

教授事项

（甲）时间分配　本课分二时。

第一时　教授。

第二时　复习。

（乙）内容提示

一、古人以兄弟无故为三乐之一。诗云："死丧之威[②]，兄弟孔怀[③]。"又云："兄弟阋于墙，外御其侮。"可见兄弟为至亲骨肉，其恩情仅亚于父母。言德育者既首举孝道，即不可不继以友爱。

① 克：能够。
② 威：文言通"畏"，畏惧。
③ 孔：甚，非常。怀：念思。孔怀：甚相关心。

二、财产为身外之物，无论何人，可以力至。兄弟乃吾身手足，既遭损坏，不能复完。少有人心者，断不致重财物而轻兄弟。年少学子，安可不戒？

三、兄弟不睦，非独道德堕落也，且有利害之关系焉。常见富贵之家，忽因兄弟参商①，争讼不息，而外人乘间播弄，卒至倾家荡产，身败名裂，犹不觉悟，其害可胜言哉？故欲保家世者，必当力维友爱之义。

四、人有恒言，和气致祥。和气莫切于兄弟，不祥莫大于破家。昧者不察，视兄弟如陌路，而以多得财产为吉祥，非犹木之根本既伤，而欲其枝叶并茂乎？哀哉！骨肉构难者之大愚也。

五、凡人不幸遘②家难，兄弟相争，家庭多故，岂无贤者，委曲求全，甘受侮虐，以冀挽回，及其事大白，识者伤之。苟教育普及，则人人皆知友爱之道，不至有此等情事矣。

参考

【张履祥】字考夫，清浙江桐乡人，又称杨园先生。

【彝伦】彝，常也。伦，序也。犹言寻常之秩序也。

【骨肉】兄弟同胞，血统相属，故云。

【克让】谓相让而不争。

【构难】构，结也。难，去声。

【同室操戈】即自相残害之谓。

【本】假木之根为喻，引申为凡事之根本。

【道】指种种发生之事理言。

【槁】枯也。

【竞】亦争也。

【侮虐】一切苛待之状态也。

① 参商：参星与商星。两星不同时在天空出现，因以比喻亲友分隔两地不得相见，也比喻人与人感情不和睦。
② 遘：gòu，相遇。

第三课　爱敬

本文

袁采曰："父之兄弟，谓之伯父叔父。其妻，谓之伯母叔母。服制减于父母一等者，盖谓其抚字教育，有父母之道，与亲父母不相远。而兄弟之子，谓之犹子，亦谓其奉承报孝，有子之道，与亲子不相远。故幼而无父母者，苟有伯叔父母，则不至于无所养；老而无子孙者，苟有犹子，则不至于无所归。此先民制礼立法之本意。今人或不然：自爱其子，而不顾兄弟之子；自敬其父母，而不知推其敬父母之心，以及于伯叔父母。不亦慎乎。"（《世范》）

目的

本课言血统至亲，皆当一体爱敬。

教授事项

（甲）时间分配　本课分二时。

第一时　教授。

第二时　复习。

（乙）内容提示

一、人之道德，始于爱亲，而所以能知爱亲者，以其有血统之辨也。自父母以推至伯叔父母，与兄弟之子，皆为血统相属。凡知孝敬父母者，不可忘其伯叔父母；知自爱其子者，不可不爱其犹子。故于孝友之后，而推类言之。

二、各循其分，各尽其道，家庭之间，必宜如是。故伯叔父母对于犹子，皆当抚字教育；犹子对于伯叔父母，皆当奉承报孝。

三、幼而无父母，老而无子孙，人生至苦之境也。在无关戚谊者，犹或时加怜惜，乃为伯叔父母者任其无所养，为犹子者听其无所归，背弃先民制礼立法之本意，于心何忍？

四、自爱其子而不顾兄弟之子，非独无以对兄弟，且失教子之道。自敬其父母，而不知推其敬父母之心以及于伯叔父母，非特无以对伯叔父母，且不免失父母之欢。能知血统之辨者，不可不注意也。

参考

【袁采】字君载，宋信安人。

【服制】我国自古以亲疏定服制。宋明以来通行五服，以次递降，即可判世代族属之远近。如斩衰、齐衰之三年服，一也；期服，二也；大功，三也；小功，四也；缌麻，五也。①

【减于父母一等】父母三年服，伯叔父母期服也，故曰减一等。

【抚字】即抚养之意。

【犹子】谓无异亲子也。

【奉承报孝】均指善于事奉言。

【先民】即古人之谓。

【制礼立法】谓制定礼节，立为法则。

【傎】狂也，同颠，谓颠狂不知事理也。

第四课　念旧

本文

陆孟昭送客出门，见乞丐于道，熟视②之，令人引进。语家人曰："比所见，绝似吾少时友。"询姓名，果然。公即持其手曰："子何贫困至此耶？"遂令沐浴更衣，与共饮食者旬馀。友

---

① 旧时以亲疏为差等的五种丧服。斩衰、齐衰、期服、大功、小功、缌麻，均为旧时丧服名。衰：cuī。
② 熟视：指注目细看。

感谢去。公亲引入一室,曰:"吾为君置此久矣。"器用俱备,又米十石、金十两。语之曰:"以此为生,毋浪费也。"(《人谱》)

目的
本课藉陆孟昭事,引起学生之念旧心。

教授事项
(甲)时间分配　本课一时。上半时教授,下半时复习。
(乙)内容提示

一、人生境遇,变易无常,或凶荒交迫,或灾难频仍,往往由通而塞①,由富而贫,势所难免。丁②此时地,虽有亲戚故旧之交,易致隔绝,遂使告贷无门,流为乞丐,乃世界之至可怜者也。陆孟昭独不以通塞歧视,贫富易心,可谓忠厚仁恕之至矣。

二、世风浇薄,往往旧交存问,恐其有所告贷,谢绝勿通,或觌③面相遇,佯若无睹,是重财务而轻交谊也。今陆孟昭忆及少时友而进询姓名,则其存心有素④可知矣。

三、凡人于旧友落魄,触目惊心,情难自却,因起慷慨解囊之念,或与以一饭,或赠以金钱,亦不过稍稍周恤之耳。陆氏既款留信宿之于前,复瞻给置备之于后,疏财仗义,有加无已,尤为人所难能。虽然,人苟一念交谊为重,财物为轻,自不难为此任恤之义举矣。

四、慈善事业,固为至美,然弃财于无用之地,亦甚可惜,且非与人为善之道。陆氏恐友人之浪费,婉笃⑤之言,令人心服。

① 通塞:谓境遇之顺逆。
② 丁:当,遭逢。
③ 觌:dí。觌面,见面,当面。
④ 有素:本来具有,原有。
⑤ 婉笃:委婉真挚。

是于慈善中，更寓教育之盛意焉。诸生勿仅称誉其慷慨也。

参考

【丐】乞人也。

【语】去声，告也。

【旬馀】十余日也。

【毋】禁止之词。

【浪费】孟浪耗费，不知爱惜也。

第五课　高义

本文

范仲淹在睢阳，遣子尧夫，于姑苏取麦五百斛①。尧夫时尚少。既还，舟次②丹阳。见石曼卿，问寄此久近。曼卿曰："两月矣。三丧在浅土，欲葬之北归，无可与谋者。"尧夫以所载舟付之。单骑自捷径而去。到家，仲淹曰："东吴见故旧乎？"曰："丹阳有石曼卿者，三丧未葬，留滞丹阳，时无郭元振，莫可告③者。"仲淹曰："何不以麦舟与之？"尧夫曰："已与之矣。"（《冷斋夜话》）

目的

本课述范尧夫以麦舟济石曼卿事，引起学生之好义心。

教授事项

（甲）时间分配　本课分二时。

① 斛：hú，旧时量器名，亦是容量单位，一斛本为十斗，后来改为五斗。
② 次：旅行所居止之处所。
③ 告：表明，请求。

第一时　教授。

第二时　复习。

（乙）内容提示

一、石曼卿以气节自豪，安于贫困。凡有故旧，莫不重其气节而补助之，然非所望于少年也。尧夫年少，即知便道见曼卿，问其寄居之久近，其天性好义，诚可以为后世法。学者当谨识之。

二、三丧未葬，宁困守而不归，曼卿之孝也。无可与谋，即不屑勉强求人，曼卿之气节也。而尧夫能慷慨资助，可谓两美必合。

三、以麦舟治葬事，所以安死者之身，即所以慰生者之心，此大义也。尧夫之所为，即仲淹之所欲为。尧夫能深体父意，故毅然以所载舟付之。

四、有其父斯有其子。义方①之训，闻之已熟，故能为克家②之肖子。观于尧夫捷径到家，犹未禀报，仲淹即以东吴见故旧为问，则其好义之心裕于平日，已可概见。尧夫之矫命③，正尧夫之先意承志，善行孝道也。

参考

【范仲淹】字希文，宋江苏吴县人，官至枢密使，卒谥文正。

【睢阳】河南省商丘县南。

【尧夫】仲淹次子，名纯仁，官至侍郎，卒谥忠宣，追封许国公。

【姑苏】今江苏苏州吴县。

【舟次】即停舟之谓。

① 义方：行事应该遵守的规范和道理。
② 克家：能承担家事，能继承家业。
③ 矫命：假托。

【丹阳】县名，属江苏。

【石曼卿】宋城人，名延年，曼卿，其字也。

【三丧】谓三人之棺也。

【浅土】谓浮厝①而未安葬。

【单骑】以舟与曼卿，单身骑马而陆行也。

【捷径】谓取便捷之路径。

【东吴】指苏州言。

【留滞】迟迟不归也。

【郭元振】名震，唐魏州贵乡人。有缞②服者叩其门，言五世未葬，元振举家财与之，无少吝，并不诘缞者之姓名。

第六课　正直

本文

一乡人，入市购物，至某衣肆购衣归。忽有来访者，曰："某即衣肆中人也。顷者君所购之衣，其价值殊有错误。"乡人以为付款未足，曰："尚须补缴几何？"曰："否，非不足也，乃有余耳。我今者特为奉还余钱而来。"遂还钱若干而去。乡人大感，逢人辄语此事，曰："某衣肆者，真正直之商家也。"于是一乡之人竞传之。某衣肆之信用日著。顾客自晨至夕，续续不已，户限③为穿。不数年间，遽成一绝大之衣肆云。

格言　正直者，人生最坚之甲胄也。

目的

本课述衣肆之不贪馀钱，使学生知求正直。

① 厝：cuò。浮厝：暂时把灵柩停放在地面上，周围用砖石等砌起来掩盖，或暂时浅埋，以待改葬。
② 缞：cūi，古代用粗麻布制成的丧服。
③ 户限：门槛。

47

教授事项

（甲）时间分配　本课分二时。

第一时　"一乡人入市购物"至"真正直之商家也"。

第二时　"于是一乡之人竞传之"至"遂成一绝大之衣肆云"。

（乙）内容提示

一、正直为吾人立身处世之本分，而其最要之点，即不贪非义之财是也。商人固当重利，然商业道德仍以正直为务。应得之利，得之无愧；不应得之利，即当辞而去之。一涉苟且，道德堕落，而信用从此失矣。处此者可不慎哉？

二、商人求利，惟恐不厚。乡人购物，既已付值而归，其错误乃为有余而非不足。苟在普通商人，余钱尚在，待购者驳诘而后还，自谓已存直道。若欺诈嗜利之徒，即购者计数不符，往返驳诘，亦终没其余钱而不认。况乡人既不知有余，衣肆之人乃必随时亲访而奉还之，非正直而何？

三、肆商深知商业道德，必以诚实不欺为本，故当走还余钱之际，非欲故立名誉，以邀顾客之酬报也。然人之好善，谁不如我，正直是与，具有同情，顾客纷来，不期报而报自至，既获信用，复得厚利。人亦何惮而不务正直乎？

四、论交易之正道，购物偿值，得相当之数已足，余钱本宜退还，何足称述？然自世风凉薄，欺诈相寻，得一不贪非分之财者，实可尊敬。盖正直之留遗，赖有此也。诸生他日必事职业，苟为商人，切勿贪厚利而忘正直也。

五、本课格言，谓商人资本虽微，可以正直战胜之。商人有正直之道以防损失，犹军人之有甲胄以御伤害也。故曰"正直者，人生最坚之甲胄也"。

参考

【顷者】谓过去未久，即乡人购衣之时也。

【款】谓钱财也。

【缴】纳也，给也，与付款义同。

【竞传】争相报告也。

【顾客】谓购衣之人。

【续续】此去彼来，无已时也。

【户限为穿】出入必践户限，户限经人践踏，必致损坏而穿破。户限为穿，极言顾客之多也。

第七课　不拾遗

本文

　　武进章可继，世居后圩里。里有白鹤溪，为丹阳、宜兴、金坛通衢。可继一日经行溪上，有客策马而前，忽堕一囊于地，拾之。其中约有金二百两。欲追而还之，马骤不能及。遂持金于道上以待之。时有二人同行，劝之归。可继曰："人失此金，性命不保。吾岂利其所有哉？"马行数十里，客始觉，急返原路觅金。可继知其为遗金人也，叩其数，俱验，竟[1]还之。客曰："我以此办公事，非公，我且毙矣。"因谢以十金。笑而不受。（《武进县志》）

目的

　　本课借章可继之事，不忍没人遗金并不受人酬谢，使学生知还金之风义。

教授事项

　　（甲）时间分配　本课分二时。

　　第一时　教授。

[1] 竟：径，直接。

第二时　复习。

（乙）内容提示

一、前课既述不贪错误之余钱，称为商人之正直，兹更举拾遗一事，以证非分之财，无论如何，不计多少，必不可取。夫道上遗金，退之不能及，似更较顾客之余钱取之无伤，然行人之财，终非己所应得，且明知失财者之如何懊丧，己反乘其不知，而据为己有，岂稍知道德者所宜出乎？故章可继之还金，甚合正理也。

二、凡旅客携金，必有急用，或赡养家庭，或代人寄带，或负公家之责任，或有生命之关系，忽遭损失，情何以堪？迨至搜求不得，往往有愤不欲生、立时自尽者。拾得者携之以归，是利其所有而不顾其生死也。可继所为，实足为临财不苟之表率矣。

三、人生谁不需财？可继亦人耳，骤睹多金，岂能无动？然一念及人，设身处地，则好善之心勃发而不能自遏。此时爱财之见轻，救人之心重，可知行义之人必无不近人情者。

四、可继对人之言，实一时情急语耳。要而言之，即其人并无毙命之说，可继亦必还之。教师当特示诸生，即人无性命关系，遗金亦不当拾，拾之必当退还。所谓义也，亦即所正直也。

参考

【武进】今县名，属江苏。

【后圩里】在武进城西三十里，今有镇。

【章可继】字西畴，明武进人。

【白鹤溪】溪名，自武进城外西北流，通丹阳、宜兴、金坛。

【宜兴】今县名，属江苏。

【金坛】今县名，属江苏。

【通衢】交通之要路也。

【策马】以鞭驱马，使之速行也。

【叩】问也。

【验】合符也。

第八课　公德

本文

颜之推曰："借人典籍，皆须爱护。先有缺坏，就为补治。此亦百行之一也。

"济阳江禄，读书未竟，虽有急速，必待卷束整齐，然后起。故无损败，人不厌其求假焉。

"或有狼藉几案，分散部帙，多为童幼婢仆所点污，风雨虫鼠所毁伤，实为累德①。吾每读书，未尝不肃静对之，不敢慢也。"

目的

本课述颜之推与江禄事，使学生于读书时注意公德。

教授事项

（甲）时间分配　本课分二时。

第一时　教授。

第二时　复习。

（乙）内容提示

一、典籍之有益于吾人者甚大，启知识、长学问，使吾有所成立，莫不根据之。不爱护，则忍心忘本，品行攸关。即或家计丰盈，苟经损失，不难重行购备，然而伤财耗费，亦学者之大病也。故凡有典籍，无论如何当知爱护。

二、典籍繁多，断不能尽为我有，故不能不借用于人。人

① 累：累损。累德：对德行有损。

以典籍借我，是爱我也，人爱我而我不知爱护其物，有是理乎？况乎典籍为人人必需之物，人以典籍借我，乃暂时割其所爱以与我耳。我既割其所爱，而竟不知爱护，以致损失其所需，于心何忍？世之借人书籍者，往往以非其所有，欲用则用之，不用则随意置之，不加爱惜。对内则暴殄物类毫无私德，对外则损害他人毫无公德。品行如此，即其学业亦未必有成也。学者苟有此等恶习，当诵颜之推之言而反躬自警焉。

三、缺坏而不补治，运用既久，书籍必至残废，勿谓先有缺坏，于我无与也，此中有公德在焉。颜之推所谓先有缺坏，就为补治，实足为诸生法。

四、损坏书籍，往往不在舒缓之时，而在匆迫之时。故江禄读书未竟，虽有急速，必待卷束整齐然后起。诸生于此，可以知保护书籍之方法矣。

五、人本以书籍假我，忽焉不允我之所假，非厌我之求假，实厌我之损败。易地以观，我亦犹人情耳。江禄素以爱护书籍见信于人，故人不厌其求假。吾侪欲假人书籍者，当切记之。

六、凡人损坏书籍，辄借口于童幼婢仆，风雨虫鼠，而己无与焉。岂知彼皆无知识者，非我狼藉几案、分散部帙，何至若是？即谓婢仆偶然失检，其实吾平日读书之时，任意欹斜，信手披拂，早示彼等以轻肆之隙，故致如是。然则读书之人，欲求爱护典籍，可不先自注意乎？

参考

【颜之推】颜协子，本北齐临沂人，后仕周，著《家训》二十篇。

【济阳】山东省济阳县。

【江禄】江蒨之弟，南朝宋考城人。

【狼藉】零乱而不收藏也。

【帙】书函也。

第九课　扶弱

本文

凡为世界伟大之国民，当有爱护同类之心。盖既同处于此世界中，义宜相助，而对于妇稺老弱为尤甚。

欧美各国，凡于公共之地，见妇人必让坐。虽在汽车、电车中，男子必让妇人，壮年必让老幼。即此一端，足见风俗之优美。

又或轮舶遇险，解舢板以救乘客，例须先尽妇稺老叟，然后及于普通乘客，然后及于船中执事，然后及于船长，而船长常有与船俱殉者。

故曰：恃强凌弱者，卑怯之行为，人所不齿也。

目的

本课述欧美人扶弱之道，使学生知爱护同类，而以恃强凌弱为可耻。

教授事项

（甲）时间分配　本课分三时。

第一时　"凡为世界伟大之国民"至"足见风俗之优美"。

第二时　"又或轮舶遇险"至"人所不齿也"。

第三时　复习全课。

（乙）内容提示。

一、国民之所以称伟大者，岂以其矫然自雄，只知有己而不知有人哉？盖必器量宽宏，爱人如己，无论处常处变，务守相助之义，以尽其爱护同类之心，方足谓伟大之国民。

二、世界竞争，端在智力相敌之人各出其技以争雄长。若夫妇稺老弱，其力微，其胆怯，若乘其微怯而欺凌之，自谓争胜，在稍有知识者视之，最为可耻可鄙。凡吾国民，当切戒之。

三、爱护同类之心，扶助妇稺之道，不必遇有大事而始见也。第观平日细故，外人于公共之地，或汽车电车之中，虽为时不久，而惟恐妇人老幼不任①汽车之摇撼，必亟亟让坐。欧美风俗之文明，于此可见一斑。我国人民未必尽讲公德，甚至随意箕踞，侵占他人之坐位，或遇妇稺，更揶揄之。外人见此，不胜窃笑。吾愿诸生处此，当思各国优美之风俗，勿以小节忽之也。

四、当生命危急之际，尤赖有力者尽其扶助之职。对于怯弱之妇稺老叟，自必以义务为先。如轮船遇险，解舢板以救乘客，例须先尽妇稺老叟，然后及于普通乘客。此例何自始乎？始于爱护同类、扶助怯弱之公理耳。吾人当危急时，虽牺牲生命，不可不力体此意。至身为船中执事，或为船长，平时既享特别之权利，负轮舶全体之责任，一旦有事，当以身殉，不得乘隙先遁，保一身以危众客。此尤爱护同类之正义也。

五、恃强凌弱之人，无人道主义，无道德思想，当然为人所不齿。此非人之凌彼也，行为卑怯，断不能见容于社会也。

参考

【稺】音治，同"稚"，年幼者也。

【弱】无力者也。

【欧美各国】欧洲美洲各国，如英法德美等是也。

【汽车】以汽力行者，俗称火车。

【电车】以电力行者，我国惟上海、天津等处有之。

【轮舶】俗称轮船，即以汽力行船也。

【例】轮船所定之规则也。

【殉】谓死于轮舶中也。

【不齿】不认其列于人类也。

① 任：堪，承当，禁受。

第十课　救恤

本文

查道性淳厚，儿时尝戏画地为大第，曰："此当分赡孤遗。"及居京师，家甚贫，多聚亲族之茕①独者，禄赐所得，散施随尽，不以屑意。与人交，情分切至，废弃孤露者，待之愈厚，多所周给。初赴举，挈钱三万，道出滑台，过父友吕翁家。翁贫窭②，无以葬其母兄，将鬻女以襄事。道举箧中钱与之，且为其女择壻③，别加资遣。又故人卒，甚贫，质女婢于人。道为赎之，嫁于士族。人皆服其履行。（《宋史》）

目的

本课述查道之救济贫穷，使学生知救恤之道。

教授事项

（甲）时间分配　本课分二时。

第一时　教授。

第二时　复习。

（乙）内容提示

一、慷慨好义之行，在天性淳厚者，直若不学而能，且并不以家道艰难灰其好义之心。观于查道之所为，诸生可知救恤之道德宜随时为之，不可以境遇之贫富相推诿也。

二、查道儿时嬉戏，即有大庇寒士之思想。正如孔子少时，即以习礼见头角。天性过人，非强饰也。乐善好施，见义必为，岂非天生伟人之行不为境遇所累哉？

三、天性淳厚之人，未有不敦亲族而笃交谊者，故亲族交谊

---

① 茕：qióng，没有兄弟，孤独。
② 窭：jù，贫穷，贫寒。
③ 壻：文言同"婿"。

之念重，则爱财惜物之念轻。查道淳厚性成，世所罕有，见义真挚，轻重分明，故平时既不吝散施，遇事更慨然自任。彼吕翁将鬻女以襄葬事，景况诚苦，然而查道所挈之钱为赴举也，功名大计也。而查道若以功名为身外物，惟吕翁之欲葬母兄视为要举，且听其鬻女襄葬，于心实有所不忍，故竟举箧中钱与之。此在稍有计较者，不能忘情名利，即不能毅然行之。诸生自思，能如查道之实行救恤否？

四、同一女子也，贫则为婢，乃世界之最可怜惜，最不平等，而有伤人道主义者。况为故人子，能坐视其为人贱役乎？查道之救恤，实惟人道主义，而非独敦厚交谊已也。

五、今共和成立，重视人道，然能实行查道所为者几人乎？诸生不可不勉。

参考

【查道】字湛然，宋时人。

【淳厚】即忠厚之意。

【大第】广大之屋宇也。

【赡】养也。

【孤遗】谓丧失父母，孤苦无依之人。

【茕独】年老无子，或绝无亲属之谓。

【屑意】介意也。

【周给】谓周济之。

【挈】携带也。

【滑台】今河南省滑县地。古有测景台，故称滑台。

【鬻】卖也。

【襄】助也。

【箧】箱也。

【资遣】谓助其出嫁之资。

【履行】即践履品行之谓。

第十一课　慈善

本文

孟子曰："人皆有不忍人之心。"推其不忍人之心，于以赈困穷，补不足，谓之慈善事业。

世界之民，其无力自存者，莫若老病残废。诚以乐善为怀，皆当量吾力以存恤之。至身心完健之人，可以择业图存，设以习于游惰，不能自谋，似不在存恤之列。然或困于疾疫饥馑，则亦可悯者也。

仁者之用心也，有哀矜之念，无鄙夷之思。但使其人得吾力而免于穷困，则吾愿已偿矣。

格言　为善最乐。

目的

本课述慈善事业皆出于不忍之心，使学生各有慈善之志愿。

教授事项

（甲）时间分配　本课分二时。

第一时　教授。

第二时　复习。

（乙）内容提示

一、人性皆善，故无不乐为慈善事业。孟子所谓"不忍人之心"，即尽人皆同之善心也。存于内者，谓之不忍人之心；发于外者，谓之慈善事业。不过因其内外之异，而别为名称耳。赈困穷，补不足，原为不忍其困穷，不忍其不足，故赈之补之。慈善事业，不外乎此。故不忍人之心，实即慈善事业之要素也。学者当切志之。

二、吾人力有不逮，或可不必强为。若吾力有余，而置老病残废于不顾，不欲为慈善事业，即放弃不忍人之心也。放弃不忍人之心，即不得谓之人，诸生可不自勉乎？

三、慈善事业，非漫然行之，不求措施之适当也。我国俗称"出钱是功德"，此语最为无理。盖慈善事业亦有界限，周急不继富[①]，是其大纲也。且彼可以自存而不自谋者，我苟以慈善待之，非徒耗损财力，益以宽懈其自立之心，因而失业者将永远自安于游惰。此中界说，可不明辨乎？故慈善事业，当期于世有济，不能以任意施散即谓已尽天职。至于疾疫饥馑不在此例，则正所以证其界说也。

四、学者年少气盛，处安乐之地，而见人穷困，往往不知哀矜，反加鄙夷。曾亦思穷困之人能力薄弱，其可鄙夷自不待言，然羞恶之心人皆有之，贫困而遇鄙夷，何以堪乎？诸生日讲人道主义，能深体仁者用心，对于贫困，有哀矜，无鄙夷，斯得之矣。

五、本课格言，谓善为吾人本然之心，顺其本然之心者，心无所不乐，且非其他乐事所能及也。

参考

【孟子】名轲，字子与，战国时邹人，继孔子称大贤，著《孟子》七篇。

【人皆有不忍人之心】见《孟子·公孙丑篇》第六章。

【推】谓推广之。

【赈】以财济之也。

【老病残废】皆不能自存者。

【游惰】谓不求自立。

【饥馑】谷不熟曰饥，菜不熟曰馑，即凶荒之义。

【悯】怜惜也。

【鄙夷】轻视之也。

【偿】谓如其愿也。

[①] 意谓应该帮助处境困窘的人，而不给富足的人再增加财富。

第十二课　公义

本文

宋魏矼为侍御史。刘豫挟金人入寇。宰相赵鼎决亲征之议，矼请扈从，因命督江上诸军。时刘光世、韩世忠、张俊三将，权均势敌，又怀私隙，莫肯协心。矼首至光世军中，告之曰："贼众我寡，合力犹惧不支。况军自为心，将何以战？为诸公计，当思为国雪耻，释去私隙。不独有利于国，亦将有利其身。"光世许之。遂劝其贻书二帅，示以无他。二帅复书交欢。战屡捷，军声大振。（《宋史》）

目的

本课述魏矼以国家主义消释三将私隙，使学生知注重公义，慎勿因私而害公。

教授事项

（甲）时间分配　本课分二时。

第一时　"宋魏矼为侍御史"至"亦将有利其身"。

第二时　"光世许之"至"军声大振"，并复习全课。

（乙）内容提示

一、权势因位分而生，彼此位分平等，不能节制，则权均势敌，种种意见，种种牵制，种种阻碍，皆由是而生。然彼此毫无私隙，犹可同心协力，以谋致胜之道，否则倾轧疑忌，意中事耳。因个人之私隙影响于军队，因军队之影响损害其国家，稍明公义者必不若是也。

二、持公义者必以国家为前提，国家之危险较己身之危险为尤甚。然国家之所以危险者，正因各顾其私，莫肯合力一心，以求共济耳。"军自为心，将何以战？"个人之私隙，纵或不能争胜，小体之耻也；国家之患难，不能合力以争胜，大局之耻也。以小体与大局较，决不可为小而失大。况乎国耻不雪，国家必亡，即使个人之私隙争而胜之，国家既亡，吾人之生命财产且不可保，尚能容我之意气自豪哉？"为诸公计，当思为国雪耻，释去私隙。"魏矼此言，非徒可以救宋室，并为后世军界之箴规也。学者当三复之。

三、国家与吾身有密切之关系，勿谓国家之利于我无与也。所以保护生命财产，使我得享种种利益者，国家也。果能合力以致胜，此身应享之利益正是无穷。然则有利于国，亦即有利于身，一而二、二而一者也。较之专争个人私隙者，其利害安可以道里计哉？

四、魏矼之言，由国家主义以括个人主义，欲其有利于国，未尝有害其身，情切而意真，词严而义正，光世安得不许之？虽然，光世悟矣，而争私隙者不独光世。凡人构成私隙，必有双方之意见，仅对一方面言，其意见仍难消释。故劝其贻书二帅，示以无他，则既能表明其意见，而感之以情，即可重修旧好。故二帅复书交欢，而战遂屡捷，军声大振矣。魏矼一言，其成全公义如此。

参考

【魏矼】字邦达，宋和州历阳人。

【侍御史】谏官也。

【刘豫】字彦游，宋景州阜成人，入《宋史·叛臣传》。

【挟】有所凭藉之谓。

【赵鼎】字元镇，宋解州闻喜人。

【扈从】随帝驾出行之称。

【刘光世】字平叔，刘延庆子，宋谥武亿。

【韩世忠】字良臣，宋延安人，谥忠武，追封蕲王。

【张俊】字伯英，成纪人。

【不支】不能支持也。

【贻书】即通信之谓。

第十三课　忠烈

本文

　　明卢象升娴①将略，能治兵。每临阵，身先士卒。屡讨寇贼，著有大功。清兵南下，朝臣皆主和议。象升独否，曰："予受国恩，恨不得死所。如万一有不幸，宁捐躯断脰死耳。"会清兵连陷诸城。象升方丁外艰，夺情起用。麻衣草履，誓师而出。然孤军无援，为清兵所围。象升麾兵疾战。自辰及未，炮尽矢穷。奋身斗，手杀敌数十人。身中四矢三刃，遂仆。后得其尸于战场，犹麻衣白网巾，士民闻之，无不痛哭失声。（《明史》）

目的

本课言卢象升之忠烈，引起学生之爱国心。

教授事项

（甲）时间分配　本课分二时。

第一时　"明卢象升娴将略"至"誓师而出"。

第二时　"然孤军无援"至"无不痛哭失声"。

（乙）内容提示

　　一、国家者，所以保护我之自由，使我得享种种幸福者也，其恩何等重大。不幸而国亡，一切自由幸福亦随之消灭。生为亡国奴，必有种种耻辱，反不如死。卢公所谓"予受国恩，恨不得死所，如万一有不幸，宁捐躯断脰死耳"，忠烈之气溢于言表。使当时人人如是，明室何至于亡，清兵何至南下哉？

　　二、督战之人，不能勇往直前，为士卒先，军人必生怠怯。况当战不战，主张和议，往往丧失国权，自取灭亡之祸。故卢公临阵既身先士卒，人欲议和，复独排众议，及夺情起用，麻衣誓

---

① 娴：熟悉。

师，虽孤军无援，又复麾兵疾战，卒以身殉。其意终不欲以怠怯苟和，丧失国权也。

三、亲恩与国恩并重。父母死，人子居丧，国家无重要事宜不忍使之出仕，所以矜全①孝子之情也。至存亡危急之秋，国事实重于家事，故夺情起用。然卢公虽不得已而出任国事，麻衣草履，仍不忍忘其亲也，徒以急于救国，故誓师而出耳。如卢象升者，可谓为国为家，两全其道矣。

参考

【卢象升】字建斗，明宜兴人，殉国后赠兵部尚书。
【捐躯】躯，身也。捐躯，谓舍弃一身。
【断脰】脰，音豆，颈项也。断脰，即身首异处。
【丁外艰】父死之谓。
【麻衣草履】丧服也。

第十四课　义勇

本文

吾国武汉革命军起，尝有壮士率敢死之士数十人，手持短兵，冲入敌阵，名曰敢死队，所向披靡。此辈类皆不显姓名，殆无名之英雄也。

间有受伤者，武汉百姓感泣抚慰。壮士辄曰："无伤②，此血为国民求自由而流。但愿我辈流少量之血，而国民多得幸福耳。"

军事初起，饷糈③艰困。鄂中自都督以下，仅日支饭食钱

① 矜全：怜惜而予以保全。
② 无伤：没关系，不妨。
③ 糈：xǔ，粮。饷糈，军粮给养。

二百八十文。而敢死队中人所食甚约，以其余钱缴还，曰："筹饷不易，不敢稍有糜费也。"呜呼！如此爱国之英雄，非吾辈所当崇拜乎？

目的
本课述敢死队之牺牲名利，使学生皆知有勇而好义。

教授事项
（甲）时间分配　本课分二时。
第一时　"吾国武汉革命军起"至"而国民多得幸福耳"。
第二时　"军事初起"至"非吾辈所当崇拜乎"。
（乙）内容提示
一、大义不求名，大勇不趋利。自命甚伟而不能忘情名利者，即使赫赫有功，天下称诵，不足谓之大义大勇也。然则不争名，不嗜利，而功业最伟大、道德最高尚者，其惟无名之英雄乎？国家当无事之时，不求闻达，一旦有事，仗义而起，为革命计，非为名利计，故往往有大功告成而犹不识其姓名者，是真世界之大英雄也。

二、人民苦专制久矣。争自由而流血，无非为民请命，脱专制而求共和耳。敢死队者，正以其所以死，为国民求所以生也。其好义誓死之诚，实足令人感泣。何况食用甚约，不敢稍有糜费，为国民惜财，为公家量力。非真英雄而能若是耶？

三、牺牲性命，抵死力战，食钱二百八十文，亦不为费。即或略有余钱，受之亦属无愧。而敢死队中人所食甚约，且以余钱缴还，其勇而好义可知。又以事当草创，既不忍募款于吾民，又不能借债于外国，军中稍有糜费，即公家多一支绌。故敢死队宁啬己以厚公，此真爱国之英雄，诸生亦知所崇拜否？

参考

【武汉革命军起】时清宣统三年八月十九日也。①

【武汉】武谓武昌,汉谓汉口,均湖北省地名。

【革命军】以革除清廷专制政体为主义。

【敌阵】指清军言。

【披靡】言不能敌也。

【间】去声,或也。

【少量】即少数之谓。

【鄂中】指武汉言,湖北省一称鄂省。

【都督】时黎元洪为都督。

【约】省俭也。

【崇拜】谓敬重而佩服之。

第十五课　果敢

本文

英国名将讷尔逊②,幼时即异常儿。十二岁时,见其叔父为军舰之长,心羡之。请于父,愿入军舰练习。父曰:"若年稺,不知军舰允许否也。"然其父固深知讷尔逊性质果敢,商于其叔父,许之。讷尔逊大喜,遂为海军军人。其在军舰中也,勤于职务,耐劳而任苦。勇于操作,不求人知。后为海军大将。彼纵横世界之拿破仑,不得伸一指于英国,而反为所败,碎法国军舰如藻屑者,非此人耶?

目的

本课言讷尔逊之少年从军,引起学生之果敢心。

① 1911年10月10日,武昌起义。
② 现作纳尔逊。

教授事项

（甲）时间分配　本课分二时。

第一时　教授。

第二时　复习。

（乙）内容提示

一、欲巩固吾国之主权，必先养成伟大之国民。何谓伟大？不卑怯，不退缩，不好逸苟安与博虚伪之名誉者也。吾国青年，不能速祛旧习，年逾弱冠，偶闻军事，不胜畏怯，对于讷尔逊，宁不愧乎？

二、讷尔逊年穉，即得其父允许，未必能胜军舰之职务。或既入军舰，而不能耐劳任苦，则是徒逞少年一时意气，仍不足与于英雄之列也。且或喜负虚名，自矜才力，不能耐劳任苦而欲求人知，则心驰于外，而操作之志不坚。夫世界英雄豪杰，不问人之知与不知也，但问我之操作勇与不勇耳。故讷尔逊既勤职务，能耐劳苦，又勇于操作，不求人知。

三、人生于世，不患人之不知我，特患我之无所能耳。勇于操作而不求人知，积之既久，人无有不知其能者。讷尔逊之卒为海军大将宜也。且吾人有果敢之心，又能不厌劳苦，则杀敌致果，所向无前。英有讷尔逊，而使纵横世界之拿破仑不得伸一指于英国，反为所败，英雄之所为，非国家之荣誉哉？诸生宜知自勉矣。

参考

【讷尔逊】英人，海军名将，详见本书第三册第二十一课。

【若】汝也。其父指讷尔逊言。

【纵横世界】谓其称雄于世界各国也。

【拿破仑】法国大总统，在十八世纪最著雄名者。

【不得伸一指】言拿破仑虽纵横世界，英有讷尔逊在，不能稍加势力于英国也。

65

【藻屑】如海藻之屑，状舰之受击而粉碎也。
【此人】指讷尔逊言。

第十六课　自由

本文

人类者，天赋以自由权者也。有身体之自由，有思想之自由，有信仰之自由。

身体自由者，苟不犯罪，无论何人，不能拘束囚禁我之身体；思想自由者，若言论权，若出版权，若著作权，皆为我之所有，他人不得侵犯；信仰自由者，我所信仰之宗教，不能以国力强制之。夫以国体共和，吾人可益伸张自由之权。然自由者，固以法律为范围也。

要之吾人自己之生命、财产、名誉，固当贵重，而尤不可妨害他人之生命、财产、名誉。妨害他人者，即轶出于法律之外者也。

格言　自由者，以他人之自由为界。

目的

本课申明自由之界说，使学生知恪守法律，求真实之自由。

教授事项

（甲）时间分配　本课分三时。

第一时　"人类者"至"固以法律为范围也"。

第二时　"要之吾人自己之生命财产名誉"至"即轶出于法律之外者也"。

第三时　复习全课。

（乙）内容提示

一、同为人类，即同有自由权。人能恪守法律以保自由，非他人所能侵占，亦非他人所能压制，因之享受种种幸福，不啻天授。故三大自由者，世界学说罔不尊之为天赋人权，专制之世则不惜出死力以争之。故不自由，毋宁死，自由关系之重若是。

二、三大自由，屹然并峙，为人生所必不可少，然有界说焉。凡自由以个人之权利为判，不能以一己之权利妨害公众之权利，或侵占公众之权利，此所谓"以法律为范围是也"。苟不准以法律，而漫然言自由，则行险徼幸①，无所不至。西人尝言："自由者，世界罪恶假汝之名以行。"醉心自由者，可不深思而明辨之乎？

三、犯罪之人，必销灭其自由权，而以法律治之。至于受治之时，其身体遂为法庭所有，不能听其自由。所谓消灭者，非侵占也，非压制也，彼固不守法律，不能自治，而放弃其固有之自由权，不得不受法庭之代治也。故苟不犯罪，则身体自由，固三大权之一也。

四、言论、出版、著作，但求依遵法律，思想之所及，即吾权力之所有，无所谓上下尊卑，无所谓富贵贫贱也。故我之所有，他人不得侵犯，此三大权之二也。

五、信仰宗教，凭吾心理之所欲，以与之结合者也。若能谨守法律，不致扰害国家之自由，则世界各国之宗教任吾自由之权以信仰之，于此于彼，无乎不可。故凡信仰宗教者，不能以国力强制之，此三大权之三也。

六、民国纪元以前，我国政体向为君主专制，无所谓法律，故亦无所谓自由。近世文明日进。前清之季，政体虽未改革，人民已力求自由。今日国体既更，有共和之国家，即有共和之法律，有共和之法律，即有共和之自由，非复从前之可比矣。

七、自由之实际何在？即在生命财产与名誉上也。我欲自由，人亦欲自由，他人不能妨害我，我亦不可妨害他人。此诸生

---

① 徼：同"侥"。行险徼幸，指冒险行事以求利。

所最不可不知者。自由之本义如此，故法律范围亦系于此。

八、本课格言，为西人名语，谓自由之权无论如何伸张，当在法律范围之内。若欲侵占他人，是即破坏法律之范围也。学者当谨守之。

参考

【囚禁】谓监禁拘押之类。

【言论】指谈论政治言。

【出版】谓印刷其言论著述而通行之。

【著作】谓积言论而为书籍。

【信仰】即信从也。

【宗教】就世界普通宗教言，即佛、耶、回是也。

【强制】谓专制君主以本国国教限制人民之信仰。

【轶】出乎其外也。

第十七课　平和

本文

平和者，人类之幸福也。故扰乱平和者，即为人道之贼。近日文明诸邦，其所持以通国际之情谊、谋域内之利益者，皆曰："维持平和也。"吾国迭次革命，倾覆专制政府，似含有破坏之性质。而其宗旨，巩固共和民国，维持世界真正之平和也。试观义兵到处，必保护中外人之生命财产，教堂公署，无损丝毫。苟有扰害，则国家必惩治之。其维持平和之心，不已大白于天下乎？

目的

本课言平和之真际，使学生知革命宗旨无非为维持平和起见，切勿误为扰乱。

教授事项

（甲）时间分配　本课分二时。

第一时　教授。

第二时　复习。

（乙）内容提示

一、世界愈文明，则人道主义愈发达。人道主义之要点何在？曰在平和。盖惟平和可以谋生活，惟平和可以论道德。世界人类之幸福，孰大于是？反之即为扰乱。扰乱者，是欲破坏人类之幸福，凡人必深恶而痛疾之。故能保守平和者，谓之平和；能使扰乱平和之人归于平和者，亦谓之平和。诸生欲明世界平和之公理，不可不辨。

二、世界所谓强大之国者，无不简练军实，力事竞争，似反对平和之作用矣。推其原理，盖非使强权相等，无以通国际之情谊；非使内力充足，无以谋域内之利益。各文明国之汲汲于内政外交者，正其为维持平和耳。学者切勿误会。

三、前清政府以专制束缚人民，而对外日形怯弱，实为扰乱平和之政体。自近世文明日进，人民希望立宪，始本以平和手段要求之，及其季世①，愈要求而愈专制，人民益愤不能平，不得不加激烈之手段。迹而观之，似含有破坏之性质，实则平和之不行，势必继之以激烈，非真破坏也，且正所谓欲使扰乱平和之人归于平和也。夫处专制政府之下，外患纷乘，内讧叠起，永无平和之日，将何以存立于世界？而人民竟蒙然不知，是非平和，实庸懦也。庸懦即为坐致扰乱之根源。要而言之，凡属人民，各有生命财产，苟可安享平和之幸福，亦何苦牺牲其生命财产而谋革命乎？故不得已而出此者，实不忍政府之扰乱，而欲揭破其假面

---

① 季世：末代，一个历史时代的末段。

具，以求真正之平和也。

四、革命宗旨之欲维持平和，但观义军之举动，已可概见。若谓革命宗旨非为维持真正之平和，则中外之生命财产听其杀夺可也，教堂公署听其占据可也，国家何必惩治之乎？而共和军政府之命令，于有扰害者必惩治之，此人民所共见共闻者也，其为维持平和，尚何疑乎？

参考

【幸福】谓种种福利。

【文明诸邦】指东西各立宪国言。

【国际情谊】就外交言。

【域内利益】就内政言。

【吾国此次革命】自清宣统三年八月十九日武昌起义，至民国元年元旦临时政府成立，二月十二日清帝退位，南北于是统一。

【义兵】指革命诸军言。

【教堂】各国传教人士会集之所。

【公署】官吏办公之所。

【惩治】谓惩罚处治。

【大白于天下】谓天下共闻共见，明白无疑也。

第十八课　爱众

本文

元兵初取河南，俘获甚众。军还，逃者十七八。有旨，凡藏匿逃民，或资助之者，灭其家，乡社亦连坐。由是逃者莫敢舍，多殍死道路。耶律楚材从容进曰："河南既平，其人皆国内之民，走复何之？奈何因一俘囚，连死数十百人乎？"帝悟，命除其禁。（《元史》）

目的

本课言耶律楚材之爱惜逃民，使学生知爱众之道。

教授事项

（甲）时间分配　本课分二时。

第一时　教授。

第二时　复习。

（乙）内容提示

一、人生于世，若非疾病残废，莫不爱身体之自由。若被俘获，则其身体之不能自由可知。逃者十七八，恐被俘也。元人以强国之苛令，凡藏匿资助者必灭其家，并连坐其乡社。此时酷待逃民，无所不至，可谓绝无人道主义矣。幸而耶律楚材进谏，即除其禁，否则民心不服也。

二、在昔专制时代，君权神圣，民力单微，处流离困苦之时，尤复含冤莫白，其迹可怜，其情可惨。然而君命既出，即使生机将绝，亦当俯首屈伏之。臣仆谄事君主，言莫予违，孰敢妄进直言，自取祸戾？故元主下禁锢逃民之旨，莫敢不听。耶律楚材毅然请弛其禁，岂非仁者之勇乎？

三、人民各有家室，其逃也，不过顾念家室耳。人皆国内之民，不许其顾念家室，专制君主之毒焰，可愤亦复可笑。然非楚材言之，彼俨然居上者，不犹以为禁所当禁耶？

四、国非民不立。人民者，立国之根本也。国内少一人民，即国家伤一根本。纵人民有罪当死，犹宜怜惜而曲宥①之，何况死非其罪乎？楚材所谓奈何因一俘因，连死数十百人，则当时之惨状可知。抗颜一争，保全生命至众。呜呼！若楚材者，可谓得爱众之道矣。其词切，其情挚，宜元主之闻言即悟也。

---

① 宥：yòu。曲宥：曲意宽容。

参考

【俘获】战胜敌国时所虏获之人。

【旨】专制时代凡皇帝之言曰旨。

【连坐】谓牵连而使之受罪也。

【殍】饿死曰饿殍，露死道路亦曰殍，通作莩。

【耶律楚材】辽后裔，字晋卿，金尚书右丞耶律履之子，事元太祖太宗，定开国规模。

【从容】因元帝方含怒，不可急遽进言也。

【帝】即元太宗窝阔台。

第十九课　人道

本文

林肯者，美国之大总统也。当时美国人买卖黑人为奴隶。贩奴者设卖奴市场于国中。贯以铁索，俨同畜类，任人择取。父母妻子，顷刻离散，惨不忍睹。林肯以为大背人道主义。及为大总统时，乃下解放黑奴之令。虽当时地主中有反对者，而林肯持之甚坚，卒解放四百万之黑奴，与以自由。今日黑奴解此牛马之轭者，皆林肯之力也。

格言　爱人者，人恒爱之。

目的

本课言林肯解放黑奴事，使学生知人道主义。

教授事项

（甲）时间分配　本课分二时。

第一时　教授。

第二时　复习。

（乙）内容提示

一、均是人也，彼耕作工役之人，不过因家计困穷，欲谋生计，不得不任劳苦之职，其情已极可怜。况因我之不胜其劳苦，使彼代任，以供我种种之享用，则凡劳苦之人皆我臂助，而维持我之身家者也。不谓野蛮之国以贫富为等级，乃至设卖奴市场于国中，以人为畜，致有种种惨状，是决非文明社会所宜有。学者不可不知。

二、无上下，无贵贱，一体爱护，不忍凌辱，不忍压制，所谓人道主义也。林肯见卖奴之事，以为大背人道主义，及为大总统，即下解放黑奴之令。其存心之仁恕，非人所及也。

三、美国在今日，非世界之完全共和国乎？在昔虐待黑人，固暗无天日，所以能力革颓风，实行共和政体者，始于大总统林肯耳。林肯所为，岂非人道主义之模范乎？

四、美国自解放黑奴以后，南北之争遂息，人民日益发达，国家日益强盛，称为合众国，以迄于今。可见人道与国家之关系，至为重大。

五、本课格言，见《孟子·离娄》下篇第二十八章，谓人道主义，不外乎爱。我爱人而人不爱我，无是理也。

参考

【林肯】美国人，精于法律，初为国会议员，及奴隶问题起，著有《废止奴隶论》①，后被举为大总统。

【美国人买卖黑人为奴隶】美利坚独立之初，分南北二部。南部专重农业，多买非洲黑种土人使之耕作，谓之奴隶。

【背】音倍，反对也。

【林肯为大总统】在西历一千八百六十年。

【解放】谓去其禁锢束缚、一切虐待之条例也。

① 《废止奴隶论》：现译为《解放黑奴宣言》。林肯在其总统任内颁布了《解放黑奴宣言》。

【下解放黑奴之令】在一千八百六十二年。

【地主】即田地主人，有驱使黑奴之主权者。

【轭】车上横木以驾马者。

第二十　爱生物

本文

张元出行，见有狗子为人所弃者。元即收而养之。其叔父怒曰："何用此为？"将欲更弃之。元对曰："有生之类，莫不重其性命。今为人所弃，而死非其道也。若见而不收养，无仁心也。是以收而养之。"叔父感其言，遂许焉。（《北史》）

目的

本课言张元之收养狗子，使学生知爱惜生物。

教授事项

（甲）　时间分配　本课一时。上半时教授，下半时复习。

（乙）　内容提示

一、物类俱有生命，不可暴殄。吾国圣贤有仁民爱物之训。西人尊重物类，定有虐待牲畜之罚金，诚以文明之俗不应残酷也。张元年少，即深体此意，可谓天性仁厚矣。

二、狗子虽无所用，亦一生命，弃之之人，不知爱惜生物者也。张元收而养之，非爱惜生物而何？

三、狗子之所以重其性命者，无非望人收养而已。人不收养，是致之死也。可以不死而致之死，是为死非其道。

四、人无仁心，何以为人？仁心之作用，不必专在人类也，鸟兽草木之微，无在不需此仁心之作用。张元所谓仁心，正以收养狗子而发见耳。

五、仁心为吾人同具之善心，或因一时蔽锢而流为不善，一经谏劝，则仁心油然自生。观张元之叔父，始而怒之，继则许之，可以见矣。

参考

【张元】字孝始，南北朝后周人。

【狗子】初生之小狗也。

【有生之类】谓有生气者，即凡有血肉、知觉、运动之物也。

新修身教授法

【第三册】

第一课　勉学

本文

乐羊子远行从师，一年而归。妻问其故。羊子曰："久行思家，无他故也。"妻乃引刀趋机而言曰："此物生自蚕茧，成于机杼。一丝而累，以至于寸。累寸不已，乃成丈匹。今若断之，是损失成功，稽废时日。夫子为学，中道而归，何异断斯织乎？"乐羊子感其言，遂还终学。（《后汉书·烈女传》）

格言　玉不琢，不成器；人不学，不知道。

目的

本课言人之为学，不可间断，使学生于修业之时，自始至终，勿以思家而废学。

教授事项

（甲）时间分配　本课一时。

上半时教授，下半时教授兼复习全课。

（乙）内容提示

一、吾人为学，顷刻皆宝贵之时，务宜有始有终，寸阴是惜，乃能与时俱进，否则非半途中止，即功败垂成，未见其能毕业者。况乎远行从师，需费重大，不仅学费而已也。膳宿需费，往返需费，于经济问题，关系亦非浅鲜。乐羊子远行从师，一年而归，既失时又耗费，岂不大谬？学者当切戒之。

二、荒废学业之事，固不止于思家，而思家亦居其多数。吾人旅学他乡，为求学计也，心志于学，何暇思家？即有离别之感，可以通信慰问。是故好学之人，一经入学，即以毕业为目的，非正式放学，决无归志。当其开学之时，或家庭有重要事务，不得已而归家，犹常以旷学为憾。乐羊子思家而归，别无他故，其妻引刀趋机，劝其终学，可谓知大体矣。

三、乐羊子之妻，以积丝之事，证积学之理，竟使羊子还学，诚世界之贤女子也。吾人当钦佩而传布之。

四、人生于家庭，而学于学校，无异丝之生自蚕茧而成于机杼也。就学之后，积学时而为学期，积学期而成学年，无异累丝而成寸，累寸而成丈匹也。未竟所学而废之，未成丈匹而断之，前功尽弃，所谓"损失成功，稽废时日"也。

五、人具固有之聪明，不能无一时之迷误。乐羊子辍学而归，一时之迷误也，闻妻言而恍然大悟，遂还终学，亦可谓勇于从善者矣。学生未经旷学者，固当观乐羊子而益加奋勉，其有曾经旷学，而尚未知自悔者，尤当以乐羊子为师也。

六、本课格言，谓古今无不琢之美玉，世界无不学之伟人，故曰"玉不琢，不成器；人不学，不知道"。

参考

【乐羊子】后汉时河南人，妻佚姓。

【引刀】谓以手持刀。

【机】织丝成帛之器，俗称织机。

【杼】谓杼柚之杼，织具也。柚受纬，杼受经，皆所以为织者。

【累】积也。

【稽废】谓稽延而废弃之。

第二课　惜阴

本文

吴朝宗《惜阴斋箴》曰："为学之要，务在能勤。勤则业进，不勤者分。古人为学，孜孜求益。靡寒靡暑，亦靡朝夕。孙康映雪。匡衡凿壁。董生垂帷，家园绝迹。韩子焚膏，穷年勿息。嗜学若兹，宁不成德？今人为学，或怠以嬉。既间既断，无有缉熙。暴弃不惮，忍于自欺。四十无闻，由古所悲。呜呼！人少易壮，壮者易衰。发白齿豁，骎骎相追。及时不学，汝将何为？大禹圣人，寸阴尚惜。众人分阴，岂可虚掷？暖衣饱食，无所用心。语德则病，奚异兽禽？脐不可噬，后悔何任？诵言坐隅，以代砭针。"（《人范》）

格言　一寸光阴一寸金，寸金难买寸光阴。

目的

本课言古来好学之人，莫不爱惜光阴。俾学生于求学之时，毋怠毋荒，一以古人为法。

教授事项

（甲）时间分配　本课分二时。

第一时　"吴朝宗《惜阴斋箴》曰"至"由古所悲"。

第二时　"呜呼！人少易壮"至"以代砭针"。

（乙）内容提示

一、箴者规劝之词，援引古人成事，自相规劝，随地随时，不敢稍懈。则家庭自修之功，足以补学校之所不及。吴朝宗有见于此，故作《惜阴斋箴》。

二、勤学则心乎学业，精进不已，不暇计及他事；不勤则心思闲暇，一切物欲，纷至沓来，凡足以淆吾心目者，靡不乘机而入，可不戒欤？

三、功以积累而成。少一息之荒废，即学问上多一息之积累。积累愈速，成功愈易。不然名虽为学，实则怠嬉，身虽为学，心则闲放，其自暴自弃之害，盖有不可胜言者矣。

四、人生四十以前，由少而壮，皆孜孜为学之时。至四十而无闻，则怠气所积，精力渐衰，无能为矣。求学者可不及时奋勉乎？我不能及时惜阴，时不能为我稍待，蹉跎自误，年复一年，未几而少者壮矣，未几而壮者老矣。我不自觉其失时，时若倍其速率以迫我，是即"发白齿豁，骎骎相追"之谓也。

六、圣人众人，固以天分言，非以人功言。禹，圣人也；我，众人也。以众人较圣人，天分不如禹，惟凭人功以及禹，故大禹惜寸阴，而我当惜分阴也。

七、德，道德也。人与兽禽，同得天地之气以为形，所以异于兽禽者，惟恃此区区之道德。故曰"语德则病，奚异兽禽"。

八、少年不努力，老大徒悲伤。所学不成，无以自立，未有不自悔者，然逾时而悔，所谓噬脐也。

九、本课格言，极言光阴之贵重，不可有顷刻之怠忽。

参考

【吴朝宗】名海，字朝宗，元福建闽县人，又称鲁客先生。

【惜阴斋】书室为斋。惜阴，其斋之名也。

【箴】文体名，所言皆规劝之词。

【孙康】晋京兆人，官至御史大夫。

【映雪】雪色洁白而有光。孙康家贫无灯火，故映雪光而读书。

【匡衡】汉时人，以好学名，累官太子少傅。

【凿壁】匡衡好学，家贫无所得火，尝凿破墙壁，以假邻家之火光，为读书之用。

【董生】即董仲舒，汉广川人，少治春秋，著有《春天繁露》十七卷。武帝时，对《天人三策》。帝嘉之，以为江都相。

【垂帷】垂，下也。帷，幔也。恐帷外之物，乱其心目，故垂之。

【绝迹】足迹不到其地也。

【韩子】即韩愈，唐人，字退之，以文学名，官至吏部侍郎，卒谥文公。

【焚膏】谓以油燃灯也。

【缉熙】继续不息也。

【豁】齿摇落而有空缺处也。

【骎骎】速也。

【大禹】夏之帝也，姒姓，颛顼之孙，继舜而有天下。

【语德则病】为语道德，即以为病，言无德也。

【脐不可噬】噬，以齿啮之也。脐在腹部，噬之不及，以喻事之无及也。

【何任】何用也。

【坐隅】谓坐位之旁。

【砭针】砭，石针也。针，金属为之。皆所以治病者。

第三课　存诚

本文

刘安世举进士，不就选，径归洛。司马光谓之曰："何为不仕？"安世以漆雕开"吾斯未能信"之语对。后从学于光者数年。凡四日一往，以所习所疑质焉。光亦欣然告之，无倦意。一日，避席问尽心行己之要，可以终身行之者。光曰："其诚乎？我生平力行之，未尝须臾离也。故立朝行己，俯仰无愧。"安世问行之何先，光曰："当自不妄语始。"安世初甚易之。及退而自隐括日之所行，与凡所言，自相掣肘矛盾多矣。力行七年而后成。自此言行一致，表里相应。遇事坦然，常有余裕。安世年

七十余，坚悍不衰。或问何以至此。曰"诚而已"。（朱子《小学》及《名臣言行录》）

目的

本课言存诚之学，首在语言，使学生戒除妄语，以端诚实之始基。

教授事项

（甲）时间分配　本课分二时。

第一时　"刘安世举进士"至"俯仰无愧"。

第二时　"安世问行之何先"至"曰诚而已"。

（乙）内容提示

一、急功近名，人之常事。无进身之途则已，既举进士，鲜有不求选用者。刘安世举进士，不就选，径归洛，此其所以传也。

二、斯，指事理而言，出仕必深明事理，乃能利国而服民。《论语》孔子使漆雕开仕，漆雕开辞曰："吾斯未能信。"盖谓省察事理，未能自信，不敢轻于出仕，此圣贤诚实之学也。刘安世不欲就选，其意即本乎此，足见平时读书，早已确有心得，务求实践，与浮泛从事者不同。

三、举进士而不就选，常人所难；不就选而又复从学，则尤难。刘安世之所为，所谓难能而可贵者也。学者当切记之。

四、诚以持躬，则为学必求实践；诚以处世，则治事弗盗虚声。终身用起诚，即终身受其益，故曰"其诚乎"。

五、人生诈伪之病，所最易犯者，莫如语言。或无意出之，或随机应之，习而不察，立身之大病也。故不妄语当为力行之先务。

六、初以为易者，非其事之果易也。未尝退而自思，无以深知其难。迨至力行有得，凭吾后日之是，乃知前日之非，至后日

83

常有所得，则一诚相积，行吾自然，非复前此之梦梦矣。"言行一致"云云，即此旨也。

七、人能存诚，则心地安舒，精神爽健，身体益形强盛，寿命因而延长。刘安世年逾七十，坚悍不衰，是其明证也。

参考

【刘安世】字器之，宋元城人，历官台谏，论事刚直，卒谥忠定，号元城先生。

【选】谓受铨选①而出仕也。

【径】迅速直行，毫无顾恋也。

【洛】今河南洛阳县。

【司马光】见本书第一册第五课。

【漆雕开】孔子弟子，字子若。

【吾斯未能信】见《论语·公冶长篇》第五章。

【避席】谓离其本席，即起立致敬之意。

【妄语】不诚实之语也。

【隐括】谓私自省察也。

【掣肘】臂中部弯曲处曰肘。掣肘谓欲举其肘而被掣也。

【矛盾】矛，刃之有长柄者。盾，所以御刀，俗称藤牌。韩子云，人有鬻矛盾者，誉之曰："吾盾之坚，物莫能陷也。"又誉其矛曰："吾矛之利，于物无不陷也。"或曰："以子之矛，陷子之盾何如？"其人弗能应也。吾人言语之间，自相背谬，无以异此。故曰"自相矛盾"。

【坚悍】谓坚卓强悍，无老弱之象也。

---

① 铨选：指选官制度。

第四课　卫生

本文

　　吕不韦曰："不处大室，不为高台，味不众珍，衣不焊热。"华佗曰："人体欲劳动。劳动则谷气自销，血脉流通，病不能生。"此诚养生家之言也。惟其言各有片长，未足尽卫生之旨。盖凡起居动作，饮食衣服，诚宜致慎。余如日光必充，空气必洁，沐浴必勤，睡眠必时。有一失当，亦易致疾。昧者不察，或则囿于习惯，而以为当然，或则纵其嗜欲，而不加裁制。酝酿所积，驯致伤生。此何异明知疾病足以死人，而故陷其身欤？

　　西谚有云，"健全之精神，恒宿于健全身体之中。"吾人事业正多，责任綦[①]重，所恃者精神耳。欲得健全之精神，舍卫生末由也。

目的

　　本课言卫生之法，使学生知保守身体，防御疾病，以存健全之精神。

教授事项

　　（甲）时间分配　　本课分二时。

　　第一时　"吕不韦曰"至"而故陷其身欤"。

　　第二时　"西谚有云"至"舍卫生末由也"，兼复习全课。

　　（乙）内容提示

　　一、众珍则不免夹杂，焊热则不免燥烈，故曰"味不众珍，衣不焊热"。

　　二、人所恃以养生者，在乎五谷。然非时时劳动，则谷气不销，阻滞血脉，不得其养，反足致病。善养生者不可不注意也。

　　三、起居动作，饮食衣服，皆得其宜，未始非卫生也。然起

[①] 綦：qí，非常，很。

居动作之地，不能无微生虫也。微生虫足以致病，惟日光有以杀之。饮食衣服之外，不能无传染病也。传染病来自空气，惟洁净有以辟之，故日光必充，空气必洁。

四、动作之时，不能无汗液也。有汗液，不能无积垢。故沐浴必勤。动作之后，不能不休息也。欲休息，不能不睡眠，故睡眠必时。

五、不知改良卫生，而守其故常，是谓囿于习惯。明知普通卫生，而任情斫丧①，是谓"纵其嗜欲"。

六、人有身体，即有精神。不知卫生之法，则身体日坏，精神无所寄托，是我之负精神，非精神之负我也。我以卫生保守之，身体所在，即精神所在，故曰"健全之精神，恒宿于健全身体之中"。

七、耳目手足之所致，心思智虑之所及，皆精神有以趋势之。有身体而无精神，无论何种事业，不能胜其责任，故曰"所恃者精神耳"。

参考

【吕不韦】阳翟大贾也，后为秦相。吕不韦四句，见《吕氏春秋》。

【众珍】众，多也。珍，谓珍贵浓厚之味。

【焊】音阐，炙热也。

【华佗】汉谯人，字元化，善养性之术。"华佗曰"以下，见《后汉书·华佗传》。

【必时】谓有一定之时间，勿致迟眠晏起也。

【囿】即锢蔽之谓。

【纵】谓放肆无度。

【制裁】节制也。

【宿】存在也。

① 斫丧：摧残，伤害。

第五课　勤勉

本文

动物中有蚁焉，为虫类中至勤者也。虽在炎夏，而操作不息。曳其较彼百倍大之食物，以入穴中。俨然有储蓄御冬之意。

蝉者，虫类中之极高雅者也。高据树巅，终日放其歌声，而不知寒之将至。秋风一起，草木零落，蝉亦失其食物，遂颠坠于蚁穴之旁。

蚁之门者曰："子来何事也？"蝉曰："秋深无所得食，将求乞耳。"蚁之门者曰："当炎夏之日，吾侪勤苦不息。而汝曹[①]方临风而歌，宜今之不得食也。虽然，吾侪之饵，又非汝所欲食也。"

蝉闻言，自知理穷，仍张翼而飞，而腹空力弱，卒饿死于蚁穴之口。

格言　有备无患。

目的

本课借虫类以言怠惰之害，使学生知及时勤勉，勿致后来之困难。

教授事项

（甲）时间分配　本课分二时。

第一时　"动物中有蚁焉"至"遂颠坠于蚁穴之旁"。

第二时　"蚁之门者曰"至"卒饿死于蚁穴之口"。

（乙）内容提示

一、人之作事，要以勤勉为主。能勤勉，则收效宏；不能勤勉，则收效少。能勤勉，则有余以备后患；不能勤勉，则苟安目

---

① 汝曹：你们。

前，一旦有事，无以应付。试观蚁，微虫也，其腹部容积能有几何，必曳百倍之物以入穴。为目前计，无需乎此，殆恐冬来蛰居不出，可藉此为生活也。蚁且如此，人将如何？

二、蝉，亦虫类也，高歌自适，不知勤勉。犹人处优裕之境，饱暖嬉游，无所事事，终必至于困乏，其见识于蚁也宜矣。

三、"子来何事也？"门者之言，轻薄已甚。及告以求乞之意，微特不加怜惜，反语以绝食之源，使其自悔蹉跎，不堪回首。可见不能自食，而必求食于人者，其遭际大抵如斯，蝉其小焉者也。

四、世界无无食之地。非勉力以求之，则人有食而我无食。终身无不食之时。非先时以备之，则始有食而终无食。今日之不得食，即前日不自勤勉故也。

五、乞食不得，又不能不食，故仍张翼以谋食。然至乞食不得之时，始知谋食，其不至于饿死者几希。由此观之，人类之勤惰，无异物类之勤惰。人而勤，犹蚁也；人而惰，犹蝉也。大小不同，因果则一，人不可不知勤勉哉。

六、本课格言，谓人生世上，事前必有预备，乃能免临事之忧患。

参考

【蚁】虫名，体有黑色光泽，居于地下，分女王蚁、职蚁、雄蚁三种。出穴取食者，为职蚁。

【曳】用力取之也。

【高雅】蝉常居高树，非他种之栖于地上草际者可比，故以高洁称之。

【颠坠】跌落也。

【门者】人类守门之人，曰门者。此指蚁之在穴口者言也。

【饵】食物也。

【理穷】谓无理可伸，不能复言也。

第六课　储蓄

本文

　　"行百里者，一宿舂粮；行千里者，三月聚粮。"此言凡事不可不豫也。用财之道亦然。欲有备而无患，则事之宜豫者，其莫如储蓄乎？

　　量入为出，固无不足。然非常之事，恒出意外。故平日用财，虽不必过于节啬，致妨生事。亦宜稍留余资，以防意外。审量而出之，锱铢而积之，日计不足，月计有余矣。

　　虽然，储蓄者，非聚敛以损人之谓也。积资不用，则为怨府。因财济恶，则易败家。祸害相乘，能无危惧？古之人固有以散财成德者。骆统赈饥，查道济众，后人传说，以为美谈。可见储蓄之益，非惟为己，抑亦为人。在视其用之者如何耳。

目的

本课言用财之道，使学生各知储蓄，以维私益而行公德。

教授事项

（甲）时间分配　本课分二时。

第一时　"行百里者"至"月计有余矣"。

第二时　"虽然"至"在视其用之者如何耳"。

（乙）内容提示

一、粮所以果腹。人不能枵①腹从事，故不能无粮。行路之人，尤宜预备。苟临行而求之，则迫不及待，未必其果得粮也。故行者之粮，不可不预也。

二、财所以济事。临事而求财，纵得其财，已不能专心于行事。不得其财，尤不能因财以济事。故曰"用财之道亦然"。

---

① 枵：xiāo，空虚。

三、其事未行，其财已备，无论难易大小，不患其事之不成。然财之备，必备之于未事之先，决不能备之于将事之时。故人必知储蓄之道。

四、积少以成多，积小以成大，事理之常。但能于用度出入之时，量为储蓄，则获益无穷矣。

五、储蓄与聚敛，宗旨大相悬殊。储蓄在节省一己无益之费，聚敛则有损人利己之私。此中界限，学者当辨明之。

六、慈善事业，为人生应尽之义务。赈饥济众，皆慈善事业也。故曰"储蓄之益，非惟为己，抑亦为人"。

参考

【"行百里者"四句】见《庄子》。
【舂】捣去谷类之皮也。
【节啬】即吝啬之谓。
【生事】谓人生一切事务。
【审量】审度而酌量之也。
【锱铢】古衡名，六两为锱，十累为铢，言其数之少也。
【聚敛】贪得者之所为，与储蓄不同。
【损人】谓损失他人之利益。
【怨府】谓众人之怨，聚于一身，言怨者之多也。
【相乘】并至之意。
【骆统】字公绪，三国时人。
【赈饥】谓施钱米以救荒年之人。
【查道】字湛然，宋时人。
【济众】谓以私财救济众人也。

第七课　立志

本文

终军从济南步入关，关吏予军繻。军问："以此何为？"吏曰，"为复传还，当以合符。"军曰："大丈夫西游，终不复传还。"弃繻而去。军为谒者使行郡国，建节东出关。关吏识之曰："此使者乃前弃繻生也。"军行郡国，所见便宜以闻。还奏事。汉武帝甚悦。南越与汉和亲，乃遣军使南越，说其王，欲令入朝比内诸侯。军自请愿受长缨，必羁南越王而致之阙下。军遂往说越王，越王听许，请举国内属。武帝大悦。（《前汉书》）

目的

本课言终军有志竟成，光荣中国，使学生效法前贤，各自立志。

教授事项

（甲）时间分配　本课分二时。

第一时　"终军从济南步入关"至"汉武帝甚悦"。

第二时　"南越与汉和亲"至"武帝大悦"。

（乙）内容提示

一、其行决，其志果，不屑无闻而归。大丈夫之立志，当如是也。终军弃繻而去，行决志果，实加人一等。

二、"此使者乃前弃繻生也。"于惊讶之中，寓珍重仰慕之意，读者当细玩之。

三、武帝知军材可以大用，遣使南越。而军亦愿受长缨，雄才大略，相得益彰，盛事也。

参考

91

【终军】字子云，汉武帝时，济南人。

【济南】郡名，今山东历城县。

【入关】时终军诣博士之选，故入关。

【予】同"与"。

【繻】音儒，帛也。书帛裂而分之，复过其地，验其合符与否，以稽出入。

【为复传还】复，返也。古之出入皆以传①。传烦，故以繻代传也。

【当以合符】言与所存之帛合符也。

【建节】谓建立其行旌②也。

【便宜以闻】随时随地，以所见上闻也。

【南越】今广东广州、广西桂林及安南③等地。

【说】去声，先以言说子也。

【缨】马鞅④也，以革为之。

【阙下】阙，宫阙也。古者称国都及帝王之前，曰阙下。

第八课　习惯

本文

习惯者，第二之天性也。盖凡人之品行，其关于习惯之力，良非浅鲜也。

人当少年，于习惯尤为重要。以其性质未定，一经习惯，遂永不可拔。譬诸刻文字于树木之身，木长而文字亦遂扩大。昔希腊有善吹笛者，其收门弟子也，凡曾学于技拙之笛师者，其修金

---

① 传：凭证。
② 行旌：旧指官员出行时的旗帜，亦泛指出行时的仪仗。
③ 安南：越南之旧称。
④ 鞅：套在马颈或马腹上的皮带。

必倍。克林威德曾语其最爱之少年曰："汝必于二十五岁以前，善立汝一生之品行。"亦以少年之习惯，足以造成品行也。

格言　少成若天性。习惯成自然。

目的

本课言习惯之关系，使学生于年少之时，慎防恶习。

教授事项

（甲）时间分配　本课分二时。

第一时　教授。

第二时　复习。

（乙）内容提示

一、天性不可变，习惯不易变，故曰第二之天性。

二、吾人一言一动，皆品行之所关也。习于善则善，习于恶则恶，往往不知不觉，印入脑筋。人当年少之时，性质未定，尤易沾染恶习，不可不慎也。

三、有恶劣之习惯，虽有良善之教育，教授之时，难于为力①。曾学于技拙之笛师，则技拙之习惯已深，故修金必倍。

四、二十五岁以前，正吾人敦品②励学之时也。此时品行不端，积习相沿，即无复改良之日。欲造成良好品行者，可不于此时加之意乎？

五、本课格言，谓习惯虽非天性，积之既久，视为故常而不觉。其警勉之意，至深且永。

参考

【技拙】谓拙于吹笛之技也。

【克林威德】英国海军大将也。

① 为力：成功，奏效。
② 敦品：砥砺品德，提升涵养。

第九课　规则

本文

人生于世，不可放意而行，故必有种种之规则。大至日月星辰，小至禽虫草木，均各依其规则而行。人亦何能遽轶此规则以外也？

故有一家之规则，一校之规则，一乡之规则，一国之规则。晨起夜眠，洒扫食事，一家之规则也；朝出暮归，勤学勉善，一校之规则也；守望相助，邻里无扰，一乡之规则也；尊重秩序，保卫治安，一国之规则也。

夫国家之所谓法律者，亦即规则之意云耳。凡能守规则之人，必能守法律。故欲为一国善守法律之良民，必自幼时谨守规则始。

目的

本课言规则无异法律，使学生各守规则，以明法律之效用，与法律之关系。

教授事项

（甲）时间分配　本课分二时。

第一时　教授。

第二时　复习。

（乙）内容提示

一、人之智识技能，固非禽虫草木所能比附，然或放意而行，势必杂乱纷繁，不堪治理。故无论何人，无论何地，皆当遵守规则也。

二、晨不起，则废时；夜不眠，则伤身。不洒扫，则污秽滋害。饥而食，食而事，庶不致流为游民。凡此诸事，定有规则，则家治而事理矣。

三、学生在校，朝出暮归，皆有定时。勤学勉善，皆有考查。是为一校之规则。

四、里巷聚居，则外侮之来，同受其害。苟能预定互相保卫之法，一家安而令里巷皆安，此为一乡之规则，亦即今日之地方自治也。

五、国家立法，人民守法，庶几全国人民共享安宁之福。故一国之规则，无论何人，皆当遵守也。

六、幼年不守规则，一切放肆之习惯，不能自觉其非。及其既长，语以法律，必以为拘束而不能遵守。所以守规则之习惯，必自幼时养成之。

参考

【轶】出乎其外也。

【尊重】谓郑重视之，不敢轻忽也。

【保卫】谓保守而卫护之。

第十课　名誉

本文

北宋末，长安百姓安民，以镌字为业。蔡京、蔡卞为元祐奸党籍，刻石立于文德殿门，及国中州治厅事。长安当立，召安民刊字。民辞曰："民愚人，不知朝廷立碑之意。但元祐大臣如司马相公者，天下称其正直，今谓之奸邪，民不忍镌也。"府官怒，欲罪之。民曰："被役不敢辞。乞免镌'安民'二字于石末，恐后世并以为罪也。"（《宋史·司马光传》）

格言　名誉者，第二之生命也。

目的

本课言关系名誉之事，虽一名一物，亦当慎重，使学生知保全名誉之法。

教授事项

（甲）时间分配　本课一时。

上半时教授，下半时复习。

（乙）内容提示

一、蔡京、蔡卞，专权误国之奸臣也。司马光于元祐年间，政绩昭著，所至有功，忠臣也。然奸臣擅权之时，必以忠臣为奸臣，故以司马光等为元祐奸党籍。

二、奸臣残害忠良，权力所至，任意为之，且必使其永久失败而后快。刻石立于文德殿门，及国中州治厅事，欲藉此以欺后人耳目也。

三、蔡京既倖进而执政，长安虽远，在其势力之下。蔡京欲有所为，虽明知其非，不敢不遵。而安民又适为长安之石工，被招刊字，自知愧罪，此安民之所以可贵也。

四、安民，区区一石工也，其尊重名誉如此，吾侪岂可以名誉为无足重轻哉？

五、本课格言，谓人生无优美之名誉，必为天下后世所不齿，其关系之重，无异生命。

参考

【北宋】宋朝自高宗南渡以前，谓之北宋，其后曰南宋。

【长安】今陕西长安县。

【安民】安姓名民，长安石工也。

【镌字】刻字于石也。

【蔡京】字元长，兴化仙游人，入《宋史·奸臣传》。

【蔡卞】蔡京之弟也。

【元祐】宋哲宗年号。

【奸党籍】徽宗时，蔡京既黜而复用，追贬司马光等官妄为奸党籍。

【文德殿】宫殿之名曰文德也。

【州治厅事】谓州署官厅也。

【司马光】见本书第一册第五课。

【被役】谓受公家之差役也。

第十一课　悔励

本文

德留，英人也。质鲁而性暴，常入他人园林，窃果实。后为海盗，盗舟覆，德留溺几毙。自是乃大悔悟，一变其行事。奉父命，习鞋工。

德留有暇即读书作字。尝自言曰："读书愈多，益觉吾之愚昧，争胜之气亦愈强。"勤学不倦。每餐置书案侧，且食且诵，日课数页以为常。

顾境遇殊窘，尝因困乏乞贷于人。既而悔之，乃竭力撙节。不期年①，逋负②悉清。后虽炊烟弗举，誓不贷人一钱。

目的

本课统言德留之悔过、勤学、安贫，使学生各有取法。

教授事项

（甲）时间分配　本课分二时。

第一时　教授。

① 期：jī。期年，一年。
② 逋：bū。逋负：债务。

第二时　复习。

（乙）内容提示

一、质鲁性暴之人，往往肆行非礼，终身不知悔励。苟能翻然自悟，则无论何人，皆可为善也。

二、读书愈多，益觉愚昧，非真愚昧也。知识渐增，常以为不足，于是进取之志益坚，此好学者当然之境。名曰愚昧，实即进步。

三、人生于世，各有精力以谋生，何需乞贷于人？其乞贷者，非缘于特别之事故，多半由于不撙节。观于德留，可以戒矣。

四、负债未还，被人追索，此人生最不自由者。故德留虽炊烟弗举，誓不贷人一钱也。

参考

【德留①】英之政治家也。

【乞贷】谓以借债而求人也。

【撙节】即节俭之谓。

【炊烟弗举】言无米为炊也。

第十二课　戒迁延②

本文

德留好谈政治，里中持清议者，尝集议于其家。故辄夜中操作以补之。一夕，方以锤打革。市中有小童过之，见灯火莹莹，自门隙出。乃就而呼之曰："鞋工，何昼嬉游而夜操作也？"

① 现译塞缪尔·德鲁。
② 迁延：拖延时间。

德留大惊，失锤。明日以告人。人曰："何不追而捕之？"德留曰："吾自闻此童子言，始知悠忽②之害。自今以往，凡今日应为之事，断不敢委诸明日也。"

目的

本课言德留就业之后，闻童言而自奋，得免迁延之害，使学生知有所感触，益加勤勉。

教授事项

（甲）时间分配　本课一时。

上半时教授，下半时复习。

（乙）内容提示

一、集议政治亦人民当然之事，然在工作之人，不免有荒职业。职业既荒，即不足以谋生活矣。

二、日间集议政治，夜则灯火莹莹，以补日间之操作，非真嬉游也。小童不知其详，以为夜间不能休息，日间纵有所事，亦与嬉游无异。苟非德留，骤闻小童之言，不特不知悔励，且将以小童为多言矣。

三、德留之事，于小童无关。德留夜间工作，小童惊之，旁观者忘其警觉之益，故有何不追捕之语。德留即因以自知悔励，此亦良友箴规之益也。

四、吾人有迟误因循之弊，往往习而不察。及一经他人之提示，不禁触于耳而动于心，藉以痛改前非，力图振作，此学者修省之道也。德留得其道矣。

参考

【清议】既公论之谓。

【补】谓弥补日中之荒废也。

① 悠忽：闲散放荡。

【革】制鞋之皮也。

【莹莹】火光也。

第十三课　安贫

本文

自是德留专意艺事，暇即读书，不谈时事。既娶妻生子，仅足糊口。无书室，则摊卷于庖厨之间；无几案，以衣笥代焉。日居群儿啼哭中，翛然①自得。以著述多，声誉隆起。然未尝有骄心。或自拥帚扫除积秽，又尝与弟子共运薪炭，盖欲以劳力为本分也。晚年，专从事文翰②。其书多传于后世。至今英人称道不衰。

目的

本课详叙德留之耐贫好学，及其成功，使学生知安贫之道。

教授事项

（甲）时间分配　本课一时。

上半时教授，下半时复习。

（乙）内容提示

一、不谈时事，非不知时事也。专意艺事之时，不敢分心于他事，致扰乱其艺事也。

二、庖厨之间，不无空隙，衣笥之上，但求清洁，未始不可以读书。必求书室几案，则贫家无读书人矣。德留深知此理，故无书室，无几案，暇即读书。

---

① 翛：xiāo。翛然，形容无拘无束，超脱。
② 文翰：公文书信。

三、心有所主，虽声色货利，不能摇动。世之尤贫者，可以德留为法也。

四、除积秽，运薪炭，稍有身份者，往往不屑为之。德留以为劳心之余，必须劳力，尤为他人所难。

参考

【衣笥】衣箱也。

【著述】以吾心之学识而创造言论，谓之著。本前人之意理而益加发明，谓之述。

【声誉隆起】即声名广大之谓。

【拥帚】持帚也。

【本分】分，去声。本分，谓当然之职分。

【晚年】年老之时也。

第十四课　戒荒嬉

本文

吕新吾曰："古之士民，各安其业。策励精神，点检心事。昼之所为，夜而思之，又思明日之所为，不敢有一息惰慢之气。是以身无恼德，家无废业，旦兴晏息，身用康强，不即于祸。今也不然。百亩之家，不亲力作。一命之士①，不治常业。浪谈邪议，聚笑觅欢。耽心耳目之娱，骋情游戏之乐。身衣绮縠，口厌刍豢。志溺骄佚。而其室家土田百物往来之费，又足荒志而纵欲。消耗年华，妄费日用。噫！是亦名为人也，无惑乎后患之踵至也。"（《呻吟语》）

① 一命之士：泛指低微的官职。

目的

本课言古今士民之异,使学生力戒荒嬉,以防后患。

教授事项

(甲)时间分配　本课分二时。

第一时　教授。

第二时　复习。

(乙)内容提示

一、慆德废业,失时伤身,皆惰慢之气,有以致之也。然而惰慢所存,即祸机所伏,及时猝发,不能幸免。故人之务业,不可有一息惰慢之气也。

二、以力作为太劳,以常业为可厌,口不谈有德之言,耳不闻有益之事,终岁昏昏,一切嗜好亦随之而起,则消耗年华,妄费日用,此生无复可望矣。

三、世界之发达,视乎人类之竞争。我既无益于世界,名虽为人,按诸优胜劣败之公例,不能不受世界之淘汰。此游惰之人所以常受后患也。

参考

【吕新吾】名坤,明河南宁陵人。

【策励】即勉励之意。

【点检】即省察之谓。

【慆德】慆,音涛,慢也。慆德,犹言失德也。

【骋情】谓任情放肆也。

【绮縠】丝织物之纹理欹斜者,曰绮。縠,音湖,绉纱也。

【刍豢】刍,指草食者言,如牛羊之类。豢,指谷食者言,如鸡豕之类。

第十五课　谦逊

本文

人各有所长，亦有所短。能见己所短，不见己所长，则其德日进矣。

盖学业本无止境，与不如己者处，虽相形而见优，与胜己者处，又相形而见绌。故惟以谦逊自居，能自知所短，徐图纠正之方。亦惟以谦逊待人，能见人所长，用为取则①之准。书云"谦受益"，此之谓也。

背于谦逊之道者，曰骄傲，曰嫉妒。骄傲者好炫己所长，嫉妒者好攻人所短。其足以辱身取侮，则一而已矣。《金楼子》曰："自伐者掩人，自矜者凌人。掩人者人亦掩之，凌人者人亦凌之。"此之谓也。

目的

本课言谦逊之益，与不谦逊之害，使学生务求谦逊。

教授事项

（甲）时间分配　本课分二时。

第一时　"人各有所长"至"书云'谦受益'此之谓也"。

第二时　"背于谦逊之道者"至"人亦凌之此之谓也"。

（乙）内容提示

一、性有所不近，不能强就；材有所不及，不能尽同。苟有自知之明，则同进于德矣。

二、人绌而我优，必其人之不如我也；人优而我绌，是即我之不如人也。我有所短，必求纠正，然不以谦逊自居，方且自以为长，安能见我所短？人见我之不谦逊，势必自讳其长，不复为

---

① 取则：取作准则、规范或榜样。

我所见。我既不见其长，虽欲求长，何所取则？此人之所以贵乎谦逊也。

三、炫我之长，人必忌我；攻人之短，人必怨我。忌与怨相寻，辱我侮我者，必接踵而起，故其辱身取侮则一也。

参考

【相形】两相比较之谓。
【徐图】谓舒徐以谋之。
【纠正】即改良之谓。
【谦受益】见《书经》。
【《金楼子》】书名，梁元帝所撰。
【掩】谓以己之长，没人之长也。
【凌】谓因己之长，欺人之短也。

第十六课　戒赌博

本文

赌博之事，无益有害。嗜之者辄藉口于陶适性情。而末流之弊，则恃以规取财贿焉。

然赌博求利，终未有能得利者。胜者十之一，负者十之九。非真有负而无胜也，朋聚荒嬉，所费既多。且胜者以博进之资，随意挥散，不复有余，而负者则诚负矣。

韦曜曰："今世之人，多好博弈。穷日尽明，继以脂烛。当其临局交争，胜负未决。专精锐意，心劳体倦。人事旷而不修，宾旅阙而不接。甚或赌及衣服，辱身易行。廉耻之意驰，而忿戾之气张。妨日废业，终无补益也。"

格言　胜则伤仁，负则伤俭。

目的

本课言赌博之害，使学生各知警戒。

教授事项

（甲）时间分配　本课分二时。

第一时　教授。

第二时　复习。

（乙）内容提示

一、世有因赌博而致害者，未闻有赌博而获益者。况赌博必有胜负，以金钱为胜负，最易启人之贪欲。而负者虚掷其财，胜者又浪用其财，则虽胜犹负也。

二、人当赌博之时，利欲熏心，不暇他顾，较之治理正业，尤为专一。人事旷而不修，宾旅阙而不接，常事也。

三、赌博之人，往往因富贵而坠落于贫贱。既至贫贱，则品行日益卑污，心性日益凶暴，其害不可胜言也。

四、本课格言，谓赌博者以财物为主。胜者取人之财，不顾人之生计，是不仁也；负者以财与人，不知财之艰难，是不俭也。

参考

【陶适性情】谓娱悦性情也。

【末流之弊】谓愈趋愈下之弊。

【韦曜】字宏嗣，三国时云阳人。

【穷日尽明】谓自朝至暮也。

【阙】置之不问也。

【赌及衣服】谓财帛既罄，以衣服为质也。

105

第十七课　廉介①

本文

英大将威灵吞②者，功业震于欧洲，督军驻印度。有印度某国首相某氏求见，携十万金为赠，盖欲探国中一密约事也。威灵吞熟视首相之颜，不待其启吻曰："我思足下决不愿泄贵国之机密。"某氏方犹豫间，而威灵吞即起立曰："然然，我言固不谬也。"遂握手送别。某氏卒未能通其意也。

格言　不贪为宝。

目的

本课引威灵吞事，言非义之财，虽为数甚多，不可苟取，以养成学生廉介之操。

教授事项

（甲）时间分配　本课一时。

上半时教授，下半时复习。

（乙）内容提示

一、国家交涉之际，有不可不知之事，而又不能正式诘问者，往往遭秘密侦探以金钱运动之。威灵吞早知某相之意，以为待其明言之后，始行坚拒，虽居心坦白，反生枝节，故不待其启吻而先设言以绝之也。

二、不言己之不愿受金，泄露己国之机密，而曰"足下决不愿泄贵国之机密"，阳为尊重某相，阴以廉介自持，而绝其运动。字字从对面着想，却字字紧注本面，其义正，其情笃，其词婉，其意深，非敏决者不能如是。

① 廉介：清廉耿介。
② 现作威灵顿。

三、人当理屈词穷，势必艰于应对，若待之者稍形宽假[1]，筹思既久，往往随机应变，更一说以达其目的，使人终受其愚。故威灵吞亟起立曰："然然，我言固不谬也。"

四、既以说辞塞其口，使之无可复言，然不握手送别，犹恐其变计求之也，故遂握手送别。威灵吞手段敏活，于此可见。

五、本课格言之意，谓廉介之价值，重于金钱。

参考

【威灵吞】英国陆军家也，生于一千七百六十九年，卒于一千八百五十二年。

【震】动也，谓震动人民之耳目，莫不钦服之也。

【督军】督率军队也。

【驻】屯兵也。

【密约事】谓秘密之约，不可使他人共知之事。

【熟视】细视也。

【启吻】启口发言也。

【犹豫】摇惑不能自决也。犹豫本兽名，善疑而不能决，假借之，以言人之不决也。

【不谬】不差也。

【遽】急不能待也。

第十八课　知足

本文

吕新吾曰："吾家十余人，薄有田产。妻子有衣帛食肉者。客至有可以供宴乐之需者。冻者馁者号其前，有可以遂吾不忍之

---

[1] 宽假：宽容，宽纵。

107

心者。隶卒①无叫号其门者。是皆吾所视以为乐也。若富，若贵，若纷华丰侈之夺心眩目，吾甚厌之。夫方丈之席，止于一饱。越之罗，蜀之锦，止于轻暖。吾有可以饱暖者足矣。嘉靖庚子，饥，草无遗叶，木无完肤，民之不食者，粪与土耳。奔走四方，号呼求食，有父子夫妇委弃而不相顾者。生人血气、心知、耳、目、口、鼻、四肢之欲同也，而我独免焉。然则余固人生之可羡者也，余又何求哉！"（《去伪斋文集》）

格言　知足不辱。

目的

本课藉吕新吾之言，引起学生之知足心，以杜其纷华丰侈之习。

教授事项

（甲）时间分配　本课分二时。

第一时　"吕新吾曰"至"吾有可以饱暖者足矣"。

第二时　"嘉靖庚子"至"余又何求哉"。

（乙）内容提示

一、田产之所出，既足以赡身家，又足以济贫困。而国家应征之租税，亦能如数输将②，不致隶卒之缠扰。对内对外，处之泰然，真人生之幸福也。

二、人欲于至乐之外，复有所求，既不能存心养性，遂不免纵欲丧身。惟知足者，于饱暖之外，无他妄想，故能免予祸也。

三、饥民亦均是人也，血气、心知、耳目、口鼻、四肢之欲，与我无异。我能免于奔走，我能免于号呼，我能免于委弃，虽薄有田产，不足以为富贵，较之饥民，实不可以道里计。仁人之心，固如是也。

四、本课格言，谓人生贪欲无厌，必与人争，争则必至取

① 隶卒：衙门里的差役或衙役。
② 输将：缴纳税赋。

辱，惟知足者可免焉。

参考

【吕新吾】名坤，明朝河南宁陵人，著有《去伪斋文集》。
【薄有】谓稍有也。
【号】平声，呼也。
【方丈】谓席有一丈之宽，言食物之多也。
【越】浙江省之古称。
【罗】丝织物之疏而轻软者。
【蜀】四川省之古称。
【锦】丝织物之杂色者。
【嘉靖】明世宗年号。
【完肤】完全之树皮也。

第十九课　进取

本文

人之学问事业，终其身无止境也。故人生斯世，必当悬一最高之理想，以为之鹄，萃毕生之心力，以趋赴之。得寸进寸，得尺进尺，不达于圆满完全之域，则一日不自己。此进取之谓也。

昔有甲乙二生，幼同校肄业。见者皆誉其聪颖。及长，甲生勤勉成学，乙生恃才而惰，安于小成，遂湮没无闻。又有丙丁二生，俱以质鲁称。而丙生勤勉倍人，卒亦成学；丁生畏难苟安，甘于暴弃，遂潦倒以终。乙生之病在自满，丁生之病在自馁。自满与自馁者，皆不足语进取也。夫不进取之害，岂惟治学为然？其他事业，盖莫不视此矣。

舟之行也，不进则退，未有能停顿于中流者。人苟不谋进取，将并其已有者而失之，可不惧乎？

目的

本课以甲乙丙丁四生，言进取之益，与不进取之害，使学生力求精进，达于最高之程度。

教授事项

（甲）时间分配　本课分三时。

第一时　"人之学问事业"至"此进取之谓也"。

第二时　"昔有甲乙二生"至"盖莫不视此矣"。

第三时　"舟之行也"至"可不惧乎"，兼复习全课。

（乙）内容提示

一、语曰"取法乎上，仅得乎中；取法乎中，仅得乎下"，故曰"人生斯世，必当悬一最高之理想"。然而徒有理想，不能实用其学力，则遁于虚浮，仍无所得。故宜萃毕生之心力以趋赴之。

二、积少以成多，由浅以及深。学程各有其次序，虽心精力果，不能一蹴而几。故循序以求进，当勇往直前，不可固步自封，半途中止也。

三、聪颖者贵乎进取，质鲁者未始不足以进取。聪颖而不求进取，则聪颖无异于质鲁；质鲁而有志进取，则质鲁可几于聪颖。观于甲丙之所以成，乙丁之所以败，学者当知所务矣。

四、乙生以聪颖为可恃，丁生以质鲁为难成，各懈其进取之力，故曰"乙生之病在自满，丁生之病在自馁"。

五、所治之事不同，进退之机则一，故其他事业，盖莫不视此矣。

参考

【鹄】目的也。

【萃】聚也。

【毕生】一生也。

【倍人】勤勉之力，较人加倍也。
【潦倒】俗谓不得意。
【自满】自以为满足也。
【自馁】自以为愚，气馁而不敢进取。

第二十课　坚忍

本文

昔英国铁工拙劣，制钉用人工，贫民藉此为生。时瑞典已发明新法，用机器析铁。功力既简，以贱价售于英国。于是制钉者次第失业。力查福礼，亦工人也。闻此事，忽出亡[①]，家人不知其所往。力氏携乐器，伪为丐者，跋涉抵瑞典，混迹制铁场。诸工人以其巧于音乐，且天性活泼，乐与之游。力氏因积观察之功，研究其所以析铁之法，自以为尽知其秘矣。舍而归国，以所得者，语其邑人。邑人信之，相与出资，立公司，建工场，造机器。既欲运用之，而机器屹然不动。众人大失望，力氏忽又亡去。盖虽遭失败，心志不稍衰，必欲研究析铁之法，以冀成功也。

力氏复往瑞典，造前游之工厂。工人以旧相识也，益欢迎之。且以力为乐人，使寓居析铁场中。力亦阳为愚瞀[②]，工人益无所疑。乃得悉心考察，悟其失败之由。又图其机器，审其运用。迟之又久，走还英国。试无不效。由是益勤勉兴工，不独富于其家，一乡皆赖以殷实焉。

目的

本课言力查福礼之研究工业，一再出亡，毫无厌倦，卒能成

① 出亡：出走。
② 瞀：mào。混乱，眩惑。

功而致富，使学生有坚忍之志。

教授事项

时间分配　本课分三时。

第一时　"昔英国铁工拙劣"至"以冀成功也"。

第二时　"力氏复往瑞典"至"一乡皆赖以殷实焉"。

第三时　复习全课。

（乙）内容提示

一、吾人购备器物，但求适用，莫不舍贵而就贱。至贱者畅行，贵者销路自穷。为工人者，若不随时变通，研究新法，则必至于失败。此力查福礼之所以两次出亡，不惮艰苦也。

二、学业之未精，往往差以毫厘，谬以千里。力氏见机器不动，仍自出亡研究，卒至成功，可为稍得即止者戒矣。

三、世界事业，不患其功之不成，而患其志之不坚。力查福礼之所以为，其志可谓坚矣，故能试无不效也。

四、一国所用之钉，非力氏一人之力所能给也。力氏仿造新法，一乡之人，皆学习而改良之。向之失业者，无不恢复其旧业。故"不独富于其家，一乡皆赖以殷实焉"。

参考

【瑞典】欧洲国名，与挪威合占斯堪的纳维亚半岛全部[①]。

【力查福礼】英国人。

【舍】弃之而去也。

【语】告也。

【屹然】坚立不动之貌。

【造】往也。

【阳为】阳指表面言。阳为，即伪为之意。

【审】即考察之意。

---

① 斯堪的纳维亚半岛有挪威、瑞典两国以及芬兰北端的一小部分。

第二十一课　壮勇

本文

　　纳尔逊，英之健将也。英法失和，交战于地中海。纳尔逊亲督士卒，冒炮火，立夺其二砦。被炮伤一目，遂眇。久之，英与西班牙海战，攻加的斯。纳尔逊欲直陷之。敌军守备严，纳尔逊挥剑喊而前。忽一弹洞其手，仆地。仍以左手仗剑强起，屡起屡仆，不肯罢。既战，归舰。左右欲扶以上，纳尔逊不可。以只手自援舷索，且行且顾曰："吾今尚有两脚一臂，无须扶也。"比反国，医三月乃愈。

　　既而纳尔逊攻丹麦。丹人殊死战。纳尔逊倚樯督战方酣，樯中弹折，遂蹶于樯前。顾左右曰："吾命止于此乎？"又曰："即死，应与君等同一死所。"又宣言于众曰："余一目眇，一目伤，两目皆无睹。所存者只手而已。"乃以手撑眼镜，作督战状。士感动，为致死。遂转败为胜。纳尔逊被擢为水师提督。

　　法兰西与西班牙联盟，渡海袭英。纳尔逊与战于特拉法耳加[①]。御大将戎服，佩四勋章，出而临敌。曰："所赐章服，为功名而来。今性命亦为功名而去，死重于泰山矣。"敌舰既多，炮火渐迫，忽有自后樯射其左肩者，血涌如潮。纳尔逊顾曰："虏来夺吾命，吾肩骨碎矣。"军士翼[②]以下梯。已而舰长来，纳尔逊问战状。对曰："敌舰为我俘者，已十四五，而英舰无恙。"始无言。少顷，创益剧，自言曰："吾职尽矣，死无憾矣。"遂瞑。

目的

本课言纳尔逊之血战死国，引起学生之爱国心。

---

① 现作特拉法尔加。
② 翼：帮助。

113

教授事项

（甲）时间分配　本课分三时。

第一时　"纳尔逊英之健将也"至"纳尔逊被擢为水师提督"。

第二时　"法兰西与西班牙联盟"至"遂瞑"。

第三时　复习全课。

（乙）内容提示

一、兵士知敌军守备之严，非统兵者有以作其气，难免畏缩不前。纳尔逊挥剑而喊，即此故也。

二、屡起屡仆，可以罢矣。然而一人之进退，关系全军之胜败；全军之胜败，关系一国之存亡。纳尔逊之不肯罢，由其有轻身重国之心也。

三、军人以死国为职任，有一息之生机，即当以个人自由，为国家尽一息之职任。纳尔逊屡濒于危，不肯稍懈，可谓尽职矣。

四、章服功名，身外之物也。血战而死，为国家也。得章服功名而欲保全其性命，是前此之督战，为功名也，为章服也，非为国家也，国家亦焉用此大将为？纳尔逊曰："所赐章服，为功名而来，今性命亦为功名而去。"非真为功名也，为国家也。如其为功名，则必保全其性命，安享提督之功名矣？学者不可以不辨。

五、同一死也，欲国家之强大，力战而死，则死之价值重；见国家之失败，灰心而死，则死之价值轻。纳尔逊之死，力战而死，非灰心而死也。故曰"死重于泰山矣"。

六、眣其目而不畏，洞其手而不止，蹶于樯前而不退，碎其肩骨而不辞，无非为职任之未尽也。至敌舰受俘者已十之四五，则职任尽矣，故曰"吾职尽矣，死无憾矣"。

参考

【地中海】在亚洲之西，直接大西洋达欧美二洲。

【纳尔逊】欧特曼之子，生于一千七百五十八年，卒于一千八百五年。

【砦】同寨，藩落也，山居木栅为砦。

【西班牙】与葡萄牙同在伊伯利安半岛之上，亦名斯巴尼亚。

【加的斯】为大西洋商港，炮台坚固，贸易繁盛。

【直陷】谓直冲而前也。

【丹麦】国名，或作丁抹，为北欧洲低国之一，著名之农业国也。

【袭】乘其不备而击之也。

【特拉法耳加】英国之属地也。

新修身教授法

【第四册】

第一课　孝道

本文

父母之于子，鞠育①之，训诲之，其恩甚大。故为子女者，不可以不孝。

孝道始于奉养。然徒养口体，而无以安其心，亦不孝也。故父母之命，苟无大害于事，宜顺从之。若夫操行奸伪，违法蔑礼，致贻父母之羞，则不孝之尤者也。

不幸而父母疾病，则侍奉之事，不可以不谨。不幸而父母死亡，则殡殓之事，不可以不慎。孔子曰："生，事之以礼；死，葬之以礼，祭之以礼。可谓孝矣。"

目的

本课言父母之恩，与子女之职，使学生咸知孝道。

教授事项

（甲）时间分配　本课分二时。

第一时　教授。

① 鞠育：抚养，养育。

第二时　复习。

（乙）内容提示

一、我何以能长成？父母鞠育之恩也。我何以有知识？父母训诲之恩也。父母待子女如此，为子女者岂忍忘其恩乎？

二、口体之奉养，凡稍有知识者，类能为之。然而父母之心不安，虽食肉而不甘，虽衣帛而不暖，此老年至苦之境也。而谓徒养口体者，即可以为孝乎？

三、父母年老力衰，事事必求其当意。虽命令之中不无差误，为子女者当熟思审察，或按之事理，小有出入，苟能委曲求全，以顺父母，即不可拘泥小节，致失顺从之道也。

四、父母所最欢慰而引为荣幸者，子女有优美之名誉。子女操行奸伪，违法蔑礼，致名誉大损，则父母之不乐，实有不堪言状者。不孝之罪，莫甚于此。

五、子女有疾病，父母必以为忧。父母有疾病，为子女者岂可漠然置之乎？故侍奉不可以不谨。

六、父母既死，为子女者虽欲侍奉而不能矣。殡殓之事，亦所以尽子女之心也，乌得而不慎？

七、事之葬之祭之，以礼为衡，乃足以尽子女之职。不知孝道者，读孔子之言，可以恍然自悟矣。

参考

【操行奸伪】谓不讲道德。

【违法蔑礼】谓不守法律。

【殡殓】殡谓葬棺，殓谓入棺。

【孔子】名丘，字仲尼，周代鲁国人，我国之圣人也。

【"生事之以礼"三句】见《论语·为政篇》第五章。

第二课　爱兄

本文

　　黄廷玺，有兄曰伯震，商于外。十年不归。廷玺日夜思之。一日作而曰："吾兄不过在域内。吾兄可至，吾何独不可至乎？"蹑屩出门。

　　于是裂纸数千。缮写其兄里系年貌。所过之处，辄榜之官观、街市间。冀兄或见之。即兄不见，而知兄者或见之也。经行万里，獠①洞蛮陬②，踪迹殆遍。卒无所遇。

　　久之，至道州。一日，如厕，置伞路旁。伯震过之，见伞而心动，曰："此吾乡之伞也。"循其柄而视之。有字一行云："姚江黄廷玺记。"伯震方骇异未决。廷玺出而相视，若梦寐，恸哭失声。道路观者，亦叹息泣下。时伯震已有田园妻子于道州，廷玺卒挽之而归。

　　格言　友于兄弟。

目的

　　本课言黄廷玺之万里寻兄，使学生知友爱兄弟。

教授事项

　　（甲）时间分配　本课分二时。

　　第一时　教授。

　　第二时　复习。

　　（乙）内容提示

　　一、人生所最亲近者，父母之外，莫如兄弟，故谓兄弟如手足。十年不归，日夜思之，其别久，其情切。兄弟之间，自应尔尔。不知兄弟之道者，当学黄廷玺。

---

① 獠：lǎo，中国古族名，亦泛指南方各少数民族。
② 陬：zōu，聚居。

二、曰吾兄不过在域内，曰吾何独不可至，不厌远，不惮劳，爱兄之心何等恳挚。世有兄弟离居，日渐疏忽，甚至不通音问者，对于黄廷玺，能无愧乎？

三、獠洞蛮陬，危险之地也。黄廷玺只知寻兄，不知危险，其于兄弟之间具有真实之情谊，非敷衍世故者所能比拟。

四、吾人欲有所求，果能出于至诚，毫无虚饰，其初虽无所遇，久而久之，终当如愿以偿。且一诚相积，往往有期之意中，而得之意外者。观黄廷玺之遇兄，可以知矣。

五、有田园，有妻子，虽作客他乡，原不至于穷困。然而兄弟之情，无时或已，故廷玺卒挽之而归。

六、本课格言，谓兄弟之间，务当友爱，不可分离而疏忽。

参考

【黄廷玺】名玺，廷玺其字也，明景泰时浙江余姚县人。

【蹑屩】屩，音撅，草履也。蹑屩，言着草履也。

【里系】里，乡里。系，世系也。

【獠洞】獠人所居之山洞也。

【蛮陬】蛮夷所居之地。

【道州】属湖南省。

【如厕】如，往也。厕，厕所也。

【姚江】江名，在浙江余姚县南。

第三课　祖先

本文

木必有本，水必有源。人之有祖先，亦犹是也。苟无祖先，则我身何自来乎？故我虽未获见祖先之面，而木本水源，不可忘也。

开疆辟土者谁耶？吾祖先也。兴家立业者谁耶？吾祖先也。吾祖先创造艰难，而子孙安享之。故必继绳祖武，慎守先型，庶不坠此遗绪①耳。

彼夫品行卑污、声名狼藉者，或以凶恶而罹罪辟，或因怠惰而致困穷。不独一身之辱，抑亦祖父之羞。问心何以自安乎？故欲勿负其祖先，惟在能勉为高尚之人，修身善行，务使家声克振而已。

格言　修身慎行，恐辱先也。

目的

本课言祖先为吾人之本原，使学生知立身行事，当勿负祖先。

教授事项

（甲）时间分配　本科分二时。

第一时　"木必有本"至"庶不坠此遗绪耳"。

第二时　"彼夫品行卑污"至"务使家声克振而已"

（乙）内容提示

一、人莫不欲有子有孙，所希望于子孙者，无非欲子孙之不忘我也，而谓我能忘祖先乎？

二、我不能生而有疆土也，亦不能生而有家业也。虽曰人贵自立，不可倚赖祖先，然当未能成立之时，凡我所居之疆土，所享之家业，莫非祖先之所赐也。我若不守先型，坠其遗绪，于心何忍？

三、凡祖先之嘉言懿行，足以为我取法者，我必继续遵行。其所遗之书籍产业，我必加意保存，不敢废弃。是为慎守先型，而不坠其遗绪。

四、不犯法律，必有当然之自由。不废职业，必有应享之

---

① 遗绪：前人留下来的功业。

权利。我若放弃自由，丧失权利，罹罪辟，致困穷，则虽忝为人类，人必从而议之曰："此某某之子也，此某某之孙也。"子孙当此，安乎不安？

五、家声何以振？振于人也。人能修身以治家，下可以教子弟，上可以慰祖先。勿谓子孙之事，无与于祖先也。

六、本课格言，谓子孙不贤，祖先亦必受辱。人欲光荣祖先，非修身慎行不可。

参考

【创造艰难】谓成立事业之不易。

【继绳】即继续进行之谓。

【祖武】武，足迹也。祖武，谓祖先之事迹。

【辟】刑法也。

第四课　睦族邻

本文

胡达源曰："合族之人，虽在疏远，饮食赡之，教诲成之，祖宗之心也。同里之人，即属卑贱，礼意接之，恩惠周之，父老之愿也。此心此愿，吾辈岂可一日忘之？

望衡对宇，聚族而居，择邻而处。或为伯叔兄弟之亲，或系朋友婚姻之好。情亲义笃，相关至切。乃或以园蔬牲畜，或以童仆语言，因小忿而致大嫌，纷竞不已，遂成争讼。皆由不知反己，专在责人。倘以责人者责己，则冰消雪释，了无一事矣。"（《弟子箴言》）

目的

本课言宗族乡邻之关系，使学生务求和睦。

教授事项

（甲）时间分配　本课分二时。

第一时　教授。

第二时　复习。

（乙）内容提示

一、人类之生，皆由单独以至于繁衍，积人而成家，合家而成族。推究其本，无不同源。一人不能成立，即祖宗少一良子孙矣，岂可以其疏远而忽之乎？

二、人道首在合群。家族而外，邻里最近。我能如父老之愿，即能得合群之益，不得以卑贱弃之也。

三、不忍一时忿，遂成终身之嫌。种种情义，因之消灭。其间是非曲直，在人在我，姑不具论。即因小忿而起纷争，已属不宜，况争讼乎？争讼不已，即使获胜，终成仇雠①。与仇雠相处，能保其安宁无事乎？

四、责人之心，胜于责己之心，人之常情。苟能反而自思焉，又何至于纷竞？又何至于争讼？此吾人克己之学也，学者当实行之。

参考

【胡达源】字云阁，清道光时湖南益阳人。

【望衡】衡，古通横，横木为门曰衡。望衡，谓门第相望，言其近也。

【纷竞】相争也。

【冰消雪释】以喻意见之消释，其机甚速。

---

① 雠："仇"的异形体，与"仇"同意。仇雠：仇敌。

第五课　守信

本文

　　甲生素懒散,与人约,殆无不负者。

　　某日,借一书于乙生,告之曰:"三日必还汝。"乙生以为信。又有来借者,乙生因许之,曰:"三日后必借汝。"然甲生所借,历久不还,使乙生失信于同学。如是者屡矣。于是相戒无以书借甲生。

　　某日值休假,诸生相约为运动会。及期他生皆至,独甲生否。待至一时许,甲生始徐徐来。演习毕而归。途遇大雨,冠履尽濡。群以为不待甲生,则归途不至遇雨。于是相戒凡集会不必约甲生。

　　甲生以要事约丙生,于某日某时至其家。及期,丙生往。则甲生他出未归。姑待之,历一时,甲生未至,则丙生已有他约行矣。于是甲生以事约他生,他生无敢应者。

　　甲生自是孤立,无朋友之乐,大惧。乃自以其罪状,宣告于同学,痛自悔改。诸生历试之,果践约,无稍差池。复为朋友如初。

　　格言　人而无信,不知其可也。

目的

本课言甲生失信之害,与其悔改之效,使学生务知守信。

教授事项

　　(甲)时间分配　本课分三时。

　　第一时　"甲生素懒散"至"凡集会不必约甲生"。

　　第二时　"甲生以要事约丙生"至"复为朋友如初"。

　　第三时　复习全课。

　　(乙)内容提示

　　一、守信由于勤谨。人不勤谨,必不能守信,而为人所不

125

齿。如甲生之懒散是也，学者当切戒之。

二、吾人需用之物，既能借出，往往相继允许，以前人归还之期，即为后人借出之期。故向人借贷之时，约期归还，须有确实之预计。三日不能还，约以五日可也。或有意外之阻碍，不得不稍事稽①延。失信之由，竟出于预约之后。届期请缓，已属勉强，若不请缓，又不照还，是明明其害人也。人以物借我，而我反害之，返躬自问，安乎不安？

三、不肯借书于甲生，其迹似吝。然甲既失信于乙生，并使乙生失信于同学，至此而曰不借，不得谓之吝矣。使任其失信而仍借之，其害将何所底止乎？

四、预约集会，必有一定之时期。会内之人，或有必不得已之事故，不能赴会，非先期申明，必临时请假，乃免使人久候，贻累公众。甲生既逾开会之时，犹徐徐而行，失信甚矣。

五、雨固适逢其会，即不遇雨，甲生之逾时赴会，亦非守信之人也。相戒不约甲生，不亦宜乎？

六、吾人一日之交际，常不止一人之约，断不能因一人而误他人。此丙生之所以行也。即使只有一人之约，赴约之后，当治个人之事，不能以一日之长，尽为甲生所误。此他生之所以无敢应也。

七、本课格言，谓人与人交际，非信用不可。

参考

【运动会】结合全校学生，演习种种运动之技能，并许校外人参观，是为运动会。

【徐徐】延缓之谓。

【差池】谓不齐也。

---

① 稽：拖延。

第六课　报德

本文

　　贫困相周，患难相恤。此群道所由立也。人不能离群独居，故周恤之事，宜随人随事，以尽我力所能至。若受人先施之惠，则图报尤不可缓焉。

　　所谓先施之惠者，不必为贫富荣辱所关也。一操作之扶助，一缓急之通融。施者虽无望报之心，受者应有酬答之谊。盖平日亲朋交际，礼物往来，犹宜投报。况有德于我者乎？

　　世间险薄之人，趋利委过，先己后人。当其望助于人也，则把臂订交，如恐不及。及事过境迁，有反颜若不相识者。斯真群道之蟊贼哉。

目的

本课言报德为人道之要，使学生知受人德惠，即当图报。

教授事项

　　（甲）时间分配　本课分二时。

　　第一时　"贫困相周"至"况有德于我者乎"。

　　第二时　"世间险薄之人"至"斯真群道之蟊贼哉"。

　　（乙）内容提示

　　一、贫困患难之事，人所常有。若力所能至，不思周恤之，是不知群道也。不知群道，将无以自存于世界。

　　二、先施之惠者，不待我之要求而人即施之也。我得其惠，即能免于贫困，免于患难。受之而不报，于心何安？

　　三、作事之际，得人扶助而成功；窘急之时，得人通融而济事。此人之大惠也，岂可忘之乎？

　　四、有施必望报，固为施者之非；受其施而不知报，则受者之负心也。学者当三复之。

五、世界之大，不患无周恤之人，而患有险薄之人。险薄之人日多，周恤之人遂觑破其险薄之行为，渐灰周恤之心，而人道即大受影响。谓为群道之蟊贼，不亦宜乎。

参考

【群道】谓合群之人道。

【趋利委过】谓有利则争之，有过则不任也。

【把臂订交】状其亲昵也。

【反颜】俗称反面。

【蟊贼】蟊，音毛。害苗之虫，以喻恶人之害道也。

第七课　正直

本文

英人哥兰的[①]者，初甚贫，以佣工起家，后为巨富。宅心仁厚，惠爱及人。商人某氏，以书毁哥氏。哥氏闻之，曰："无故毁人者，终必自毁。"已而其人遭意外之变，家产荡然。

某氏欲更营商业，而当时社会习惯，非得有哥氏自署名之证书，则不能经营商业。某氏以昔加毁谤，今往求告，恐必不许。后为其家族所逼，不得已而往，且谢罪焉。哥氏曰："吾家固有定则，凡正直之商人，求我署名于证书者，我必诺之，我固以正直之商人待君也。"遂署名于证书。其人感愧交集，泣零于颐。自是一以正直遇人，而其业亦渐振矣。（《西国立志编》）

格言　以直报怨。

① 现作格兰特。

目的

本课言哥兰的之正直待人，使学生毋以嫌怨而害直道。

教授事项

（甲）时间分配　本课分二时。

第一时　教授。

第二时　复习。

（乙）内容提示

一、吾人为工为商，果其克勤克俭，皆可由贫以致富。然或存心浇薄，待人苛刻，不知正直之道，往往不能永保其家业。是当取法哥兰的。

二、商人无故毁人，无非怀妒忌之心，欲以损人而利己也。损人利己者，无道德，无信用，必大遭失败。而哥兰的竟不与较，其度量之宽宏，殊可钦敬。

三、商人信用既著，凡关于商业之事务，得其许可，即深信而不疑。非得哥氏证书，不能经营商业，哥兰的之信用可知。

四、吾人具有天良。天良者，即本然之善心也。某氏恐哥氏不许，所谓天良发现也。

五、无故被毁，不与争论，已极宽容。不为署名，原不为过。哥兰的若曰："我固以正直自处，不敢不以正直待人也。况彼之毁我，无害于我，而又经谢罪，我又何必介意。若不为署名，是绝其生计而伤我之正直也。"呜呼，此哥兰的之所以传也。

六、我能以直道待人，彼不正直者，必能感愧而勉为正直。修私德，即以张公德。哥兰的之所为，人道之至大者也。

七、本课格言，谓对待有怨之人，不可以私怨而废公道。公道，即直道也。故曰"以直报怨"。

129

参考

【哥兰的】欧洲人。

【诺】应允也。

【颐】面颊也。

第八课　商业道德

本文

披博堆①者，美国麻沙朱色得士州②人也。以家贫故，未受完全教育。然天资卓绝，事亲以孝闻。年十一，为杂货肆佣，非其所愿也，而忠实特著。衣食所余，悉以奉父母。如是者五年。乃应某巨肆之招。刻苦精励，声誉益著。有列各者，豪于资，业丝绸，招披氏为之助。披以年幼辞。列各曰："余之重君，忍耐一也。干才二也。忠实三也。具此三长，奚③年幼之足虑？"披博堆感激知己，益竭心力以任事，不及十年，其业大张，披亦致巨富矣。

一千八百五十一年，伦敦开博览会。时人多未知斯会之要，故与于会者殊鲜。披氏独以为欲绍介商品于世界，腾著声誉于全球，法莫便于此者。乃蠲④其私财，征集出品，输之伦敦。美之商业，得渐占世界商场一席者，披博堆与有力焉。（《青年立身传》）

目的

本课述披博堆事，使学生知经营商业，务宜注重道德。

---

① 现作皮博迪、皮波蒂或皮巴蒂。
② 现作马萨诸塞州。
③ 奚：文言疑问代词，何。
④ 蠲：juān，出资。

教授事项

（甲）时间分配　本课分二时。

第一时　"披博堆者"至"披亦致巨富矣"。

第二时　"一千八百五十一年"至"披博堆与有力焉"。

（乙）内容提示

一、未受完全教育，卒能成名。披博堆之勤于自修，概可想见。

二、商人名誉未彰，不得不暂时小就。勿谓非吾所愿，遂不以忠实自勉，而自误其前途也。

三、吾人致身商界，不患人之不赏识，特患己之无名誉。巨肆招之，列各重之，观于披博堆，可以知其道矣。

四、列各既招之，披以年幼辞，其谦逊之心，尤足令人钦佩。较之自夸其能，而终以骄傲失业者，乌可以道里计耶？

五、不惮劳苦为忍耐，不误职务为干才，不敢欺诈为忠实，此披博堆之道德也。学者当切记之。

六、普通之商人，一经商家之器重，往往因而自大，渐形怠惰，不复致意于职务。披博堆不然，此其所以致巨富也。

七、商业之进步，首重交通。博览会者，陈列商品以供众览，可以推广销路，可以扩张利权，洵交通之机关也。披氏征集出品，输之伦敦，有智识，有毅力，美之商业焉得而不盛？讲商学者不可以不知。

参考

【列各】美国人。

【绸】抽引粗茧之丝，纺而织之曰绸，如我国之棉绸、茧绸是也。

【一千八百五十一年】即民国纪元前六十一年。

【博览会】征集商品，任人观览，可以互相比较，研究改良，此商政之要者也。

第九课　博爱

本文

披博堆富于资，然啬于待己，而丰于待人。通计其所举公益费，达二千万圆。而以赈救黑奴一事，为利尤溥。

黑奴者，本非洲土著。美人之商于非者，载之归国，而售于田主若富豪。黑人经此转贩，乃失人身之自由。生杀予夺，流转聚散，惟主人之命是从。嗣美国北方诸州，倡议解放黑奴。南方诸州不服，群起抗之。于是有南北战争。及其终也，南人不支，故黑奴终得解放。

虽然，以久扼束于苛法暴政之黑奴，一旦遽与以自由，而无立锥之地，无锱铢之积，其困苦较前益甚。披博堆恻然悯之。乃独捐金六百万圆，为黑奴筹生计，兴教育，并慎选同志，经理其事。更进而诏之曰："余年益增，而爱护乡国之情益切。余以为一国盛衰所系，不独在物质文明。其人民之智识道德，尤贵日进而不已也。然占国人之最多数者，非最下级之社会欤？救济其困难，启发其智德，实吾曹对于乡国应负之责任。今以此重劳诸君，诸君其毋负余意。"美之黑奴，以披氏之力，得渐享自由之福，而披氏之名，亦不朽矣。

目的

本课言披博堆之赈救黑奴，以引起学生之博爱心。

教授事项

（甲）时间分配　本课分三时。

第一时　"披博堆富于资"至"故黑奴终得解放"。

第二时　"虽然"至"亦不朽矣"。

第三时　复习全课。

（乙）内容提示

一、富者丰于待己，啬于待人，不知博爱之道也。学者戒之。

二、其费达二千万圆，并非为个人之私益，其数可谓巨，其量可谓宏矣。

三、披氏与黑奴，既无亲切之谊，并非本国之人，在寻常视之，漠不相关也。即或悯之于心，又何必独捐巨金，为之筹生计而兴教育？披氏若曰："黑奴虽非洲人，均为人类。国家之人民，不能尊重人类，其国必不能强盛。况黑奴既经解放，无生计，无教育，不如不解放也。"此披氏之所以赈救也。

四、大凡慈善事业，不能慎选经理之人，往往虚糜巨款而不能实事求是。故慈善家既输巨金之后，尤当以经理得人为主，否则有用之金钱，将耗诸无用之地也。

五、社会之中，下级人民常占多数，无生计，无教育，困难愈甚。智德日漓，驯至盗贼蜂起，纷争残杀，社会无安宁之秩序，即国家无平治之时期。此非下级社会之过，实缘于上等社会无博爱之道德也。披博堆之所为，俱从道德上发生，岂常人所能及哉？

六、黑奴既经解放，自表面上言之，似乎自由矣。然而无生计、无教育、虽自由何益？披氏赈济之，所以谋永久之自由也。

参考

【黑奴】见本书第二册第十九课。

【扼束】即束缚之谓。

【锥】锐器也，用以钻孔，占地极小。无立锥之地，言绝无土地也。

【锱铢】锱，六铢也。铢，十累也。锱铢为数极小。无锱铢之积，言毫无积蓄也。

【恻然】心动也。

【悯】怜惜也。

第十课　济众

本文

邓徽五家于奉节之茅坪,性乐施。凡乡邻之匮乏者,恒贷焉而不取其息。

夔地大荒旱,斗米千钱。徽五出其家之所蓄散之。囷①廪既罄,则就近地籴而粜之。未几,近地之谷亦罄。则又越境采买。而他处禁米,不得出境,无可搬运。则又出钱数十万,计每家若干口,以若干钱准米若干斛,均分而遍给之。议既定,众谋为徽五署券。徽五约秋后傥②丰稔,则以谷偿钱。不取息,亦不责券。第以账簿记其名姓数目而已。及后有偿者,有不遽偿者,徽五皆听其自便。至于力不能偿,即取账簿乙除之,不追索也。(李惺《西沤集》)

目的

本课言邓徽五之竭力救荒,使学生知济众之道。

教授事项

(甲)时间分配　本课分二时。

第一时　教授。

第二时　复习。

(乙)内容提示

一、将本生息,理所当然。然乡邻因匮乏而告贷,责其偿本,犹恐无力,复取其息,则更苦矣。此邓徽五之所以不取息也。

二、因荒旱而米贵,天灾也,非人民之粒米狼戾有以致之也。当此之时,家有储蓄,不知施散,居心不仁,必遭抢掠。邓

---

① 囷:qūn,古代一种圆形谷仓。
② 傥:同"倘",表示假设,倘若,如果。

徽五之散米，可谓仁矣。

三、大荒大旱，决非少数之米所能救济，故相继告罄。散米不足，继之以钱。

四、斯人具有天良，我既以仁心待人，人亦必以仁心待我。众谋署券，当然之事也。

五、人民之生计，全恃粮米之丰收。非约以秋后，人民决无偿还之力。邓徽五之体恤人情，至矣尽矣。如其取息折券，是因荒旱而求利，非因荒旱而济众也。有仁心者安忍出此？

六、其人克勤克俭，不敢嬉游，不敢浪费，虽有所入，仍不能偿债，是为力不能偿，非有力而不偿也。

参考

【邓徽五】清代四川奉节县人。

【奉节】旧属四川夔州府。

【茅坪】地名。

【息】即利息。

【夔】即夔州府。

【大荒旱】在清光绪二十四年。

【囷廪】所以储米者。

【籴】买米也。

【粜】卖米也。

【准】核算也。

【署】书写也。

【券】俗称借票。

第十一课　行恕

本文

许衡曰："责己者，可以成人之善。责人者，适以长己之恶。

"称人之善，宜就迹上言。议人之失，宜就心上言。盖人之初心，本自无恶。特以利欲驱之，故失正理。其始甚微，其终至于不可救。仁人虽恶其去道之远，然亦未尝不悯其昏昧无知，至于此极也。故议必从始失之地言之。使其人闻之，足以自新而无怨，而吾亦不失为长厚。若夫善，则其迹既著，即从而美之，不必更求隐微。在人闻之，则乐于自勉，在我亦为有实验而非虚誉也。"（《语录》）

格言　惟恕可以成德。

目的

本课述许衡之言，使学生知行恕之道。

教授事项

（甲）时间分配　本课分二时。

第一时　教授。

第二时　复习。

（乙）内容提示

一、其心不可知，其迹犹可取，从而称之可也。其迹不可恕，其心犹可原，昧然议之不可也。

二、人性皆善，而于治人治己之间，往往忘其所以，此学人之大病也。盍①即许衡之说而三思之？

三、刻薄之人，往往身为怨府，以其待人之时，绝无仁心，

---

① 盍：hé，何不，文言表示反问或疑问。

见人有过，知恶之而不知悯之也。是非力崇长厚不可。

四、常人之情，莫不乐道其所长。我即因其所乐，据其已然之迹而赞许之。人虽居心虚伪，或可渐进于真诚，是亦劝人为善之法也。

五、不求其实而虚誉之，最易贬损人格。有迹可凭，与虚誉者不同也。

六、本课格言，谓人不能行恕，则责人者重，责己者轻，事事足以败德。故曰"惟恕可以成德"。

参考

【许衡】字仲平，元朝人。
【迹】谓所见之事实。
【心】谓不可知之意念。
【虚誉】谓未见其善而空美之。

第十二课　爱生物

本文

世间生物，人为最灵。然鸟兽之属，其智力不如人。而爱生命，惮苦痛，则与人同。故凡利物为怀者，宜尽其爱护之情焉。

夫人之智力，诚非其他生物所能与抗。然惟其不能抗也，宛转于刀俎之间，匍匐于鞭笞之下，其状乃益可悯。虽云利用生物，可供役使，可充食用。然以役使食用而过其分，或至于无端虐杀，岂仁者所为欤？

豢养禽畜，欲其滋长而繁息也。故必丰其刍豆，安其居处，时其作息。幼稚无知，有好侮弄生物，以为笑乐者，尤宜戒约。盖残忍之念，日积日深。初以施诸禽畜者，久且施诸人类，则其害不可胜言矣。

格言　君子之于禽兽也，见其生不忍见其死，闻其声不忍食其肉。

目的

本课使学生知一切生物，皆当爱护。

教授事项

（甲）时间分配　本课分二时。

第一时　"世间生物"至"岂仁者所为欤"。

第二时　"豢养禽畜"至"则其害不可胜言矣。"

（乙）内容提示

一、人欲戕我之生命，我不甘也；人欲加我以痛苦，我不受也。生物之有害于人者，固不在爱惜之列。否则虽微物之具有生机者，皆当本人心以爱护之，即所谓道德心也。

二、大欺小，强凌弱，无道德心也。物不足以与人抗，人即不加怜悯，非欺之凌之乎？

三、马非不可行也，其力已疲，复强之前进；牛非不可耕也，其气已衰，复强之运犁。杀一物而已可充饥，必杀多物；伤一命而已足应事，必伤多命。凡此之类，皆为以役使食用而过其分。

四、今试语人曰："人苦不饱乎？人苦不安乎？人苦不息乎？"则必曰："苦之。"禽畜之所苦，犹人之苦也。常人之于禽畜也，见其瘦弱，见其死亡，未尝无伤痛之心。曷[①]弗于豢养时加之意乎？

五、生物之可以供人玩赏者，幼稚每侮弄之。在幼稚无知，原不足怪。所怪者，父兄不知警戒，师长不知约束，养成其残忍之念耳。

① 曷：hé，怎么，为什么。

六、屠户之子，见宰牲而不惧；木工之子，见伐树而不恤。习惯使然也。残忍之念，日积日深，初以施诸禽畜，久且施诸人类，其害不可胜言，有断然者。

七、吾国旧时社会，往往谓杀生害命，必遭冥谴，爱惜物类，必获天佑。是又落于迷信，而非崇尚道德之本旨。学者不可不知。

八、本课格言，谓君子有不忍之心。不忍之心，即仁心也，即道德心也。故君子之于禽兽，见其生不忍见其死，闻其声不忍食其肉。

参考

【抗】敌也。

【俎】即砧板，置牲于其上而杀之。

【匍匐】无力行动，伏地而行也。

【鞭笞】鞭以绳为之，笞以竹为之。

【刍】草也。

第十三课　义勇

本文

日本海中，飓风恒不时发。一日飓起，见一来舟且覆。舟人号恸，历历可闻。岸人欲趋救，顾少篙师，懦忍不能前。

有滨吉者，渔家子，善舟行。请于其母，欲赴难。然滨吉父先时出海，久不还，相传已死，其母新孀，乃惜滨吉勿遣。

已而母望海见状，叹曰："覆舟之中，孰无夫妻及母子之爱？坐视弗救，于心安乎？然则宁我一家悲耳。"谓滨吉曰："汝行救舟人矣。"

有顷，来舟果覆，舟中得滨吉力，咸生。或驰告滨吉母，言滨吉功成，方与被难之人语。难人中有渔父，前六阅月[1]海上遇飓，几死，因贾舶得免。今适归，亦遇救，行与滨吉同来矣。语未终，渔父至，颜色憔悴。滨吉母出视，则其夫也。

格言　见义勇为。

目的
本课言滨吉之救人，以养成学生见义勇为之心。

教授事项
（甲）时间分配　本课分二时。
第一时　"日本海中"至"汝行救舟人矣"。
第二时　"有顷"至"则其夫也"。
（乙）内容提示
一、舟人号恸，欲脱危险而救生命也，闻之者谁不恻然心动乎？然而飓风振荡空中，所向糜定，非有绝大技力之篙师，不能施救。此岸人之所由濡忍不前也。

二、欲赴难，为救人也。不径赴难，有母在也。滨吉待人之义，事母之孝，概可知矣。

三、母伤其父，不许其子蹈险，是亦为人母者应有之情也，不可以忍心责之。

四、大凡好义之人，非目击他人之患难，虽缓于施救，其心犹可稍安，及亲见之，往往忘身破家以救人。滨吉之母，诚世之贤母也。

五、飓风之起，非滨吉致之也。来舟之覆，于滨吉无关也。滨吉若曰："见人之死而不救，是不义也。救人而不敢冒险，是不勇也。"呜呼滨吉，此之谓好义，此之谓有勇。

六、使滨吉不知救人，其母不欲救人，则其父真死矣。此中

---

[1] 阅：经历。六阅月，经历了六个月。

情节之奇，机遇之巧，学者当细玩之。

七、本课格言，谓事之合于义者，宜勇往为之，不可因循畏缩也。

参考

【飓风】凡海面季候风与贸易风交代之际，欲变易其方向，必鼓荡而成飓风。行舟遇之，极为危险。

【号恸】号平声，痛哭也。恸，哀过也。

【篙师】谓善于行舟泅水者。

【濡忍】即迟疑之谓。

【滨吉】日本人。

【赴难】谓不畏其难而救之。

【孀】无夫之妇曰孀。

【贾舶】商人之船也。

【渔父】父上声，谓捕鱼之老者。

第十四课　公益

本文

绍兴张贤臣，读书晓大意。年三十，游京师。逐什一者，二十余载。殖千金。慨然曰："可以归矣。"归而敦善行，贫无炊、寒无襦、死无椁、颠连无告者，力拯之。三十年无倦态。山阴县西北有湖，纵横十里许。风狂，舟辄覆。贤臣议筑石塘其间。使舟行塘内，则可避风，不复覆矣。阅七岁而塘成，所费数千金。皆贤臣捐资及筹募为之。由是塘可步，步可纤。往来者感其德，建祠祀焉。（《图书集成·学行典·名贤传》）

格言　一群之利益，即个人之利益。

目的

本课述张贤臣之筑塘避风，养成学生之公益心。

教授事项

（甲）时间分配　本课一时。上半时教授，下半时复习。

（乙）内容提示

一、不知公益之人，见人困难，往往不思拯救。即或偶有拯救，又往往易于厌倦。观张贤臣之所为，可以悟矣。

二、水面宽广，则其水为风所激，振荡之力愈大。行舟遇此，往往覆没。筑石塘其间，则虽遭大风，震荡之力已减，行舟不复覆矣。

三、湖中筑塘，本非易事，时阅七岁，费至数千。张贤臣以公益为心，故不觉其时久而费多也。

四、筑塘避风，不致危险，非止便一人之行舟，所以便众人之行舟也。为众人计，非为一人计，此之谓公益。

五、行舟之人每遇风波，其困苦不堪言状。可步可纤，所以减其困苦也。故往来者咸感其德，建祠祀焉。

六、本课格言，谓集个人而成群，一群有损失，个人必不能自保，故曰"一群之利益，即个人之利益"。

参考

【张贤臣】浙江绍兴人。

【逐什一者】谓从商家经营商业，藉博什分之一之利也。

【襦】衣之短者也。

【槥】音慧，棺之小者也。

【颠连】谓种种困难。

【拯】救济也。

【阅】经历也。

【纤】谓以绳曳舟而行。

第十五课　公德

本文

某富翁家拥巨资，居某乡。修桥砌路，好行其德，乡人咸称为善士。

翁年六十矣，其生日，乡人聚而祝之。佥①曰："翁好善，天将重报之。"翁曰："吾岂望报哉？且吾所为，亦何足为善。

"吾观吾国之街道，狭隘逼仄，高低不齐。便溺狼藉，尘垢飞扬，秽浊所蒸，酿成疾疫。吾尝抚膺叹息，谓古者觇国，视其道路。今世文明之国，亦就就于是。观其辟租界于我国者，市街之整洁，亦可见一斑矣。今我国官吏不之顾，人民亦无肯醵资以治之者，吾亦被其害者之一人也。吾不可以不尽吾力。吾力有限，而仅仅行之于吾乡。吾乡既免疾疫之害，而吾亦与其益矣。吾方歉于吾愿之不克尽偿，而遑敢望报乎？"

目的

本课言某翁之为善而不望报，以引起学生之公德心。

教授事项

（甲）时间分配　本课分二时。

第一时　教授。

第二时　复习。

（乙）内容提示

一、桥路损坏，行人必遭危险。修之砌之，是所望于富翁也。世有家拥巨资而不行公德者，对于某翁，能无愧乎？

二、天报之说，本属虚妄。然吾国旧时习惯，及下等社会，往往以天报为可凭。某翁修桥砌路，乡人实深感之，故以此语为

---

① 佥：qiān，众人，大家。

祝也。

三、为善而望报，是我之所为，为求报酬也，非为功德也。为善而不望报，且自视不足为善，乃为真实之道德。

四、市街之整洁，视夫地方自治之能力。吾国道路，不如租界，全由市政之不良。某翁行公德而自道路始，可谓知所务矣。

五、组织地方自治，在乎地方之人民。醵资修路，亦人民自治之一端也。方今国体更新，急于求治，凡为人民者，尚可不知自治乎？

六、"吾方歉于吾愿之不克尽偿，而遑敢望报乎？"其词逊，其意深，盖谓公德非普及世界，不足以言大。人民之公德，本当由个人以及社会，由社会以及国家，由国家以及世界。无力则已，力之所能，原不可囿于一隅也。

参考

【拥巨资】谓富有家财也。

【秽浊所蒸，酿成疾疫】空气不洁，微生物酝酿其间，疫疠即由此生矣。

【膺】胸也。

【觇】观察也。

【醵】聚也。

【歉】恨也，少也。

第十六课　合群

本文

　　夫人爪牙之利，不及虎豹；膂①力之强，不及熊罴②；奔走之疾，不及麋鹿；飞扬之高，不及燕雀。苟非群聚以御外患，则将无以自存矣。是故圣人教之以礼，使人知父子兄弟之亲。人知爱其父，则知爱其兄弟矣；爱其祖，则知爱其宗族矣。如枝叶之附于根干，手足之系于身首，不可离也。岂徒使其粲然条理，以为荣贵哉？乃实欲更相依庇，以捍外患也。

　　吐谷浑阿豺，有子二十人。尝命诸子各奉一箭，而使人取一箭折之。继使折十九箭，则不能折。阿豺曰："汝曹知否？单者易折，众者难摧。"彼诚知宗族相保以为强也。

　　圣人又知一族不足以独立，则为甥舅婚媾③姻娅以辅之，爱养百姓以卫之。故爱亲者，所以爱其身也；爱民者，所以爱其亲也。合群之义，如是而已。（司马光《家范》）

目的

本课言合群之利与不合群之害，使学生知对于人类务求合群。

教授事项

（甲）时间分配　本课分二时。

第一时　"夫人爪牙之利"至"以捍外患也"。

第二时　"吐谷浑阿豺"至"如是而已"。

（乙）内容提示

一、异类本能食人，人必以群力制之，乃能使异类服从人

---

① 膂：lǚ，脊梁骨。膂力：体力。
② 罴：pí，哺乳动物，亦称"棕熊"。
② 媾：gòu，连合，结合。

类。彼虎豹熊罴诸物，曾见有一人之力所能制乎？而谓人能无群乎？

二、群根于爱，爱根于礼，礼为群学之原质。人类之所以胜于异类者，恃此群，实恃此礼。人而无礼，虽有父子兄弟之亲，决无合群思想。凡为人类者，当善体圣人立教之义。

三、依庇与倚赖不同。依庇出于相爱，倚赖由于自怠。此中界说，学者不可以不辨。

四、犹是箭也，忽而易折，忽而难摧，由其有单与众之异也。单箭力弱，犹人之不能合群。众箭力强，犹人之能合群也。

五、人各自有其身，莫不自爱其身。故我爱人之身，人亦爱我之身。近而家族，远而亲戚，推而及于百姓。其境异，其效同，其义一也。故曰"合群之义，如是而已"。

参考

【粲然条理】谓表面之有秩序，似乎可观。

【捍】抵御也。

【吐谷浑阿豺】吐谷浑，辽东鲜卑种。阿豺，宋时吐谷浑族之部长也。

【以折箭试其子弟】事见《元史》。

【崩】死也。

【摧】折也。

第十七课　教育

本文

日本，小国也。自近世与欧美诸国订约通商。福泽谕吉奉使历聘欧美。既访察其国情民俗，始悟立国之本，在于教育。

归而立塾于芝区之新钱座，号曰庆应义塾。募集学生，亲与讲习。未几，幕府与王室构兵①，东京骚然。谕吉不为动，讽诵②如平日。后迁塾于三田。国事既定，人人向学，四方来学者，可数百人。谕吉教授生徒，一以独立自尊为宗旨。日新学子之知识。俾获成就，储为国用。今此塾尚存，生徒达数千人云。

谕吉复著书，曰《西洋事情》。凡欧美国政民风，以至地理格物，及家常礼法，朋友交际，无不详载。语尚平易，为浅人所能解，风行一时。日本人所以得知世界事业者，实始于是。

目的

本课述福泽谕吉事，使学生知教育与国家之关系。

教授事项

（甲）时间分配　本课分二时。

第一时　"日本小国也"至"生徒达数千人云"。

第二时　"谕吉复著书"至"实始于是"。

（乙）内容提示

一、强国在乎人民，所以使人民有强国之程度者，则在教育。观于欧美各国以及日本之强盛，可以悟矣。

二、人民无独立性质，断不能合群。人民无自尊知识，断不能爱国。独立自尊者，人民自治之要义，国家自治之原素也。故谕吉教授生徒，以独立自尊为宗旨。

三、凡有学校，不患生徒之不多，特患教育之不善。庆应大学，生徒达数千人，苟非教育完善，曷克臻此。

四、关于教育之图书，往往不嫌其平易，而嫌其艰深。谕吉以启发普通社会为志，故其所著之书，务使浅人能解，而收效益宏。

五、今日之日本，固人人知世界事业矣。推原其始，则起于谕吉之教育也。我国既经改革，百度维新，可不注意教育哉？

① **构兵：交战。**
② **讽诵：抑扬顿挫地诵读。**

参考

【欧美】谓欧洲美洲。

【福泽谕吉】福泽姓，谕吉名，日本人，生于仁孝天皇天保五年。

【芝区新钱座】皆日本地名。

【三田】亦日本地名。

【西洋事情】书名。

第十八课　纳税

本文

蓝鼎元曰："维正之供，度支所出。百官禄廪，军士储糈，天下民生国计，皆于是乎取给。故纳税不可缓也。"

周行逢为帅，夫人严氏居乡，躬率佃人，耕织以自给。岁时衣青裙，押佃户送租入城。行逢往就见之。劳曰："吾贵矣，夫人何自苦耶？"严氏曰："公思作户长时乎？每见民租后时，常苦鞭扑①。今贵矣，安得遂忘垄亩间乎？且夫税者，官物也。主帅不以身先之，何以率下？"

目的

本课引蓝鼎元及严夫人语，使学生知人民对于国家，亟应纳税。

教授事项

（甲）时间分配　本课一时。
上半时教授，下半时复习。

---

① 鞭扑：用鞭子或棍棒抽打。

（乙）内容提示

一、国家有百官，有军士，有一切国计，皆所以保护人民也。人民不纳税，度支无所出，岂非自失其保护乎？故纳税为人民应尽之义务。

二、躬率佃人，耕织自给，所谓克勤克俭也。岁时送租入城，必亲押之。恐其迟误而负国家也。世有富贵自豪而不以纳税为急者，当学严夫人。

三、恃贵而骄，并以押佃户纳税为苦，行逢之言，毫无国家思想。丈夫如是亦愧对于妇人矣。

四、世界无无税之国，亦无不纳税之民。鞭扑固近于野蛮，人民不纳税，当然受法庭之责罚，非国家之苛刻人民也。

五、富贵而忘贫贱，吾人之大过，宜严氏以正言斥之。严氏有爱国之心，不泥妇人从夫之说，诚女界之伟人也。

六、国家度支浮滥，人民固当监督之。主帅亦人民之一也。主帅不纳税，凡有人民因而效尤，彼主帅所食之禄将何所取给乎？况为主帅者，尤宜统帅群下，使之各守法律乎。

参考

【蓝鼎元】字玉霖，清代福建漳浦人。
【维正之供】谓正式之供应。
【度支】谓核计而开支之。
【储糈】谓积聚军粮。
【周行逢】五代时朗州武陵人。
【青裙】青布之裙也。
【户长】如甲长之类，不过为众户之长，言乡间贫贱时也。

第十九课　守法

本文

　　亨利第五者，英国之雄主也。当其为太子时，险暴无行。一日，太子宾客，以罪对簿于狱所。刑官下之狱。太子大怒，下教斥刑官，命立释其人。

　　刑官报曰："刑官执法，不以亲贵议减。"太子闻而愈怒，自就狱所，夺宾客。刑官弗许，且戒太子勿躁暴，以自取辱。太子益怒，欲登堂击刑官。

　　刑官命左右收太子曰："太子有罪，宜赴狱。罪非辱我也，在蔑法。"因谓太子曰："太子他日当王英国，今乃坏法乱纪，异日何以制服群下？"太子大愧无言，置剑于地，谢刑官就狱。

　　久之，亨利第五即王位。刑官来谒。王一见，甚和悦，称其忠鲠，命仍执宪典。且曰："后此吾子设亦如吾少年所为，愿吾国执宪大臣，皆能如汝，则国家之幸也。"

目的

本课述刑官执法之严正，使学生知无论何人，皆当守法。

教授事项

（甲）时间分配　本课分二时。

第一时　"亨利第五者"至"谢刑官就狱"。

第二时　"久之"至"则国家之幸也"，兼复习全课。

（乙）内容提示

一、犯罪之人，刑官以法律治之，乃刑官当然之职务，无论何人，不能侵损。亨利第五以太子自恃，下教斥刑官，未知法律之过也。

二、不必宾客也，即于漠不相关之人，悯其无罪而下狱，果能以法律辩护之，未尝不可。若不依据法律，微论太子之宾客也，即太子之至亲至戚，亦不能宽恕。盖刑官只知法律，不徇情，亦不畏势也。

三、根据一定之法律而执行之，富贵贫贱一律平等，是为执法，岂可以亲贵议减乎？

四、凡在法庭，应守法定之规则，保护法庭之秩序。如有违犯，必施以相当之刑罚。就狱所而夺宾客，并欲登堂击刑官，是太子之扰乱法庭也，故刑官命左右收太子。

五、使人赴狱，有法律在。只知有法律，不知有太子也。故曰"宜赴狱"。

六、我既为执法之人，我之所为，皆法律所应为。我处于法律之中，人之犯我，即犯法律。故曰"罪非犯我也，在蔑法"。

七、凡属人民，皆当服从法律。然刑官执法，亦当知可以使人服从之道，随时演讲而证明之。刑官谓太子云云，可谓得其道矣。

参考

【对簿】审判也。

【狱所】即审判厅署。

【狱】监禁之地也。

【蔑】不尊崇也。

【鲠】直道而无私曲也。

【宪典】即法律也。

第二十课　爱国

本文

楚杀伍奢、伍尚。伍员将之吴，辞其友申包胥，曰："后三年，楚不亡，吾不见子矣。"申包胥曰："子亡之，吾必存之。"

后三年，员导吴师伐楚，昭王出走。申包胥亡于山中，闻伍员强暴，求救于秦。见秦伯。曰："吴无道，兵强人众。将征天下，始于楚。寡君出走，居云梦，使下臣告急。"哀公曰："诺，固将图之。子姑就馆。"申包胥曰："寡君越在草莽，下臣何敢即安？"立于秦庭，昼夜哭，七日夜不绝声。哀公曰："有臣如此，可不救乎？"兴师救楚。吴人闻之，引兵而还。楚国复存。昭王返国赏功。申包胥逃而不受。（《说苑》）

目的

本课述申包胥事，以引起学生之爱国心。

教授事项

（甲）时间分配　本课分二时。

第一时　教授。

第二时　复习。

（乙）内容提示

一、楚王信谗言而杀伍奢、伍尚，伍员欲为父复仇，弃楚而之吴，其志决，其行果，故谓申包胥曰："楚不亡，吾不见子。"

二、国家者，生命财产之所寄。国家亡，则人民之生命财产亦与之俱亡。人民爱生命财产，即当爱国。故申包胥曰："子亡之，吾必存之。"

三、凡国家主义，对于一国而获胜，往往扩张其势力而侵及他国。申包胥告急于秦，而曰"吴无道，将征天下"，欲以激动秦伯之救楚也。

四、热心爱国之人，对于国事往往痛哭流涕。盖计穷力竭之时，既贵喻之以理，尤当动之以情，乃能有济于事。申包胥之哭，所以动秦伯之情也。

参考

【楚】春秋时国名，今湖北省。

【伍奢】春秋时人。

【伍尚】伍奢之长子。

【伍员】字子胥，亦伍奢之子，伍尚之弟也。

【吴】春秋时国名，即今江苏省吴县。

【申包胥】楚国人，仕为大夫。

【昭王】楚国之君，楚平王之子也。

【秦伯】即秦哀公。

新修身教授法

【第五册】

第一课　家庭教育

本文

纪大奎曰："子弟须从小时约束。饮食必示之节制，不可因有余而任其饕餮。衣服必示之朴素，不可因有余而任其华美。长幼必示之有序，不可任其先后逾越。家人必示之亲爱，不可任其傲慢失礼。言语必令之简默，不可任其刻薄狂肆。举动必令之雍容，不可任其轻浮挥霍。虫蚁物命必令之知爱，不可任其游戏残杀。书籍器用必令之知惜，不可任其狼藉污秽。久之习见习闻，既有以消其嗜欲残忍之心，又有以生其礼义恭谨之志。若幼时一无教育，长大必然恣肆，虽欲矫正之，不可得矣。"（《敬义堂家训》）

目的

本课言家庭教育之关系，使学生知谨受家庭教育，并知约束子弟之道。

教授事项

（甲）时间分配　本课分二时。

第一时　教授。

第二时　复习。

（乙）内容提示

一、小时习惯未深，脑力充足，约束之时，易于领受，约束之后，又易记忆。为子弟者不可不勉，有子弟者不可不知。

二、小时遇适口之物，肆意贪多，漫无节制。若因一时之钟爱，任其饕餮，往往损伤肠胃，有害卫生，甚至疾病丛生，难于疗治，后虽悔之，已无及矣。

三、衣服为保护身体之用，但求清洁而已。若必求其华美，年齿渐长，种种嗜好，由是而生，其心日益奢侈，实为子弟之大害，非徒耗费伤财而已也。

四、先后逾越，长者虽不必见怪，然吾人行动，必有当然之秩序。欲求壮年行事，秩序井然，必自长幼有序始，非迂拘①也。少年之行动，壮年行事之始基也。

五、人生世上，皆当有亲爱之感情，乃能合人群而成社会，合社会而保国家。常见有用之人材，往往因傲慢而偾事，推其弊端，盖自幼时对于家人始，可不慎哉？

六、不知言语举动之道者，以刻薄为聪明，以狂肆为雄壮，以轻浮为灵动，以挥霍为慷慨，岂不大谬？

七、吾人由道德思想，发为慈善事业，皆由幼年爱惜物命始。虫蚁虽小，亦一生命也，何害于我？我乃任情以杀之，虽曰游戏而非暴厉，实则损失道德也。

八、书籍可以求学问，器用所以佐动作，子弟不知爱惜，狼藉污秽，最为恶劣之品行。其人虽有学问，虽能动作，亦不足取矣。

九、欲有以生其善，必先有以去其恶，生之去之，皆自幼时家庭教育始。子弟无家庭教育，虽有学校教育，积习既久，师劳而功半，贻误青年，阻碍进步，其害非浅鲜也。

---

① 迂拘：拘守陈规，迂腐而不知变通。

参考

【纪大奎】清乾隆时临川人，著有《纪慎斋全集》。
【饕餮】恶兽名，贪食无厌，因谓贪食曰饕餮。
【简默】心静而不多言也。
【挥霍】轻散财物之谓。

第二课　知识

本文

知识者，立身之基也。世界进化，知识之度，从与俱进。故人生数十年，无日可离学问，况其在学校时乎？

知识种类至多，以一人之力，欲尽得世间知识，实为势所不能。故当研求知识之时，宜先择职业所宜，然后定趋向之方。欲事耕稼，则农学尚焉；欲事贸迁，则商学尚焉；欲为医师，则医学尚焉；欲习绘事，则画学尚焉。养之有素，斯为之有方。若一无所知，而卤莽从事，事何由济？

寡闻浅见之人，稍有所知，辄好自矜炫，而以为他人莫我及焉。何异坐井观天，而以为尽天之状乎？世间知识，终身莫殚。好学者其勉之。

格言　知识如财库，实验其键也。

目的

本课言知识与人身之关系，使学生于普通知识之外，务求专门之知识。

教授事项

（甲）时间分配　本课分二时。
第一时　"知识者"至"画学尚焉"。

第二时　"养之有素"至"好学者其勉之"。

（乙）内容提示

一、人无知识，徒具躯壳，而欲争胜于世界，必无是理。

二、多一日学问，即多一日知识。诸生来校，为求学计也，可不勤于学问哉？

三、由闻见而印入于脑，谓之知识。闻见无穷，脑力有限，必欲尽得世间之知识，在脑力强盛者，犹且不能，若脑力柔弱之人，勉强输入，非徒无益，反足致病。是故为学之人，必先择职业而定趋向也。

四、农业为立国之基础。凡关于生殖、种作、培养、收获者，悉系于农学。我国历代重农，特未能专门研究，故近代转形退化。当此革新时代，各国农政，日益发明，欲与竞存，尤宜精益求精，具有完之知识。

五、欲明商学，必先有商业道德，并须研究交易、金融、运输、保险诸科，及簿记之法。处此商战之世，非专力求之，断难制胜。

六、医学所以保生命，并有人种生灭之关系。我国虽代有名医，而于泰西解剖、生理、卫生、药物诸科，犹未详备。知识不及，往往差之毫厘，谬之千里。故欲为医师，务必专心致志以学之。

七、行军必知地势之险要，司教必知人物之图形，制造必知机器之配合，此画学之关系也。我国旧时习惯，常以绘事为小技，不屑研究，亦云谬矣。

八、可以应用之知识，必储蓄于平时，断不能临时搜集。彼一无所知者，固不必论，即或稍有所知，亦终无济于事。盖世界之人物愈进化，则吾人应增之知识愈多，慎毋故步自封也。

九、本课格言，谓知识启发于实验，非得之于实验者，即非真实之知识。故曰"知识如财库，实验其键也"。

参考

【贸迁】即交易之谓。

【卤莽】谓冒昧从事，毫无知识也。

【矜炫】自夸其能也。

【殚】尽也。

第三课 祛惑（一）

本文

刘伯温曰："浮屠氏设为祸福之说，亦巧于惑人者。人情无不爱其亲，而谓冥冥之中，欲加以罪，孰不恻然动心？故中材之人，波驰蚁附，若目见死者拘于囹圄，受棰楚而望救。虽有笃行守道之亲，则亦文致其罪，以告哀于土木偶之前，不亦哀哉？

"浮屠又谓妇人之育子者，必有大罪入地狱。故女子尤笃信其说。持斋念佛，以致恩于母。吾不知司是狱者为谁。人必有母。将舍己母而狱人之母欤？将并己母而狱之欤？狱己母，不孝；舍己母而狱人之母，不公。不孝不公，俱不可以令。将见群起而攻之矣。虽有狱，谁与治之？吾知其必无是事也。"（《妇学》）

目的

本课力辟浮屠之说，以戒学生之迷信。

教授事项

（甲）时间分配 本课分二时。

第一时 教授。

第二时 复习。

（乙）内容提示

一、佛教不言祸福。浮屠氏假祸福之说，以惑众敛财，非传教之本旨也。学者不可不慎。

二、如曰罪在吾身，则当前即是，真伪可以立辨。曰罪在吾亲，则人子之心，只知爱亲，不暇穷其究竟矣。此其所以为巧也。

三、心有所惑，一切荒谬不经之说，往往信以为真，并吾亲之应否有罪而亦忘之矣，不亦颠①乎？

四、土木为无知之物。寻常之时，非不知之。及其塑为人形，现作种种怪状，即望而生畏，曾亦思此时可畏之物质，即寻常所谓无知之土木耶？

五、妇人育子，生理也。人各有母，固已辩之甚明，如曰生子即应获罪，岂非消灭世界人种，乃无罪乎？其说之谬，更显然矣。

六、爱亲固吾人自然之性，亦子女当然之事，然因爱亲之心，而误受浮屠之惑，酿成种种迷信，贻害社会，断乎不可。

参考

【刘伯温】名基，明青田人，长于理学，并精天文兵法诸科。

【浮屠氏】释氏之菩提，音转而为佛陀，再转而为浮屠，又转而为浮图。浮屠者，觉也。释氏所谓觉，有正觉、自觉、觉他三义。后之人因呼信佛教者为浮屠氏，呼佛之所葬地为浮图塔。

【波驰蚁附】水之疾流曰波驰，蚁之群聚曰蚁附，喻受惑者之速且多也。

【囹圄】拘囚罪人之所，俗称监牢。

【棰楚】棰，马鞭也。楚，小杖。皆所以挞也。

【土木偶】即泥塑木雕之像。

① 颠：倒乱失次。

第四课　祛惑（二）

本文

吕新吾曰："我闻为恶罹祸，作善获福，奈何舍我本身，求之枯骨。今世重风水者，千人而千，百人而百。此千百人，岂能康吉？彼贫寒乞丐之人，岂尽衰绝？是故一穴之子，贫富顿殊；双产之儿，有贤有愚。"

又曰："盛衰者势，偶然者遇。凶不能避，吉不能趋。是以君子以天理为地理，以心田为墓田。生惟吾情之所适，死从吾心之所安。不使陈枢暴露，定魄屡迁。此亦仁人孝子之用心，而祸福吾何知焉？"

又曰："葬师以衣食之故愚世人。而为其所愚者，以祸福之故，纳英雄豪杰于醉梦之中，明知其不验而不悟。凡我兄弟子孙，当知吾言之可据。惟成法之是循，毋惑听而改度。"（《去伪斋集》）

目的

本课述吕新吾言，以戒学生之惑于风水。

教授事项

（甲）时间分配　本课分三时。

第一时　"吕新吾曰"至"而祸福吾何知焉"。

第二时　"又曰葬师以衣食之故愚世人"至"毋惑听而改度"。

第三时　复习全课。

（乙）内容提示

一、祸福有定，定于吾身之善恶。福可自求，祸由自取，其权均属于吾身，断无有得之身外者也。如谓风水可恃，则人皆不必为善矣，有是理乎？

二、人能自立，可以为贤，可以致富。若不能自立，贤者若愚，富者终贫。不得谓一穴之子，双产之儿，一气相生，遂无贫富贤愚之异也。

三、必拘于吉凶而使陈柩暴露，定魄屡迁，是我之营葬非求父母之安宁，实为我之避凶而趋吉也。其心理不仁，已不堪问，孝子愿如是乎？

四、人生世上，可以谋衣谋食而无害于社会者，其事正多也。葬师以一人之衣食，迷惑公众，其过甚大，俗谓"葬师之后，必致衰弱"，职是故也。使风水之说，果有效验，凡为葬师者，亦何必工于谋人而拙于谋己乎？

参考

【吕新吾】见本书第三册第十四课。

【风水】世俗有风水先生，又称葬师或地师，妄言坟墓四旁之风水，关系子孙之吉凶祸福，故有风水之称。

【一穴之子】一父母所生也。

【双产】一胎两儿也。

【心田】俗称心地。

【改度】改变不信风水之常度也。

第五课　专一

本文

刘麟曰："学者出于心。心为身之主。耳目候于心。若心不在学，则听诵不闻，视简不见。如欲炼业，必先正心，而后理义入焉。

"夫弈秋，通国之善弈者也。当弈之时，有吹笙过者，倾心听之。将围未围之际，问以弈道，则不知也。非弈道暴深，情有暂暗，笙猾之也。隶首，天下之善算者也。当算之时，有鸣鸿过者，弯弧拟之。将发未发之间，问以三五，则不知也。非三五难算，意有暴昧，鸿乱之也。弈秋之弈，隶首之算，穷微尽数，非有差也。然而心在笙鸿，而弈败算挠者，是心不专一，游情外务也。瞽无目，而耳不可以察，专于听也。聋无耳，而目不可以闻，专于视也。以瞽聋之微，而视听察聪明审者，用心一也。

"是故学者必精勤专心以入于神。若心不在学，而勉强讽诵，虽入于耳而不谛于心。譬若聋者之歌，效人为之，虽出于口，无以自乐也。"（刘勰《新论》）

目的

本课述刘勰之说，使学生知用心不专之害。

教授事项

（甲）时间分配　本课分三时。

第一时　"刘勰曰"至"鸿乱之也"。

第二时　"弈秋之弈"至"无以自乐也"。

第三时　复习全课。

（乙）内容提示

一、学者研究理义，必先听诵视简，然其闻见之权，实操于心。不能正心而徒恃耳目，其心终无所得，欲炼业者不可不知。

二、弈小数也，专心以听之，无不知者。心中有笙而无弈，反怪弈道暴深，情有暂暗，弈固不任其咎，情亦不受其责也。

三、三五之问，就数学上言之，浅显明易，尽人皆知。然苟心在鸿而不在算，虽隶首善算，亦不知矣，何况不如隶首者乎？

四、心在笙鸿，善弈者不知弈，善算者不知算，游情外务之害，一至于此。故用心不专之人，虽耳聪目明，其知识学问，往往不如聋瞽，耻孰甚焉。

五、口中非不讽诵之前，非不讲授，及问以书中之义，则茫无所知，是何异聋者之歌乎？为学生者，常谓在校读书，毫无乐趣，心不在学故也。

参考

【刘勰】字彦和，五代时东莞莒人，著《新论》十卷。
【弈秋】见本书第一册第六课。
【笙】乐器也，共十三管，列管瓠中，施簧管端以吹之。
【猾】乱也。
【隶首】古之善算者。
【鸿】见本书第一册第六课。
【弧】木弓也。
【拟】想也。言弯弧射之，欲得鸣鸿也。
【昧】心中不知也。
【挠】败也。
【谛】审度也。

第六课　忍耐

本文

书曰："必有忍，其乃有济。"孔子曰："小不忍，则乱大谋。"忍者，至刚之用，以自强而期成功者也。

世间事业，其所成就者愈大，则其困难亦愈甚。知其困难而益精进焉，此豪杰之所以成功。偶遇困难而生疑沮，此事业之所由失败也。

譬诸登山，山愈高者，所费足力亦愈多。然攀登不已，必跻其巅。如过惜足力，中道而止焉，又安能旷视四表，穷宇宙之奇乎？忍耐力之强弱，影响于事业之成败，亦如是而已。

忍耐者，不惟足为进取之资，又可为克己之助。王阳明曰："凡言语正到快意时，便截然能忍默得；意气正到发扬时，便翕然能收敛得；愤怒正到腾沸时，便廓然能消化得。此非天下之大勇者，不能也。"

目的
本课言成事贵乎忍耐，使学生务知坚忍，不畏困难。

教授事项
（甲）时间分配　本课分二时。
第一时　"书曰"至"亦如是而已"。
第二时　"忍耐者"至"不能也"，兼复习全课。
（乙）内容提示
一、不能忍耐之人，非谋事不成，即甘于小就。为学生者，当熟读书言，尤当切记孔子之说。
二、能处安乐而不善处困难者，无大事功，非真豪杰。其种种失败，盖意中事耳。
三、山虽高，登之在我；事虽难，成之在我。所惜者，畏其高而不登，畏其难而不为耳。有忍耐之力，则坚强不屈，其事无有不成也。
四、进取与克己，贵乎兼程而并进。进取而不能克己，好动不好静，亦非完全之品行。读王阳明言，可知忍耐之效用，其范围固甚广大也。
五、言语意气愤怒，偶一不慎，往往败事。忍默之，收敛之，消化之，无异与之搏战也，非有忍耐之力，必不能胜，故曰"非大勇不能"。

参考
【"必有忍"二句】见《周书·君陈篇》。

【孔子】见本书第一册第十三课。

【"小不忍"二句】见《论语·卫灵公篇》。

【四表】即四面之谓。

【王阳明】名守仁,字伯安,明浙江余姚人,谥文成。

【截然】止也。

【翕然】和顺也。

【廓然】气量宽大也。

第七课　自奋

本文

美人亚迭朋①,精于禽学。尝费数年之心力,制图数百幅,贮之箱中。出游时,寄于友人处。及归,取箱启视之,则已成鼠窟。群鼠见人,纷纭四走,而所贮之图,已被啮成碎片。亚迭朋懊丧者累日。既而奋志,必欲回复其旧观。乃手铅笔小簿,日往来于深林中,以描写其形状。未及三年,已满一箱,且所得益进也。

目的

本课述亚迭朋之恢复损失,且得进益,以激励学生之自奋。

教授事项

（甲）时间分配　本课一时。

上半时教授,下半时复习。

（乙）内容提示

一、禽学无图画,即无实验。亚迭朋费数年心力,制图数百,其夙昔之自奋可知。

二、受人寄托,不能注意保护,使成鼠窟,固友人之不善。

① 现译奥杜邦。

然而自奋之人，偶遭损失，懊丧之后，必能自行恢复，决不嫌怨他人。故亚迭朋对于友人，绝无所言。

三、往来深林，描写形状，种种艰苦，实友人累之。亚迭朋若曰："我以画箱寄友人，我自寄之，非友人邀我之寄也。况乎啮吾画者群鼠，非吾友人也，何必追念前情，徒增懊丧，以懈吾自奋之力乎？"

四、吾人欲有著作，非日积月累，不能成功。勤勉者但知自奋，不计时期，久而久之，往往大功告成。若不自觉，迨至自检其成绩，则所得恒溢乎所求，此自奋之效果也。亚迭朋之图画，未及三年，已满一箱，且所得益进，亦自奋之效果耳。

参考

【亚迭朋】美国人，著名禽学家也。
【禽学】动物学之一种，专于研究禽类者。
【鼠窟】群鼠所居之地也。
【纷纭】多也。
【手】以手持之也。

第八课　励志

本文

美国大总统林肯氏，幼而贫寒。其父为人佣工，母则司浣濯之役。顾①其母有贤德。尝呼而诲之曰："凡人之价值，不在多财，而在有真精神。苟植身社会，而心地欠光明磊落，斯其人一钱不值，虽富亦无足取。惟其端谨、正直、勤业、励学，纵贫无寸缕，亦为世界最高尚名贵之人。林肯，我不望汝得千顷之沃

---

① 顾：但是，却。

壤，而望汝得高远之志气也。"

　　林肯秉此母训，时时回旋于胸中。尔时年仅八九龄耳，顾能不违母志，卒为世界之大伟人。盖于为童子时，早树此基础矣。

目的
本课述林肯恪遵母训，以成伟人，使学生知励志之道。

教授事项
　　（甲）时间分配　本课分二时。
　　第一时　"美国大总统林肯氏"至"而望汝得高远之志气也"。
　　第二时　"林肯秉此母训"至"早树此基础矣"，兼复习全课。
　　（乙）内容提示
　　一、处贫寒之境，为佣工之妇，司浣濯之役，能使其子幼年励志，卒为总统。林肯之母，洵不愧贤母矣。
　　二、欲得社会之信用，必先有尊重之价值。欲得尊重之价值，必先有高尚之人格。端谨正直，勤业励学，人格之要素，非财物所能变易，必以精神志气贯注之，方为有效也。
　　三、年仅八九龄，父母为佣役，其子欲成伟人，舍励志之外，无他道也。呜呼！此林肯之所以为总统也。
　　四、美国非林肯为总统，不能息南北之争。林肯不遵母训而励志，不能为总统。可见伟人之基础，必树立于童子时矣。

参考
　　【林肯】见本书第二册第十九课。
　　【浣濯】洗衣也。
　　【沃壤】即良田之谓。
　　【回旋】长在胸中而不忘也。

第九课　自守

本文

刘向曰："士君子之有勇而果于行者，杀身以成仁，触害以立义，倚于节理，而不议死地。故能身死名流于来世。非有勇断，孰能行之？"

子路曰："不能勤苦，不能恬贫穷，不能轻死亡。而曰我能行义，吾不信也。"昔者申包胥立于秦庭，七日七夜，哭不绝声，遂以存楚。不能勤苦，安能行此？曾子布衣，缊袍①未得完，糟糠之食、藜藿之羹未得饱，义不合则辞上卿。不恬贫穷，安能行此？比干将死而谏逾忠。伯夷、叔齐，饿死于首阳而志逾彰。不轻死亡，安能行此？故夫士欲立义行道，毋论难易，而后能行之。立身著名，无顾利害，而后能成之。

夫士之所耻者，天下举忠而士不与焉，举信而士不与焉，举廉而士不与焉。三者在乎身，名传于后世。与日月并而不息，虽无道之世，不能污焉。然则非好死而恶生也。非恶富贵而乐贫贱也。由其道，遵其理，尊贵及已，士不辞也。（《说苑》）

格言　穷不失义，达不离道。

目的

本课述刘向、子路之言，发明自守之道，使学生知崇尚气节。

教授事项

（甲）时间分配　本课分三时。

第一时　"刘向曰"至"而后能成之"。

第二时　"夫士之所耻者"至"士不辞也"。

---

① 缊袍：以乱麻为絮的袍子，古为贫者所服。

第三时　复习全课。

（乙）内容提示

一、节理所在，即仁义所在。真实之勇士，重节理而轻生死，所以能名流于来世也。

二、申包胥之存楚，曾子之辞上卿，比干之谏，伯夷叔齐之饿，只知有节义，不知有勤苦贫穷死亡也。此之谓立义，此之谓行道。

三、不举其忠，不举其信，不举其廉，引以为耻，非艳羡他人之名誉，实耻己之不忠不信不廉也。此古人克己之学，与好名干誉者不同。

四、本课格言，谓人生不论穷达，当以道义为归，故曰"穷不失义，达不离道"。

参考

【刘向】字子政，原名更生，前汉时人，官至光禄大夫，著有《列女传》、《洪范五行传》及《说苑》五十篇。

【子路】孔子弟子，姓仲，名由，以好勇称。

【恬】安之也。

【申包胥】见本书第四册第二十课。

【曾子】孔子弟子，名参，字子舆，得道统之传，述《大学》一篇。

【比干】商纣之叔父，因纣无道，谏而死。

【伯夷叔齐】商代孤竹国君之二子，誓不食周粟，饿死于首阳山下。

【与】音玉。不与，不在所举之内也。

171

第十课　修省

本文

赵㮣①宴居之室，必置三器于几上，一贮黄豆，一贮黄黑豆，一空之。有时投数豆于空器中，人莫喻其意。问之。㮣曰："吾平日兴一善念，则投一黄豆；兴一恶念，则投一黑豆。用以自警。始则黑多于黄，中则黄多于黑。近者二念俱忘，亦不复投矣。"

目的

本课言赵㮣自警之法，使学生注意修省。

教授事项

（甲）时间分配　本课一时。

上半时教授，下半时复习。

（乙）内容提示

一、个人自治之时，不患无善念，患在恶念丛生，夺其善念。驯至为恶而不自知，赵㮣置器投豆，非欲自显其善念也，欲以知其恶念而改之耳。

二、人生世上，孰能有善而无恶？记事之人，往往只记其善，不记其恶，不知人之行善，乃职分所当为。记善以验修省之成绩，未尝不可，若记善而隐其恶，是以为有善而无恶也。学者戒之。

三、修省之初，恶多于善。修省既久，善多于恶。此中效验，自然而然，特怙恶者无以知之耳。

四、功夫纯熟之时，心之所志皆善也，身之所行皆善也，偶然有恶，可以立时化除。赵㮣之不复投豆，已确有从善去恶之功，随时应用，与间断荒废者不同。

---

① 㮣，gài。

参考

【赵粢】字叔平，宋虞城人。

【喻】知也。

【警】觉察也。

第十一课　改过

本文

王守仁诫诸生曰："夫过者大贤所不免。然不害其卒为大贤者，为其能改也。诸生自思，平日亦有缺于廉耻忠信之行者乎？亦有薄于孝友之道，陷于狡诈偷刻①之习者乎？不幸或有之，皆其不知而误蹈，素无师友之讲习规饬②也。诸生试内省，万一有近于是者，固应痛自悔咎。然亦不当以此自歉，遂馁其改过从善之心。但能洗涤旧染，虽昔为寇盗，今日不害为君子。若曰，'吾昔已如此，今虽改过而从善，人将不信我，且无赎于前过。'反怀羞涩疑沮，而甘心污浊终焉，则吾亦绝望尔矣。"（《阳明文钞》）

格言　人孰无过？过而能改，善莫大焉。

目的

本课述王守仁言，以警学生之惮于改过。

教授事项

（甲）时间分配　本课分二时。

第一时　教授。

第二时　复习。

① 偷刻：刻薄。
② 规饬：以正言劝诫。

(乙)内容提示

一、阳明之言,曰自思,曰不幸,曰误蹈,曰内省,循循善诱,无一语不恳挚。可知有过能改,固不足为诸生累也。

二、有改过从善之心,必当有勇往直前之气。心馁则气亦馁,其过卒不能改。虽终日道歉,终身抱歉,亦无益也。

三、寇盗与君子,均是人也。行寇盗之行,即寇盗;行君子之行,即君子。所患者,信用既失,不能改过从善而恢复其信用耳。

四、有过不改,人将望望然①去之。虽曰人之绝我,实我之甘心污浊,有以致之也。于人何尤?

五、本课格言,谓人各有过。过固不足为病,能改过而从善,即世界之完人也。故曰"善莫大焉"。

参考

【王守仁】见本册第六课。

【悔咎】懊悔而自责也。

【馁】志气不足,不能勇往从善也。

【旧染】谓旧时沾染之恶习。

【绝望】无后望也。

第十二课　勤俭

本文

朱柏庐曰:"勤与俭,治生之道也。不勤则寡入。不俭则妄费。寡入而妄费,则财匮。财匮则苟取,愚者为寡廉鲜耻之事,黠者入行险徼悻之途,生理绝矣。

"勤之为道:第一要深思远计。事宜早为,物宜早辨者,必

---

① 望望然:**失望貌,扫兴貌。**

须预先经理。第二要晏眠早起。侵晨①而起，夜分而卧，则一日而复得半日之功。第三要耐烦吃苦。事须亲自为者，必亲自为之。须一日为者，必一日为之。人皆以身习劳苦为自戕其生，而不知是乃所以求生也。

"俭之为道：第一要平心忍气。一朝之忿，不自度量，不惟破家，或且辱身。第二要量力举事。土木之功，婚嫁之事，宾客酒席之费，一时兴会，所费不支，后来补苴②，或行称贷。偿则无力，逋则丧德。第三要节衣缩食。绮罗之美，不过供人之叹羡而已。若暖其躯体，布素与绮罗何异？肥甘之美，不过口舌闲片刻之适而已。若自喉而下，藜藿肥甘何异？人皆以薄于自奉为不爱其生，而不知是乃所以养生也。

"孔子曰：'谨身节用，以养父母。'可知孝弟③之道，礼义之事，惟治生者能之。奈何不惟勤俭之为尚也？"（《训俗》）

格言　勤以得之，俭以守之。

目的

本课述朱柏庐言，使学生知勤俭之道。

教授事项

（甲）时间分配　本课分三时。

第一时　"朱柏庐曰"至"是乃所以求生也"。

第二时　"俭之为道"至"奈何不惟勤俭之为尚也"。

第三时　复习全课。

（乙）内容提示

一、人人知治生，而不知所以治生之道。无论愚者黠者，其生理都归绝灭。是当熟读朱氏之说而实行之。

---

① 侵：接近。侵晨：天快亮时。
② 苴：jū。补苴：弥补。
③ 孝弟：亦作"孝悌"，孝顺父母，敬爱兄长。

二、深思远计，晏眠早起，耐烦吃苦，人人有自主之权，恐以此戕其身，放弃不为，遂致求生无术，不亦大可哀哉？

三、平心忍气，量力举事，节衣缩食，就其表面而言，为人未免太苦，实则身心之至乐即在其中。但未经实行者，不自知耳。

四、欲养生而不能求生，其本不立；能求生而不能养生，其本不固。是故人生于世，各宜克勤克俭也。

五、不能勤俭之人，谋生且不能，何能知孝弟礼义？然而对内不孝弟，对外不礼义，将何以为人？"奈何不惟勤俭之为尚也。"欲人人知为人之道也。学者勉之。

六、本课格言，谓天地之大，无物不有。人不能勤，虽有而不能得；人不能俭，则既得而复失。故曰"勤以得之，俭以守之"。

参考

【朱柏庐】名用纯，明季江苏昆山人，隐居不仕，著有《治家格言》。

【黠】智也，巧也。

【寡廉鲜耻】谓求乞偷窃之类。

【行险徼悻】谓设计诱财、抢劫房掠之类。

【晏】晚也。

【戕】伤害也。

【称贷】向人借贷也。

【偿】还也。

【逋】逃避也。

【藜藿】藜，草名，又名莱。藿，豆叶也。均可食。

第十三课　戒吝啬

本文

北郭氏室坏不修，且压，乃召工谋之。工请粟。北郭氏曰："汝姑自食。"役人告饥，莅事者弗白，于是众工皆愈恚，相与辍役。会天大雨，步廊之柱折，两庑既圮，次及于其堂。乃用其人之言，出粟以集工，曰："惟所欲而与弗靳。"工人至，视其室，不可支。则皆辞曰："子之室腐矣。吾无所用其力矣。"相率而逝。室遂不葺以圮。（《郁离子》）

目的

本课言北郭氏之吝财圮室，以戒学生之吝啬。

教授事项

（甲）时间分配　本课一时。

上半时教授，下半时复习。

（乙）内容提示

一、善治家者，居室必勤于修葺，盖为不惜小费，乃不至大遭损失也。北郭氏室坏且压，始知召工。即厚待工人，犹恐无济于事，况又苛待工人乎？

二、工役耐劳耐苦，为求食计耳。既不给资，又不与食，于心何忍？

三、吾人对于家事，皆当为未雨绸缪之计。北郭氏之所为，所谓临渴掘井，不能未雨绸缪也。

四、工人受人工食，担当完全之责任。事不可为，恐其不胜责任，败坏名誉，声明辞职。此工人当然之事，主人无可如何也。

五、北郭氏之室，卒致圮毁，因其惜费于前，而又苛待工人于后也。然则当用之财，岂可吝啬哉？

参考

【莅事者】临事监督工人之人也。

【弗白】弗以役人之饥，归告主人也。

【惫】困倦也。

【恚】恨也。

【辍役】停工也。

【两庑】两廊也。

【圮】倾倒也。

【靳】执持弗与也。

【逝】辞去也。

【葺】修也。

第十四课　戒贪

本文

某国之王，性贪婪。有女方五岁，王爱之甚，欲积财以遗之。搜括于国中，未尝餍足。

一夕，梦一老人，谓之曰："汝欲得财乎？吾有术，能点金。"王喜甚，请观其术。

老人以手触几，几化为黄金。触席，席亦金。乃谓王曰："以此畀汝，汝其足乎？"

王曰："未也。"老人怪问故。王曰："吾愿得其术耳。"老人许之，乃授以触手成金之术。

王试之，器具、门户、垣墉、阶石无不成金。大喜欲狂，亟召其女示之。女愀然曰："儿腹方饥，黄金不可食，奈何？"

王取饼授女，而饼化为金。女以齿啮之，金坚触齿，痛极而哭。王抱女抚慰之。转瞬间，女亦化为金人，不哭亦不言。王大惊，狂号而醒。自是贪念稍杀。

目的

本课述某国王事,警戒学生之贪心。

教授事项

(甲)时间分配　本课分二时。

第一时　教授。

第二时　复习。

(乙)内容提示

一、国中之财,人民之财也。国王搜括人民之财,不知餍足,其王位必不可保。某王可谓昏矣。

二、语曰:"日有所思,夜有所梦。"梦中之事,本属虚幻。某王于梦中闻老人能点金术,喜甚请观之。及几席已化为金,犹曰不足,而愿自得其术。其脑筋只有一金字,可谓卑鄙矣。

三、器具、门户、垣牖、阶石无不成金,以及饼化为金,女化为金,皆非实有其事。此正梦中之幻境,与其恶劣之思想相合也。学者切勿误会。

四、金本有利于人,太贪则有害于人。往往其欲既盈,大祸踵至。且以金钱贻子女,子女倚赖所有,不免减灭其自立之心。此即贪金之害也。

参考

【婪】音岚,贪得无厌也。

【畀】与之也。

【愀然】不乐之貌。

【杀】去声,减也。

第十五课　惜物

本文

　　欲得布帛以为衣，必有纺织之事。欲得粗粝以为食，必有耕获之劳。人生世间，得物不易，故物力不可不惜。

　　且物力，有限者也。人生之需求，则恒奢侈而无尽。纵情奢侈，而不顾其后，则虽穷天下之物力，犹恐不足于供。况世间人类至多，所以供其奉生之具者，皆恃此有限之物力耳。争利则多败，专欲则难成。能无惧乎？

　　李西沤曰："同一器皿，贫家用之数十年，依然完好。富家则期年数月，旋即毁敝。此无他，一则物力艰难，珍护甚至；一则取多用宏，而以为无足惜也，然而富家之所以覆亡者，即此可推矣。"

目的

本课言物力艰难，使学生务知惜物，以免覆亡之祸。

教授事项

　　（甲）时间分配　本课分二时。

　　第一时　"欲得布帛以为衣"至"能无惧乎"。

　　第二时　"李西沤曰"至"即此可推矣"，兼复习全课。

　　（乙）内容提示

　　一、家计宽裕之人，无须纺织，无须耕获，遂谓所衣所食，得之甚易，绝不推想其来源。是大背惜物之旨矣。

　　二、人人只图一己之乐，不念他人之苦，是谓徇私欲而无公德。无公德者必败，理使然也。

　　三、富家有器皿，但知毁敝之后，更新而已，所费之多寡，所用之久暂，不在意计之中。闻李西沤言，亦知所自返乎？

　　四、耗费一分物力，即损失一分家业。至损失家业而不自知者，其家业必有减而无增。富家不知惜物，驯至覆亡，常有之事也。

参考

【粗粝】不甚光洁之米也。
【获】五谷成熟而收之也。
【李西沤】名惺，字伯子，西沤其别号也，清四川垫江人，著有《西沤全集》。

第十六课　尚勇

本文

语曰："畏首畏尾，身其余几？"言无勇之害也。"精神一奋，何事不成？"言有勇之效也。天下之事，未有不成败互见者。畏其或败，瑟缩而不敢为，则无可为之事矣。

农力于田，不能不虑荒歉。工制其器，不能不虑折阅[①]。商争于市，有大赢利可望者，不免有大损失可虑。其他政略、军谋之属，所望愈奢，则可虑者更甚。夫慎重之道，自不能不策万全。但所见苟无可疑，则必勇往直前，不可中止。彼濡滞[②]畏缩之人，未有能济大事者。

昔大禹之治水，张骞之通西域，巴律西之试陶器，科仑布[③]之觅新地，皆费一生之心力，而后有济。方其发轫之时，成否固不可知。然而勇猛精进，百折不回，卒能立不朽之功，垂无穷之闻。是为大勇，吾辈当引以为师也。

格言　精神一到，何事不成？

① 折：损。阅：卖。折阅：亏损。
② 濡滞：迟延，迟滞。
③ 现作哥伦布。

目的

本课言人有勇往之气,乃能成就事业,使学生皆知尚勇。

教授事项

(甲)时间分配　本课分三时。

第一时　"语曰畏首畏尾"至"未有能济大事者"。

第二时　"昔大禹之治水"至"吾辈当引以为师也"。

第三时　复习全课。

(乙)内容提示

一、事果有成而无败,则天下无需有为之人。古今大有作为者,不必见重于世界,唯其成败无定,所以不畏败而敢为者,乃为可贵也。

二、慎重与畏事不同。慎重之目的,在乎成事,故不能不策万全。畏事则貌若慎重,无所谓目的也。学者当明辨之。

三、大禹、张骞、巴律西、科仑布,受许多困难,经许多磨折,其功始成。若有所畏,非临行却步,即半途中止;非半途中止,即功败垂成。尚能为伟大人物哉?

四、不朽之功,无穷之闻,志在必得,权自我操,本无所谓难事。所望者,吾辈之大勇耳。

五、本课格言,谓成事在乎尚勇,尚勇在乎精神。故曰"精神一到,何事不成"。

参考

【瑟缩】畏避不前之谓也。

【大禹】见本书第三册第二课。

【治水】禹治洪水,在外八年,三过其门而不入,水患乃平。

【张骞】字子文,西汉河内人。当汉武帝时,骞使西域,曾留西域十余年,历种种困难,始乘间归国,报告西域情事备悉。

【巴律西】法国人。十六世纪中叶,巴氏始以画玻璃为业,继欲改良陶器，毁家研究，至面黑体惫，忘寝废食。积十八年之久，改制至百数十次，艺乃成。后人推为陶器发明家。

【科仑布】意大利人，生于一千四百三十七年。幼时好海居。及长，发明地圆之说。一千四百九十二年八月，始航海寻新地，前后凡三次，而西印度诸地发现。一千五百六年，卒于西班牙。

【发轫】谓行事之始。

【闻】去声，名誉也。

第十七课　警游惰①

本文

力田之牛，行远之马，人善畜之，不妄杀也。守门之犬，捕鼠之猫，人爱护之，不妄笞也。独至羊豕之属，例不服役，俟其肥，则宰而煮之矣。

蜂能酿蜜，人不敢绝其粮也。蚕能吐丝，人不敢灭其种也。至于木中之蠹，书中之蟫，则殄艾之，惟恐不及矣。

惟人亦然，招匠作室，不能无工而取我佣也。入肆购物，不能徒手而得我价②也。使其无工而取佣，徒手而索价，则无论何人，不能容其请矣。

人之在社会也，衣食居处，无一非众人之所供给，我忍安坐而享之乎？安坐而享之，一无所事，以为酬报社会之具，则是无工而取佣、徒手而索价也。使众人皆如我之不事事，则我虽欲安享而不可得。众人不然，而我独然，其能为众人所容乎？既不为众人之所容，而强欲为之，则亦羊豕蠹蟫之属而已矣。呜呼！自爱者必不出此。

① 游惰：游荡懒惰。
② 价：钱款，费用。

目的

本课言游惰之无以自存,使学生各知警戒。

教授事项

(甲)时间分配　本课分三时。

第一时　"力田之牛"至"不能容其请矣"。

第二时　"人之在社会也"至"必不出此"。

第三时　复习全课。

(乙)内容提示

一、牛马犬猫为畜类,人之爱护,非有特别之感情,因其为有益人类之物也。

二、蜂蚕幸存,蠧蟫殄艾。就其表面而言,凡物生死之权,似操于人。而人之所以待遇之不同者,仍在物之有益无益耳。物且如此,人当何如?

三、人欲谋生,不可计我之愿与不愿,当问人之容与不容。但知有我,不知有人,断不能竞存于世界。

四、社会之性质,人人自由,人人平等。有义务乃有权利,世界之公法也。不尽义务而安享他人之权利,是反对平等,而妨害他人之自由矣,尚能见容于社会乎?

参考

【笞】以杖击之也。

【蠧】蛀虫之在木中者。

【蟫】蛀虫之在书中者。

【殄艾】绝其生命而销灭之也。

【佣】工资也。

【肆】店也。

【徒手】谓空手不作事也。

第十八课　躬行

本文

颜之推曰："夫所以读书学问，本欲开心明目，利于行耳。未知养亲者，欲其观古人之先意承颜，怡声下气，不惮劬①劳，以致甘腝②，惕然惭惧，起而行之也。未知爱国者，欲其观古人之守职无侵，见危授命，竭诚尽智，以利国家。恻然自念，思欲效之也。素骄奢者，欲其观古人之恭俭节用，卑以自牧，礼为教本，敬者身基。瞿然③自失，敛容抑志也。素鄙吝者，欲其观古人之贵义轻财，少私寡欲，忌盈恶满，赒④穷恤匮。赧然悔耻，积而能散也。素暴悍者，欲其观古人之小心黜己，齿弊舌存，含垢藏疾，尊贤容众。苶然⑤沮丧，若不胜衣也。素怯懦者，欲其观古人之达生委命，强毅正直，立言必信，求福不回⑥。勃然奋厉，不可恐慑也。历兹以往，百行皆然。纵不能淳，去泰去甚。而学之所知，施无不达矣。"（《颜氏家训》）

格言　学然后知，知然后行。

目的

本课言为学必求实践，使学生知取法古人之道。

教授事项

（甲）时间分配　本课分三时。

第一时　"颜之推曰"至"积而能散也"。

第二时　"素暴悍者"至"施无不达矣"。

① 劬：qú，过分劳苦，勤劳。
② 腝：ruǎn。甘腝：鲜美柔软的食物。
③ 瞿然：惊骇貌。
④ 赒：zhōu。接济，救济。
⑤ 苶：ěr。苶然：疲惫貌，虚弱貌。
⑥ 不回：正直，不行邪僻。

185

第三时　复习全课。

（乙）内容提示

一、行事必有一定之规则。如何为利，如何为不利，规则具在，彰彰可考，乃能免于错误。书中所载，学问所得，皆行事之规则也。人若不能躬行，读书何为？学问何为？

二、勿谓今人不如古人也。古人先我而知者，我学而知之；古人先我而行者，我遵而行之。今人亦何尝不如古人？所患者，徒拥好古之虚名，而毫无实践耳。

三、古人之行，虽未必尽善尽美，但能择善而从，借彼之是，去我之非。始则一行如是，继则百行皆然。至此而犹不达，必无是理。

四、本课格言，谓吾人为学，知之必当行之，故曰"学然后知，知然后行"。若知者无须乎行，学而知之足矣，何必曰"知然后行"乎？

参考

【颜之推】见本书第二册第八课。

【先意承颜】谓先时体察其意，而顺受其颜色也。

【怡声下气】不作恶声恶气也。

【胹】肉软而烂也。

【无侵】不使他人侵损也。

【授命】不敢爱惜生命也。

【自牧】即自治之谓。

【黜己】不敢以己为是，力求谦逊也。

【泰】过分之谓。

新修身教授法

【第六册】

第一课　师弟[①]

本文

梁冀诬李固妖言，遂诛之。而露固尸于四衢，令有敢临者，加其罪。固弟子郭亮，年始成童，游学洛阳。乃诣阙上书，乞收固尸，不许。因往临哭，守丧不去。夏门亭长呵之曰："李杜二公为大臣，不能安上纳忠，而兴造无端。卿曹何等腐生，敢公犯诏书乎！"亮曰："亮含气以生。戴天履地，义之所动，岂知性命。何为以死相惧？"太后闻之，乃从其请。得襚敛归葬。（《后汉书》）

目的

本课言郭亮之仗义尊师，使学生知师弟之谊。

教授事项

（甲）时间分配　本课一时。

上半时教授，下半时复习。

（乙）内容提示

[①] **师弟**：老师和弟子。

一、人而无师，不能求学，故师恩不可不报。世之为弟子者，往往心存浇薄①，师有患难而不救，师有贫困而不济。甚至一出师门，视同陌路，所谓负师恩也。盍思郭亮之事乎？

二、师因被诬而死，其苦不可胜言，不收其尸，于心何忍？然而专制时代，君令既出，神圣不可侵犯，非抵死力争，断然无效。此郭亮之所以冒死犯诏也。

三、"何等腐生，敢犯公诏。"亭长威吓之言，极其猛厉。怯弱者处此，莫不畏罪而去。郭亮不然，盖以师弟之谊为重，而以生命为轻也。亮真贤弟子哉！

四、含气以生云云，词严义正，只知师弟，不知生死。宜乎太后闻之，知其不可屈辱，卒致曲从其请也。

参考

【梁冀】字伯卓，梁后之弟。

【诬】不应有罪而诬陷之也。

【李固】字子坚，南郑人。

【妖言】谓惑众之言。

【四衢】四面通达之要路也。

【临】至其死地而哀之也。

【郭亮】字恒直，朗陵人。

【洛阳】今河南省洛阳县。

【诣阙】诣，赴也。阙，帝王之宫阙也。

【夏门】地名。

【亭长】官名。汉制十里一亭，十亭一乡，每亭设一长以诘盗贼。

【李杜】李即李固。杜为杜密，字周甫，澄封人。

【兴造无端】谓造谣言也。

---

① 浇薄：（人情、风俗）刻薄，不淳厚。

【卿曹】即汝等之谓。

【腐生】迂腐之人也。

【诏书】皇帝之命令也。

【襚敛】赠死者之衣裳曰襚。敛，入棺也。

第二课　交友

本文

何坦曰："交朋必择胜己者。讲贯切磋，益也；追随游玩，损也。若佞谀相甘，言不及义，宁独学寡闻，犹可以无悔吝。

"勿忌人善，以身取则焉。孳孳不已，恶知其非我有也。勿扬人过，反躬默省焉。有或类是，亟思悔而速改也。去其不善，而勉进于善，是之谓善学。

"与刚直人居，心所畏惮。故言必择，行必谨。初若不相安，久而有益多矣。与柔善人居，意觉和易。然而言必赞予也，过莫警予也。日相亲好，积尤悔其身而不自知，损孰大焉。故美味多生疾疢，药石可保长年。

"君子为人谋事，必忠以敬；与人交接，必谦以和。小人奉上必谄以媚，待下必傲以忽。媚上而忽下，小人无常心，故君子恶之。"（《西畴常言》）

格言　蓬生麻中，不扶自直；白沙在泥，与之皆黑。

目的

本课述何坦之说，使学生知交友之关系。取友之时，务宜慎重。

教授事项

（甲）时间分配　本课分二时。

第一时　"何坦曰"至"药石可保长年"。

第二时　"君子为人谋事"至"故君子恶之"，兼复习全课。

（乙）内容提示

一、吾人取友，宜求有益无损。与其悔吝于后，不如审慎于前。切勿滥与交游，后悔莫及。

二、朋友有善则忌之，朋友有过则幸之，决非善学之人，切戒切戒！

三、喜柔善而恶刚直，不知所喜之有损于我，所恶之有益于我，是不啻喜美味而忘疾病，恶药石而求长年也。岂不谬哉？

四、明知其为君子，疏而远之；明知其为小人，亲而近之。是甘于为小人，而不欲为君子也。按诸何坦之说，其将何以自安乎？

五、本课格言，谓蓬之不扶自直，犹遇益友也；白沙与泥皆黑，犹遇损友也。

参考

【何坦】宋人，著有《西畴常言》。

【讲贯】演讲而贯通之也。

【切磋】即研究之谓。

【佞谀】巧言而以虚誉悦人也。

【孳孳】勤勉之意。

【疢】音逞，病也。

【谄】卑下之词也。

【媚】卑下之容也。

第三课　责善①

本文

王守仁曰："责善，朋友之道。然须忠告而善道之。悉其忠爱，致其婉曲，使彼有所感而无所怨。若先暴白②其过恶，彼将发其愧耻愤恨之心，虽欲降以相从，而势有所不能，是激之使为恶矣。故凡讦人之短，攻发人之阴私，以沽直者，皆不可以言责善。虽然，我以是而施于人，不可也。人以是而加诸我，凡攻我之失者，皆吾师也，安可以不乐受而心感之乎？"（《人范》）

目的

本课言朋友责善之法，与受人责备之义，使学生于交际之间，各有准则。

教授事项

（甲）时间分配　本课分一时。
上半时教授，下半时复习。
（乙）内容提示
一、羞恶之心，人皆有之。故见人暴白其过恶，往往因愧耻而生愤恨。此非甘于文过，不愿朋友之责善也，实为之友者，未能忠告善道耳。虽有责善之心，亦何益哉？
二、责善与沽直，偶一不慎，往往差以毫厘，谬之千里。然而人以沽直施于我，则我不妨受之。有人于此，不顾我之愧耻，暴白我之过恶，人固未得责善之法，而我之过恶，即可因其暴白而速改，岂不甚善？此圣贤克己之功也，学者志之。
三、师无常也，必受业于门而后称之为师，范围不广，其益有限。至朋友交际之间，关于去恶从善者，无论何地何时，人有

① 责善：劝勉从善。
② 暴白：暴露。

所言，我皆乐受，无异于师，获益真无穷也。

参考

【王守仁】见本书第五册第六课。
【告】入声。
【讦】无所避忌而直言也。
【沽直】要求直道之名称也。

第四课　戒轻薄

本文

轻薄者，人类之恶德也。而恒人①多忽之。或则肆其便给之口，而自以为有才；或则施其狎玩之伎，而未尝反省。此不独使人难堪，亦非自重之道也。

人所以能互立于社会间者，赖有尊敬怜恤之情耳。如好以轻薄遇人，侈口而谈，任意而行，至于毁人名誉而不恤，见人危难而不救。彼身受之者，其能默尔息乎？且人之所以见重于社会者，以其行谊②之足称也。鄙倍③之辞，暴慢之态，不自检束，识者皆知其不足与谋矣。

昔有一童子，从其师出行，见有藏履于篱下而往工作者。童子曰："苟匿其履，使失者张皇寻觅，非可笑乐之事乎？"师曰："尔试以银圆置履中，尔自避去，则佣人欣悦之状，更可睹也。"呜呼！同一玩弄也，而轻薄与仁慈，迥不同矣。

格言　言轻则招忧，行轻则招辜，貌轻则招辱。

① 恒人：常人，一般的人。
② 行谊：品行，行为。
③ 倍：通"背"。鄙倍：浅陋背理。

目的

本课言轻薄之不容于社会，使学生猛力戒除。

教授事项

（甲）时间分配　本课分三时。

第一时　"轻薄者"至"识者皆知其不足与谋矣"。

第二时　"昔有一童子"至"迥不同矣"。

第三时　复习全课。

（乙）内容提示

一、人生世上，欲求见重于人，必先自重。未见有便给狎玩而能见重于人者，以其不自重也。

二、社会之发达，根据于道德。尊敬怜恤之情，人类当然之道德心也。佟口之谈，任意之行，毫无道德思想，学者戒之。

三、不必害人生命，夺人财产也。不恤其名誉，不救其危难，已足生非常之恶感。由是虽为同类，各不相顾，种种合群之利益，因而消灭。为人若此，尚能竞存于世界乎？

四、社会合公众而成，岂无识者？我之行谊不足称，当然见屏于社会，无幸免者。

五、本课格言，谓吾人拂意之事，皆由自轻而自招之，于人无尤也。

参考

【便给】谓便捷轻利。

【狎玩】不尊重也。

【佟口】即信口之称。

【默尔息】安受之而不辩也。

【张皇】急迫之状也。

第五课　度量

本文

蒋琬为大司马。东曹掾杨戏，素性简略。琬与言论，时不应答。或构戏于琬曰："公与戏语，而不见应，戏之慢君，不亦甚乎？"琬曰："人心不同，各如其面。面从后言，古人之所诫也。戏欲赞吾是邪[①]，则非其本心。欲反吾言，则显吾之非。是以默然也。"

督农杨敏曾毁琬曰："作事愦愦，诚非及前人。"或以白琬。主者请推治[②]敏。琬曰："吾实不如前人，无可推也。"主者因乞问其愦愦之状。琬曰："苟其不如，则事不当理。事不当理，则愦愦矣。复何问邪？"后敏坐事系狱，众人惧其必死。琬据法断狱，得免重罪。其好恶存道，皆此类也。（《三国志》）

目的

本课言蒋琬之度量，使学生知待人接物，务以宽恕。

教授事项

（甲）时间分配　本课分二时。

第一时　"蒋琬为大司马"至"是以默然也"。

第二时　"督农杨敏曾毁琬曰"至"皆此类也"。

（乙）内容提示

一、人之慢我，我必有应当受慢之处。即使我无可慢，在我以为慢，在人或出于无心，或别有深意。我若拘拘计较，适以见度量之不广，而示人以可慢之处也。

二、构戏于琬，小人之谗言也。即其人未必为小人，见人慢

[①] 邪：古同"耶"，疑问词。

[②] 推治：审问治罪。

琬，即欲构衅于琬，存心已不可问。蒋琬不听或人之言，而又能曲原杨戏之心，以告或人，度量宽宏，吾侪当奉以为师也。

三、有度量者，只知责己，不敢责人，纵或流言四起，亦惟有返躬自省而已。蒋琬以不如前人自任，继复发明愦愦之说，其心歉然，其言蔼然，圣贤克己之功，无以逾是。彼或人请治杨敏，自以为忠于琬矣，亦知度量隘小，不免为识者所笑？

四、官厅对待人民，往往以挟嫌而加罪。不知罪之轻重，有法律在。据法以断之，方为无负于人民，有益于国家。若因己之私隙，而破坏法律，关于个人之度量，其害犹小，关于一国之法律，其害无穷也。

参考

【蒋琬】字公琰，三国时，湘乡人。

【大司马】官名。

【东曹椽】司马之属吏也。

【杨戏】武阳人，著有《季汉辅臣赞》。

【构】存破坏之心以造成其祸也。

【默然】不言也。

【督农】监督农事之官。

【杨敏】三国时人。

【愦愦】昏昧之状。

【坐事】犯罪之谓。

【系狱】谓受法廷之监禁也。

第六课　宽容

本文

　　夏原吉德量汪洋，莫测其际。尝使苏，有庖人烹肉过咸，公但咽素饭而已。无所问。巡视淮阴，憩于野。马惊而逸，从者逐之，未还。公遥谓过客，寄声寻马者。客不应，且出不逊语，从者执以见公。公笑释之。有旧吏污公金织赐衣，惧欲逃。公曰："污可浣，何惧为？"吏坏公所宝砚，匿不敢见。公谕之曰："物皆有坏时，我未尝惜此。"慰遣之。冬月出使，至馆，晨发，馆人烘袜，误烧其一。馆人惧，不敢告。时索袜甚急。左右请罪。公笑曰："何不早白？"并其一弃之。（《明史》）

目的

　　本课言夏原吉厚待役吏，俾学生知宽容之道。

教授事项

　　（甲）时间分配　本课分二时。

　　第一时　教授。

　　第二时　复习。

　　（乙）内容提示

　　一、役吏亦犹是人耳，不过因生计艰难，能力薄弱，不得不受役于人。有意破坏一切，不顾主人之损失，固当警戒。如其出于无心，均应体恤而原谅之。常见有富贵之家，存心苛刻，仆婢偶有失误，毁坏器物，明知其为无心也，或立时斥退，或勒令赔偿，不念下人之困苦，忍心害理，人道攸关，盍即夏原吉之德量而思之乎？

　　二、不问庖人，不执过客。不知宽容之道者，必以为太宽。亦思烹肉过咸，为庖人偶然之误。过客不应，乃过客不明公益。

若加以责斥，则无道矣。

三、惧欲逃，匿不敢见，左右请罪，种种惶恐之状，实属可怜。稍有人心者，安忍更加责罚乎？

四、曰"何惧为"，曰"我未尝惜此"，曰"何不早白"，待之者格外宽容，受之者异常感激，此后力图报效。种种利益，正是无穷。待其屡犯而责之，未为晚也。

参考

【夏原吉】字维喆，明朝湘阴人，官至户部侍郎，充采访使，卒谥忠靖。

【汪洋】状其德量之宽大，如水之汪洋于江海也。

【际】穷尽之处也。

【淮阴】今江苏清河县。

【憩】休息也。

【逸】奔逃也。

【寄声】托其传语也。

【匿】藏匿而不敢出也。

第七课　义勇

本文

伶人何姓，佚其名，广东嘉应州人也。伟躯干，膂力绝人。贫甚，逃于伶。工为纵横激荡之状。每戎服登场，须眉翕张，勇气弥厉。观者骇目。遂以善剧名于时。

粤俗，每大吏至，则演剧署中，三日乃罢。会学使以按试抵州城，州吏集诸伶应故事。伶人与焉。是日，天气和美，士女相约往观，至者数千人。忽厨中失火，顷刻穿屋出。时庭中设高台，台左右列广篷。皆晒蒲叶为之。火烈风盛，仓卒不可救。众闻警，争趋门出。门骤阖，不可启。相率①号呼就死。伶人一跃立墙上。有妇女数百人，坐其下。伶人以手引之，皆度墙而过。最后十余人，不得上。伶人复跃而下，掖而投之墙外。忽火爇②伶人衣。扑之，不得灭。遂死。

目的

本课述伶人舍身救火事，以引起学生之义勇心。

教授事项

（甲）时间分配　本课分二时。

第一时　教授。

第二时　复习。

（乙）内容提示

一、我国旧时习惯，常以伶人为贱业。不知伶人演剧，能引古人之善行，感动后人，兼以舞蹈音乐，旨趣活泼，尤易发人观感。苟能注重道德，辟除淫荡，其有益社会，良非浅鲜。

二、失火为常有之事。无论何人，皆有拯救之义务。然而世上救火者，几见有何伶之义勇乎？当相率号呼之际，在剧场者，不止一伶人也，而救人者只有何伶。其勇而好义，洵非他人所能及矣。

三、既已引救数十人，似乎可以止矣。何伶之心，若一人失救，即彼一生之缺点，故虽火爇其衣而不畏也。

四、遇火而不逃，勇也；为救人而死，义也。世之见难不救者，对于何伶，能无愧乎？

五、何姓舍身救火，虽为伶人，从此不朽。人亦何惮而不义勇哉？

---

① 相率：亦作"相帅"，相继，一个接一个。
② 爇：ruò，烧。

参考

【纵横激荡】谓一切活动之技。

【戎服】戎,军人也。戎服,军装而演作军人也。

【骇】惊异也。

【善剧】善于演剧也。

【学使】清朝考试生童之官,又称学台。

【掖】以手挟之也。

第八课　公益

本文

人类相结而成社会,又相合而为国家。一国之民,人人应为公众谋利乐,以期国家与社会之发达。故社会道德,以公益心为最大。

凡国家之所以隆盛,当求国民全体之进步发达。假令一国之中,富者少而贫者多,愚者众而智者寡,则必非国家真正之隆盛。故国民如有余力,凡关于公益之事,如贫民学校、工艺厂、博物馆、图书馆之属,俱宜量力为之。至于慈善事业,尤不当膜视他人之休戚,而稍吝吾财。

盖一国中之富者,实为社会所托命。如人人以吝啬为高,乃令妇稚泣于路隅,老弱转乎沟壑。则社会受其弊,己亦不能独利也。

格言　大利所在,必在两益。损人利己,非也;损己利人,亦非也。

目的

本课言维持社会,在乎公益,使学生知公益之关系。

教授事项

（甲）时间分配　本课分二时。

第一时　"人类相结而成社会"至"而稍吝吾财"。

第二时　"盖一国中之富者"至"己亦不能独利也"，兼复习全课。

（乙）内容提示

一、社会为多数人集合而成。社会不谋公益，则团结不坚；个人不谋公益，则无以语社会之道德。学者不可不知也。

二、富者智者，有财力，有思想，最易损害他人之自由。若能随地随时，毋相损害，则世界种种利益，彼贫者愚者，亦能公同享受矣。此则公益之要点也。

三、贫民学校、工艺厂、博物馆、图书馆，既为公共之物，即有公共之益。慈善事业亦如之。然而所难者财也。有财与否，则视乎人之有无公益心。若吝吾财，则公共之物不成，安有公共之益哉？

四、社会之效用，所以维持秩序，保守安宁也。然一切社会事业，不能徒手行之，亦不能枵腹①谋之。富者财力充裕，不知公益，苟遇扰乱之时，不能独享安宁，有断然者。

五、本课格言谓利益为人人所喜，损人利己，固不可行，损己利人，亦非社会所希望。并非损己，而专知益己，不知益人，断不能见容于社会也。

参考

【贫民学校】教育贫民之无力求学者。

【工艺厂】工人无资本，不能自行制造。有工艺厂，则工人可以谋生矣。

【博物馆】博采物类标本，以供公众之研究物理者。

---

① 枵：xiāo，空虚。枵腹：空腹，谓饥饿。

【图书馆】收藏图书以备公用者。

【膜视】膜，肌肉间所裹之薄衣。膜视，犹言隔膜而视，不甚明切也。

第九课　公众卫生

本文

卫生，不仅为一己之事。对于公众亦应负有责任。且对于公众之责任，乃比对于一己为尤要。

凡人养生所不可忽者，曰空气，曰日光，曰饮食，曰居室，曰沟道。盖空气与日光，为人类公共之物，苟或溷浊①其空气，或阻碍其日光，皆足使人不健全。至饮食、居室，虽仅计一家之利，然能清洁完备，足以预防疾疫，则公众亦受其福。若夫沟道、河渠，往往为一地方人民所公共者，尤直接受其利害也。

疫疠一端，尤为危险。如不幸罹此，必当迁居病院，或施隔离之法，庶免危及他人。

故曰，传染病之蔓延，与公德心之普及，有反比例。尝见有随地涕唾、任意泄溺者，皆足为传染病之媒介。欲保公众之安全者，讵②可忽乎？

目的

本课言卫生之道，不仅为个人起见，使学生知公众卫生。

教授事项

（甲）时间分配　本课分二时。

第一时　教授。

---

① 溷：hùn，肮脏，混浊。溷浊，同混浊。
② 讵：jù，岂，怎。

第二时　复习。

（乙）内容提示

一、比一己为尤要，非谓舍己而谋人也。一己不卫生，受病者犹少，公众不卫生，则受病者更多也。

二、呼吸必需空气，杀虫必需曝光，饥渴必需饮食，起卧必需居室，泄水必需沟道，尽人皆同。顾己而不顾人，即为公众之害，而己亦不能独全也。

三、我之饮食起居，人固不能干预，然我以不洁致病，遂不免传染他人，可不慎欤？

四、沟道为公共所泄秽，河渠为公共所取水。沟道河渠不能清洁，则公共受其害。世人以秽物弃诸沟河，以为于己可以无害，何不思之甚也？

五、勿谓我之疫疠，于人无与也。苟有传染，则受害者不可胜数。今之习惯，患疫之人，往往不愿迁居病院，患疫者之家人，又不能设法隔离，皆非卫生之道也。

六、涕咦泄溺，皆有传染疫疠之关系。乃今之人，往往于大庭广众之间，任便涕唾，公共往来之地，任便泄溺，最为恶习，且妨卫生。故无论何人，涕唾必就痰盂，即在街巷旷野，亦当以巾承之。泄溺宜就定所，尤不可随意苟且。

参考

【沟道】凡居室道途间皆有之，所以排泄污秽也，俗称阴沟阳沟。

【疫疠】即瘟疫也，如喉痧、霍乱、鼠疫等症皆是。

【病院】专为医治病人而设者。我国都会及通商大埠，渐次设立矣。

【蔓延】蔓草滋长之时，牵连甚长。以喻传染之地日益广大，传染之人日益众多。

第十课　博爱

本文

席本桢,吴县人。世居洞庭东山。生而颖异。尝曰:"天生圣贤豪杰,不徒使其自有余而已,将以仁爱人也。士无论穷达,要在智力能活人耳。"

崇祯末,连岁大祲,流寇四起。自秦、晋、齐、豫、楚、蜀之境,无不被贼。吴中米亦腾贵。本桢发橐中金,挽裹、樊之粟,储之中吴,以平其直。既而叹曰:"岁荒如此,民又安所得直乎?"于是户书其口,口计其食,以分赈之。又以其馀及于金陵、云间、济宁、临清诸所贸迁之地。赈之如中吴。凡发粟万石,捐白金二万,所全活者远至二千里,不可以数计。大江以南,凶荒荐臻,而无揭竿之变,本桢与有力焉。(《图书集成·笃行部名贤传》)

格言　德莫高于博爱人。

目的

本课言席本桢之救荒弭乱,使学生知博爱之义。

教授事项

(甲)时间分配　本课分二时。

第一时　教授。

第二时　复习。

(乙)内容提示

一、古者士农工商,称为四民。以士居首,因其智力之胜于人也。苟其智力,不足活人,则亦愧对此名矣。

二、流寇亦人民也,岁凶无所得食,乃铤而走险耳。席本桢发金赈粟,救活无算,为人民计,即为国家计,岂为富不仁者所可同日语乎?

三、大凡慈善事业，有地方界限之分，即非博爱之道。席本桢视金陵云间诸地，一如中吴，足见天下一家，化除界限。慈善家当取法之。

四、粟万石，金二万，非小数也；远至二千里，非一隅也；不可以数计，非一人也。此之谓博爱。流寇既受其爱，含生负性，具有天良，何忍揭竿生变乎？

五、本课格言，谓博爱为最高之道德，一切人道主义，皆由是而生也。

参考

【席本桢】明代人，见《明史·孝义传》序。

【吴县】旧属江苏省苏州府。

【洞庭】山名，分东西两山，在江苏境太湖内，居民甚繁。

【颖异】聪明而奇特也。

【崇祯】明毅宗年号。

【大祲】祲，五谷不熟之天灾也。大祲，谓大灾。

【流寇】谓寇盗之迁流无定者。

【秦晋齐豫楚蜀】秦即陕西，晋即山西，齐即山东，豫即河南，楚即湖南湖北，蜀即四川。

【吴中】即指苏州。

【橐】置金之囊也。

【挽】引车也，谓以车载米，牵引而行也。

【襄樊】襄，地名，湖北之襄阳也。樊亦地名，即襄阳之樊城镇，向为产米之区。

【直】米价也。

【赈】不取其直而与之也。

【金陵】今江苏江宁县。

【云间】今江苏华亭县，旧称松江府。

【济宁】今山东县名，旧称州。

【临清】今山东县名，旧称州。
【贸迁】即交易之谓。
【中吴】即吴中。
【荐臻】并至也。
【揭竿】揭，举也。揭竿，以竿为标记，聚众而谋扰乱也。

第十一课　慈善

本文

琦基斯女士，美人也。生于十九世纪之初。时则监狱、医院等制度，多未完备。女士患穷苦者之无告也，只身独行，躬冒危险，游说各埠。前后数十年间，凡监狱、医院与夫盲哑、疯人、养老、孤儿等院，经女士游说，因以改良者不可胜数。

女士既老。或赠以家屋一区，劝之小住，以娱暮年。女士辞曰："余年虽老，心力未衰。彼颠连无告之人，孰不当加以援手？吾存一日，即尽吾一日之心。至于萍梗之身，朝船暮车，栉风沐雨，安用家为？"卒峻却之。

自是女士终其身，居无一椽，行无常舍。然欧美诸国中，沐女士之惠，而构成安乐之家庭者，所在多有。后人钦其懿行，至今犹称道勿衰云。（《欧美女子立身传》）

目的

本课述琦基斯之善行，启发学生之慈善心。

教授事项

（甲）时间分配　本课分二时。
第一时　教授。
第二时　复习。

（乙）内容提示

一、人民违犯法律，身被拘禁，已失身体之自由。若因监狱之腐败，酿成疾病，其苦更不可当。故文明各国之监狱，莫不注重整洁也。

二、贫人生计艰难，不幸而有疾病，常无医药之资。公家不设医院以救护之，病者多一夭折，即国家少一人民，此医院之所以为急也。

三、盲哑疯人，老弱孤寡，既无能力，谋生更难，必由公家教养之。我国旧有养济院，徒给衣食，毫无教养。近年各省通商大埠，仿照各国，设立孤儿院、贫儿院及贫民习艺之属，施以教育，授以工艺，虽残废之人，亦能自食其力。国计民生，两有裨益，岂不善哉？

四、慈善事业，不难于守成，而难于创始。守成则基础已定，但须监督经理而已。创始之时，种种设施费用甚巨，虽有办事之人，经费不敷，迄无成效。琦基斯游说数十年，其存心慈善，固不待言，卒能集资告成，以如其愿，洵世界之女杰也。

五、为善不应求报，亦不可始勤而终惰。女士不受馈赠，不肯休息，即此义也。

六、我国慈善事业，所在皆有，惟经理之人，往往侵蚀资财，以肥家室，忍心害理，诛不胜诛。何弗即女士之懿行而自思乎？

七、一人之财力有限，但能广为捐募，而以清廉自矢，未始非慈善家也。

参考

【琦基斯】美国之女士也。

【监狱】俗称监牢。违犯法律者，必拘禁于此。

【医院】为疗治病人之所，有医师，有药物。其由公家建设者，病人入院，或免费，或酌收药资。其由私人设立者，医药之资，任其自定。

【盲】目不能视者。

【哑】口不能言者。

【疯人】有颠狂之精神病者。

【盲哑疯人养老孤儿等院】西国对于残疾之人，皆专设一院教养之。故盲哑者有盲哑学校，疯人有疯人院。孤儿无依者，则有贫儿学校。不仅衣之食之，必使之受相当之教育。疯人老者，则授以相当之工艺。

【援手】谓救护之也。

【萍梗】萍，浮萍也。梗，蓬梗也。萍梗常飘泊无定，以喻人之不能安居者。

【栉风沐雨】谓理发以风代栉，沐首以雨代水，状其忙也。栉，理发之具也。

【峻却】坚辞之谓。

【沐】受也。

【构】创造也。

第十二课　仁厚

本文

贾淑，字子厚，与郭林宗同乡。性险害，邑里患之。林宗遭母忧，淑来修吊。既而巨鹿孙威直亦至。威直以林宗贤而受恶人吊，心怪之。不进而去。林宗追而谢之，曰："贾子厚诚凶德。然洗心向善，仲尼不逆互乡。故吾许其进也。"淑闻之，改过自励。终成善士。乡里有忧患者，淑辄倾身营救，为州间所称。

（《后汉书》）

目的

本课述郭林宗之厚待贾淑,养成学生之仁厚心。

教授事项

(甲)时间分配　本课分一时。

上半时教授,下半时复习。

(乙)内容提示

一、人性本善,习于恶则恶,习于善则善,善者可以为恶,恶者亦可以为善。故存心仁厚者,当以劝善为务,不可因其为恶而拒绝之也。

二、揣威直之心,林宗对于子厚,当不受其吊。不知林宗丧母,子厚吊之,来意未尝不善,念其旧恶而拒之,有是理乎?

三、孙氏之行,其洁身自爱,固未可厚非。然而以人道言,孙氏之高洁,究不如郭氏之仁厚也。

四、仲尼,圣人也。其不逆互乡,盖谓互乡虽不善,不过一时之固弊,鄙而弃之,非仁厚之道也。

五、使恶人不能为善,贾淑虽改过自励,不能成善士矣。诸生对待同类,勿以其暂时为恶而轻之。

参考

【贾淑】后汉时人。尝为舅报仇,系狱当死,郭林宗高其义,力救之乃免。

【郭林宗】名太,汉太原介休人。家贫好学,博通坟籍[①],隐不违亲,贞不绝俗[②],天子不得臣,诸侯不得友。年四十二,卒于家。

【遭母忧】谓丧母也。

【巨鹿】今直隶省巨鹿县。

① 坟籍:古代典籍。
② 隐不违亲,贞不绝俗:谓隐身于世而能尽亲情孝道,品性高洁而不与世俗隔绝。

【孙威直】汉时人，以刚介称。
【凶德】犹言恶行。
【仲尼】孔子之字也。
【不逆互乡】互乡乡名，其人习于不善。有童子见孔子，门人惑。孔子曰："人洁己以进。与其进也，不保其往也。"
【倾身】忘其身也。
【州闾】二十五家为闾，二千五百家为州。

第十三课　公德

本文

人不能离社会而独立。如欲彼此相安，讵能以己所不欲，施诸他人？此人之所以宜讲公德也。

公德之事不一，略举一隅，以当三反。

一勿以污秽不洁之物，弃诸道路、沟渠中。

一勿损坏公共之物。

一勿谈人隐私。

一勿偷视人书信。

一勿蹒践公共之居处。

一勿以艰难之事推诿他人。

一凡人有所询问，苟我所知，必以详告。

一凡人在困苦中，力能扶助则扶助之。

一严守相约及集会之时刻。

一扶持老幼之人。

凡此种种，不胜缕述。总之文明国人，能爱己，尤能爱人。此之谓公德。

目的

本课约举公德之大要，使学生扼要而行。

教授事项

（甲）时间分配　本课分一时。

上半时教授，下半时复习。

（乙）内容提示

一、国家以社会而立，社会集团体而成。人民无公德，则团体不坚，社会离散，国家即因之危矣。

二、人与人相接，一举一动，皆有公德之关系。所举十条，看似容易，偶一不慎，往往违犯。学者果能悉数遵行，又能随地随时自行注意，则团体坚固，社会发达。诸生勿视为迂浅而忽之也。

三、所举十条，第一为公众卫生，第二第五为爱护公物，第三为保全名誉，第四为尊重个人之自由，第六为待人宽恕，第七为交换知识，第八为慈善事业，第九为保守信用，第十为厚待老幼，皆公德之大要也。

四、只知有己，不知有人，其人决无公德心。学者戒之。

参考

【沟渠】沟所以泄水，渠所以蓄水。

【隐私】谓应当秘密之事，一经发表，即有名誉上之关系者。

【躏践】即践踏伤害之也，俗称糟蹋。

【缕】详备也。

第十四课　公义

本文

廉颇为赵将。蔺相如从赵王为渑池之会,及归,拜为上卿,位在颇右①。廉颇曰:"我为赵将,有攻城野战之功。相如徒以口舌为劳,而位居我上。吾羞不忍为之下。"宣言曰:"我见相如必辱之。"相如闻之,不欲与颇争列。已而相如出,望见颇,引车避匿。于是舍人谏曰:"君与廉颇同列,廉君宣恶言,而君畏匿之,恐惧殊甚。"相如曰:"吾念之,强秦之所以不敢加兵于赵者,徒以吾两人在也。今两虎共斗,其势不俱生。吾所以为此者,以先国家之急而后私仇也。"颇闻之,肉袒负荆,至蔺相如门谢罪曰:"鄙贱之人,不知将军宽之至此也。"卒相与欢,为刎颈之交。(《史记·列传》)

目的

本课言廉蔺之因爱国而消释私怨,使学生知崇尚公义。

教授事项

(甲)时间分配　本课分二时。

第一时　教授。

第二时　复习。

(乙)内容提示

一、吾人办理国家事务,所以谋一国之幸福也,非为一己之位禄也。因位禄而构成私隙,国家必受其害。观于廉蔺,幸而尊重公义,卒相与欢。不然,强秦乘隙而入,赵国之亡,指日可待,岂不危哉?

二、攻战为国家,口舌亦为国家。官位不如其愿,即欲自夸

---

① 一般情况下,中国古人以右为尊(上)。

212

其劳而构成嫌怨，是我之攻战为官位也，非为国家也。热心爱国者，断不若是。

三、蔺非得罪于廉，欲与之争，未尝不可。然而公事重于私事，既起内讧，必生外患，若不引车避匿，国事何堪设想？

四、下僚之言，但知卫护其长官。舍人谏相如，为相如计则可，为国家计则不可。官厅因私怨而误国家，往往出于属下之耸动，甚至仆役侍从，亦能各为其主，致纷争而酿大祸，不知顾念其国家。此亦有官职者所当注意也。

五、吾念之一节，非徒可以教舍人而止其谏，并可以教天下万世之争功误国者。吾侪当深思而熟读也。

六、登门谢罪，卒相与欢，为刎颈交。足见爱国思想，为人具有之良心，特于夸功忌能之时，为私人所蒙蔽耳。

参考

【廉颇】廉姓，颇名，赵之良将也。

【蔺相如】蔺姓，相如名，初为宦者缪贤舍人。赵王求可使秦者，贤荐之。

【赵王】赵惠文王，名何。

【渑池】渑①池，今河南省渑池县。

【上卿】上等卿位也。

【舍人】左右亲近之人也。

【肉袒负荆】袒，免左旁衣也。肉袒，谓袒露其肉，示不安也。荆，木名，古者刑杖以荆，故负此以示获罪。

【刎颈】言誓同生死也。

---

① 渑：miǎn。

第十五课　强毅

本文

汉武帝时，苏武使匈奴。其副与前降匈奴者，谋劫单于母以归汉。事泄，武曰："事如此，必及我。我见辱乃死，重负国矣。"欲自杀，从者止之。

单于果召武。武曰："屈节辱命，虽生，何面目以归汉？"引佩刀自刺。或抱持之，急召医，凿地为坎，置煴火，覆武其上，蹈其背以出血。武气绝半日乃苏。

单于壮其节，遣人候问。愈欲降之。武大骂使者。单于幽[①]之于大窖中，绝其饮食。会雨雪，武以雪和旃毛吞之，数日不死。匈奴以为神。乃徙之北海[②]上无人处，使牧羝，曰："羝乳，乃得归。"武掘野鼠、采草实食之，杖汉节牧羊。卧起操持，节旄尽落。

时匈奴对汉使，辄诡言武已死。汉使访知武所在，乃托言汉帝射雁，于雁足得系帛书，言武在某泽中。单于大惊，乃归武。武留匈奴十九年，始以强壮出，及还，须发尽白。（《前汉书》）

格言　三军可夺帅也，匹夫不可夺志也。

目的

本课言苏武之不肯受降，以激励学生强毅之节操。

教授事项

（甲）时间分配　本课分三时。

第一时　"汉武帝时"至"武气绝半日乃苏"。

第二时　"单于壮其节"至"须发尽白"。

[①] 幽：囚禁。
[②] 北海：俄罗斯贝加尔湖之旧称。

第三时　复习全课。

（乙）内容提示

一、人不能不死。死固不足惜，所惜者，轻于一死，不能尽心力于国家耳。苏武曰："我见辱乃死，重负国矣。"其爱国之心，概可想见。

二、不能为祖国增光，至无可如何之时，惟死而已。"屈节辱命，虽生，何面目以归汉。"苏武此言，千秋万世，凛凛然犹有生气。故其对于匈奴，宁流血气绝而不降也。

三、国家对待外国人，遇其有气节而能不负祖国者，不能施之以威，常示之以德而拘留之。此单于之所以壮其节而遭人候问也。

四、不辱祖国而尚可以不死，身在敌国，心在祖国，无论如何困苦，决不可冒昧求死，致祖国少一伟大之国民。苏武大骂之后，其困苦可谓极矣，耐至十九年之久，须发尽白，卒能归汉，其强毅真可敬也。

五、本课格言，谓匹夫之志，神圣不可侵犯，无论如何，决无摇夺。故曰"三军可夺帅也，匹夫不可夺志也"。诸生皆匹夫也，勉之望之。

参考

【汉武帝】名彻，景帝子，在位五十四年。

【苏武】字子卿，苏建之子，详见《汉书》苏建本传。

【匈奴】今之内外蒙古地。

【副】谓张胜。

【前降匈奴者】谓卫律等。

【单于母】单于，匈奴语广大之意，匈奴称其王曰单于。单于母，匈奴国王之母也。

【泄】漏泄风声也。

【煴】聚火而无焰曰煴。

215

【苏】死而复生也。

【窖】地穴也。

【旃毛】旃，与毡同，蹂毛成片曰毡。

【牧羝】羝，牡①羊也。牧羝，使之畜牧牡羊也。

【羝乳】乳，生子也。牡羊不能生子，"羝乳，乃得归"，言永无归国之期也。

【汉节】汉天子所赐之节也。凡使者必持节以示信，其式以竹为之，编旃于上。仗汉节牧羊，不忘汉室也。

【节旄】旄以牛尾为之。

【诡】诈言也。

【雁】水禽名，状似鹅，其飞能自成行列。

【帛】丝绸物之总名也，俗称绸。

第十六课　武勇

本文

日本广濑武夫，少有胆力。学于海军学校。兼修柔术。业成，任海军少尉。稍进至中佐。尝游学俄国，留六年。一日，俄将谓武夫曰："日本人体躯短小，恐非我敌。"武夫笑曰："请尝试之，幸②择力士三人当我。"既立庭上，三人进搏扼之，一掉皆倒。众瞠目卷舌。事闻，俄皇欲亲览其技，固辞不获。于是又令选膂力超众者与之角，亦皆败。帝深称其勇武。

目的

本课言广濑武夫之武勇，引起学生尚武精神。

① 牡：mǔ，雄性的鸟或兽，亦指植物的雄株，与"牝"相对。
② 幸：希望。

教授事项

（甲）时间分配　本课一时。

上半时教授，下半时复习。

（乙）内容提示

一、国家转弱为强，全赖人民之武勇。日本小国耳，卒能战胜强俄，盖始于人民之勇武也。观于广濑武夫，可以知日本强盛之源矣。

二、"体躯短小，恐非我敌。"俄将轻视武夫，适以激励武夫。然非武夫之不肯安于怯弱，虽经激励，亦无用也。

三、我国人民，常托言体躯不合，不肯当兵，致国家军事毫无进步。亦知短小之武夫具有胆力，即能掉倒三人，惊动俄皇乎？

四、使敌国称为勇武，其权不在敌国，在乎本国之人民。为学生者，慎毋谓文人不宜习武也。

参考

【广濑武夫】广濑姓，武夫名，日本丰后国竹田町人，生于明治元年，卒于明治三十七年。

【柔术】徒手相搏之术。明朝时，我国陈元赟至日本，教福野七郎等，日本遂有柔术，即中国之拳术也。

【少尉】位于我国少将等。

【中佐】位于我国中将等。

【俄国】即俄罗斯。

【搏扼】谓或击或擒，使之不能动也。

【掉】一挥手也。

【瞠目卷舌】惊骇之状也。

【角】比较勇力也。

第十七课　报国

本文

　　日俄之战，武夫跃然起曰："吾报国之时至矣。"乃建议填塞旅顺口。司令官伟其策，遂以五舶，分乘死士七十七人，满载巨石、爆药而发。是时风怒浪激，四顾昏黑，不辨咫尺。既见老铁山灯台，乃得进。以电灯为导，突至港口。敌觉之，照以探海灯，海陆发炮拒之，弹丸如急霰。五舶联合冒进，各择地自爆沉。既毕事。武夫移轻舟，竿头悬方巾以为标识，候救护舰来，转乘而还，不失一人。

　　是役也，封锁之功未竟。逾月，武夫又率四舶，与死士六十五人赴港口。武夫所乘船，有衫野孙七，胆勇超众，执役舱下。敌纵水雷，船破，武夫跳而免。与诸兵士入别舸，而不见孙七。三反索之，不得。潮水渐没甲板，不可留。乃去，叹曰："惜乎丧我一勇士。"时俄炮丛射，折櫂摧舷。巨弹忽夺武夫而飞，舸上仅遗一片肉耳。后数日，尸浮港口，俄将以礼厚葬之。

　　格言　为国而死，荣莫大焉。

目的

本课言广濑武夫之死于战事，引起学生之爱国心。

教授事项

（甲）时间分配　本课分三时。

第一时　"日俄之战"至"不失一人"。

第二时　"是役也"至"俄将以礼厚葬之"。

第三时　复习全课。

（乙）内容提示

一、国家无事之时，人民虽有武勇，无从表见。然人民练习武勇，预备救国家之危难也。况俄国与日本激战，在在①轻视日本，人民不出死力以报国，其耻孰甚。"吾报国之时至矣。"武夫气概，与在俄国时无异。吾辈当崇拜之。

二、旅顺口为俄军必由之路，建议填塞，诚为要策。然而受风浪，被拒敌，固意中事，稍一胆怯，非畏缩不前，即半途中止，安能于弹丸之中，冒死毕事乎？

三、跳而免，非避死也。正当交战时期，必思有以报国，倘有生机，不忍轻于一死也。如其为避死而跳，非徒负衫野孙七，且有负于国家，决不能身受巨弹，仅遗片肉矣。学者当明辨之。

四、舍身报国之人，世界各国，莫不钦敬。俄将始以炮击之，继以礼葬之，可见武夫之死，足以震动世界矣。

五、本课格言，谓死而无闻，不足为荣。死非为国，即有所闻，其荣不大。如武夫之死，古今中外，莫不以为荣耀也。

参考

【日俄之战】在清光绪二十九年及三十年间。

【旅顺口】在奉天省金州之南，口门回抱甚窄，形如半环。日俄和约既定，日本以之为自由港。

【老铁山】即老铁山高角，在旅顺口门外。

【探海灯】兵舰及炮台所用，黑夜探照敌人者。

【急霰】霰，俗称雪珠，先雪而下。弹丸如急霰，言其速而多也。

【役】指战事。

【衫野孙七】衫野姓，孙七名。

【索】搜寻也。

【丛射】集于一线而射也。

① 在在：处处，各方面。

【櫂】音棹，舟旁拨水之具，所以进船也。短者曰楫，长者曰櫂。

【舷】船边也。

第十八课　国民义务

本文

国民之义务，举其要者，厥①有四端：曰守法，曰兵役，曰纳税，曰教育。

法律者，保护人民之生命、财产、名誉者也。一国之中，必人人无凌杂侵欺之事，而后可以乐业遂生。若国民不守法律，则秩序紊乱，国本亦将不固。故国家设法律以维持秩序，务公共之利益，保大众之安宁。则吾民安可不尊重法律而破坏之耶？

保护国家，防御外寇，亦国民应尽之天职。我国土地广沃，物产丰盈，久为世界称誉。苟有外侮，则全国之人，皆宜尽其卫国之责。凡我少年，安可不及时锻炼，以养成军人之资格乎？

国者，人民之集合体也。国家设官养兵，为人民理公共之事。所以保障人民，而图其发达。其费用不能无所出。人民既享安宁之福，应出赋税以供国用。惟国体共和，人民有监督财政之权，政府不能滥用也。

民智、民德，恃教育而发达。国家盛衰之原，实由于此。故凡为国民者，不论贫富贵贱，均当受义务教育。父母之教育其子女，实为对于国家当然之义务。我国生齿日繁，而世界之竞争又烈。惟群起而谋教育，庶有生存之望耳。

格言　生人无论所处何地，皆有当然之义务。

① 厥：乃，于是。

目的

本课唤起共和国民，使知各尽义务。

教授事项

（甲）时间分配　本课分三时。

第一时　"国民之义务"至"以养成军人之资格乎"。

第二时　"国者人民之集合体也"至"庶有生存之望耳"。

第三时　复习全课。

（乙）内容提示

一、有义务乃有权利。人民对于国家，欲享一般权利，必当先尽义务。慎毋徒有权利思想，而谓国家之不能厚待我也。

二、人民误会自由之说，几以法律为无足轻重之物，不知真实之自由，根据于法律。若无法律，是放肆也，是扰乱也，非自由也。即自称为自由，所谓野蛮自由，而非文明自由也。学者不可以不辨。

三、我国旧时习惯，常有好人不当兵之说。不知人民之当兵为国家，亦即为个人。盖国家有外患，个人之生命财产不能自保，若无军人之资格，预备当兵，国家亦焉用有此人民，人民又安能存立于国家哉？

四、国用更重于家用。人民纳税，所以济国用也。家用不足，穷在一家，犹可赖国家之保护。国用不足，则国事废弛，而家亦不可保矣。故纳税为人民第一义务。至于监督财政，固人人应有之权，非若专制时代，政府可以滥用也。

五、人民程度，出于教育。无教育，即无知识。政体虽经改良，人民之程度，不足以赴之，必为各国所窃笑。凡我国民，不可不勉也。

六、本课格言，谓人民应当之义务，易地皆然，不可因境遇不同，遂有废弃也。

参考

【锻炼】即练习之谓。

【保障】即保护之谓。

【生齿】则生民之谓。

第十九课　人权

本文

人权者，人人所自有，而非他人所能侵损者也。析而言之，有对于公众之权，有属于个人之权。

组织社会，参预政治，选举议员，举吾学识之所及，皆得发布于外。以求有益于人类。此人权之对于公众者。

信教自由，营业自由，生命自由，财产自由，意志所在，即权力所在，非他人所得干涉，此人权之属于个人者。

具此伟大之人权，但能各保其权，而不相侵犯，任所欲为，无施不可也。

格言　人有同等之权利。

目的

本课言人人应享之权利，使学生知保护人权。

教授事项

（甲）时间分配　本课一时。

上半时教授，下半时复习。

（乙）内容提示

一、对于个人之权，我固可以自由。对于公众之权，人亦不能侵犯。各自保守，互相爱护，人类之天职也。

二、我有对于公众之人权，当知不负此权。有社会思想，有政治经验，有选举资格，则不负矣。

三、属于个人之权，以个人为限。若溢于个人范围之外，侵损他人，他人亦将干涉。我所自有者，亦不能独权。是非人之欺我，我之自取其欺也。

四、本课格言，即平等二字之发明，所以使人享同等之人权，而毋相侵夺也。

参考

【析】分也。

【信教】谓信仰宗教，如信佛教或耶教①、回教是也。即如旧称儒释道三教，亦任人自由信从，不加强制，是谓信教自由。

第二十课　人格

本文

具官体而名之曰人，即有应享之人权。所以保守此人权者，则在人格。

修名誉，求学问，讲道德，守法律。内之无歉于身心，外之有功于世界。人格之要素也。

偶一不慎，则一言之细、一行之微，不免损贬其人格。人格既废，其人权即随之俱去。

鸟兽之属，其知觉运动，与人何异？以无人格可言，故常受制于人，不能与人类并列。吾人人格不完，亦即为他人所制，其关系不綦②重欤？

---

① 基督教之旧称。
② 綦：qí，极，很。

目的

本课言人格之关系，使学生养成完全之人格。

教授事项

（甲）时间分配　本课一时。

上半时教授，下半时复习。

（乙）内容提示

一、欲享人权，必先具人格。人格不完，卒受天然之淘汰。此世界之公例也。

二、内对于身心，外对于世界，若有缺点，即非完全之人格。学者不可不知。

三、勿谓一言一行，关系极为细微。迨至丧失其权利，始知悔悟，已无及矣。

四、人之制我，非人之欺凌我也，我无自制之人格，不得不受制于人也。我当受制于人，人不制我，人将为我所累，而亦不能自制矣。人格之重要如此。

参考

【官体】谓五官四肢。

【歉】抱歉也。

【制】治也。

第二十一课　国际道德

本文

自世界大通，国与国之交际日繁。国人之待遇外人，宜以诚实、信用、亲爱、礼让为贵。此所谓国际道德也。

未开化之国民，对于外人，或加以侮辱，或施以傲慢。于外人丝毫无损，特以野蛮示人耳。盖所谓文明国民者，不独平时之礼意殷拳也，虽在两国战争时代，苟非战斗之员，不加仇视。而敌军之失战斗力者，其待遇即与常人无异。试观红十字会之看护伤亡，敌我如一，诚不忍以国界故而泯其道德心也。

目的

本课言国与国之交际，使学生知待遇外人之道德。

教授事项

（甲）时间分配　本课一时。

上半时教授，下半时复习。

（乙）内容提示

一、世界愈进化，则交通愈发达，不能如野蛮时代之闭关自守也，于是此往彼来，视为当然之事。不诚实，不信用，不亲爱，不礼让，我既自安于野蛮，各国将窃笑之，耻孰甚焉。

二、前清风气初开之时，人民不明世界大势，闹教排外之举动，不一而足。卒至谢罪赔款，损失国权，伤残国体。犹得曰专制时代，人民程度不及也。今日民国成立，政体已更，较未开化之国民，不可同年而语矣。此则吾侪所当注意也。

三、战斗之人，守国家主义，故不妨仇视。非战斗之人，当重人道主义，故不忍仇视。此红十字会之所由兴也，其中界限分明，不容含混。

四、道德之弥纶①，非国界所能限制。试观外人传教，一以劝善为宗旨，并设医院以疗人之疾病，集赈款以救人之灾荒。若拘拘于国界，彼此各不相关，岂非多事乎？人民无国际道德，即此意以推之，当亦恍然自悟矣。

---

① 弥纶：统摄，笼盖。

参考

【国际】此国与彼国交接也。

【红十字会】英国妇人南丁格兰①所创，专在交战地点，救恤伤亡兵士，今已各国通行矣。

第二十二课　中华国民

本文

吾中华民国，世界有数之大国也。吾族之生长、衣、食于是土者，实已数千年于兹。故既为中华国民，应保守兹土勿失，且发荣而光大之也。

国民为国家之分子。国势隆替②，系于政治。政治良楛，系于风俗。风俗美恶，系于人民之德性。故人民对于国家，必修德淑性，以自尽其国民之分。

所谓修德淑性者，恭俭持躬，朴勤处事。入则孝弟，出则忠信。重人道，谋公益。遵奉国宪，惠爱群伦。平时则振起工商，促进文化；战时则踊跃赴难，发扬国威。凡此皆我国民所当注意者也。

格言　一国之强弱，视人民之德行。

目的

本课以德行归束全书，使学生为完全新国民。

---

① **现作南丁格尔。**红十字会实为瑞士人亨利所创。
② **隆替：**盛衰兴废。

教授事项

（甲）时间分配　本课分二时。

第一时　教授。

第二时　复习。

（乙）内容提示

一、世界各国，进化愈速，竞争愈烈，非发荣光大，即日就率微，天演无情，断难中立。吾国既经改建，凡属国民，益当毋息毋荒，协力进行，勿以改革告成为圆满也。

二、德性为人民所同具，对于风俗、政治、国家，各负完全之责任。遇有缺点，皆人民之失德有以致之也。今欲使中华雄长全球，实惟吾民之赖。此则为国民者，不可不知也。

三、修德淑性，本吾民个人之事，于国家无关。然而世界所谓国家者，无非集个人而成者也。国家所有待于吾民者，至重且大。吾民果能修德淑性，则国本自固矣。

四、本课格言，谓民主之国，国家或强或弱，其权在乎人民。

五、本书开始，恪遵教育部命令，首言道德，至此并以德行终篇，期望诸生，至深且切。诸生皆吾中华之国民也，尚其毋负此旨哉。

参考

【数千年于兹】自黄帝纪元迄今四千六百余年。

【替】衰败也。

【楛】恶也。

【淑】善也。

编辑后记

读库编辑团队对《共和国教科书》的整理再版工作，主要分为两项：一是对教科书部分的还原与修复，二是对教授法部分的校订与编注，力图以"全貌"、"原貌"来再现这些百年前的教育经典与出版硕果。

教科书部分，我们将原属初小、高小的《新国文》《新修身》共计二十八册，及《公民须知》一册，合并为初小部分六册、高小部分五册，仍以繁体线装方式出版，原书的封面及内文所有内容均在各分册中予以保留。由于这套书年代久远，搜集自民间多方，故页面污损严重，往往需要通过多册旧书才能拼凑出扫描效果较为理想的整套内容。

整理扫描之后，我们又对这些页面进行了力所能及的细致修复。拜现代技术条件所赐，使得我们的修复工程得以超越传统影印书的概念。在这一过程中，我们也对原书中的文字不规范统一、标点错漏之处，做了有节制的改动。

教授法部分，我们将与教科书相对应的二十八册教授法，合并为六册，凡百万余言，以简体横排方式再版，以利当代读者理解，并方便与教科书对照阅读。

由于这套老课本风行若干年，版次众多，不同版本间有诸多内容变动，往往出现不同版本的教科书之间、教科书与教授法之间内容不尽一致的情况。有的只是简单的字词或句读差异，有的则是内容有较大增减（如《新国文》高小第一册第二课《民国成立始末》）；有的是内容相同而标题不同（如《新国文》初小第四册第二课，标题或为《共和国》，或为《大总统》），有的则是标题相同而内容不同（如《新修身》高小第二册第十四课，标题同为《义勇》，内容则大相径庭）；有的是不同版本之间某课内容全换（如《新国文》初小第七册第二十四课，有的版本为

《鲸鱼》，有的版本为《鲍氏子》），有的则是不同版本之间连续几课内容全换（如《新国文》高小第二册第十九课至第二十二课，我们见到的两版内容完全不同）。凡遇这种情况，简单的字词或句读差异，我们遵循教授法服从教科书的原则（除非教科书有明显错误）；内容不同之处，有的依从现代社会的观念（如《新国文》初小第七册第二十四课选了《鲍氏子》而非有捕鲸说法的《鲸鱼》），有的资料搜集困难，则视版本保存情况，以教授法能与教科书相配为宜，同时兼顾页面质量。经多次努力，至少我们目前整理的这一整套《新国文》与《新修身》，其教科书与教授法的内容是对应一致的。

在校注过程中，我们对教授法原书中明显的错讹之处，以及与现代不同的注音，进行了直接修改，不再另作说明。全书标点则依从现代语法规范。所涉较为生僻的字词、常识、通识及目前已有定论的知识部分，我们未改动原文，而是以脚注方式做了必要的注释，注释力求简洁明了，不考据，不引申，不评论。而原书中涉及时代局限、社会观念、知识更新、学术争议、民俗、文法等部分，则保持原样，亦不加注。凡存疑部分，均保留原样，以期同业与广大读者共同参与订正。

整个编辑工作历时近两年，就其工作量而言，这个时间仍显紧张仓促，兼之我们学识有限，错谬难免，恳请诸位读者予以理解并指正。

工作过程中，邓康延、傅国涌、吴小鸥、谢刚、王星、王曦、汪家明、宁成春、盖宏睿等诸位师友给予诸多指导与帮助，一并致谢。

张立宪
二〇一一年八月

```
图书在版编目(CIP)数据

共和国教科书教授法．高小部分．新修身／庄庆祥
编撰．－－北京：新星出版社，2011.9
 ISBN 978-7-5133-0378-1
Ⅰ．①共… Ⅱ．①庄… Ⅲ．①思想品德课－小学
－教学参考资料 Ⅳ．①G623

中国版本图书馆CIP数据核字(2011)第173142号
```

新修身教授法（高小部分）

出版发行：新星出版社
出 版 人：谢　刚
社　　址：北京市西城区车公庄大街丙3号楼　　100044
网　　址：www.newstarpress.com
电　　话：010-88310888
传　　真：010-88310899
法律顾问：北京市大成律师事务所

经销电话：010-83398809
官方网站：www.duku.cn
邮购地址：北京市海淀区万寿路邮局67号信箱　　100036

印　　刷：北京尚唐印刷包装有限公司
开　　本：645×925　1/16
印　　张：15
版　　次：2011年9月第一版　2013年3月第三次印刷
书　　号：ISBN 978-7-5133-0378-1
定　　价：82.00元（共三册）

版权专有，侵权必究。如有质量问题，请与出版社联系调换。